普通高等教育“十一五”国家级规划教材
全国交通土建高职高专规划教材

# 公路施工组织设计

（第3版）

曹胜语　马敬坤　宁金成　主　编
靳卫东（吉林大学）　主　审

人民交通出版社股份有限公司
China Communications Press Co.,Ltd.

## 内 容 提 要

本书为普通高等教育"十一五"国家级规划、全国交通土建高职高专规划教材。全书共分为八章:第一章绪论,介绍了公路施工组织设计研究的对象和任务;第二章基本概念,阐述了有关公路工程基本建设的概念、公路养护大中修定义及完成一个工程项目的主要程序;第三章施工过程组织原理,介绍了施工过程时间组织的基本作业方法,并着重阐述了流水作业方法的特点及应用;第四章网络计划技术,内容包括网络计划的绘图技巧及应用计算;第五章公路施工组织设计,论述了公路施工组织设计包含的内容及施工组织设计文件的编制;第六章机械化施工组织设计,介绍了公路与桥梁施工机械种类及机械的合理选择与搭配;第七章机电工程施工组织设计,阐述了施工机电系统的组成和机电工程施工组织设计;第八章施工组织设计示例,包括初步设计阶段施工方案示例,施工图设计阶段及投标阶段的施工组织设计示例。本书按现行公路施工的有关规范编写,概念清楚,阐述系统,既有先进适用的理论知识,灵活多变的使用技巧、方法,又有各阶段施工组织设计案例。

本书可作为交通高等职业技术院校道路桥梁工程技术专业、工程监理专业、工程造价等专业教材,也可用作成人教育培训教材以及供工程技术人员学习参考。

**本书配有教学课件,课件有本书习题集和对应答案,教师可通过加入职教路桥教学研讨群(QQ:561416324)索取。**

**图书在版编目(CIP)数据**

公路施工组织设计 / 曹胜语等编. — 3 版. — 北京 :人民交通出版社股份有限公司, 2018. 12

ISBN 978-7-114-14772-2

Ⅰ. ①公… Ⅱ. ①曹… Ⅲ. ①道路工程—工程施工—施工组织—高等职业教育—教材 Ⅳ. ①U415. 2

中国版本图书馆 CIP 数据核字(2018)第 210709 号

普通高等教育"十一五"国家级规划教材
全国交通土建高职高专规划教材

**书　　名**:**公路施工组织设计**(第 3 版)
**著 作 者**:曹胜语　马敬坤　宁金成
**责任编辑**:岑　瑜　李　瑞
**责任校对**:刘　芹
**责任印制**:张　凯
**出版发行**:人民交通出版社股份有限公司
**地　　址**:(100011)北京市朝阳区安定门外外馆斜街 3 号
**网　　址**:http://www.ccpress.com.cn
**销售电话**:(010)59757973
**总 经 销**:人民交通出版社股份有限公司发行部
**经　　销**:各地新华书店
**印　　刷**:北京市密东印刷有限公司
**开　　本**:787 × 1092　1/16
**印　　张**:19.5
**字　　数**:486 千
**版　　次**:2002 年 7 月　第 1 版
2008 年 7 月　第 2 版
2018 年 12 月　第 3 版
**印　　次**:2020 年 1 月　第 3 版　第 4 次印刷　总第 34 次印刷
**书　　号**:ISBN 978-7-114-14772-2
**定　　价**:48.00 元

第3版

# 前·言

Preface

当前高等职业教育的发展和变革,推动了高职院校教学组织方式的一系列改变,对传统的职业技术教育提出了更高的要求。为培养既掌握扎实理论基础知识,符合工程岗位职责需求,又满足社会需要的专业人才,使之将来是无论在设计单位还是在施工单位,都能灵活运用所学知识,是当前交通高等职业技术院校的主要任务。为了满足交通高等职业技术教育路桥专业实用型人才对公路施工组织设计知识的需要,使教材更体现国家级规划教材的特点,并进一步提升质量,在广泛征求各使用院校和部分工程单位意见的基础上,对本教材进行了修订。

本书由河北交通职业技术学院曹胜语、马敬坤,河南交通职业技术学院宁金成主编,并邀请了吉林大学靳卫东教授担任主审。具体编写情况如下:第一、二、三章由马帅帅编写,第四章由梁艳、马敬坤编写,第五章第三节由宁金成编写,第五章第一、二、四、五、六、七节由马敬坤、郝士华编写,第六、七章由曹胜语编写,第八章由曹胜语、马敬坤编写。全书由河北交通职业技术学院刘亚静校稿。

本课程的作用:本课程是道路与桥梁工程技术专业学生的必修课。通过学习本课程,学生可以拓宽知识面,理解本课程的重要性,了解有关公路建设的概念,具备编写施工组织设计文件的能力,初步具备组织施工的能力,为公路工程建设提供有用的专业技术人才。公路施工组织设计是确保工程建设质量、降低工程建设费用、保证工程进度的一项非常重要的工作。读者必须具备公路和桥梁的理论与设计方面的基本知识和技能。因此,路基工程、路面工程、公路勘测设计、城市道路、公路电算、运筹学及有关定额的知识等,为本书的先修课程,其中施工实习也是不可缺少的内容。

本书在编写工程中,得到人民交通出版社股份有限公司岑瑜编辑、河北交通职业技术学院院长郭社军等的大力帮助和指导,附于本书书末的主要参考文献的作者们对于本书的完成给予了巨大支持和帮助，在此一并致以诚挚的谢意！

由于编者水平有限，本书一定存在不足之处，敬请各位读者批评和指正。

编　者
2018 年 4 月

第 2 版

# 前·言

Preface

本教材第一版于2002年7月出版。经过全国各交通职业院校近6年教学实践的检验,得到了相关院校的肯定与好评。随着我国公路建设的快速发展,公路建设对工程质量、施工进度以及资金的合理使用等要求越来越高,对公路施工组织设计水平的要求也相应提高,因此本书的内容亟待更新。同时,本教材于2006年6月被教育部评为"普通高等教育'十一五'国家级规划教材"。针对以上情况,在全国交通土建高职高专规划教材编审委员会的统一协调下,根据"十一五"国家级规划教材的编写要求,在充分吸取各使用院校和工程单位意见的基础上对本书进行了重新编写。

本书由河北交通职业技术学院马敬坤、河南交通职业技术学院宁金成主编。编审委员会特邀长安大学支喜兰教授、河南高速公路发展有限责任公司郑朝义高级工程师担任主审。具体编写情况如下:第一、二、三、四、五、八章(第一、二、三、五、六节)由河北交通职业技术学院马敬坤编写;第六、八章(第四节)由河南交通职业技术学院宁金成编写;第七章由河南交通职业技术学院吴跟上编写。

本课程的作用:本课程是道路桥梁工程技术专业学生的必修课。通过学习本课程,学生可以拓宽知识面,理解本课程的重要性,了解有关公路建设的概念,具备编写施工组织设计文件的能力,初步具备组织施工的能力。公路施工组织设计是确保工程建设质量、降低工程建设费用、保证工程进度的一项非常重要的工作,编制人员必须具备公路和桥梁的理论与设计方面的基本知识和技能。因此,路基工程、路面工程、公路勘测设计、城市道路、公路电算、运筹学及有关定额的知识等,为本书的先修课程,其中施工实习也是不可缺少的内容。

本教材在编写工程中，得到人民交通出版社卢仲贤编审、河北交通职业技术学院院长冯卫星及河北省交通厅项目办公室马琳高级工程师等人的大力帮助和指导。附于本书书末的参考文献的作者们对于本书的完成给予了巨大支持和帮助，在此一并致以诚挚的谢意！

由于编者水平有限，本书存在的不足之处，敬请各位读者批评和指正。

**编　者**

**2008 年 4 月**

第1版

# 前·言

Preface

自20世纪末市场经济取代计划经济以来，对以往的传统教育冲击很大，教育方式有了一系列的改变。对职业技术教育提出了更高的要求，不仅要求有过硬的理论基础知识，还要培养适应社会需要的专业人才。无论将来是在设计单位还是在施工单位，都能灵活运用所学知识，是21世纪交通高等职业技术院校的主要任务。为了满足交通高等职业技术教育路桥专业实用型人才对公路施工组织设计知识的需要，填补交通高等职业技术教育公路与桥梁专业教材的空白，根据路桥工程学科委员会交通职业技术教育路桥专业教学研究与教材建设联络组2001年7月昆明会议精神，编写了本教材。

本书由河北交通职业技术学院马敬坤主编。青海交通职业技术学院殷青英主审。具体：第一、二、三、四、五章由马敬坤编写；第六、七章由河南交通职业技术学院宁金成编写。

本书审稿会于2002年5月25日在宁夏银川市举行。参加审稿会的人员有：人民交通出版社卢仲贤，河北交通职业技术学院马敬坤、张郃生，青海交通职业技术学院殷青英，宁夏交通学校底国民、贺学清，甘肃交通学校付清华等人。

本课程是公路与桥梁专业学生的必修课。通过学习本课程，学生可以拓宽知识面，理解本课程的重要性，了解有关公路建设的概念，初步具备组织施工的能力，为公路工程建设提供有用的专业技术人才。公路施工组织设计是确保工程建设质量，降低工程建设费用保证工程进度的一项非常重要的工作，要求学生一定要学好这门课。要想学好这本书，读者必须具备公路和桥梁的理论与设计方面的基本知识和技能，因此，路基工程、路面工程、公路勘测设计、城市道路、公路电算、运筹学及有关定额的知识等，为本书的先修课程，其中施工实习也是不可缺少的内容。

本教材在编写过程中，得到人民交通出版社卢仲贤、河北交通职业技术学院院长杜兰卓、河北交通职业技术学院田平及河北省交通厅项目办公室马琳高级工程师等的大力帮助和指导。附于本书书末的主要参考文献的作者们，对于本书的完成给予了巨大支持，在此一并致以诚挚的谢意！

由于编者水平有限，本书一定存在不足之处，敬请各位读者批评和指正。

编　者

2001 年 9 月

# 目·录

Contents

# 第一章
CHAPTER ONE
# 绪 论

## 一、公路施工组织设计研究的对象

公路施工组织设计是研究公路基本建设过程中众多要素的合理组织与安排的学科。

基本建设需要有一定的**劳动力**、**劳动资料**和**劳动对象**,这也是公路基本建设不可缺少的三要素。

对公路行业来说,基本建设即是一个建设项目(从立项到竣工验收)的实施过程(其中最复杂的环节是施工过程)。也就是说,基本建设过程离不开人、材料、机械、资金等,即劳动力和劳动资料。

建筑产品即劳动对象。公路建筑产品有路基、路面、桥梁、涵洞、隧道、排水设施、防护设施等。

具体来说,公路施工组织设计就是统筹考虑整个施工过程,即对人力、材料、机械、资金、施工方法、施工现场(空间)等主要要素,根据其所处的环境、自然条件、施工工期等,进行合理的组织、安排,使之有条不紊,以实现有计划、有组织、均衡的施工,使其达到工期短、质量优、成本低。

## 二、公路施工组织设计的任务

为了确保工程质量、施工进度及资金合理使用等,在施工前必须完成以下具体任务。

(1)确定开工前必须完成的各项准备工作,如核对设计文件、补充调查资料、先遣人员进场等。

(2)计算工程数量(防止漏算、重算),确定劳动力、机械台班、各种材料、构件等的需要数量和供应方案等。

(3)确定施工方案(多种施工方案应经过比选),选择施工机具。

(4)安排施工顺序(由整体到局部)。

(5)编制施工进度计划,确定每月或每季度人力、材料、机械需用数量。

(6)进行施工平面布置,即设备停放场、料场、仓库、拌和场、预制场、生活区、办公室等的布置。

(7)制订确保工程质量及安全生产的有效技术措施。

通过以上几点可以看出,施工组织设计在整个施工过程中的重要性。施工组织设计合理与否,直接影响工程的工期、工程质量及工程的成本。

## 三、公路施工组织设计在公路建设中的作用和地位

现代交通运输业包含铁路、公路、航空、水运及管道运输五种运输方式,各有其适用性和特点。

公路运输在整个现代交通运输业中占有较大比重,因为它具有机动、灵活、直达、迅速、适应性强、服务面广等优点,在今后几十年中仍占主导地位。

发展公路运输业,首先必须进行公路工程建设。现代公路建设周期长、规模大、技术复杂、分工细、协作面广、机械化和自动化程度高,为保证公路建设在一定时间内顺利完成,且使人力、资金、材料、机械最大限度发挥效力,就要求我们根据工程特点、自然条件、资源情况、周围环境等对工程进行科学、合理地安排,使之在一定的时间和空间内能有组织、有计划、有秩序地施工,以期达到工期短、质量好、成本低的要求。这也正是本课程所研究讨论的内容。

### (一)施工组织设计在公路工程基本建设中的作用

公路建设是一个复杂过程,从规划、设计、施工到竣工及养护,每一个过程都离不开施工组织设计。

在公路规划阶段,要设想提出一个施工组织计划,供上级主管部门立项时审批;在设计阶段,无论采用几阶段设计,每一阶段都必须做出相应的施工组织设计计划(即在初步设计阶段拟订施工方案,在技术设计阶段提出修正的施工方案,在施工图设计阶段编制施工组织计划),供施工单位参考;随着我国社会主义市场经济体制的建立和发展,施工任务主要通过参加投标,通过建筑市场中的平等竞争而取得,投标书中不可缺少的一部分内容就是施工组织设计。施工过程是所有环节中最复杂的一个过程,在这一阶段要编制实施性的施工组织设计,也是最关键、最重要的一步。

在当今的建筑市场中,对工期要求和工程质量提出更高的目标;对周围环境,提出的要求是“注意环保,保护生态平衡,少占耕地”。这一切都要求施工组织设计要科学、要合理,不能固守过去的常规,要适应社会的发展。在我国公路建设迅速发展的大潮中,机械化施工已成为公路施工主要的施工方法。因为它具有降低工程成本、缩短施工工期、提高工程质量、节约劳动力等优势。由于公路施工周期长、流动性大、施工协作性高、受外界干扰及自然因素影响大,采用机械化施工,必须事先做好机械化施工组织设计。现在,建筑行业中,任何一个施工单位不再拥有“铁饭碗”,而是自主经营、自负盈亏,所以施工组织设计的质量与施工单位的利润息息相关。

由此可见,施工组织设计贯穿整个公路基本建设过程,在施工阶段尤为重要。

### (二)施工组织设计在公路养护工程大中修与技术改造中的作用

公路是国家现代化建设的重要基础设施。根据我国国民经济和社会发展对交通运输的要求,要想建立起适应中国国情的现代化综合运输体系,缓解我国交通运输的紧张局面,对于公

路建设者来说，最关键的有两个方面：一是要加快高等级公路建设，提高整个路网技术等级；二是要切实加强对已建成公路的养护管理，改善路网结构，保障公路畅通。其中，公路养护是保持路网完好，并不断使其得到改善，延长其使用寿命，为经济建设提供良好服务的先决条件。如果“缺养、失养”，路网使用状况必然很快下降，道路通行就必然受阻。显而易见，一手抓建设，一手抓养护，建养并重、协调发展，是公路事业自身发展的客观要求。公路越发展，越需要养护，技术越进步，越要实行现代化的养护。

据统计，截至2017年底，全国公路通车里程已达到477.35万公里。在大规模、高潮式的公路建设之后，公路养护工程数量越来越大，如何适应公路事业和社会各界对养护工作提出的新要求，成为当务之急。根据交通运输部《公路养护工程市场准入暂行规定》《“十三五”公路养护管理发展纲要》文件精神，为保证公路的运输质量与路用性能，一般干线公路养护大中修工程、桥梁检测与旧桥加固工程也已由内部招标转向市场化进行公开竞争，择优选择施工单位。这种管理模式的转变，增强了养护单位领导和职工的竞争意识，给公路养护管理事业带来了新的生机和活力。

公路大中修工程在公路系统建设程序中与新建公路工程基本一致，其施工组织计划的精度与深度比施工图设计阶段的施工组织计划还要实用。由于管理方式的转变，对工程质量的高要求及对养护投资的控制，使得施工单位对施工组织设计的科学性、合理性、适用性更加重视，因为施工组织设计不仅影响大中修工程质量与施工进度，而且决定施工单位的经济效益。

### （三）施工组织设计与施工年度投资计划及工程造价的关系

年度投资计划是施工组织设计确定的重要组成部分。它是根据施工组织设计确定的工程施工投资在时间上的安排。施工图预算中的工程造价增长预留费，是根据工程年度投资计划计算出来的，它与工程项目的建安工程费、预算文件编制年至施工年的年数、物价上涨指数有关。所以为了施工图预算的准确性，施工组织设计中必须做出年度投资计划。

施工组织设计和施工图预算是密不可分的，施工组织设计的质量决定施工图预算的水平，而施工图预算又对施工组织设计起着完善、促进作用。要建成一项工程项目，可能会有多种施工方案，但每种方案所花费的财、物的预算是不同的。要选择一种既切实可行，又节约投资的施工方案，就要用施工图预算来考核其经济合理性，决定取舍。因此，施工组织设计决定着施工图预算的编制，而施工图预算又是施工组织设计是否切实可行、经济合理的具体反映。

## 四、公路施工组织设计课程与其他学科的关系

由于本课程是一门实用性很强的课程，所以要求学生不仅要有必需的基础知识和专业知识，还要经过一定时间的施工实习，对施工过程、施工现场有初步的了解和认识。也就是说，本课程的学习应在专业课程学完之后。

与本课程有关的基础课有：数学知识、逻辑知识及统筹学等；专业课程有：建筑材料、路基工程、路面工程、桥梁工程、筑路机械等，以及需掌握现有各类公路工程定额的运用知识。

## 五、我国公路建设市场的发展

公路建设是国家基础设施的重要组成部分，也是国民经济发展的先导行业。我国自20世

纪80年代实行改革开放政策以来，公路建设管理逐步由计划经济下的行政管理体制向市场管理模式转变，公路建设的招标承包制也应运而生。公路建设市场是我国统一的社会主义市场体系的组成部分，接受国家的统一管理，依据国家有关法律、政府部门制定的行政法规、制度所要求的行为准则，要求进入市场各方必须共同遵守。这些规则包括：

(1)市场准入规定。市场主体各方进入市场必须具有相应的基本条件（资格、资质、相应的实力、经验和信誉等）。

(2)市场竞争规则。保证各市场主体能够在平等的、诚实信用的原则基础上进行竞争。

(3)市场交易规则。公开、公正、公平交易。

按照以上原则，建立起统一开放、竞争有序的市场秩序，排除地区保护和部门分割的现象。实践证明，只有切实遵照市场运行规则，在统一规定的条件下，进行公开、公平竞争，才能促进项目建设质量、效率不断提高，从而获得良好效益，使公路建设步入良性循环的轨道，真正实现与国际接轨。同时，也将促使我国公路行业不断提高自身素质和实力，跻身于世界优秀土建行业之林。经过多年的实践，公路建设市场不断得以完善，随着政府对市场的宏观调控越加精准，市场运作日趋规范，这大大加快了公路建设的进程，明显提高了路网的质量，节省了投资。同时，随着改革开放的深入，国家推出一系列改善公路建设资金筹集的政策，大大扩展了公路建设集资的渠道，形成了"国家投资、地方筹资、社会融资、利用外资"和"贷款修路、收费还贷、滚动发展"的投资、融资体制，公路建设规模迅速扩大。

1. 公路施工组织设计定义及研究对象是什么？
2. 公路基本建设三要素是什么？
3. 公路施工组织设计的任务是什么？
4. 本课程所研究讨论的内容是什么？

# 第二章
CHAPTER TWO
# 基本概念

## 第一节 公路建设的内容和特点

### 一、公路建设的内容

公路基本建设的性质是固定资产的扩大再生产。公路建筑产品如路基、路面、桥涵等构造物，都是固定资产。公路建设就是固定资产的简单再生产和扩大再生产。

公路建设的内容，按其任务与分工不同可以分为以下三个方面。

#### （一）公路工程基本建设

社会不断前进，为了满足越来越大的运输量，要求运输业超前一步发展。公路运输业通过新建、扩建、重建三种基本形式来达到不断扩大公路运输能力的目的。所以，公路工程基本建设属于固定资产的扩大再生产。

#### （二）公路工程大、中修与技术改造

由于公路建筑产品是由多种不同性质的材料构成的，每种材料承受荷载的能力不一样，抵抗自然因素侵蚀的能力不同，造就了不同的使用寿命，从而使公路建筑产品各组成部分的寿命不同。尽管经过了小修、保养，但公路建筑产品还是无法永久地使用下去，这就需要对其中的某些部位进行更新，如局部改线、路面等级提高、某些小型构造物重建等。所以公路工程大、中修与技术改造属于固定资产的简单再生产和部分扩大再生产。

#### （三）公路工程的小修、保养

公路工程构造物在长期使用过程中，受到行车和自然因素的作用不断磨蚀而损坏，只有通

过定期和不定期的维修、保养,才能保证公路产品的正常使用。所以,公路工程的小修、保养属于固定资产的简单再生产。

以上三个方面虽然都属于公路建设的内容,都需要消耗一定的人力、财力、物力,但是,在资金来源、管理方式上不完全相同。

1. 资金来源

固定资产的简单再生产即公路工程的小修、保养及部分大中修由养护费开支,是由交通运输部门向有车单位和个人征收的用于养路的事业费。

固定资产的扩大再生产即公路工程扩建、重建及基本建设等由基本建设投资开支。基本建设资金主要有国家预算拨款、银行贷款(国内银行、国外银行)、地方投资、个人投资(国内和国外)、经国家批准的自筹资金(如发行债券、股票投资)等。

结合我国交通运输发展和建设资金现状,国家制定了几项发展交通的政策,建立了国家公路建设特别基金:①允许集资、贷款;②对已运营高速公路、大桥实行收费,以偿还本息;③对已运营高速公路、大桥的经营权允许作为商品出售,以获取资金,再投资公路基本建设。

2. 管理方式

公路小修、保养由各地市交通运输部门下属的养路道班、养护公司等养路部门自行安排和管理。高速公路日常养护由各高速公路管理部门负责。

公路大中修及技术改造由养路部门提出计划报上级主管部门批准后,自行管理和安排。

对于新建、改建和扩建的公路工程一般由省、市政府主管部门下达任务。新建高速公路由省级主管部门上报国家主管部门审批。

总之,一切基本建设活动必须按照国家相关规定和要求进行管理。

## 二、公路建设的特点

公路建设的特点包含两方面:一是公路建筑产品的特点;二是公路工程施工的特点。只有充分了解了这两个特点,才能更好地组织和管理公路工程建设过程。

### (一)公路建筑产品的特点

(1)产品的固定性。公路工程构造物固定于一定的地点,永久地占用大量土地,不能移动。

(2)产品的多样性。由于公路建筑产品的具体使用目的各异,技术等级、技术标准不同,自然条件、结构形式、主体功能千差万别,而使公路的组成结构复杂,多种多样。

(3)产品形体庞大性。公路工程是线形构造物,其组成部分如路基、路面、桥梁等的形体庞大,占用土地和空间多。

(4)产品部分结构的易损性。公路工程受行车及自然因素的作用,其暴露于大自然的部分(如路面)由于受风、雨、雪及有害气体、液体的侵蚀极易老化损坏,故常需小修、保养;受行车直接作用部分,由于受轮胎的磨损、行车过程中的振动、冲击等综合外力作用,经常损坏。

### (二)公路工程施工的特点

公路建筑产品具有上述特点,针对其产品特点,形成了如下施工特点。

1. 工程线形分布,施工流动性大

公路是沿地面延伸的线形人工构筑物,建设点多线长,工程数量分布不均匀。大中型桥梁、隧道、高填深挖路段的路基土石方工程等,往往是控制工期的集中工程。小桥及涵洞、路面工程、交通工程、沿线设施及环境绿化等,属于线形分布工程。

由于这些产品都是固定型的,只能是组织人力、物力围绕这一固定产品在同一工作面不同时间,或同一时间不同工作面进行施工活动。这就注定了时间组织和空间组织要科学、合理地安排,尽量减少混乱和时间上的浪费,使施工队伍有条不紊地沿着产品延伸方向向前。当某一公路工程竣工后,施工队伍要向新的施工现场转移。

2. 产品类型繁多,施工协作性高

公路工程类型多种多样,标准化难度大,必须分别设计,施工组织也需分别进行。即使是相同技术等级的公路,也不可能采用同样的施工组织,这是因为施工时的技术条件(如物资种类、供应地点、机具设备、施工单位技术水平等)、自然条件(环境、气候)和工期要求等不尽相同。

为了保质保量按期完成施工任务,每项工程都需要建设、设计、施工、监理等单位密切配合,材料、动力、运输等各部门的通力协作,还需要地方各级政府部门和施工沿线各相关单位的大力支持。因此,公路施工过程中的综合平衡和合理调度,严密的计划和科学的管理是特别重要的。

3. 工程形体庞大,施工周期长

公路工程是线形构造物,具有形体庞大的特点,产品固定而又不能分割,而且具有系统性,即同一地点要依次进行多个分部作业(如要进行路面工程施工,首先必须依次进行清理现场、施工放样、路基工程、涵洞等构造物的施工),施工周期长。特别是集中的土石方工程、大桥工程、隧道、特殊地质地段处,在较长时间内占用和消耗大量的人力、物力资源,直到整个施工期结束,才能使公路建筑产品投入运营。

在施工过程中,各阶段各环节必须有机地结合成整体,在时间上不间断,空间上不闲置,施工过程稳定有序,才能保证工期不延误,人力、物力、财力得到更好的发挥。

4. 受外界干扰及自然因素影响大

公路工程施工主要在野外露天作业,受自然条件、地理环境的影响很大,特别是不良天气(夏季高温、洪水;冬季冰冻、大雪;春秋大风,漫天沙尘)、不良地质(泥沼、熔岩、流沙等),不但影响施工,而且还会给工程造成损失。在施工组织设计时,要详细调查,充分加以考虑,才能保证质量,按期完成。

另外,设计变更、物资供应临时发生变化、地质条件突变等,再加上一些人为的因素,如果处理不当,都会直接影响工程质量、工程成本及工期。因此,要求我们作施工组织设计时将这些因素考虑进去,并留有余地。

# 第二节 公路工程基本建设的概念

## 一、基本建设及内容构成

### (一)基本建设的定义

公路工程基本建设是指固定资产的建筑、添置、安装,是国民经济各部门为了扩大再生产而进行的增加固定资产的建设工作。具体来讲,即把一定的建筑材料、半成品、设备等,通过购置、建造和安装等活动,转化为固定资产的活动,如一条公路的竣工、一座桥梁的落成等。

公路工程基本建设是通过勘察、设计、施工以及有关的经济活动来实现的。

### (二)基本建设内容构成

按投资额的构成和工作性质分为:建筑安装工程,设备及工具、器具购置,其他基本建设工作三部分。

1. 建筑安装工程

建筑安装工程指兴工动料的施工活动,是投资额最高的一部分,是基本建设中最复杂的一部分,包括建筑工程和设备安装活动。

建筑工程包括:路基、路面、桥梁、隧道、防护工程及沿线设施等。

设备安装活动包括:高速公路、大型桥梁所需各种机械、设备、仪器的安装测试等。

2. 设备及工具、器具购置

设备及工具、器具购置指为公路营运、服务管理、养护需要等所购置的设备、工具、器具以及为保证新建、改建公路初期正常生产、使用和管理所需办公和生活用家具的采购或自制。

3. 其他基本建设工作

其他基本建设工作指不属于上述各项的基本建设工作,包括公路筹建阶段和建设阶段的管理工作、勘察设计、科研试验、征用土地、拆迁补偿等。

## 二、基本建设基层单位及项目组成

### (一)基本建设的基层单位

直接参与基本建设工作的基层单位主要有四个:建设单位、勘察设计单位、施工单位和监理单位。

1. 建设单位

负责执行国家基本建设计划的基层单位,称为基本建设单位(即建设单位或甲方)。它在行政上有独立的组织形式,在经济上独立进行核算。建设单位是基本建设投资的支配人,也是基本建设的组织者、监督者,它对国家负有一定的政治和经济责任。

建设单位的主要工作包括:①提供设计所需的基础资料;②编制年度基本建设计划和财务计划;③在中国建设银行开立账户;④同施工单位签订合同;⑤购置设备和其他基本建设工作;⑥办理工程交工验收,编制竣工决算等。

2. 勘察设计单位

设计院、设计所、设计室等设计机构通称为勘察设计单位。设计单位应持有国家上级主管发证机关颁发的设计资质等级证书。设计单位受建设单位或主管部门的委托,或与建设单位签订设计合同,承担与资质等级相符的设计任务,按照规定的设计要求为基本建设工程进行勘察设计工作,其中,勘察设计工作包括:①公路规划;②公路工程勘察(含地质钻探);③初步设计(方案设计);④技术设计(如果需要);⑤施工图设计;⑥初步拟订施工方案;⑦编制施工图概、预算等,并负责编制设计文件,对设计项目负有一定的政治、经济责任。

3. 施工单位

施工单位是通过投标被建设单位选定的承担建筑安装工程施工的企业(即承包人或乙方)。施工企业是独立的经济核算实体、自负盈亏的法人,而且在国家工商管理部门注册并持有工商管理部门颁发的施工营业执照和国家主管单位颁发的资质等级证书,它根据国家或主管部门下达的施工任务,或者通过施工投标从市场竞争中承揽施工任务,负责编制与执行施工计划和财务计划,按计划使用资金。施工企业与建设单位签订施工承包合同,办理往来资金结算。它能独立依法经营,组织施工,申请工程交工、竣工,办理工程结算并独立计算盈亏。

4. 监理单位

监理单位是指承担公路工程施工监理任务的单位(这些单位必须具有交通运输部审批的工程施工监理资质等级证书)。它依据建设单位和施工单位签订的合同文件以及监理单位与业主(建设单位)签订的监理合同,对基本建设工程实施"五监控"即质量、进度、费用、安全、环保的监控;"二管理",即合同、信息管理;"一协调",即协调业主与承包人以及各方矛盾和关系。它既维护业主的利益,又不损害承包人的合法权益,按照合同文件规定的职责、权限,独立公正地为工程建设服务。

## (二)基本建设项目的组成

1. 基本建设项目

基本建设项目又称建设项目,一般指符合国家总体建设计划,能独立发挥生产能力或满足生活需要,其项目建议书经批准立项和可行性研究报告经批准的建设任务,如工业建设中的一座工厂、一座矿山,民用建设中的一个居民区、一幢住宅、一所学校为一个建设项目。

公路建设项目,一般指建成后可以发挥其使用价值和投资效益的一条公路或一座独立大、中型桥梁或一座隧道。

按国家计划及建设主管部门的规定,一个建设项目应有一个总体设计,在总体设计的范围内可以由若干个单项工程组成(如一个建设项目划分为几个标段),经济上实行统一核算,行政上实行统一管理;也可以分批分期进行修建。

一个建设项目可以由一个单项工程或几个单项工程组成。

2. 单项工程

单项工程又称工程项目,它具有独立的设计文件,在竣工后能独立发挥设计规定的生产能力或效益,如工业建筑中的生产车间、办公楼,民用建筑中的教学楼、图书馆、宿舍楼等。

公路建设的单项工程一般指独立的桥梁工程、隧道工程,这些工程一般包括与已有公路的接线,建成后可以独立发挥交通功能。但一条路线中的桥梁或隧道,在整个路线未修通前,并不能发挥交通功能,也就不能作为一个单项工程。

一个单项工程可以由几个单位工程组成。

3. 单位工程

单位工程是单项工程的组成部分,在建设项目中,根据签订的合同,指具有独立施工条件的工程,并可单独作为成本计算对象的部分,如单项工程中生产车间的厂房修建、设备安装;公路工程中同一合同段内的路线、桥涵等。由此可见,单位工程一般不能独立发挥生产能力和使用效益。

一个单位工程可以包含若干分部工程。

4. 分部工程

分部工程是单位工程的组成部分,一般是按单位工程中的主要结构、主要部位、路段长度及施工特点或施工任务计划来划分的,如工业与民用建筑中的房屋的基础、墙体等。

在公路建设工程中,如按工程部位可划分为路基工程、路面工程、桥涵工程等,按工程结构和施工工艺可划分为土石方工程、混凝土工程和砌筑工程等。

一个分部工程包含若干分项工程。

5. 分项工程

分项工程是分部工程的组成部分,是根据分部工程划分的原则,再进一步将分部工程分成若干个分项工程。分项工程是按照不同施工方法、不同施工部位、不同材料、不同质量要求和工作难易程度、工序及路段长度来划分的,它是概预算定额的基本计量单位,故也称为工程定额子目或工程细目,如 $10m^3$ 浆砌块石、$100m^3$ 沥青混凝土路面等。

一般来说,分项工程只是建筑或安装工程的一种基本构成要素,是为了确定建筑或安装工程费用而划分出来的一种假定产品,以便作为分部工程的组成部分。因此,分项工程的独立存在是没有意义的。

## 三、基本建设程序

基本建设程序是指基本建设项目从规划立项到竣工验收的整个建设过程中各项工作的先后次序,这个次序是由基本建设的客观规律决定的。

公路基本建设受自然条件(地质、气候、水文),技术条件(技术人员水平、机械化程度等),物资条件(各种原材料供应、运输等)以及环境等的制约,需要各个部门、各个环节密切配合,并且要求按照既定的需要和科学的总体设计进行建设。基本建设是一项内容比较复杂的工作,建设过程中任何计划不周或安排不当,都会造成经济损失,带来不良后果。所以,一切基本建设,都必须严格按照规定的程序进行。对于小型项目,可视具体情况,简化程序。

公路工程基本建设程序应当是:根据国民经济长远规划以及公路网建设规划,提出项目建议书;进行可行性研究,编制可行性研究报告;经批准后进行初步设计;再经批准后列入国家年度基本建设计划,并进行技术设计和施工图设计;设计文件经审批后组织施工;施工完成后,进行竣(交)工验收,然后交付使用。这一程序必须依次进行,一步一步地实施,其具体内容如下。

1. 项目建议书

根据国民经济发展的长远规划和公路网建设规划,提出项目建议书。项目建议书应对拟建项目的建设目的和要求、主要技术标准、原材料及资金来源等提出文字说明。项目建议书是进行各项前期准备工作和进行可行性研究的依据。

2. 可行性研究

可行性研究是基本建设前期工作的重要组成部分,是建设项目立项、决策的主要依据。《公路建设项目可行性研究报告编制办法》中规定,大中型工程、高等级公路及重点工程建设项目(含国防、边防公路)均应进行可行性研究,小型项目可适当简化。

公路建设项目可行性研究的任务是:在对拟建工程地区社会、经济发展和公路网状况进行充分的调查研究、评价、预测和必要的勘察工作的基础上,对项目建设的必要性、经济合理性、技术可行性、实施可能性,提出综合性研究论证报告。按可行性研究的工作深度,可行性研究划分为预可行性研究和工程可行性研究两个阶段。预可行性研究,应重点阐明建设项目的必要性,通过踏勘和调查研究,提出建设项目的规模、技术标准,进行简要的经济效益分析。工程可行性研究,应通过必要的测量(高速公路、一级公路必须做)和地质勘探(大桥、隧道及不良地质地段等),在认真调查研究、拥有必要资料的基础上,对不同建设方案从经济上、技术上进行综合论证,提出推荐建设方案。工程可行性研究报告经审批后作为初步测量及编制初步设计文件的依据。工程可行性研究的投资估算与初步设计概算之差,应控制在10%以内。

公路建设项目可行性研究报告的主要内容有:①建设项目依据、历史背景;②建设地区综合运输网的交通运输现状和建设项目在交通运输网中的地位及作用;③原有公路的技术状况及适应程度;④论述建设项目所在地区的经济状况,研究建设项目与经济发展的内在联系,预测交通量、运输量的发展水平;⑤建设项目的地理位置、地形、地质、地震、气候、水文等自然特征;⑥筑路材料来源及运输条件;⑦论证不同建设方案的路线起讫点和主要控制点、建设规模、标准,提出推荐意见;⑧评价建设项目对环境的影响,对劳动安全有专门论述;⑨测算主要工程数量、征地拆迁数量,估算投资,提出资金筹措方式;⑩提出勘测设计、施工计划安排;⑪确定运输成本及有关经济参数,进行经济评价、敏感性分析,以及对收费公路、桥梁、隧道作财务分析;⑫评价推荐方案,提出存在的问题和有关建议。编制可行性研究报告,应严格执行国家的各项政策、规定和行业技术标准、规范等。可行性研究报告的文件,应符合《公路建设项目可行性研究报告编制办法》的规定。

3. 公路工程勘察设计招投标

建设单位可通过报刊、广播、网络等方式发布勘察设计招标广告。招标广告内容包括:招标编号、项目名称、工程概况、设计工期、建设单位、工程地址、建设规模、评标办法、起止时间、报名截止时间、招标内容、资金来源、招标条件(投标申请人必须具备的条件)、购取招标资料办法、报名地点、地址、电话、传真、网址、联系电话、招标代理单位的信息、报名时须提供的资料。

勘察设计单位可组织投标小组,购买招标文件,根据招标要求,研究投标策略,编写投标书。投标书主要内容:投标函、投标单位简介、法定授权证明书、主要专业设计人员配置、企业设计业绩、报价、投资估算表及说明、本企业设计优势和服务承诺等。

图2-1为公路工程基本建设程序的流程图。

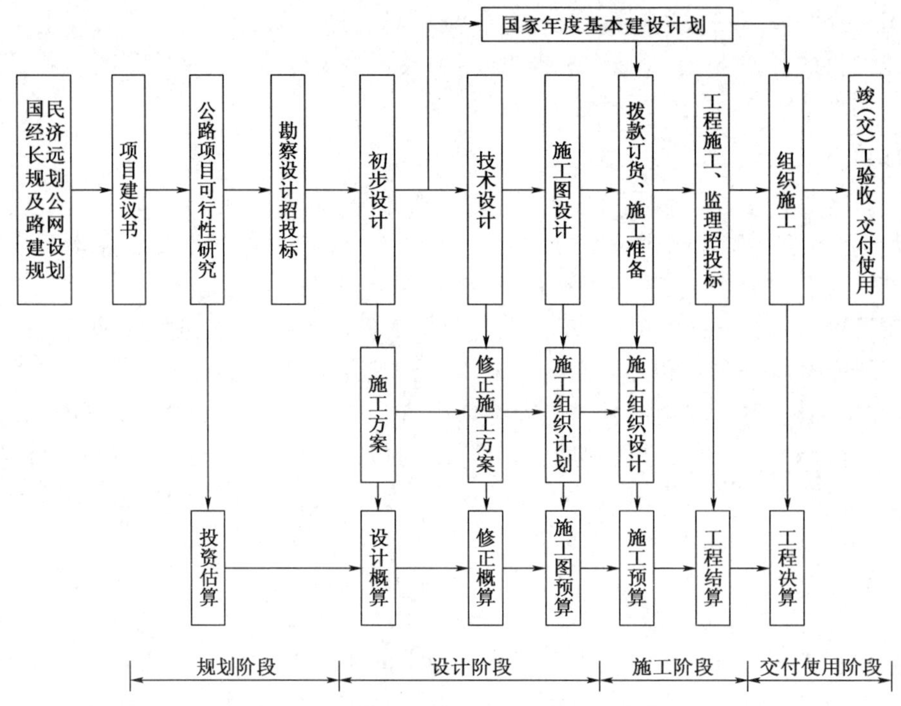


图2-1 公路工程基本建设程序流程图

4. 设计文件

公路工程基本建设项目一般采用两阶段设计,即初步设计和施工图设计。对于技术简单、方案明确的小型建设项目,也可采用一阶段设计,即一阶段施工图设计。对于技术上复杂、基础资料缺乏和不足的建设项目,或建设项目中的特大桥、互通式立体交叉、隧道、高速公路和一级公路的交通工程及沿线设施中的机电设备工程等,必要时采用三阶段设计,即初步设计、技术设计和施工图设计。

(1)初步设计

初步设计应根据批复的可行性研究报告、测设合同及勘测资料进行编制。初步设计的目的是确定设计方案,必须进行多设计方案比选,才能确定最合理的设计方案。

选定设计方案时,一般先进行纸上定线,大致确定路线布置方案;然后到现场核对,对路线的走向、控制点、里程和方案的合理性进行实地复查,征求沿线地方政府和建设单位的意见,基本确定路线布置方案。对难以取舍、投资大、地形特殊的路线、复杂特大桥、隧道、立体交叉等大型工程项目一般应选择两个以上的方案进行同深度、同精度的测设工作,并通过多方面论证比较,提出最合理的设计方案。

设计方案确定后,拟定修建原则,计算工程数量和主要材料数量,提出初步施工方案,编制设计概算,提供文字说明和有关的图表资料。初步设计文件经审查批复后,即作为订购主要材料、机具、设备等及联系征用土地、拆迁等事宜,进行施工准备,编制施工图设计文件和控制建设项目投资等的依据。

(2)技术设计

按三阶段设计的项目,要进行技术设计。技术设计应根据初步设计的批复意见、勘测设计合同要求,进一步勘测调查,分析比较,解决初步设计中尚未解决的问题,落实技术方案,计算工程数量,提出修正的施工方案,编制修正设计概算,批准后即作为施工图设计的依据。

(3)施工图设计

不论几阶段设计,都要进行施工图设计。

两阶段(或三阶段)施工图设计应根据初步设计(或技术设计)的批复意见、勘测设计合同,到现场进行详细勘查测量,确定路中线及各种结构物的具体位置和设计尺寸,确定各项工程数量,提出文字说明和有关图表资料,做出施工组织计划,并编制施工图预算,向建设单位提供完整的施工图设计文件。

施工图设计文件一般由以下12篇内容及附件组成:①总体设计;②路线;③路基、路面;④桥梁、涵洞;⑤隧道;⑥路线交叉;⑦交通工程及沿线设施;⑧环境保护与景观设计;⑨其他工程;⑩筑路材料;⑪施工组织计划;⑫施工图预算;附件,基础资料。

5.列入年度基本建设计划

当建设项目的初步设计和概算报上级审查批准后,才能列入国家基本建设年度计划,这是国家对基本建设实行统一管理的手段。年度计划是年度建设工作的指令性文件,一经确定后,如果需要增加投资额或调整项目时,必须上报原审批机关批准。

项目列入国家基本建设年度计划后,建设单位根据国家发展和改革委员会颁发的年度基本建设计划控制数字,按照初步设计文件编制本单位的年度基本建设计划。建设单位年度基本建设计划报经上级批准后,再编制物资、劳动力、财务计划。这些计划分别经过主管机关审查平衡后,作为建设银行分配投资,办理基本建设拨款或贷款,实行投资监督的主要依据。

6.工程监理、施工招投标

准备工作完成后,建设单位即可通过报刊、广播、网络等方式发布招标公告。公开招标的优点是投标的承包人多、范围广、竞争激烈,建设单位有较大的选择余地,有利于降低工程造价,提高工程质量和缩短工期;其缺点是由于投标的承包人多,招标工作量大,组织工作复杂,需投入较多的人力、物力,招标过程所需时间较长,有可能出现故意压低投标报价的投机承包人以低价淘汰对报价严肃认真而报价较高的承包人的情况。

施工单位、监理单位通过投标的方式来承接工程施工任务和工程监理任务,目前已成为工程施工企业承揽工程、监理单位接受监理任务的一项主要途径。从颁发招标文件到正式投标,时间往往只有半个月,甚至更短,在这期间,从了解情况、审学图纸到编制方案,时间十分紧张。施工单位、监理单位为了避免废标,增加中标概率,应组织专门投标小组,研究投标技巧,编制投标文件。

7. 施工准备

公路工程施工涉及面广,为了保证施工的顺利进行,建设单位、勘察设计单位、施工单位、监理单位等都应在施工准备阶段充分做好各自的准备工作。

(1)建设单位:应根据计划要求的建设进度组建专门的管理机构,办理登记及征地、拆迁等工作,做好施工沿线各有关单位和部门的协调工作,抓紧配套工程项目的落实,提供技术资料。

(2)勘察设计单位:应按照技术资料供应协议,按时提供各种图纸资料,做好施工图纸的会审及移交工作。

(3)施工单位:施工企业中标后,应首先熟悉图纸并进行现场核对,进行补充调查和施工测量,编制实施性施工组织设计和施工预算,同时组织先遣人员、部分机具、材料进场,进行施工测量,修筑便道及生产、生活用临时设施,组织材料及技术物资的采购、加工、运输、供应、储备,并提出开工报告。

(4)监理单位:工程监理单位中标后,组织监理机构或建立监理组织体系,熟悉施工设计文件和合同文件;组织工程监理人员和设备进入施工现场;根据工程监理制度规定的程序和合同条款,对施工单位的各项施工准备工作进行审批、验收、检查,合格后,使其按合同规定要求如期开工。

8. 工程施工

施工准备工作完成后,施工单位必须按上级下达的开工日期或工程承包合同规定的日期开始施工。在建设项目的整个施工过程中,应严格执行有关的施工技术规程,按照设计要求,确保工程质量,安全施工。坚持施工过程组织原则,加强施工管理,大力推广应用新技术、新工艺,尽量缩短工期,降低工程造价,做好施工记录,建立技术档案。

9. 竣(交)工验收、交付使用

建设项目的竣(交)工验收是公路工程基本建设全过程的最后一个程序。工程竣(交)工验收是一项十分细致而又严肃的工作,必须从国家和人民的利益出发,按照国家建委《关于基本建设项目竣工验收暂行规定》和交通运输部颁发的《公路工程竣(交)工验收办法》(交通部令2004年第3号)《公路工程竣(交)工验收办法实施细则》(交公路发[2010]65号)的要求,认真负责地对全部基本建设工程进行竣(交)工验收。竣(交)工验收包括对工程质量、数量、工期、生产能力、建设规模和使用条件的审查。对建设单位和施工企业编报的固定资产移交、清单、隐蔽工程说明和竣工决算(竣工验收时,建设单位必须及时编制竣工决算,核定新增固定资产的价值,考核分析投资效果。)等进行细致检查。

当全部基本建设工程经过竣(交)工验收合格,完全符合设计要求后,应立即移交给生产部门正式使用。对存在问题要明确责任,确定处理措施和期限。

10. 公路建设项目后评价

公路建设项目后评价是指在公路通车运营2~3年后,用系统工程的方法,对建设项目决策、设计、施工直至通车运营的各阶段工作及其变化的成因,进行全面的跟踪、调查、分析和评价的工作。

公路建设项目后评价报告的主要内容包括:建设项目的过程评价、建设项目的效益评价、建设项目的影响评价和建设项目的目标持续性评价。通过公路建设项目后评价以达到肯定成绩、总结经验、研究问题、吸取教训、提出建议、改进工作、不断提高项目决策水平和投资效果的目的。

## 第三节 公路养护工程大中修概念

近年来我国公路建设速度非常快,大量公路相继进入维护保养期,这就必然带来养护工程量的增加。公路养护工程管理机制、养护决策、投资机制、路面使用性能(包括行驶质量、路面结构承载力、路面破损、路面抗滑四个方面)是全国交通行业普遍关注的焦点问题。管理机制制约投资机制,投资机制决定养护决策的确定,养护决策的科学合理性影响路面的使用性能。公路行驶质量、路面结构承载力、公路破损、路面抗滑四个方面主要通过公路养护大中修与技术改造进行改善。

### 一、公路破损原因

水泥混凝土路面和沥青混凝土路面袒露于大气和自然环境之中,经常受到温度和水分变化的影响,使其强度和刚度不稳定,其力学性能也就随之不断发生变化。路面表层直接承受着车轮的磨耗作用,经过一定的时间,路面表面的粗糙度会降低,甚至被磨光,使车轮与路面之间的摩擦阻力大大降低。特别是在雨天高速行车、紧急制动、突然起动或爬坡、转弯时,车轮易产生空转或打滑,致使行车速度减低,油耗增加,甚至引起严重的交通事故。沥青路面在使用过程中,还要承受行车荷载和冷热、干湿气候等因素的多次重复作用,由此会逐渐产生疲劳破坏和塑性变形积累。此外,沥青路面材料也可能由于老化衰变而导致破坏,缩短路面的使用年限。

另一方面,许多公路建成后,交通量迅速增长,车辆大型化、超载、行驶渠道化等,使路面受到了严峻的考验。尤其是沥青路面建成不久,就不能适应车辆通行的需要,发生了早期损坏,养护工程量越来越大,对养护技术的要求也越来越高。从许多工程实例看,目前沥青路面早期损坏现象主要有高温车辙变形、路表面开裂、水损害破坏、路面服务功能降低等特征。

需要指出的是,这些早期破坏现象往往是在远未达到沥青路面设计年限以前发生的,并不是经反复荷载作用而产生的疲劳破坏。我国现行的沥青路面设计以控制沥青混合料层疲劳开裂、无机结合料疲劳开裂损坏、沥青混合料层永久变形量、路基顶面竖向压应变,以及季节性冻土地区的路面低温开裂为基础。而沥青路面的早期破坏,使路面设计失去了真正的意义。在我国,高速公路及一级公路沥青路面的设计寿命为 15 年,可实际上竣工后短的 2 ~ 3 年,长的 6 ~ 7 年就要进行大面积维修与养护,这不能不说是很大的浪费。所以,在目前我国公路建设飞速发展的新形势下,对沥青路面的养护工作要引起高度重视,对行之有效的沥青路面养护科技成果要加大推广力度，以使我国的沥青路面养护技术水平迅速提高。

## 二、公路养护技术方向

在当前的沥青路面养护工作中，就养护技术而言，要重视以下五方面问题。

一是要重视养护新材料的研究与推广。近年来，我国公路建设的科技水平不断提高，许多新材料如SMA混合材、改性沥青、改性乳化沥青、土工合成材料等都在公路工程中得到广泛的应用，取得很好的效果。这些新材料也应在养护工程中尽快推广应用。同时还应有针对性地开发一些沥青路面养护专用的新材料，如灌缝材料、再生添加剂、改性沥青乳化剂、快速成形的冷铺材料等。

二是要重视养护工艺的开发研究。就修补沥青路面坑槽等病害而言，有热料修补法和冷料修补法。补铺沥青既可用热沥青，也可用乳化沥青，还可用聚合物改性沥青。而修补材料不同，修补工艺也不同，修补用器械也不同。所以应加强养护工艺的研究，针对路面不同的病害，结合本地路面使用特点，选用最佳的养护工艺。

三是要重视旧沥青路面再生技术的开发研究。许多发达国家公路建设的发展过程都表明，在公路网建设发展到一定阶段时，必须要提出废旧沥青混合料的回收和再生问题。目前，旧沥青路面的回收及再生利用研究工作已取得一定成果。

四是要重视养护机械的开发研究。要想提高我国沥青路面的养护水平，通过养护手段延长路面的使用寿命，必须要有相应的养护机械作保证。我国目前公路养护机械产品的结构还不合理，大型、特种产品少，中小型普遍产品多；高技术、高效率产品少，技术含量低的产品多；很多产品还没形成系列化和批量生产。

五是要重视高速公路预防性养护技术的开发研究。有系统地实行预防性防护，是延长路面使用寿命、降低公路使用周期费用行之有效的方法。据了解，有些发达国家由于在高速公路中使用前期投入的预防性养护工程的资金不足，导致了在使用后期花在维修重建工程上的费用特别高，这是值得我们引以为戒的教训。发达国家对高速公路的养护已经形成成套技术，包括沥青路面使用性能水平的测试与评定，使用性能与残余寿命的预测，路面补强设计与维修养护方法的确定，维修养护安全作业方法，大交通量路段不影响通车的夜间施工技术等。

## 三、公路养护工程定义及分类

养护工程按照养护目的和养护对象，分为预防养护、修复养护、专项养护和应急养护，具体分类见表2-1。

公路养护工程分类细目 表2-1

| 类别 | 定义 | 具体作业内容 |
| --- | --- | --- |
| 预防养护 | 公路整体性能良好但有轻微病害，为延缓性能过快衰减、延长使用寿命而预先采取的主动防护工程 | 路基：增设或完善路基防护，如柔性防护网、生态防护、网格防护等；增设或完善排水系统，如边沟、截水沟、排水沟、拦水带、泄水槽等；集中清理路基两侧山体危石等；其他。<br>路面：针对整段沥青路面面层轻微病害采取的防损、防水、抗滑、抗老化等表面处治；整段水泥混凝土路面防滑处治、防剥落表面处理、板底脱空处治、接缝材料集中清理更换等；其他 |

续上表

| 类别 | 定　义 | 具体作业内容 |
| --- | --- | --- |
| 预防养护 | 公路整体性能良好但有轻微病害，为延缓性能过快衰减、延长使用寿命而预先采取的主动防护工程 | 桥梁涵洞：桥梁涵洞周期性预防处治，如防腐、防锈、防侵蚀处理等；桥梁构件的集中维护或更换，如伸缩缝、支座等；其他。<br>隧道：隧道周期性预防处治，如防腐、防侵蚀处理、防火阻燃处理等；针对隧道渗水、剥落等的预防处治；其他 |
| 修复养护 | 公路出现明显病害或部分丧失服务功能，为恢复技术状况而进行的功能性、结构性修复或定期更换工程 | 路基：处治路堤路床病害，如沉降、桥头跳车、翻浆、开裂滑移等；增设或修复支挡结构物，如挡土墙、抗滑桩等；维修加固失稳边坡；集中更换安装路缘石、硬化路肩、修复排水设施等；局部路基加高、加宽、裁弯取直等；防雪、防石、防风沙设施的修复养护等；其他。<br>路面：改善沥青路面结构强度，如直接加铺、铣刨加铺、翻修加铺或其他各类集中修复等；水泥路面结构形式改造、破碎板或其他路面病害修复等；整路段砂石、块石、条石路面的结构修复及改善等；配套路面修复完善相关附属设施，如调整标志标线、护栏、路缘石，路口及分隔带开口等；其他。<br>桥梁涵洞：桥梁涵洞加固、病害修复，如墩台（基础）、锥坡翼墙、护栏、拉索、调治结构物、径流系统等的维修完善；桥梁加宽、加高，重建、增设、接长涵洞等；其他。<br>隧道：对隧道结构加固、病害修复，如洞门、衬砌、顶板、斜井、侧墙等的修复；其他。<br>机电：对通信、监控、通风、照明、消防、收费、供配电设施、健康监测系统等进行增设、维修或更新；其他。<br>交安设施：集中更换或新设标志标牌、防眩板、隔音屏、隔离栅、中央活动门、限高架等；整段路面标线的施画；集中维修、更换或新设公路护栏、警示桩、道口桩、减速带等；其他。<br>管理服务设施：公路养护、管理、服务等的房屋、场地和设施设备的维修、改造、扩建或增设；其他。<br>绿化景观：更换、新植行道树及花草，开辟苗圃等；公路景观提升、路域环境治理等 |
| 专项养护 | 为恢复、保持或提升公路服务功能而集中实施的完善增设、加固改造或拆除重建等工程 | 针对阶段性重点工作实施的专项公路养护治理项目 |
| 应急养护 | 在突发情况下造成公路损毁、中断、产生重大安全隐患等，为较快恢复公路安全通行能力而实施的应急性抢通、保通、抢修 | 对自然灾害或其他突发事件造成的障碍物的清理；<br>公路突发损毁的抢通、保通、抢修；<br>突发的经判定可能危及公路通行安全的重大风险的处治 |

注：1. 修复工程大修、中修、小修由各地结合自身管理需要，按照项目规模自行划分。

2. 专项养护具体作业内容由各省结合阶段性重点工作自行确定，如灾害防治工程、灾毁修复工程、畅安舒美创建工程等。

1. 预防养护

预防养护是指公路整体性能良好但有轻微病害，为延缓性能过快衰减、延长使用寿命而预先采取的主动防护工程。

2. 修复养护

修复养护是指公路出现明显病害或部分丧失服务功能，为恢复技术状况而进行的功能性结构性修复或定期更换，包括大修、中修、小修。

3. 专项养护

专项养护是指为恢复、保持或提升公路服务功能而集中实施的完善增设、加固改造、拆除重建、灾后恢复等工程。

4. 应急养护

应急养护是指在突发情况下造成公路损毁、中断、产生重大安全隐患等，为较快恢复公路安全通行能力而实施的应急性抢通、保通、抢修。

### 四、有关养护政策

交通运输部根据我国公路建设和公路运营情况，颁布了有关公路养护的政策法规，如《“十三五”公路养护管理发展纲要》《公路养护工程市场准入暂行规定》《公路养护工程管理办法》（交公路发[2001]327号）。各省（自治区、直辖市）根据交通运输部政策结合本省实际制定了相应的公路大中修养护管理实施细则有关政策。

## 第四节 公路施工程序

为了编制合理的施工组织设计，必须了解公路施工程序。不论是公路工程基本建设，还是公路工程大中修工程项目，公路施工程序是一致的。公路施工程序是指施工单位从接受施工任务到工程竣（交）工验收阶段必须遵守的工作顺序。

公路施工程序主要包括：接受施工任务（即签订工程承包合同）、施工准备工作、工程施工和竣（交）工验收。

### 一、签订工程承包合同

施工单位接受施工任务通常有三种方式：一是上级主管部门统一布置任务，下达计划安排；二是经主管部门同意，自行对外接受的任务；三是参加投标，中标而获得任务。现在，施工任务主要通过参加投标，通过市场中的平等竞争而取得。

接受施工项目时，首先应该查证核实工程项目是否列入国家计划，必须有批准的可行性研究、初步设计（或施工图设计）及概（预）算文件方可签订施工承包合同，进行施工准备工作。

接受施工任务，以签订施工承包合同为准。施工单位，凡接受工程项目，都必须同建设单位签订工程承包合同，明确各自的权利和义务，即明确双方的经济、技术责任，互相制约，共同保证按质、按量、按期完成建设项目的建设任务。合同一经签订，即具有法律效力，双方要严格履行合同。

施工承包合同内容一般包括:①简要说明;②工程概况;③承包方式;④工程质量;⑤开(竣)工日期;⑥工程造价;⑦物资供应与管理;⑧工程拨款与结算办法;⑨违约责任;⑩质量缺陷责任;⑪奖惩条款;⑫双方的配合协作关系等。

## 二、施工准备工作

施工单位接受施工任务后,即可着手进行施工准备工作。施工准备工作涉及面广,必须有计划、按步骤、分阶段地进行,才能在较短的时间内为工程开工创造必要的条件。准备工作的基本任务是:了解施工的客观条件,根据工程的特点、进度要求,合理安排施工力量,从人力、物资、技术和施工组织等方面为工程施工创造一切必要的条件。施工准备工作的内容可以归纳如下。

### (一)技术准备

#### 1. 熟悉和核对设计文件及有关资料

设计文件是工程施工最重要的依据,组织技术人员熟悉和了解设计文件,是为了明确设计者的设计意图,掌握图纸、资料的主要内容及有关的原始资料。此外,从设计到施工通常都要间隔几年时间,勘测设计时的原始自然状况由于各种原因已经变化,因此,必须对设计文件和图纸进行现场核对。其主要内容如下。

(1)各项计划的布置、安排是否符合国家有关方针、政策和规定以及国家的整体布局;设计图纸、技术资料是否齐全,有无错误和相互矛盾。

(2)设计文件所依据的水文、气象、地质、岩土等资料是否准确、可靠、齐全。

(3)掌握整个工程的设计内容和技术条件,弄清设计规模、结构特点和形式。

(4)核对路线中线、主要控制点、转角点、水准点、三角点、基线等是否准确无误;重点地段的路基横断面是否合理;构造物的位置、结构形式、尺寸大小、孔径等是否适当,能否采用更先进的技术或使用新材料。

(5)路线或构造物与农用设施、水利、航道、公路、铁路、电信及其他建筑物的相互干扰情况及其解决办法是否适当,干扰可否避免(对历史文物纪念地尤为重要)。

(6)对地质不良地段采取的处理措施是否先进合理,对防止水土流失和保护环境采取的措施是否适当、有效。

(7)施工方法、料场分布、运输工具、道路条件等是否符合工程现场实际情况。

(8)临时便桥、便道、房屋、电力设施、电信设施、临时供水、施工场地布置等是否合理。

(9)各项纪要、协议等文件是否齐全、完善。

(10)明确建设期限。

现场核对时,如发现设计有错误或不合理之处,应提出修改意见并报审,待核准批复后再进行现场测量、修改设计、补充图纸等工作。

#### 2. 补充调查资料

进行现场补充调查,是为优化和修改设计、编制实施性施工组织设计、因地制宜地布置施工场地等收集资料。调查的内容主要有:工程地点的地形、地质、水文、气候条件;自采加工材料场储量、地方材料供应情况、施工期间可供利用的房屋数量;当地劳动力情况、工业生产加工

能力、运输条件和运输工具；施工场地的水源、水质、电源，以及生活物质供应情况；当地民俗风情、生活习惯等。

3. 编制实施性施工组织设计和施工预算

实施性施工组织设计是指导施工的重要技术文件。公路是线形工程，施工是野外作业，各地自然地理状况和施工条件差异很大，不可能采用一种固定的、一成不变的施工方案和施工方法，每项工程的施工都需要通过深入细致的工作，分别确定施工方案和施工方法，因此，施工阶段必须编制实施性施工组织设计，并编制相应的施工预算。

4. 组织先遣人员进场

公路施工需要调用大量人工、材料和机具，施工先遣人员的任务就是：结合施工现场的实际情况，具体落实施工人员进场开工后在生产、生活等方面必须解决的问题。对施工中涉及其他部门的问题，做好联系、协调工作。及时与当地政府部门取得联系，争取地方政府对工程施工的支持。

（二）施工现场准备

经过现场核对后，依据设计文件和实施性施工组织设计，认真做好施工现场准备工作。

1. 征地及拆迁

划定工程建设用地，开始征用土地，拆迁房屋、电信及管线设施等各种障碍物（包括施工临时用地）。

2. 技术准备工作

进行施工测量，平整场地；建立工地试验室，进行各种建筑材料试验和土质试验，为施工提供可靠数据；落实各施工点的施工方案以及供水、供电设施；各种施工物资（包括建筑材料、机具设备、工具等）的调查与准备，进场后的堆放、保管及安全工作等。

3. 建立临时生活、生产设施

修建便道、便桥，搭盖工棚，选址修建构件预制场、沥青拌和基地、混凝土搅拌站等大型临时设施；临时供水、供电、供热及通信设备的安装、架设与试运行。

4. 人员、材料、机具陆续进场

施工准备工作基本完成后，即可组建施工机构，集结施工队伍，运送材料、机具并按计划存放和妥善保管等。当施工队伍进场后，应及时做好开工前的政治思想教育，技术学习和安全教育工作。

5. 提出开工报告

上述各项具体准备工作完成后，即可向建设单位或施工监理部门提出开工报告。开工报告必须按规定的格式填写，并按要求或合同规定的最后日期之前提出。

## 三、工程施工

组织施工应有以下基本文件：设计图纸、资料，施工规范和技术操作规程，相关定额，施工图预算，实施性施工组织设计，工程质量检验评定标准和施工验收规范，施工安全操作规程。

在开工报告批准后,才能开始正式施工。施工应严格按照设计图纸进行,如需要变更,必须事先按规定程序报经监理工程师或建设单位批准。按照施工组织设计确定的施工方法、施工顺序及进度要求进行施工。为了确保质量、安全操作,施工要严格按照设计要求和施工技术规范、验收规程进行。发现问题,及时解决。

公路工程施工是一项复杂的系统工程,必须科学合理地组织,建立正常、文明的施工秩序,有效地使用劳动力、材料、机具、设备、资金等。施工方案要因地制宜、结合实际,施工方法要先进合理、切实可行。施工中既要保证工程质量和施工进度,又要注意保护环境、安全生产。

## 四、竣(交)工验收

公路基本建设项目的竣(交)工验收是全面考核公路设计成果,检验设计和施工质量的重要环节。做好竣(交)工验收工作,总结建设经验,对今后提高建设质量和管理水平有重要作用。公路施工单位在竣(交)工验收阶段应做好以下几项工作:

1. 竣(交)工验收准备

工程项目按设计要求建成后,施工单位应自行初检。初检时,要进行竣工测量,编制竣(交)工图表;认真检查各分部工程,发现有不符合设计要求和竣(交)工验收标准之处应及时修改;整理好原始记录、工程变更设计记录、材料试验记录等施工资料;提出初检报告,按投资隶属关系上报。初检报告一般包括如下内容:①初检工作的组织情况;②工程概况及竣(交)工工程数量;③各单项工程检查情况和工程质量情况;④检查中发现的重大质量问题及处理意见;⑤遗留问题的处理意见和提交竣(交)工验收时讨论的问题。

2. 竣(交)工验收工作

竣(交)工验收工作分为交工验收和竣工验收。

(1)交工验收

施工单位所承担的工程全部完成后,经初检符合交工验收条件后,经监理工程师同意,由施工单位向项目法人提出申请,项目法人应及时组织对该合同段进行交工验收。

交工验收的具体工作,由项目法人负责组织公路工程各合同段的设计、监理、施工等单位参加交工验收。拟交付使用的工程,应邀请运营、养护管理单位参加。

交工验收的主要工作内容是:①检查合同执行情况;②检查施工自检报告、施工总结报告及施工资料;③检查监理单位独立抽检资料、监理工作报告及质量评定资料;④检查工程实体,审查有关资料,包括主要产品质量的抽(检)测报告;⑤核查工程完工数量是否与批准的设计文件相符,是否与工程计量数量一致;⑥对合同是否全面执行、工程质量是否合格做出结论,按交通运输主管部门规定的格式签署合同段交工验收证书;⑦按交通运输部规定的办法对设计单位、监理单位、施工单位的工作进行初步评价。

(2)竣工验收

公路工程进行竣工验收应具备以下条件:①通车试运营 2 年后;②交工验收提出的工程质量缺陷等遗留问题已处理完毕,并经项目法人验收合格;③工程决算已按交通运输部规定的办法编制完成,竣工决算已经审计,并经交通运输主管部门或其授权单位认定;④竣工文件已按交通部规定的内容完成;⑤对需进行档案、环保等单项验收的项目,已由有关部门验收合格;

⑥各参建单位已按交通运输部规定的内容完成各自的工作报告；⑦质量监督机构已按交通运输部规定的公路工程质量鉴定办法对工程质量检测鉴定合格，并形成工程质量鉴定报告。

公路工程符合竣工验收条件后，项目法人应按照项目管理权限及时向交通运输主管部门申请验收。

竣工验收委员会由交通运输主管部门、公路管理机构、质量监督机构、造价管理机构等单位代表组成。大中型项目及技术复杂工程，应邀请有关专家参加。国防公路应邀请军队代表参加。

项目法人、设计单位、监理单位、施工单位、接管养护等单位参加竣工验收工作。

竣工验收的主要工作内容是：①成立竣工验收委员会；②听取项目法人、设计单位、施工单位、监理单位的工作报告；③听取质量监督机构的工作报告及工程质量鉴定报告；④检查工程实体质量、审查有关资料；⑤按交通运输部规定的办法对工程质量进行评分，并确定工程质量等级；⑥按交通运输部规定的办法对参建单位进行综合评价；⑦对建设项目进行综合评价；⑧形成并通过竣工验收鉴定书。

3. 技术总结

竣（交）工验收通过后，施工单位应认真做好工程施工的技术总结，以利于不断提高施工技术水平和管理水平。对于施工中采用的新技术和重大技术革新项目，以及施工组织、技术管理、工程质量、安全工作等方面的成绩，应进行专题总结并予以推广。

4. 建立技术档案

技术档案包括：设计文件、施工图表、原始记录、竣工文件、验收资料、专题施工技术总结等。在工程竣（交）工验收后，由施工单位汇集整理、装订成册，按管理等级建档保存，以备今后查用。

## 第五节 公路施工项目管理的概念

公路工程项目管理是针对建设项目运行全过程所进行的管理。这一过程包括许多不同阶段，其中施工阶段的管理是整个工程项目管理的关键，管理的好坏，对于工程项目的质量、项目工期及工程项目投资总额的控制将产生重要的影响。施工组织设计是工程项目管理的重要内容之一，施工组织设计的科学合理性决定了工程项目管理的质量。

### 一、施工项目管理的特点

施工项目管理是施工企业对一个施工项目实施全过程所进行的计划、组织、指挥、协调、控制；是对项目施工全过程和各种生产要素的管理；追求施工项目本身的效益，并符合工程项目总的目标要求。施工项目管理基本特点如下：

（1）施工项目的管理者是建筑施工企业。建设单位或监理单位涉及施工阶段的管理仍属建设项目管理。

(2)施工项目管理的对象是施工项目。由于施工项目的多样性、固定性及庞大性特点,使施工项目的生产活动与市场交易活动交叉在一起,买卖双方都投入生产管理,从而,施工项目管理的复杂性和艰难性是其他生产管理所不能比拟的。

(3)施工项目管理的内容随不同施工阶段施工内容的变化而变化,而且各阶段施工项目管理的内容差异很大,因此管理者必须进行有针对性的动态管理并优化组合资源,才能提高施工效率和施工效益。

(4)施工项目管理要求强化组织协调工作。由于项目施工的人员变动大,资源需要种类繁多,整个施工活动涉及复杂的经济、技术、法律、行政和人际等方面的关系,因此施工项目管理中的组织协调工作十分艰难、复杂、多变,必须加以强化。主要强化方法是优选项目经理,建立调度机构,配备称职的调度人员,提高调度工作的科学化、信息化程度,建立起动态的控制体系。

(5)施工项目管理是建筑工程项目管理的一部分,施工项目管理是由施工企业对工程承包合同规定的承包范围进行管理,仅涉及从投标开始到交工为止的全部生产组织与管理,其目的是生产出建筑产品,取得利润。

## 二、施工项目管理的各阶段任务

### 1. 投标、签约阶段

施工单位从做出投标决策至中标签约,为施工项目管理的立项阶段。此阶段的管理目标是签订工程承包合同。其主要工作有:

(1)建筑施工企业做出是否投标争取承包该项目的决策。

(2)决定投标后,收集相关信息。

(3)编制既能使企业赢利,又有竞争力,可望中标的投标书。

(4)若中标,依法签订工程承包合同。

### 2. 施工准备阶段

此阶段的主要工作有:

(1)根据工程管理的需要建立项目经理部,配备管理人员。

(2)编制施工组织设计。

(3)制订施工项目管理规划。

(4)进行施工现场准备,使之具备施工条件。

(5)提出开工申请报告。

### 3. 施工阶段

此阶段是自开工到竣工的实施过程。在此过程中,项目经理部既是决策机构,又是责任机构。经营管理层、建设单位、监理单位的作用分别是支持、监督和协调。此阶段的目标是完成合同规定的全部施工任务,达到验收、交工的条件。其主要工作有:

(1)按施工组织设计的安排进行施工。

(2)在施工中进行动态控制,保证质量、进度、成本、安全、节约等目标的实现。

(3)管理好施工现场,实行文明施工。

(4)严格履行工程承包合同，协调好内外关系，处理好合同变更及索赔事宜。

(5)做好记录、协调、检查及分析工作。

4. 竣(交)工验收与结算阶段

此阶段的工作目标是对项目成果进行总结、评价，对外结清债权、债务，结束交易关系。主要工作有：

(1)工程收尾。

(2)整理、移交竣工文件，进行财务结算，总结工作，编制竣工总结报告。

(3)办理工程交付手续。

(4)项目经理部解体。

5. 后期服务阶段

此阶段是在竣(交)工验收后，按合同规定的责任期进行用后服务、回访与保修。其目的是保证工程能正常使用，发挥效益。其主要工作有：

(1)为保证工程正常使用而作必要的技术咨询和服务。

(2)进行工程回访，听取使用单位意见，针对使用中的问题，进行必要的维护、维修。

(3)进行沉陷、抗震性能等观察。

## 三、施工项目管理的关键

在施工项目管理的全过程中，为达到各阶段目标和最终目标的实现，必须加强管理，抓住管理工作的关键，才能保证各项工作的顺利进行。

1. 建立施工项目管理组织

(1)由企业采用择优的方式选聘称职的施工项目经理，由注册一级建造师担任。

(2)根据施工项目组织原则，选用适当的组织形式、组建施工项目管理机构，明确责任、权限和义务。

(3)遵照企业规章制度，根据施工项目管理的需要，制订施工项目管理制度。

2. 进行施工项目管理规划

(1)进行工程项目分解，形成施工对象分解体系，以便确定阶段控制目标，从局部到整体地进行施工活动和进行施工项目管理。

(2)建立施工项目管理工作体系，绘制施工项目管理工作体系图和施工项目管理工作信息流程图。

(3)编制施工管理规划，确定管理点，形成文件。此文件就是施工组织设计。

3. 对施工项目进行目标控制

施工项目管理的目标控制是在纵向把总工期化为总目标，根据总目标科学地划分阶段目标，并通过网络计划技术分解为若干节点目标。同时在横向上分为质量控制、工期控制、成本控制、安全控制和施工现场控制五大目标体系然后再按组织体制把所有目标值按纵向到底、横向到边的原则进行科学分解，使参与项目施工的所有单位、部门乃至每个责任人都有自己的奋斗目标，通过小目标的实现来保证大目标的实现。

4. 对施工项目进行动态管理

(1)经营决策层必须协调所有在建项目和预测未来项目的施工力量配备。

(2)项目管理班子必须不断优化内部组合,适应项目需要,同时要强化系统观念,适应动态管理需要。

(3)施工作业层必须掌握项目对施工力量和时间需要的衔接安排,严格执行承包项目的二级网络计划,不断优化劳动组合,以保证工程队力量与任务的动态平衡。

5. 对施工项目进行节点考核

节点考核是把网络计划的主要控制节点的形象进度和时间要求抽出来,作为节点目标和控制目标,进而组织完成目标并严格考核。

实行节点考核,可以协调现场工作,提高施工单位执行网络计划的自觉性,并通过目标和利益导向,广泛调动各方面的积极性,推动技术组织措施的落实,增强自主管理和改进生产要素组合的自觉性,保证节点目标按期到达和项目总目标的最终实现。节点考核要以不断优化技术方案,采用新工艺、新工具为后盾。其主要考核内容包括进度、安全、质量、文明施工等。

6. 施工项目的合同管理

施工项目管理是在市场条件下进行的特殊交易活动的管理,此交易活动从招标开始,持续于项目管理的全过程,因此必须依法签订合同,进行履约经营。

7. 施工项目的信息管理

施工项目管理是一项复杂的现代化管理活动,要依靠大量信息及大量信息的管理,完善的信息系统是施工项目管理的必备条件。各部门要达到协调一致,则需依靠各关联部门之间的信息沟通。

## 四、施工项目管理所要求的条件

施工项目管理的主体是施工企业,要推行科学的施工项目管理,对施工企业的管理运行体制提出了新的要求。

(1)施工企业必须拥有一批素质符合要求的施工项目经理。

(2)要实行项目经理承包责任制,建立精干高效的项目管理班子和组织保证体系。

(3)要求企业实行管理层与劳务层的分离,以实现市场化、弹性化的用人制度。

(4)实现施工项目资源配置市场化,建立企业内部生产要素市场,发挥市场机制对优化项目资源配置的作用。

(5)要建立工程项目为中心,实行独立核算的成本核算体制,重视投入产出,加强成本控制,使成本控制真正落实到实处。

(6)大力推行行之有效的现代管理技术,实行目标管理、运用网络计划技术、价值工程及全面质量管理等先进管理办法,并建立完整的质量保证体系。

(7)企业应建立完整的信息管理系统。此系统应以计算机为支持,层次清楚、结构合理,信息网络立体交叉,信息服务目标明确、整个系统运转灵敏、正常、有效,以便为项目提供准确、及时的信息。

1. 公路建设的内容是什么？
2. 公路基本建设资金来源是什么？
3. 公路建设的特点是什么？
4. 公路基本建设定义及内容构成是什么？
5. 公路基本建设项目的组成是什么？
6. 公路基本建设程序是什么？
7. 公路施工程序主要包括什么？
8. 什么是施工项目管理？
9. 公路沥青路面中修工程的内容有哪些？
10. 交通运输部关于公路养护工程中预防养护、修复养护、专项养护和应急养护的定义是什么？
11. 论述公路预防性养护的优点？
12. 如何对施工项目进行目标控制？

# 第三章
CHAPTER THREE

# 施工过程组织原理

## 第一节 公路施工过程的概念、要素和组织原则

### 一、公路施工过程的概念

施工过程就是生产建筑产品的过程,是由一系列相联系的施工生产活动所组成,是劳动者利用劳动工具作用于劳动对象的过程。为了更有效地组织施工生产,必须首先研究施工生产过程的内容,施工生产过程的内容是相互联系的劳动过程和自然过程的结合。公路施工过程有两方面的含义:①劳动过程,离不开人、材料、机械等;②自然过程,如水泥混凝土硬化过程养生,乳化沥青分裂过程等。

按施工过程的劳动性质及在基本建设中起的作用,可将施工过程划分为:

1. 施工准备过程

施工准备过程指建筑产品在投入生产前所进行的全部生产技术准备工作,如可行性研究、勘察设计、施工准备等。

2. 基本施工过程

基本施工过程指为完成产品而进行的生产活动即施工现场所发生的活动,如路基、路面、桥涵等的施工。

3. 辅助施工过程

辅助施工过程指为保证基本施工过程的正常进行所需的各种辅助生产活动,如机械设备维修、动力的生产、材料加工等。

4. 服务施工过程

服务施工过程指为基本施工过程和辅助施工过程服务的各种服务过程,如原材料、半成品、机具、燃料等的供应与运输等。

## 二、公路施工过程的要素

组织公路工程施工，必须研究施工过程的最小要素，以适应施工组织、计划、管理等工作。

《公路工程基本建设项目概算预算编制办法》（JTG B06—2007）将公路工程划分为：路基，路面，桥梁涵洞，交叉工程，隧道，公路设施及预埋管线工程，绿化及环境保护工程，临时工程，管理、养护及服务房屋9个项目。每个项目又细分为若干个分部、分项工程。如独立大桥工程，划分为：桥头引道、基础、下部构造、上部构造、沿线设施、调治及其他工程、临时工程7个分部工程。

公路施工过程是将上述分部、分项工程按结构顺序施工。为了更好地管理施工过程，使施工组织设计做得更科学、合理、详细，将施工过程依次划分如下。

### 1. 动作与操作

动作是指工人在劳动时一次完成的最基本的活动，如：筛分试验中的取筛子、向1号筛中放料等。

操作由若干个相互关联的动作组成，例如，消化生石灰这个操作是由“拿工具—走向化灰池—向池中放水—将生石灰投入池中—搅拌”等若干个相互关联的动作所组成。完成一个动作所耗用的时间长短与占用空间大小等，是制定劳动定额最重要的基础资料。

### 2. 工序

工序是指施工技术相同，在劳动组织上不可分割的施工过程，是一个工人或一组工人，在一个工作地上，对同一种劳动对象连续进行的施工生产活动，工序由若干个操作组成。工作地是工人们进行生产活动的场所，也叫施工现场。如，当劳动对象（石砌挡土墙）不动，而由若干个工人顺序地对它进行施工生产活动，即挖基坑—砌基础—砌墙身，每一种生产活动就叫一道工序。再如，“现浇水泥混凝土基础”这一工程项目可分解成以下几道工序：挖基坑—安装钢筋—支模板—制备混合料—浇注混凝土—自然养生—拆除模板。从上述施工工艺流程看出，各工序由不同的工种或使用不同的机具依次地或平行地完成，工序在工人数量、施工地点、施工工具及材料等方面均不发生变化。如果上述因素中某个因素发生改变，就意味着从一道工序转入另一道工序。工序是《公路工程预算定额》的最小子目。

### 3. 操作过程

操作过程是由几个在技术上相互关联的工序所组成的，可以相对独立完成某一分部、分项工程。

在施工组织设计时，我们一般把工序作为最小的施工过程要素。

## 三、公路施工过程的组织原则

影响施工过程组织的因素有很多，如施工地点、施工性质、建筑产品结构、材料、机械设备条件、自然条件等。使施工过程的组织灵活多样,没有完全相同的模式。但是不管施工过程的组织怎样变化,为了降低工程成本,缩短施工工期,保证工程质量,都应遵守以下基本原则。

1. 施工过程的连续性

施工过程的连续性是指建筑产品的施工过程各阶段、各工序的进行,在时间上是紧密衔接的,不发生各种不合理的中断现象,即在施工过程中,劳动对象始终处于被加工、检验状态,或处于自然过程中(如水泥混凝土的硬化)。

保持和提高施工过程连续性,可以降低成本。施工过程的连续性要求凡是能平行进行的不同工序活动(在不同的施工段上),必须组织平行作业,平行性是连续性的必然要求(流水作业法即可体现这一特性)。施工过程的连续性,与施工技术水平有关,同时也与施工组织工作的水平有关。

2. 施工过程的协调性

施工过程的协调性(又称比例性)是指建筑产品的施工过程各阶段、各工序之间,在生产能力上要保持一定的比例关系,不发生脱节和比例失调的现象(如某专业队人数多,生产能力强,造成产品过剩;而另一专业队人数少,生产能力较差,产品供应跟不上,这就属于比例失调,施工过程中应当避免)。协调性在很大程度上取决于施工组织设计的正确性。在施工过程中,由于材料原因(如品种变化、货源改变等)、采用新工艺、自然因素的变化等的影响,都会使实际生产能力发生变化,造成产品比例失调。因此,施工组织工作必须根据变化的情况,采取措施,及时调整各种比例关系,保证施工过程的协调性。协调性是保证施工生产顺利进行的前提,使施工生产过程中人力和设备得到充分利用,避免产品在各个施工阶段和工序之间的停顿、等待,从而缩短施工工期,施工生产过程的协调性在很大程度上取决于施工组织设计的正确性。

3. 施工过程的均衡性

施工过程的均衡性(又称节奏性)是指施工过程的各个环节,都要按照施工计划的要求,在一定时间内,生产出相等或递增数量的产品,使各生产班组或设备的任务量保持相对稳定(即各施工段劳动量大致相等),不发生时松时紧现象(即使用同一种材料、机械或半成品的项目不要安排在同一时间施工)。均衡性能充分利用工时,有利于保证生产质量、降低成本,有利于劳动力和机械设备的调配。实现生产的均衡性,必须保持生产的比例性,加强计划管理,强化生产指挥系统,搞好施工技术和物资准备。

4. 施工过程的经济性

施工过程的经济性是指施工过程除了满足技术要求外,必须讲求经济效益,要用最小的劳动消耗尽量取得较大的生产成果。上述连续性、协调性和均衡性最终都要通过经济效果集中反映出来。

通过以上几点可以看出:连续性、协调性和均衡性是相互制约的、有关联的;施工组织过程中,连续性、协调性和均衡性使用得好,施工过程的经济性自然就能保证。

## 第二节 公路施工过程的时间组织

施工组织设计包括两方面:①施工过程时间组织;②施工过程空间组织。本章主要介绍公路施工过程时间组织,第五章介绍公路施工过程空间组织。

### 一、公路施工过程时间组织的类型

在施工过程中,把施工对象(工程项目)人为地划分成若干段(有些是自然形成的),这些段就叫施工段。

公路施工过程时间组织类型主要有以下三种。

1. 单施工段多工序型

单施工段多工序型是指施工任务不能划分或不需要划分为若干施工段,而只有一个施工段,在这单一的施工段中含有 $n$ 道工序的施工过程。如,一道独立的小涵洞,无法划分施工段,却有多道工序。

2. 多施工段多工序型

多施工段多工序型是指施工任务可以划分为多个施工段,每个施工段又含有 $n$ 道工序的施工过程。如,一条路线,每 1 ~ 2km 可作为一个施工段,每个施工段有若干道相似的工序。

3. 混合型

混合型是指在一个施工任务中,既含有单施工段多工序型,又含有多施工段多工序型。如,一条路线中,只有一座小桥,路线可划分为若干个施工段,一座小桥可单独作为一个施工段。

### 二、公路施工过程中生产力的组织

进行施工生产离不开生产力和施工现场,为了确保工程质量和工程进度,生产力的科学、合理组织至关重要。生产力组织不合理将会导致施工生产不连续、不协调、不均衡,造成资金浪费,延误工期。

1. 按工艺要求组织生产力

按工艺要求组织生产力是专业化施工组织。是根据公路建筑产品的特点,划分施工段和工序,每一道工序按工艺要求组织一个专业队,如试验组、运输组、木工组、钢筋组、模板组、混凝土组、爆破组等。在这些专业组里,集中着同工种的工人和同工种所需的各种工具、机具和设备,对工程项目的各组成部分或其他有关工程项目进行同类工艺的施工。这种组织的特点是:能充分发挥技术、机具和设备的潜力,便于专业化技术管理,可以组织流水作业,有利于采用新工艺、新材料,有利于保证工程质量和提高劳动生产率,但是各专业组之间需要协作配合。

2. 按施工对象组织生产力

按施工对象组织生产力,是按照公路建筑产品的不同(形式不同、施工工艺差距大)及原有地形、地质、地貌的不同分别组织施工生产单位,如桥梁施工队、集中石方工程队、集中土方工程队、小桥涵施工队、防护工程施工队、路面施工队、软土地基处治施工队等。在这些专业化施工队里,集中着为生产某种产品所需的各种工具、机具、设备和工种。这种组织有利于采用先进的施工方法和技术革新,有利于保证工程质量,便于施工现场管理。

在实际工程中,原则上先考虑按施工对象组织生产力,然后再根据各施工对象特点划分施工段和工序,根据各施工段工程量大小和工艺要求再一次组织生产力。

## 三、公路施工过程时间组织的表示方法

时间组织成果是指导施工生产的依据。是进行劳动力安排、机具和机械设备调度的参考,是材料品种选择、确定材料数量和运输时间的依据,是施工场地空间组织的参考资料。考虑到这些因素和满足简单实用、直观方便的要求,最终使用一种含有大量相关数据、各种信息的图表方式表示出来,这就是工程施工计划进度图。目前公路工程施工过程时间组织所采用的"工程施工计划进度图"主要有如下几种。

(1)横道式工程施工进度图,又称横道图或甘特图。

(2)垂直坐标式工程施工进度图,又称斜线图或垂直图。

(3)网络图形式的工程施工进度图。公路工程常采用双代号网络图和单代号网络图。

上述几种表示公路工程施工过程时间组织的"工程施工计划进度图",有关它们的编制方法、应用和特点等,将在第五章介绍。

## 四、公路施工过程时间组织的基本作业方法

公路工程是线形分布的工程,具有固定性、分散性等特点。在施工组织方面,就公路工程总体而言,其施工组织具有集中与线形分布的双重性,且多属于多工段多工序型生产组织类型。因此,施工过程时间组织是通过作业班组,在施工对象间进行作业的运动方式来表现的。在公路施工过程中,公路施工的时间组织有三种基本作业方法:顺序作业法、平行作业法、流水作业法(其概念见例3-1)。在进行公路施工组织设计时,这三种作业方法既可以单独运用,也可以综合运用;顺序作业法、平行作业法、流水作业法及其综合运用法既可以用横道图表示,也可以用网络图表示。两种图示方法可以互换(在第四章将简单介绍其转化方法)。下面举例讲解三种基本作业方法(本章仅介绍横道图,网络计划法在下一章介绍)。

**例3-1**:4座小涵洞的施工任务(假定4座小涵洞的劳动量相等,施工条件、技术配备、工程数量等完全相同)。

**分析**:4座小涵洞自然形成了4个施工段,可把每一个施工段划分成3道工序,即:基础、洞身、洞口。可以采用下面3种基本作业方法完成该施工任务。

1. 顺序作业法

当施工任务含有若干个施工段时(人为划分或自然形成),由同一班组工人,完成一个施工段后,再去接着完成另一个施工段,依次按顺序进行,直至完成全部施工段的作业方法,见图3-1。

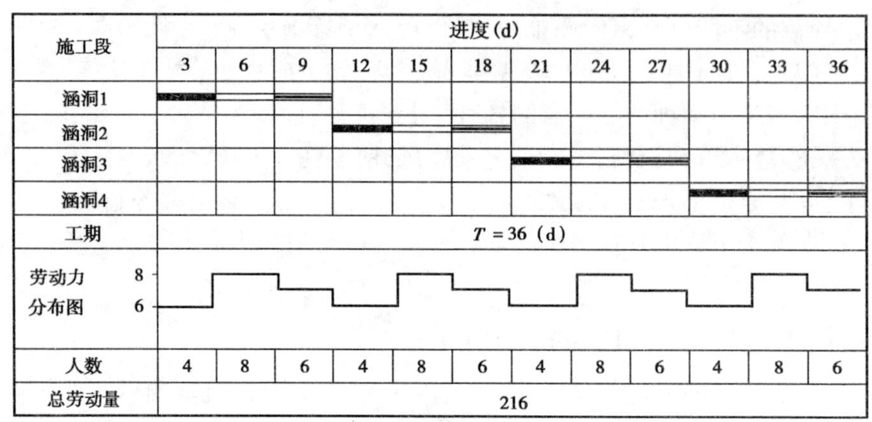


图3-1 顺序作业法

由图3-1可以看出,顺序作业法完成 $m$ 个施工任务所需的总施工时间 $T$ 为:完成一个任务所需时间 $t$ 的 $m$ 倍,即:$T = mt$(本例 $T = 4 \times 9\text{d} = 36\text{d}$)。

顺序作业法有以下特点:

(1)不能充分利用工作面去争取时间,所以工期长。

(2)施工队不能实行专业化施工,不利于提高工程质量和劳动生产率;机械设备不能充分利用。

(3)劳动力需要量波动大。

(4)单位时间内需要投入施工现场的资源数量较少,有利于资源供应的组织工作。

(5)因为只有一个施工队在施工,所以施工现场的组织管理工作比较简单。

由此可见,顺序作业法适用于工期要求不严的小型项目。

2. 平行作业法

平行作业法是当施工任务含有若干个施工段时,各个施工段同时开工,平行生产,同时完工的一种作业方法。即施工任务含有多少个施工段,就相应地组织多少个施工队,见图3-2。

由图3-2可以看出,用平行作业法组织生产,完成 $m$ 个施工任务所需的总施工时间 $T$ 等于完成一个任务所需的时间 $t$,即:$T = t$(本例 $T = 9\text{d}$)

平行作业法有以下特点:

(1)充分利用了工作面,缩短了工期。

(2)施工队不能实行专业化施工,不利于提高工程质量和劳动生产率。

(3)协调性、均衡性差,劳动力需要量出现高峰。

(4)单位时间内需要投入施工现场的资源成倍增长,给材料供应、机械设备调度等带来困难。

(5)因为施工队多,人员集中,所以,施工现场的组织管理工作复杂。

由此可见,只有当施工任务十分紧迫,工期紧张,工作面允许及资源充分,能保证供应的条件下,才能使用这种作业方法。

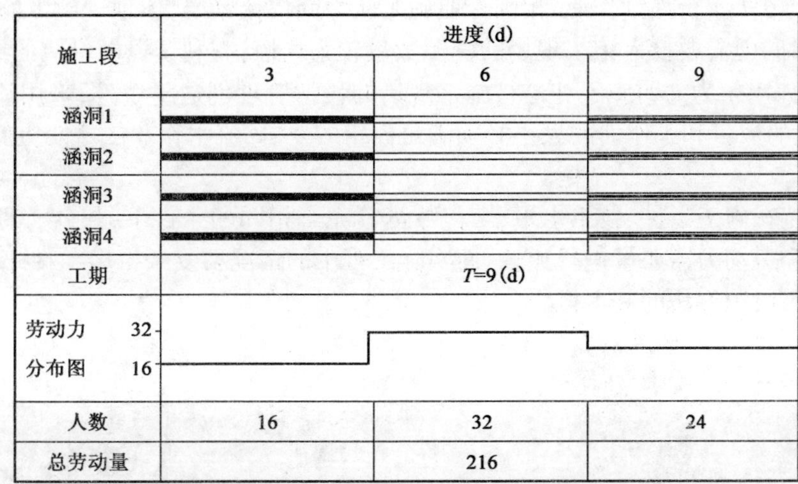


图3-2 平行作业法

3. 流水作业法

当施工任务含有若干个施工段时,其各个施工段相隔一定时间依次投入施工生产,相同的工序依次进行,不同的工序则平行进行的一种作业方法,见图3-3。

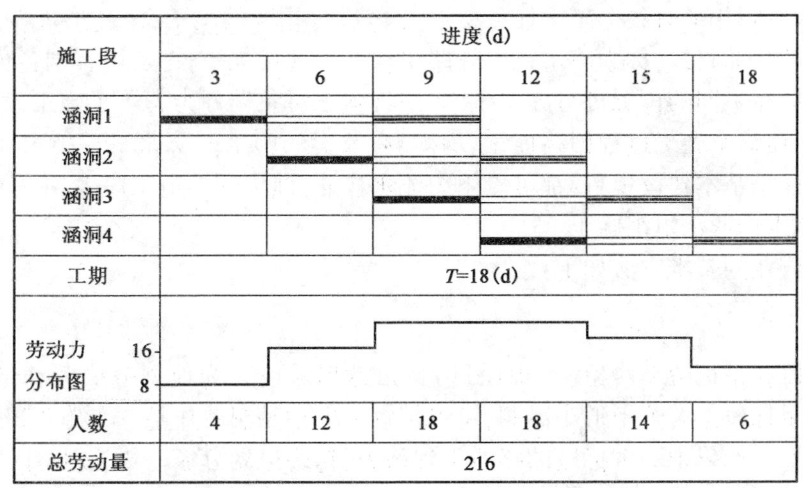


图3-3 流水作业法

由图3-3可以看出,流水作业法完成 $m$ 个施工任务所需的总施工时间 $T$,比顺序作业法短,比平行作业法长。本例 $T=18\text{d}$。

通过比较可以看出，流水作业法消除了以上两种作业法的缺点，其特点是：

(1)由于流水作业法科学地利用工作面，所以总工期比较合理。

(2)施工队采用专业化施工，可使工人的操作技术水平因熟练而不断提高，为进行技术改造、革新创造了条件，更能保证工程质量，同时获得更高的劳动生产率。

(3)专业施工队实行连续作业，相邻专业施工队之间搭接紧凑，体现了施工的连续性。

(4)单位时间内需要投入施工现场的资源数量较为均衡，有利于资源供应的组织工作。

(5)施工有节奏，为文明施工和进行施工现场的科学管理创造了条件，采用流水作业法组织施工，施工段的数量和工作面的大小必须满足一定的要求，流水作业法才能更好地发挥它的优越性。

以上是假定在施工条件、技术水平、工程数量等完全相同的条件下，仅就 3 种施工组织方法的施工工期和劳动力需要量进行比较，而实际工程中的情况要复杂得多。在此，主要是为了说明这 3 种施工组织方法的基本概念。

## 第三节 流水作业法的原理

### 一、流水作业法的组织

通过对顺序作业法、平行作业法、流水作业法的比较可知，流水作业法是一种比较科学的施工组织方法，它建立在合理分工、紧密协作和大批量生产的基础上。在公路工程施工过程中，将建筑产品施工的各道工序分配给不同的专业队依次去完成，每个专业队沿着一定的方向移动，在不同的时间相继对各个施工任务(施工段)进行相同的施工，由此形成专业队、施工机械和材料供应的移动路线，称为流水线。公路工程施工现场规模较大，可容纳各种不同专业的工人、施工机具，在不同的位置进行施工生产，即将施工对象划分为若干个施工段，以流水形式组织施工作业，使整个施工过程始终连续、均衡、有节奏的施工。公路工程施工任务不论是分部、分项工程，还是基本建设项目，都可以组织流水作业，即小到一道工序大到一个基本建设项目，都可以按流水作业法组织施工。

组织流水作业的基本方法如下：

#### 1. 划分施工段

划分施工段就是把劳动对象(工程项目)按自然形成或人为地划分成劳动量大致相等的若干段。如一个标段上有若干道小涵洞，可以把每一个小涵洞看作是一个施工段，这就自然形成了若干施工段。如果把一个标段的路线工程部分，每公里划分成一段，就属于人为地把劳动对象划分成了若干施工段。

#### 2. 划分工序

划分工序就是把劳动对象(工程项目)的施工过程划分成若干道工序或操作过程，每道工序或操作过程分别按工艺原则建立专业班组，即有几道工序，原则上就应该有几个专业施工队。

3. 确定施工顺序

确定施工顺序就是各个专业班组按照一定的施工顺序，依次、连续地由一个施工段转移到下一个施工段，不断地完成同类施工。如路线的施工顺序是：施工准备、施工放样、路基、路面等。各专业班组按照这样一个施工顺序，由一个施工段转移到下一个施工段，直至完成全部工程。

4. 估算流水时间

施工单位根据能达到的生产力水平和流水强度，确定流水节拍和流水步距。

5. 施工过程的时间组织

为了缩短工期，提高经济效益，减少施工工人和施工机械不必要的闲置时间，本施工段上各相邻工序之间或本工序在相邻施工段之间进行作业的时间，应尽可能地相互衔接起来，即施工段之间、工序之间尽可能连续。

**例 3-2**：有 5 道涵洞，对其基础施工采用流水作业法。

**分析**：①5 道涵洞，自然形成 5 个施工段；②将基础施工分成 3 道工序：施工放样、挖基坑、砌基础；③分别组成 3 个专业施工队，即施工放样 3 人、挖基坑 4 人、砌基础 8 人；④施工顺序是：施工放样→挖基坑→砌基础。具体时间组织成果见图 3-4。

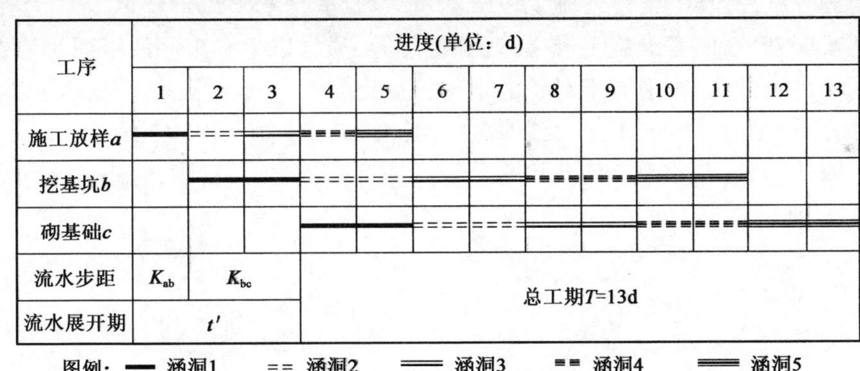


图 3-4　流水作业施工进度图

由图 3-4 可见，当涵洞 1 的施工放样工序完成后，涵洞 1 的挖基坑作业可以进行；同时，涵洞 2 的施工放样和涵洞 1 的挖基坑作业平行地进行施工；依此进行下去，形成流水作业。

## 二、流水作业法的主要参数

用流水作业法组织施工时，施工过程的连续性、均衡性和协调性取决于一系列参数的确定，以及它们之间的相互联系，反映这些关系的参数称为流水参数。一般把流水作业法的参数分为空间参数、工艺参数和时间参数。

## （一）空间参数

执行任何一项施工任务，都要占用一定范围的空间。在组织流水作业时，用工作面、施工段数这两个参数表达流水作业在空间布置上所处的状态，这些参数称为空间参数。

### 1. 工作面

某一专业工种的工人或某种型号的机械在进行施工操作时所必须具备的活动空间称为工作面。

工作面的大小决定了最多能安置多少工人和布置多少台机械操作。它反映空间组织的合理性。工作面的布置以最大限度发挥工人和机械的效力为目的，并遵守安全技术和施工技术规范的规定。

### 2. 施工段数 $m$

施工段的概念前面已经讲过，那么，为什么要划分施工段呢？划分施工段时应注意什么呢？

划分施工段的目的：

（1）多创造工作面，为下道工序尽早开工创造条件。

（2）不同的工序（不同工种的专业施工队）在不同的工作面上平行作业。只有划分施工段，才能展开流水作业。

划分施工段应注意以下几点：

（1）人为划分施工段时，要使各施工段劳动量大致相等，相差以不超过15%为宜。

（2）施工段的划分，应考虑施工规模、资源供应等，通常以主导工序的组织为依据。

（3）施工段的划分，应考虑施工对象的结构整体完整性。如大型人工构造物以伸缩缝、沉降缝为界分段，一般的工程结构应在受力最小而又不影响结构外观的位置分段。

（4）施工段的划分，要考虑各作业班组均有合适的工作面。过小，将不能充分发挥人、机械的作用；过大，则会影响工期。

## （二）工艺参数

任何一项施工任务的施工，都由若干不同种类和特性的工序（施工过程）组成，每一道工序都有其特定的施工工艺。在组织流水作业时，用工序（施工过程）和流水强度这两个参数来表达流水作业施工工艺开展顺序及特征，这些参数称为工艺参数。

### 1. 工序数 $n$

根据具体情况，把一个工程项目（分部工程）划分为若干道具有独自施工工艺特点的个别施工过程，称作工序。如桥梁钻孔灌注桩工程可分为埋护筒、钻孔、浇注混凝土等；预制混凝土构件可分为钢筋组、木工组、支模板组、试验组、混凝土拌和站、混凝土运输、混凝土浇注、混凝土振捣。工序数常用 $n$ 来表示。每一道工序由一个专业班组来承担施工。

工序数要根据构造物的复杂程度和施工方法来确定，划分工序时，应注意以下问题：

（1）工序划分的粗细程度，应以流水作业进度计划的性质为依据。对于实施性的流水作业进度计划，应划分得细一些，可划分到分项工程。对于控制性的进度计划，应划分得粗一些，可以是单位工程，甚至是单项工程。

(2)结合所选择的施工方案划分工序。如钢筋混凝土结构的现场浇注与预制安装,沥青混凝土路面的机械摊铺施工与人工摊铺施工,两者划分施工工序的差异是很大的。

(3)划分工序应重点突出,抓住主要工序,不宜太细,使流水作业进度计划简明扼要。如路面工程可以划分为底基层、基层、面层。

(4)一个流水作业进度计划内的所有工序应按施工先后顺序排列,所采用的工序名称应与现行定额的项目名称一致。

2. 流水强度 $v$

流水强度又称流水能力或生产能力,每一工序(专业班组)在单位时间内所完成的工程量(如瓦工组在每工作班砌筑的圬工体积数值)称流水强度。流水强度越大,专业队应配备的机械、需用的人工及材料等也就越多,工作面相应增大,施工期限将会缩短。流水强度按下列公式计算:

(1)机械施工时的工序流水强度按式(3-1)计算:

$$v_i = \sum_{i=1}^{x} R_i C_i \tag{3-1}$$

式中:$v_i$——工序 $i$ 的机械作业流水强度;

$R_i$——某种施工机械台数;

$C_i$——该种施工机械的台班产量定额(时间定额的倒数),是该种机械在单位时间内完成合格产品的数量;

$x$——投入同一工序的主导施工机械种类。

(2)人工操作时的工序流水强度按式(3-2)计算:

$$v_i = R_i C_i \tag{3-2}$$

式中:$v_i$——工序 $i$ 的人工作业流水强度;

$R_i$——每一专业班组人数;

$C_i$——产量定额(时间定额的倒数),平均每一个工人每班产量。

(三)时间参数

每一工序(施工过程)的完成,都要消耗时间。在组织流水作业时,用流水节拍、流水步距、流水展开期、技术间歇时间、组织间歇时间这 5 个参数来表达流水作业在时间排列上所处的状态。这些参数称为时间参数。

1. 流水节拍 $t_i$

流水节拍 $t_i$ 是指一道工序(作业班组)在一个施工段上的持续时间。如图 3-4 中,施工放样工序在各施工段上的流水节拍都等于 1d,挖基坑工序在各施工段上的流水节拍都等于 2d。

当施工段数目确定后,流水节拍的长短,影响总工期。影响流水节拍长短的因素有:施工方案、施工段的工程数量、专业施工队的人数、机械台数、每天的作业班次等。

从理论上讲,流水节拍越短越好。但是实际上,由于工作面的限制,流水节拍 $t_i$ 有一个界限。流水节拍 $t_i$ 有以下几种计算方法:

（1）定额法。在实际工程中，根据实有工人和机械数量按式（3-3）确定流水节拍 $t_i$：

$$t_i = \frac{Q_i S}{Rn} \tag{3-3}$$

式中：$t_i$——流水节拍；

$Q_i$——某施工段的工程数量；

$S$——某工序的时间定额；

$R$——施工人数或机械台数；

$n$——作业班制数，即 1 班、2 班、3 班。

（2）工期反算法。如果施工任务紧迫，必须在规定日期内完成施工任务，可采用倒排进度的方法求流水节拍。首先根据要求的总工期 $T$ 倒排进度，确定某一工序（施工过程）的施工作业总持续时间 $T_i$，再根据施工段数 $m$ 反求流水节拍 $t_i$：

$$t_i = \frac{T_i}{m} \tag{3-4}$$

然后检查反求的流水节拍 $t_i$ 是否大于最小流水节拍 $t_{min}$，如果不满足可通过调整施工段数和专业队人数及作业班次，再综合考虑其他因素，然后重新确定。$t_{min}$ 的计算公式为：

$$t_{min} = \frac{A_{min} Q_i S}{A} \tag{3-5}$$

式中：$A_{min}$——每个人或每台机械所需的最小工作面；

$A$——一个施工段实际具有的工作面数值；

$Q_i$——某施工段的工程数量；

$S$——某工序的时间定额。

2. 流水步距 $K$

流水步距指两相邻不同工序（专业班组）相继投入同一施工段开始工作的时间间隔，即开始时间之差，通常用 $K$ 表示。在图 3-4 中，施工放样专业队第一天开始作业，挖基坑专业队从第二天开始作业，则这两支专业队之间的流水步距 $K = 1$。

流水步距 $K$ 的大小，对总工期有很大影响。在施工段数目和流水节拍确定的条件下，流水步距越大，则总工期就越长；反之，则相反。确定流水步距时，在考虑正确的施工顺序、合理的技术间歇、适当的工作面和施工的均衡性的同时，一般还应遵循以下原则：

（1）采用最小的流水步距，即相邻两工序在开工时间上最大限度地、合理地连接，以缩短工期。

（2）流水步距要能满足相邻两工序在施工顺序上相互制约的关系。

（3）尽量保证各施工专业队都能连续作业。

（4）确定流水步距要保证工程质量，满足安全施工的要求。

3. 流水展开期

从第一个施工专业队开始作业起，到最后一个施工专业队开始作业止，其时间间隔称为流水展开期，用 $t'$ 表示。显然，流水展开期之后，全部施工专业队都进入流水作业（当 $m > n$ 时），每天的各种资源需要量保持不变，各专业队每天完成相应的工作量，开始了连续、均衡而紧凑的流水作业阶段。由图3-4可见，流水展开期$t'$的数值等于各流水步距$K$值之和。

4.技术间歇时间

在组织流水作业时，不仅要考虑专业队之间的协调配合、施工质量、施工安全等，有时应根据材料特点和工艺要求，还要考虑合理的工艺等待时间，然后下一专业队才能进入施工，这个等待时间称为技术间歇时间。如混凝土的凝结硬化、油漆的干燥等。

5.组织间歇时间

在流水作业中，由于施工技术或施工组织的原因，造成流水步距以外增加的间歇时间叫组织间歇时间。如施工进行中的检查、校正，施工人员和机械的转移等需用的时间都是组织间歇时间。

## 三、流水作业法的分类及总工期

由于工程构造物的复杂程度不同，受地理环境影响不同，以及工程性质各异等因素的影响，造成了流水参数的差异，使流水施工作业分为有节拍流水作业和无节拍流水作业。其中，有节拍流水又分为全等节拍流水、成倍节拍流水和分别流水。

### （一）有节拍流水作业

1.全等节拍流水

（1）定义

在组织流水作业时，如果所有工序（施工过程）在各个施工段上的流水节拍彼此相等，这种组织方式的流水作业称为全等节拍流水。

（2）特点

①流水节拍彼此相等，流水步距彼此相等，而且两者的数值也相等，即$t_i = k =$常数，这也是组织全等节拍流水作业的条件。

②按每一道工序各组织一个施工专业队，即施工专业队的数目等于工序数$n$。

③每个施工专业队都能连续作业，施工段没有空闲，实现了连续、均衡而又紧凑的施工，是一种理想的组织方式。但是实际工程中，这种情况并不多见。

（3）总工期计算

由图3-5可知，流水展开期$t'$为各施工专业队（即工序）之间的流水步距$k$值之和。因此，施工专业队（即工序）数为$n$时，流水步距必然只有$(n-1)$个，则：

$$t' = (n-1)k \tag{3-6}$$

最后一个施工专业队（即工序）应在每个施工段上依次作业，它的全部作业时间$t$应为：

$$t = mt_i \tag{3-7}$$

式中：$m$——施工段数；

$t_i$——流水节拍。

流水作业的总工期$T$等于$t'$与$t$之和，即：

$$T = t' + t \tag{3-8}$$

也即
$$T=(n-1)k+mt_i=(m+n-1)k \tag{3-9}$$
式中各符号意义同前。

| 工序 | 进度(单位:d) | | | | | | | | | | | | | | | |
|---|---|---|---|---|---|---|---|---|---|---|---|---|---|---|---|---|
| | 1 | 2 | 3 | 4 | 5 | 6 | 7 | 8 | 9 | 10 | 11 | 12 | 13 | 14 | 15 | 16 |
| a | | | | | | | | | | | | | | | | |
| b | | | | | | | | | | | | | | | | |
| c | | | | | | | | | | | | | | | | |
| d | | | | | | | | | | | | | | | | |
| | $t'=(n-1)k$ | | | | | | $t=mt_i$ | | | | | | | | | |
| | $T=(n-1)k+mt_i$ | | | | | | | | | | | | | | | |

a)

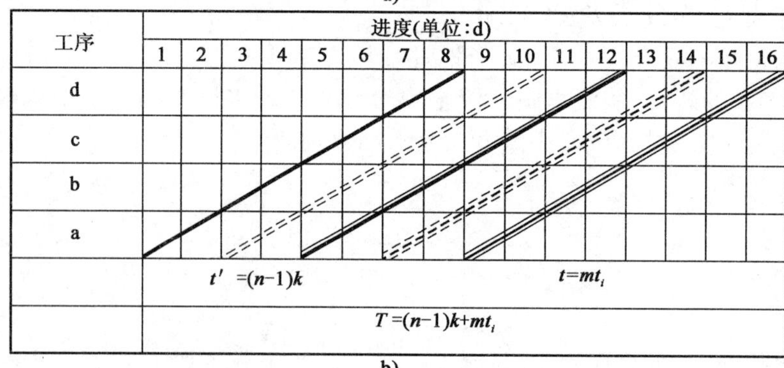


b)

施工段图例：A B C D E

图3-5 全等节拍流水施工进度图

a)横道图；b)斜线图

2. 成倍节拍流水

(1)定义

相同工序的流水节拍在所有施工段上都相等，不同工序的流水节拍彼此不相等，但互为整数倍数关系(1除外)。

(2)特点

①同一工序在各个施工段上的流水节拍彼此相等，不同工序在同一施工段上的流水节拍彼此不相等，但互为整数倍数关系，这也是组织成倍节拍流水作业的条件。

②施工专业队的数目大于工序数。

③各施工专业队都能保持连续施工，施工段没有空闲，整个施工过程是连续的、均衡的，各施工专业队按自己的节奏施工。

(3)成倍节拍流水施工组织

如果仍按全等节拍流水组织施工，则会造成专业队窝工或作业面间歇，从而导致总工期延长。为了使各专业队仍能连续、均衡地依次在各施工段上施工，应按成倍节拍流水组织施工。其步骤如下：

①求各工序的流水节拍的最大公约数 $K_k$。与原流水步距 $k$ 意义不同，$K_k$ 是作为按成倍流水节拍组织流水作业的一个参数，是各道工序都共同遵守的“公共流水步距”。

②求各工序的施工专业队数目 $B_i$。每道工序的流水节拍 $t_i$ 是 $K_k$ 的几倍，就相应安排几个施工专业队，即，施工专业队数目：$B_i = t_i/K_k$。同一道工序的各个施工专业队就依次相隔 $K_k$ 天投入流水作业施工，这样才能保证均衡、连续地施工。

③将施工专业队数目的总和 $\sum B_i$ 看作是“总工序数 $n$”，将 $K_k$ 看作是“流水步距”，然后，按全等节拍流水作业安排施工进度。

④计算总工期 $T$。将 $n = \sum B_i, K_k = k$ 代入公式(3-9)得：

$$T = (m + n - 1)k = (m + \sum B_i - 1)K_k \tag{3-10}$$

**例 3-3**：图 3-6 是一个成倍节拍流水作业图，共有 7 个施工段（$A$、$B$、$C$、$D$、$E$、$F$、$G$），每个施工段有 3 道工序（$a$、$b$、$c$），$a$ 工序（专业队）在各个施工段上的流水节拍 $t_a = 2$；$b$ 工序在各个施工段上的流水节拍 $t_b = 6$；$c$ 工序在各个施工段上的流水节拍 $t_c = 4$。

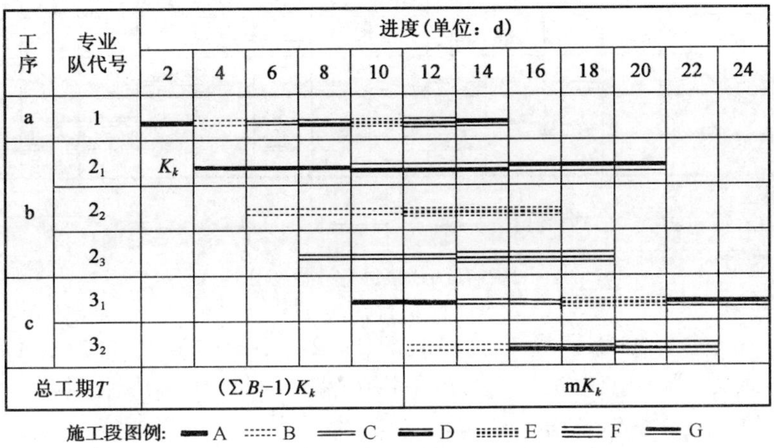

| 工序 | 专业队代号 | 进度（单位：d） | | | | | | | | | | | |
|---|---|---|---|---|---|---|---|---|---|---|---|---|---|
| | | 2 | 4 | 6 | 8 | 10 | 12 | 14 | 16 | 18 | 20 | 22 | 24 |
| a | 1 | | | | | | | | | | | | |
| b | $2_1$ | $K_k$ | | | | | | | | | | | |
| | $2_2$ | | | | | | | | | | | | |
| | $2_3$ | | | | | | | | | | | | |
| c | $3_1$ | | | | | | | | | | | | |
| | $3_2$ | | | | | | | | | | | | |
| 总工期$T$ | | $(\sum B_i-1)K_k$ | | | | | | $mK_k$ | | | | | |

施工段图例：A　B　C　D　E　F　G

图 3-6　成倍节拍流水施工进度图

各工序的流水节拍的最大公约数 $K_k = 2$。由 $B_i = t_i/K_k$ 计算得：$a$ 工序需要 1 个专业队；$b$ 工序需要 3 个专业队；$c$ 工序需要 2 个专业队。

该例 $m = 7$　　$\sum B_i = 6$　　$K_k = 2$　　代入式(3-10)得：

$$T = (7 + 6 - 1) \times 2 = 24(\mathrm{d})$$

3. 分别流水

(1)定义

分别流水是指各工序的流水节拍各自保持不变，即 $t_i$ = 常数，不同工序的流水节拍不完全相同，但不存在最大公约数（除 1 之外），流水步距 $k$ 也是一个变数的流水作业。也就是说，同类工序的流水节拍在各施工段上相等，而不同类工序的流水节拍相互不完全相等。

组织分别流水作业时，首先应保持各施工段本身均衡而不间断地进行，然后将各工序彼此衔接协调。既要避免各工序之间发生矛盾，也要尽可能减少作业面的空闲时间，使整个施工安排保持最大程度的紧凑，以达到缩短工期的目的。

(2)作图

由于流水步距是一个变数,其作图不能像全等节拍流水作业,也不能像成倍节拍流水作业那样。分别流水作业作图,可以采用两种方法,即:①紧凑法(只要具备开工要素就开工),见图 3-7a);②潘特考夫斯基法(各作业队连续作业,在后面介绍),见图 3-7b)。

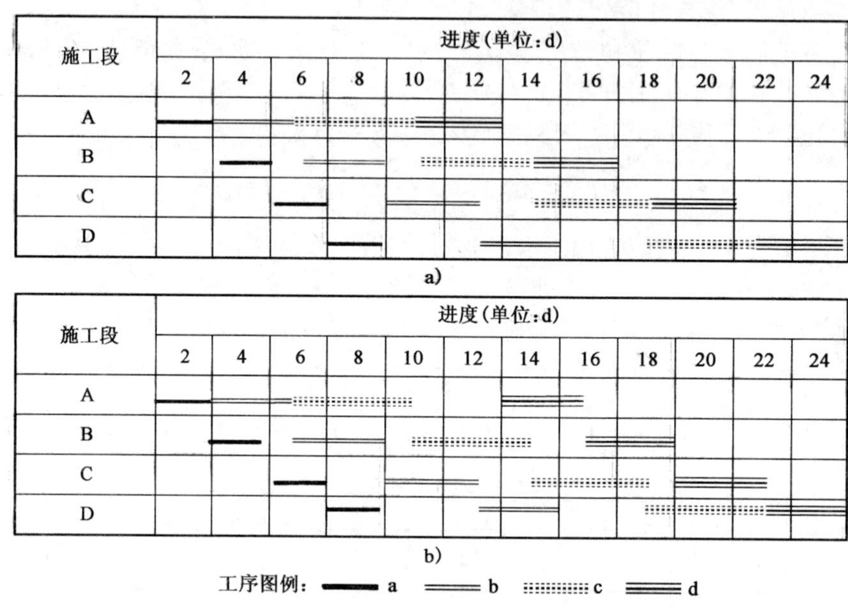


图 3-7 分别流水作业进度图

a)紧凑法;b)作业队连续作业

由图 3-7a)、b)可见,总工期都等于 24d,即 $T=24$,不同的组织方法,总工期相同(这是一个特例)。一般来说,哪种组织方法工期短采用哪种。但是,该例应采用后一种组织方法,因为工期相同的条件下,作业队连续作业更经济。

分别流水作业施工总工期的确定,一般采用作图法确定。因为两种作图方法,会得出两种工期,不能用一个公式表达。

(二)无节拍流水作业

1. 定义

无节拍流水作业是指同类工序的流水节拍在各施工段上不完全相同,而不同类工序的流水节拍相互之间也不完全相等。

对于公路工程来说,沿线工程量并非均匀分布,如大、中型桥梁或路基土、石方的高填、深挖等属于集中型工程。在实际工程中,各施工作业队在机具和劳动力固定的条件下,流水作业速度不可能总保持一致。所以,有节拍流水作业很少出现,大多是无节拍流水作业,即 $t_i \neq$ 常数,$k \neq$ 常数。

2. 作图

无节拍流水作业的作图与分别流水作业一样,也有两种方法,即:①紧凑法(只要具备开工要素就开工),见图 3-8a);②潘特考夫斯基法(各作业队连续作业),见图 3-8b)。

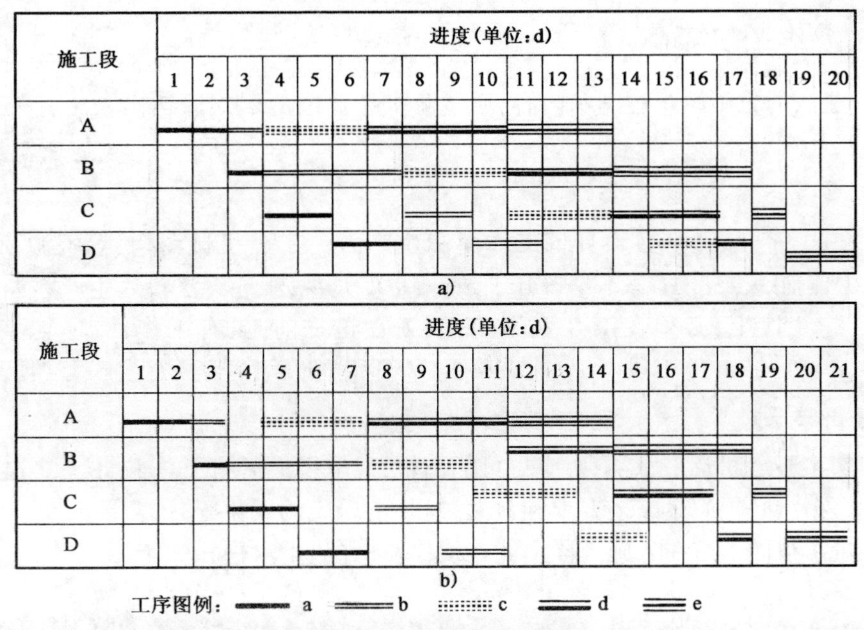


图 3-8　无节拍流水作业进度图

a)紧凑法;b)作业队连续作业

确定无节拍流水作业的施工总工期时,一般采用作图法确定。但是,为了求得最短的总工期,首先必须对施工段的施工次序进行排序(在本章第四节介绍),然后才能以作图法确定其最短总工期。

## 四、流水作业的作图

### (一)流水作业图的形式

按流水作业图中的图形和线条形态及其所表达的内容可分为:

(1)横线工段式,如图 3-5a)所示。

(2)横线工序式,如图 3-8 所示。

(3)斜线工段式,如图 3-5b)所示。

(4)斜线工序式,如图 3-9 所示,由图 3-7b)改画而成。

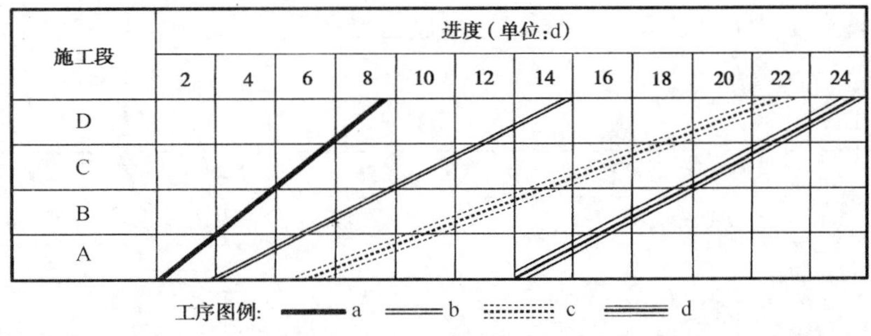


图 3-9　斜线工序式流水作业进度图

（二）流水作业的作图

流水作业法的施工组织意图和内容，通过流水作业图的形式表达出来。有关作图的要点介绍如下。

1. 开工要素

任何一道工序开工时，必须具备**工作面**和**生产力**（工人、机械、材料等资源）两个开工要素，两者缺少任何一个，工序都不具备开工条件，也就是说，工序无法投入生产。如图3-8a）中，b工序在C施工段上，必须在第8天开工，因为在这之前，虽有工作面，但无生产力；又如图3-7a）中，d工序在B施工段上，只能在第14天开工，在第13天虽有生产力，但无工作面。

2. 工序衔接原则

（1）相邻工序之间及工序本身，应尽可能衔接，以取得最短施工总工期。

（2）工序衔接必须满足工艺要求和自然过程（混凝土的硬化等）的需要。

（3）尽量求得同工序在各施工段上能连续作业，并尽量求得相邻工序，在同一施工段上能连续作业。

（4）图中的首工序和末工序，均可按需要与可能采取连续作业或间歇作业。

3. 工序紧凑法流水作业组织

为了使流水作业图取得最短总工期，在作图时，各相邻工序之间，尽量紧凑衔接。即尽量使所排工序向作业开始方向靠拢（一般向图的左端）。图3-8a）为按工序紧凑法组织的流水作业；图3-8b）为按专业队连续作业组织的流水作业。两种组织方法，工期相差1天，在实际生产中，若工期紧，应取图3-8a）的组织方式。

4. 专业队在各施工段间连续作业的组织

在流水作业组织中，可使各个专业队在各施工段间连续作业，以避免"停工待面"和"干干停停"。这样，尽管不能保证工期最短，但经济效益也是有保证的。

在总工期尽可能短的条件下，为了组织各施工专业队能在各个施工段间进行连续作业，必须确定相邻各专业队（相邻工序）间最小流水步距 $K_{min}$。最小流水步距 $K_{min}$ 可以用潘特考夫斯基法和"纸条串法"确定。

（1）潘特考夫斯基法

此法也叫"累加数列错位相减取大差法"。下面以具体示例介绍其步骤。

①作表。按施工段和工艺顺序，将各工序（施工专业队）在各施工段上的流水节拍值列于表3-1中。

**流水节拍表**（单位：d）　　表3-1

| 工　序 | 施　工　段 | | | |
|---|---|---|---|---|
| | A | B | C | D |
| a | 2 | 3 | 3 | 2 |
| b | 2 | 2 | 3 | 3 |
| c | 3 | 3 | 3 | 2 |

②求首施工段上各最小流水步距 $K$。

a. 求 $K_{ab}^{A}$。

将 a 工序的 $t_a$ 依次累计叠加，可得数列：2　5　8　10；

将 b 工序的 $t_b$ 依次累计叠加，可得数列：2　4　7　10；

将后一工序的数列向右错一位，进行两数列相减，即：

$$\begin{array}{rrrrrr} \text{a:} & 2 & 5 & 8 & 10 & \\ -)\ \text{b:} & & 2 & 4 & 7 & 10 \\ \hline & 2 & 3 & 4 & 3 & -10 \end{array}$$

则所得数列中的最大正数 4，即为 a、b 两工序的最小流水步距 $K_{ab}^{A}=4$。

b. 同理求 $K_{bc}^{A}$。

$$\begin{array}{rrrrrr} \text{b:} & 2 & 4 & 7 & 10 & \\ -)\ \text{c:} & & 3 & 6 & 9 & 11 \\ \hline & 2 & 1 & 1 & 1 & -113 \end{array}$$

则所得数列中的最大正数 2，即为 b、c 两工序的最小流水步距 $K_{bc}^{A}=2$。

如果还有更多的工序，施工段也比此例多，那么最小流水步距的求法完全相同。

③绘制流水作业图。根据求得的最小流水步距和流水节拍表 3-1，绘制流水作业图，见图 3-10。

| 工序 | 进度(单位：d) | | | | | | | | | | | | | | | | |
|---|---|---|---|---|---|---|---|---|---|---|---|---|---|---|---|---|---|
| | 1 | 2 | 3 | 4 | 5 | 6 | 7 | 8 | 9 | 10 | 11 | 12 | 13 | 14 | 15 | 16 | 17 |
| a | | | | | | | | | | | | | | | | | |
| b | $K_{ab}^{A}=4$ | | | | | | | | | | | | | | | | |
| c | | | | | $K_{bc}^{A}=2$ | | | | | | | | | | | | |

a)

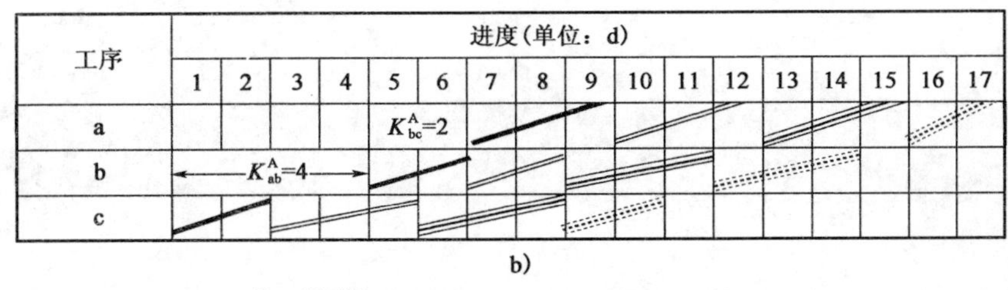


b)

施工段图例：A　B　C　D

图 3-10　最小流水步距流水作业进度图

a)横道图；b)垂直图

④结论：由图 3-10 可得总工期 $T=17$d，若采用紧凑法组织施工，可得总工期 $T=16$d。在实际生产中，根据具体情况选取组织方法。

(2)纸条串法

此法只适用于横线工段式。以图 3-10 为例，利用纸条串法求 $K_{min}$ 的步骤如下。

①作流水节拍表，同填列表 3-1 一样；

②绘制“流水作业进度图”的图框，填好施工进度日历和工序名称(以下简称进度图)；

③将首工序即 a 工序，在各个施工段上的流水节拍直接连续地绘于进度图上，并标明施工段名称；

④将 b 工序在各施工段上的流水节拍连续地绘在纸条上，并标明施工段名称。然后，将纸条在"进度图"的 b 工序行内由左向右调整，调整的原则是：相同符号的施工段不能重叠（重叠说明两个不同的施工专业队进入了同一个施工段，也就是说：上一道工序还没有完工，还不具备工作面，下一道工序就进入了现场），但要做到衔接最紧凑。调整好后，将纸条固定。

⑤将 c 工序在各个施工段上的流水节拍连续地绘在纸条上，并重复上述方法，调整好后，将纸条固定。

若还有更多的工序，可以一直重复上述方法。实践证明，纸条串法简捷、直观、准确、不必计算。

（三）课堂练习

表 3-2 是给出的一个流水节拍表，请同学们分别用紧凑法和潘特考夫斯基法绘制横道图和相应的斜线图，并对工期进行比较，说明实际工程中用哪种组织方式更科学合理。

**流水节拍表**（单位：d） 表 3-2

| 工　序 | 施　工　段 | | | |
|---|---|---|---|---|
| | A | B | C | D |
| a | 2 | 2 | 2 | 1 |
| b | 1 | 2 | 2 | 4 |
| c | 3 | 3 | 2 | 3 |
| d | 4 | 3 | 1 | 3 |
| e | 3 | 1 | 2 | 4 |

## 第四节　无节拍流水作业施工次序的确定

公路工程由于受施工作业条件、工程结构特性和环境因素的影响，流水作业并不是按照人们的意愿能安排成有规律的稳定性流水作业，而常常会出现无节拍的流水作业。在前面曾提到，在确定无节拍流水作业的施工总工期时，必须先进行施工段排序；否则，将不能求得最短施工总工期。

如果有 $m$ 个施工段，每个施工段都具有 $n$ 道工艺相同的工序（工艺不同的工序无法进行比较），那么，怎样安排各个施工段的施工次序，才能使得总工期最短呢？

这里所指的 $m$ 个施工段，是指那些施工内容相同的单位工程，分部，分项工程（而不同施工内容的施工段无法排序）。$n$ 道工序是指 $m$ 个施工段中，受某种客观条件（如关键设备等）制约的工序，或指某些被人为合并的工序。

## 一、*m* 个施工段 2 道工序的施工次序确定

对于这类问题可以用约翰逊—贝尔曼法则来解决。这个法则的基本思想是：先行工序施工工期短的要排在前面施工；而后续工序施工工期短的要排在后面施工。也即，首先列出 $m$ 个施工段的“流水节拍表”（各个施工段上各工序的流水节拍的计算，将在第五章讲），然后，在表中依次选取最小数，而且每列只选一次，若此“数”属于先行工序，则从前面排，反之，则从后面排。

具体步骤通过示例详解如下：

(1)填列“流水节拍表”，见表 3-3。

**流水节拍表**(单位：d)　　表 3-3

| 工　序 | 施　工　段 | | | | | |
|---|---|---|---|---|---|---|
| | A | B | C | D | E | F |
| a | 4 | 4 | 6 | 8 | 3 | 2 |
| b | 7 | 4 | 5 | 1 | 6 | 3 |

(2)绘制“施工次序排列表”的表格，见表 3-4(熟练后可不绘制此表，而在表 3-3 下边加一栏，直接排序)。

**施工次序排列表**　　表 3-4

| 填表次序 | 施　工　次　序 | | | | | |
|---|---|---|---|---|---|---|
| | 1 | 2 | 3 | 4 | 5 | 6 |
| 1 | | | | | | D |
| 2 | F | | | | | |
| 3 | | E | | | | |
| 4 | | | | | B | |
| 5 | | | A | | | |
| 6 | | | | C | | |
| 列中最小数 | 2 | 3 | 4 | 5 | 4 | 1 |
| 施工段号 | F | E | A | C | B | D |

(3)填表排序。即按约翰逊—贝尔曼法则填充表 3-4，从而可将各个施工段的施工次序排列出来。

本示例中，根据表 3-3，各施工段的施工次序排列如下：

第一小数是 1，属于后续工序，所以填列在表 3-4 中施工次序的最后一格，并将表 3-3 中 D 施工段这一列划去；

第二小数是 2，属于先行工序，所以填列在表 3-4 中施工次序的最前面一格，并将表 3-3 中 F 施工段这一列划去；

以此类推，将表 3-4 填列完毕，可确定各个施工段的最优施工次序为：F、E、A、C、B、D。

(4)绘制施工进度图，确定施工总工期。本示例按流水作业法组织施工，其施工进度图，如图 3-11 所示，其总工期为 28d。

图 3-11 最优施工次序流水作业进度图

若不按约翰逊—贝尔曼法则所确定的施工次序,一般不能取得最短施工总工期。如:本示例,若按表 3-3 的施工次序,即按 A、B、C、D、E、F 的次序施工,则总工期至少需要 34d,比 28d 多 6d。

## 二、*m* 个施工段 3 道工序的施工次序确定

对于这类问题,如果符合下列两种情况中的一种,就可以采用约翰逊—贝尔曼法则,这两种情况是:

(1)第 1 道工序中最小的施工期 $a_{min}$,大于或等于第 2 道工序中最大的施工期 $b_{max}$,即 $a_{min} \geqslant b_{max}$;

(2)第 3 道工序中最小的施工期 $c_{min}$,大于或等于第 2 道工序中最大的施工期 $b_{max}$,即 $c_{min} \geqslant b_{max}$。

对于 $m$ 个施工段 3 道工序时,施工次序的排序问题,只要符合上述两条中的一条,即可按下述步骤来求得最优施工次序。

第一步:将各个施工段中第 1 道工序 a 和第 2 道工序 b 的流水节拍(施工期)依次加在一起,即 a + b。

第二步:将各个施工段中第 2 道工序 b 和第 3 道工序 c 的流水节拍(施工期)依次加在一起,即 b + c。

第三步:将上两步中得到的流水节拍表(施工工期表)看作两道工序的流水节拍表(施工工期表),见表 3-5 中的 a + b 和 b + c。

第四步:按上述 $m$ 个施工段 2 道工序时的排序方法,求出最优施工次序。

第五步:按所确定的施工次序绘制施工进度图,确定施工总工期。

现举例说明,见表 3-5。

**流水节拍表**(单位:d) 表 3-5

| 工　序 | 施　工　段 | | | | |
|---|---|---|---|---|---|
| | A | B | C | D | E |
| a | 3 | 2 | 8 | 10 | 5 |
| b | 5 | 2 | 3 | 3 | 4 |
| c | 5 | 6 | 7 | 9 | 7 |
| a + b | 8 | 4 | 11 | 13 | 9 |
| b + c | 10 | 8 | 10 | 12 | 11 |
| 最优次序 | B | A | E | D | C |

本例按上述方法确定出最优施工次序为 B、A、E、D、C，总工期为 39d；若按 A、B、C、D、E 的顺序施工，则总工期为 42d。

如果 $m$ 个施工段 3 道工序，不满足上述特定条件，应如何确定最优施工次序呢？对于这种情况，我们采用穷举法，找出最优施工次序。即还是按照上述原理，将工序重新组合成虚拟的 2 道工序（包括所有可能的情况），再按约翰逊—贝尔曼法则确定最优施工次序。举例说明，见表 3-6。

**流水节拍表**（单位：d） 表 3-6

| 工 序 | 施 工 段 | | | |
|---|---|---|---|---|
| | A | B | C | D |
| a | 3 | 4 | 7 | 9 |
| b | 3 | 5 | 6 | 4 |
| c | 5 | 6 | 8 | 7 |

表 3-6 为 4 个施工段，3 道工序，但是不满足上述特定条件，我们可以把 a、b、c 三道工序重新组合成以下 2 道工序（包括了所有组合情况）：(a，b + c)；(a + c，b)；(a + b，c)；(a + b，b + c)；(a + c，b + c)；(a + b，a + c)。

**注意**：先行工序和后续工序的位置不能颠倒，即(a + c，a + b)的组合是错误的。

## 三、$m$ 个施工段工序多于 3 道的施工次序确定及工期

### （一）$m$ 个施工段工序多于 3 道时，施工次序的确定

当工序多于 3 道时，求解最优施工次序变得比较复杂，但是，我们仍可以将工序按一定方式进行组合，将其变成虚拟的 2 道工序，然后再按约翰逊—贝尔曼法则确定较优的施工次序。

由于组合方式很多，每次只能得到较优施工次序，只有列出所有组合方式，从众多较优解中找到最优施工次序。但是，即使我们没有列出所有组合方式，也可以得到相对最优解。下面举一例说明本法的应用。

**例 3-4**：某施工任务有 4 个施工段，每个施工段有 4 道相同工序，其流水节拍表（作业时间表）见表 3-7，求其最优施工次序及最短施工总工期。

**流水节拍表**（单位：d） 表 3-7

| 工 序 | 施 工 段 | | | |
|---|---|---|---|---|
| | A | B | C | D |
| a | 6 | 2 | 5 | 3 |
| b | 4 | 7 | 1 | 2 |
| c | 8 | 9 | 3 | 6 |
| d | 1 | 5 | 4 | 8 |

若不排序，按直接编阵法（见下文）得施工总工期为44d。

**解：**

组合1（表3-8）

**流水节拍表（单位：d）** 表3-8

| 工序 | 施工段 | | | |
|---|---|---|---|---|
| | A | B | C | D |
| a+b | 10 | 9 | 6 | 5 |
| c+d | 9 | 14 | 7 | 14 |
| 较优次序 | D | C | B | A |

较优次序为：D、C、B、A，按直接编阵法得施工总工期为35d。

组合2（表3-9）

**流水节拍表（单位：d）** 表3-9

| 工序 | 施工段 | | | |
|---|---|---|---|---|
| | A | B | C | D |
| a+c | 14 | 11 | 8 | 9 |
| b+d | 5 | 12 | 5 | 10 |
| 较优次序 | D | B | C | A |

较优次序为：D、B、C、A，按直接编阵法得施工总工期为33d。

组合3（表3-10）

**流水节拍表（单位：d）** 表3-10

| 工序 | 施工段 | | | |
|---|---|---|---|---|
| | A | B | C | D |
| a+d | 7 | 7 | 9 | 11 |
| b+c | 12 | 16 | 4 | 8 |
| 较优次序 | B | A | D | C |

较优次序为：B、A、D、C，按直接编阵法得施工总工期为44d。

组合4（表3-11）

**流水节拍表（单位：d）** 表3-11

| 工序 | 施工段 | | | |
|---|---|---|---|---|
| | A | B | C | D |
| a | 6 | 2 | 5 | 3 |
| b+c+d | 13 | 21 | 8 | 16 |
| 较优次序 | B | D | C | A |

较优次序为:B、D、C、A,按直接编阵法得施工总工期为37d。

组合5(表3-12)

**流水节拍表**(单位:d) 表3-12

| 工　序 | 施　工　段 | | | |
|---|---|---|---|---|
| | A | B | C | D |
| a+b+c | 18 | 18 | 9 | 11 |
| d | 1 | 5 | 4 | 8 |
| 较优次序 | D | B | C | A |

较优次序为:D、B、C、A,按直接编阵法得施工总工期为33d,结果同组合2。

从以上5种组合中找出最优顺序为:D、B、C、A,总工期为33d,比按A、B、C、D顺序,施工总工期减少了10d。还有其他组合方式,有兴趣的同学可以继续做下去。五种组合流水节拍表见表3-8~表3-12。

(二)直接编阵法计算工期

在实际工程中,对于小型施工项目的排序问题,就如上例一样,我们可以通过直接编阵法计算工期,而不必每次都画出进度图来确定施工工期。

直接编阵法计算工期的原理是:只要具备了开工要素就可开工,属于紧凑法施工组织安排,具体计算见下例。

**例3-5**:某施工任务有A、B、C、D四个施工段,每个施工段有a、b、c、d四道工序,各道工序在各个施工段上的作业工期(即流水节拍)见表3-13。表3-13中括号外的数字为原始数据,括号内的数字为新元素数据。

直接编阵法计算工期的步骤是:

(1)计算第一行新元素

对于第一行各新元素,可以直接累加得到。因为,对于a工序来说,所有施工段上的工作面都是闲置的,只要有生产力就可以开工,所以,可以直接用旧元素值加左边新元素值得到该新元素值。也就是说,到第26d,a工序(作业队)就完成了所有施工段上的施工任务。

(2)计算第一列新元素

对于第一列(即首施工段A)各新元素,也是直接用旧元素值加上面新元素值得到该新元素值。因为,所有工序(作业队)都是闲置的,即生产力能满足要求,只要有工作面就可以开工,所以,每累加一个数,也就是一道工序已完成了在首施工段A上的操作。

(3)计算其他新元素值

对于其他新元素值,用旧元素值加上面或左边二者新元素中的较大值(之所以加较大值是为了具备开工要素,上面的数值说明有无工作面,左边的数值说明有无生产力)得该新元素值,从第二行起顺序进行,直至完成。具体计算结果见表3-13。本例施工总工期为42d。

流水节拍表(单位:d) 表3-13

| 工　序 | 施　工　段 | | | |
|---|---|---|---|---|
| | A | B | C | D |
| a | 6 | 4(10) | 7(17) | 9(26) |
| b | 3(9) | 5(15) | 6(23) | 4(30) |
| c | 5(14) | 6(21) | 8(31) | 7(38) |
| d | 4(18) | 7(28) | 8(39) | 3(42) |

注:括号中的数值为新元素,施工总工期是42d。

# 第五节 作业法的综合运用

在前面我们讨论了顺序作业法、平行作业法、流水作业法,在实际工程中,这三种作业法不仅可以单独使用,而且可以根据具体条件综合运用。在实际工程中常用的有:平行流水作业法、平行顺序作业法、立体交叉平行流水作业法。

## 一、平行流水作业法

在工程量相同的情况下,平行作业法工期最短,但劳动力、材料、机械等物资的需要量不平衡,我们可以根据实际情况,组织平行流水作业法,既能缩短工期,又能克服平行作业法的缺点,发挥流水作业法的优势。在下例图3-12中,孔1和孔2、孔3和孔4、孔5和孔6、孔7和孔8等为平行作业,孔1和孔3、孔2和孔4、孔5和孔7、孔6和孔8等为流水作业。以钻孔为主导工序进行安排。从孔1至孔8的作业组织属于平行流水作业法;从孔9至孔16的作业组织也属于平行流水作业法。

## 二、平行顺序作业法

平行顺序作业法适合于人力、财力、物力都十分充足,工期又相当紧张的工程任务。虽然没有克服平行作业法造成的人力、物力等的过分集中使用和顺序作业法的不连续等缺点,但在某些特定的情况下可以考虑应用。

## 三、立体交叉平行流水作业法

这种方法综合运用了平行、顺序、流水作业方法的特点。在空间上,利用一切可以利用的工作面,根据实际拥有的机械、材料、人力以发挥其最大效力。以主导工序和主导机械为依据,进行时间组织安排，有效地缩短了施工工期，使整个施工过程处于节奏当中。它非常适合于工序繁多、工程量大而又集中的大型构造物的施工，如立交桥、特大桥的钻孔灌注桩工程、桥墩、桥台施工等。

**例 3-6**：某工程二队承包了一座桥的基础工程，该桥基础为桩基础，共有 16 根钢筋混凝土桩。该工程队的施工组织方法见图 3-12。

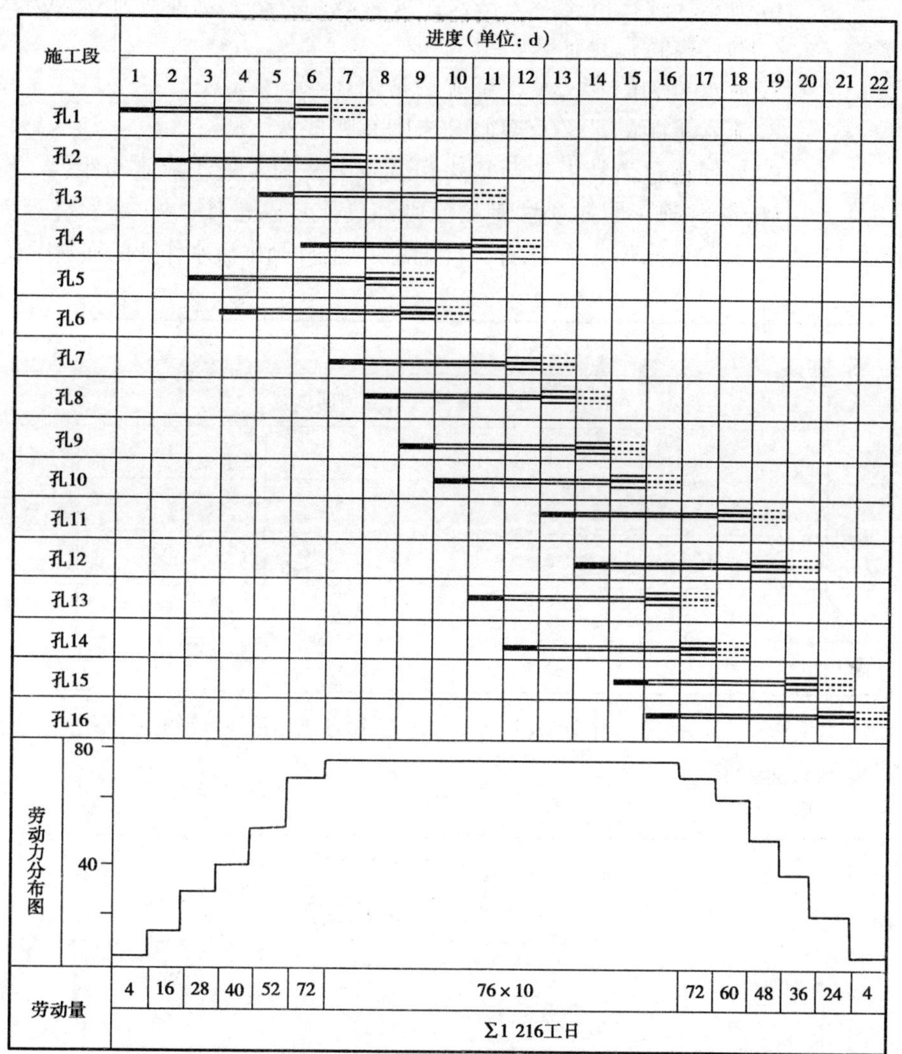


图 3-12 立体交叉平行流水作业进度图

在图 3-12 中，每 8 个孔分成一组，按平行流水作业组织，这两组之间又进行立体交叉施工。由图 3-12 可见，埋护筒作业队一支，清理现场作业队一支，灌混凝土作业队一支，钻孔设备四套，这四个作业队都是连续作业。整个施工过程有条不紊，充分体现了连续、协调、均衡的施工组织原则。

1. 公路施工过程的概念及分类？
2. 公路施工过程的组成及其基本原则是什么？
3. 影响施工过程组织的因素有哪些？
4. 公路施工过程时间组织的类型有哪些？
5. 三种基本公路施工作业方法是什么？各自的特点是什么？
6. 流水作业法的基本方法及主要参数是什么？流水作业法的分类及各自的计算特点是什么？
7. 流水节拍的定义及计算方法是什么？
8. 流水步距的定义及遵循的原则有哪些？
9. 如何通过潘特考夫斯基法和纸条串法确定最小流水步距？
10. 约翰逊—贝尔曼法则的原则和具体步骤是什么？

11. 如表3-14所示，采用流水作业施工，计算计划总工期，并画出流水作业的横道图及垂直图。

表3-14

| 施工过程 | 施工段(d) | | | | |
|---|---|---|---|---|---|
| | 作业时间 | | | | |
| | ① | ② | ③ | ④ | ⑤ |
| A | 5 | 3 | 4 | 5 | 5 |
| B | 4 | 5 | 4 | 3 | 3 |
| C | 4 | 3 | 4 | 4 | 3 |
| D | 6 | 5 | 6 | 5 | 3 |

12. 如表3-15所示，采用流水作业施工，试考虑最短工期方案，计算计划总工期，并画出流水作业的横道图及垂直图。

表3-15

| 施工过程 | 施工段(d) | | | | |
|---|---|---|---|---|---|
| | 作业时间 | | | | |
| | ① | ② | ③ | ④ | ⑤ |
| A | 8 | 6 | 3 | 5 | 6 |
| B | 3 | 4 | 1 | 2 | 3 |
| C | 3 | 4 | 1 | 3 | 2 |
| D | 3 | 5 | 4 | 4 | 6 |

13. 某工程各施工段的施工次序为B、A、C，工序次序为a、b、c、d、e，其流水节拍$t_i$如表3-16所示，若采用工序连续作业，试用潘特考夫斯基法求首工段的最小流水步距$K_{\min}^{B}$，并作图(单位:d)。

流水节拍 $t_i$ 表 表 3-16

| 工　序 | 施工段(d) | | | | |
|---|---|---|---|---|---|
| | a | b | c | d | e |
| B | 2 | 1 | 3 | 1 | 2 |
| A | 3 | 2 | 1 | 2 | 3 |
| C | 2 | 3 | 4 | 3 | 1 |

14. 根据下列工期表(表 3-17),用约翰逊—贝尔曼法则求最优施工工序(单位:d)。

表 3-17

| 工　序 | 施工段(d) | | | | |
|---|---|---|---|---|---|
| | A | B | C | D | E |
| a | 6 | 6 | 8 | 7 | 9 |
| b | 4 | 3 | 4 | 6 | 6 |
| c | 2 | 4 | 1 | 2 | 3 |

15. 已知表 3-18 中所示工程的工段施工次序为 D、B、C、A,采用工序连续施工流水作业法,试用作图法求首工段各工序的流水步距,并确定该工程的最短工期(单位:d)。

表 3-18

| 工　序 | 施工段(d) | | | |
|---|---|---|---|---|
| | D | B | C | A |
| a | 4 | 3 | 5 | 7 |
| b | 3 | 6 | 1 | 2 |
| c | 5 | 9 | 2 | 8 |
| d | 7 | 4 | 5 | 1 |

# 第四章
CHAPTER FOUR
# 网络计划技术

## 第一节 概述

作为工程施工进度图，横道图较易编制，简单明了，直观易懂，便于检查，使用方便，所以从20世纪初一直沿用至今。但是，横道图也有不足之处，它不能体现出哪些工作是关键工作，哪些工作有时差。随着科学技术的不断进步，建设规模的日益扩大，要求计划、生产管理的方法也必须科学化和现代化。要对一个复杂的工程项目进行有效的管理，必须依赖于进度计划；要做好进度计划，必须将工程项目的全部作业具体化、形象化，并按适当顺序加以安排，形成进度计划，从而对工程实行控制，达到预期目标。网络计划技术符合统筹兼顾、适当安排的思想，适应现代化大生产的组织管理和科学研究的需要，因而，在现代化大生产的组织管理中，该方法正在逐步地替代传统的计划管理方法。

### 一、网络计划技术发展简史

1956年，美国杜邦·奈莫斯公司的摩根·沃克与赖明顿·兰德公司的詹姆斯·E·凯利合作，为管理公司内不同业务部门的工作，利用公司的Univac计算机，开发了一种面向计算机描述工程项目的合理安排进度计划的方法，此方法后来被称为关键线路法(CPM)。1958年初，将其用于一所价值1 000万美元的新化工厂的建设，通过与传统的横道图法对比，结果使整个工程的工期缩短了4个月。后来，此法又被用于设备维修，使后来因设备大修需停产125h的工程缩短为停产78h。仅一年就节约了近100万美元，是公司用于发展研究CPM法所用经费的5倍。从此，网络计划技术的关键线路法得以广泛应用。1958年美国海军特种计划局在研制北极星导弹核潜艇时，首次提出了这种控制进度的先进计划方法。北极星计划规模庞大，组织管理复杂，整个工程由8家总承包公司、250家分包公司、3 000家三包公司、9 000多家厂商承担，采用网络计划技术的计划评审技术(PERT)，使原定6年的研制时间提前2年完成。20 世纪 60 年代后,美国又采用 PERT 技术,组织了阿波罗载人登月计划,该计划运用了一个 7 000 人的中心试验室,把 120 所大学、2 万多个企业、42 万人组织在一起,耗资 400 亿美元,于 1969 年,人类的足迹第一次踏上了月球,使 PERT 法声誉大振。随后,网络计划技术风靡全球,为适应各种计划管理需要,以 CPM 方法为基础,又研制出了其他一些网络计划法,如搭接网络技术(DLN)、图形评审技术(GERT)、决策网络计划法(DN)、风险评审技术(VERT)、仿真网络计划法和流水网络计划法等。至此网络计划技术作为一种现代计划管理方法,被广泛应用于工业、农业、建筑业、国防和科学研究各个领域。

我国是从 20 世纪 60 年代开始运用网络计划的,著名数学家华罗庚教授结合我国实际,在吸收国外网络计划技术理论的基础上,将 CPM、PERT 等方法统一定名为统筹法。网络计划技术现在在我国已广泛应用于国民经济各个领域的计划管理中。我国泸州长江大桥 3 号墩的施工过程中,由于使用网络计划方法进行施工计划和管理而提前 1 个月完工,节省投资 60 万元。随着计算机的普及,网络计划技术在我国公路工程招投标、施工组织管理中被广泛应用。

## 二、网络计划的特点

网络计划方法具有以下主要优点:

(1)能充分反映出各项工作之间相互制约、相互依赖的关系。

(2)可以区分关键工作和非关键工作,并能反映出各项工作的机动时间,因而,可以更好地运用和调配人力、材料、机械等各种物资。

(3)可以利用计算机进行计算工作。

(4)能够进行计划的优化比较,选出最优方案。

由此可见,采用网络计划法,能加强工程的管理,但在资源有限的条件下,并不能使施工速度加快很多。

目前,网络计划技术在公路工程中得到普遍应用,尤其是大型工程项目、重点工程项目。在公路施工招投标中,网络计划图是施工组织设计中不可缺少的一部分。

## 三、网络计划的分类

### (一)按性质分类

#### 1. 肯定型网络计划

肯定型网络计划指工作与工作之间的逻辑关系以及工作的工期(在各施工段的流水节拍)都是确定的。

#### 2. 非肯定型网络计划

非肯定型网络计划与肯定型网络计划相反,工作之间的逻辑关系不确定或工作的工期不确定。

### (二)按表示方法分类

#### 1. 单代号网络计划

单代号网络计划是用单代号表示法绘制的网络图。在网络图中,每个节点表示一项工作,箭杆仅用来表示各项工作之间相互制约、相互依赖的关系,见本章第五节。

#### 2. 双代号网络计划

双代号网络计划是用双代号表示法绘制的网络计划图。在网络图中,箭杆用来表示各项工作(工作名称、工作时间及工作之间的逻辑关系),见本章第二节、第三节。

### (三)按有无时间坐标分类

#### 1. 时标网络计划

时标网络计划指以时间坐标为尺度绘制的网络计划。

#### 2. 非时标网络计划

非时标网络计划指不按时间坐标绘制的网络计划。

### (四)按层次分类

#### 1. 总网络计划

总网络计划是以整个建设项目或单项工程为对象编制的网络计划。

#### 2. 局部网络计划

局部网络计划是以建设项目或单项工程的某一部分为对象编制的网络计划。

### (五)其他形式的网络图

如搭接网络图,主要用于工业与民用建筑项目中。

## 四、网络计划技术在公路工程计划管理中应用的一般程序

网络计划技术在公路工程计划管理中起着重要作用,其应用程序如下。

### (一)准备阶段

#### 1. 确定网络计划目标

在编制网络计划时,首先应根据需要确定网络计划的目标,如:

(1)时间目标。

(2)时间—资源目标。

(3)时间—成本目标。

2. 调查研究

为了使网络计划科学而切合实际，计划编制人员应通过调查研究，拥有足够的、准确的各种资料。其调查研究的内容主要包括：

(1)项目有关的工作任务、实施条件、设计数据资料。

(2)有关定额、规程、标准、制度等。

(3)资源需求和供求情况。

(4)有关经验、统计资料和历史资料。

(5)其他有关技术、经济资料。

调查研究可使用以下几种方法：即实际观察、测量与询问、会议调查、查阅资料、计算机检索、信息传递、分析预测等，通过对调查的资料进行综合分析研究，可掌握项目全貌及其相互间的关系，从而预测项目的发展及其变化规律。

3. 工作方案设计

在计划目标已确定并做了调查研究的基础上，就可进行工作方案的设计，其主要内容包括：

(1)确定施工顺序。

(2)确定施工方法。

(3)选择需用的机械设备。

(4)确定重要的技术政策和组织原则。

(5)制订施工中关键问题的技术和组织措施。

(6)确定采用网络图的类型。

在进行工作方案设计时，应遵循以下几项基本要求：

(1)尽可能减少不必要的步骤，在工序分析基础上，寻求最佳程序。

(2)工艺应达到技术要求，并保证质量和安全。

(3)尽量采用先进技术和先进经验。

(4)组织管理分工合理、职责明确，充分调动全员积极性。

(5)有利于提高劳动生产率、缩短工期、降低成本和提高经济效益。

(二)绘制网络图

1. 项目分解

根据网络计划的管理要求和编制需要，确定项目分解的粗细程度，将项目分解为网络计划的基本组成单元——工作。

2. 逻辑关系分析

逻辑关系分析就是确定各项工作开始的顺序、相互依赖和相互制约关系，它是绘制网络图的基础。

3. 绘制网络图

根据新选定的网络计划类型以及项目分解和逻辑关系表，就可进行网络图的绘制，具体方法见后面几节内容。

### (三)时间参数计算

按照网络计划的类型不同，根据相应的方法，即可计算出所绘网络图的各项时间参数值，并确定出关键线路。

### (四)编制可行网络计划

1. 检查与调查

对上述网络计划时间参数计算完后，应检查：工期是否符合要求；资源配置是否符合资源供应条件；成本控制是否符合要求。如果工期不符合要求，则应采取适当措施压缩关键工作的时间，如仍不能满足要求，则应对工作方案的组织关系进行调整；当资源强度超过供应可能时，则应调整非关键工作使资源降低。

2. 编制可行网络计划

对网络计划进行检查和调整之后，必须计算时间参数，根据调整后的网络图和时间参数，重新绘制可行网络计划。

### (五)网络计划优化

可行网络计划一般需要进行优化，方可编制正式网络计划。

1. 网络计划优化目标的确定

常见的优化目标有以下几种，可根据工程实际需要进行选择：

(1)工期优化。

(2)时间固定，资源均衡的优化。

(3)资源强度有限，时间最短的优化。

(4)时间—成本优化。

2. 编制正式网络计划

根据优化结果，即可绘制拟实施的正式网络计划，并编制网络计划说明书，其内容包括：

(1)编制说明。

(2)主要计划指标一览表。

(3)执行计划的关键说明。

(4)需要解决的问题及主要措施。

(5)其他需要说明的问题。

### (六)网络计划的实施

1. 网络计划的贯彻

正式网络计划报请有关部门审批后，即可组织实施。一般应组织宣讲，进行必要的培训，建立相应的组织保障体系，将网络计划中的每项工作落实到责任单位。作业性网络计划要落实到责任者，并制订相应的保障计划实施的具体措施。

2. 计划执行中的检查和数据采集

为了对网络计划的执行进行控制,必须建立、健全相应的检查制度和执行数据采集报告制度。检查和数据采集的主要内容有:关键工作的进度、非关键工作的进度及时差利用、工作逻辑关系的变化情况、资源状况、成本状况、存在的其他问题等。对检查的结果和收集反馈的有关数据进行分析,抓住关键,及时制定对策。对网络计划在执行中发生的偏差,应及时予以调整,从而保证计划的顺利实施。常见的计划调整的内容有:工作持续时间的调整、工作项目的调整、资源强度的调整、成本控制。

(七)网络计划的总结分析

为了不断积累经验,提高计划管理水平,应在网络计划完成后,及时进行总结分析,并应形成制度。通常总结分析的内容包括:

(1)各项目的完成情况,包括时间目标、资源目标、成本目标等的完成情况。

(2)计划工作中的问题及原因分析。

(3)计划工作中的经验总结分析。

(4)提高计划工作水平的措施总结等。

## 第二节 双代号网络计划图的绘制

### 一、双代号网络计划图的组成

双代号网络计划是目前应用较为普遍的一种网络计划形式,它利用网络技术表示一项工程任务或一个计划中各项工作的先后顺序、衔接关系、所需时间和资源,其工作用两个代号表示,这种工作流程图叫网络图。双代号网络计划图由三个要素组成,即箭杆线、节点和流(方向)。

1. 箭杆线

箭杆线表示一项工作。它代表某个专业队(工序)在某个施工段上的操作过程。

根据施工组织设计阶段的不同,箭杆线所表示的工作,取决于网络的层次(即详细程度),可能是单位工程(如某段路线、桥梁工程等),也可能是分部工程(如路基工程、路面工程、土石方工程、砌筑工程等)、分项工程(如浆砌块石、沥青混凝土、挡土墙、挖基坑等)。

箭杆线又分为实箭杆线和虚箭杆线。

(1)实箭杆线简称实箭线,它表示工作既消耗了时间又消耗了资源或只消耗了其中的一种。如,挖基坑这项工作需要消耗人工、机械和时间;再如,混凝土的凝结硬化需要消耗时间。实箭线常用"———→"表示。

(2)虚箭杆线简称虚箭线,它表示工作既不消耗时间又不消耗资源。它只是用来表达工作之间的逻辑关系(即在网络图中,根据施工工艺和施工组织要求正确反映出各道工序之间的相互依赖和相互制约的关系,这正是网络图与横道图的最大不同之处)。虚箭线常用“------►”表示。

2. 节点

节点表示工作与工作之间的衔接关系,它具有相对性,代表前一项工作的结束、后一项工作的开始,常用圆圈加一编号表示,如“ⓘ”。

3. 流(方向)

流(方向)代表线路从头至尾连成一线,说明各项工作的工艺关系,表示完成某些操作过程所需消耗的各种资源。

## 二、识图

### (一)工作的表示方法

一个工作用一条箭线和两个节点表示,如图 4-1 所示。

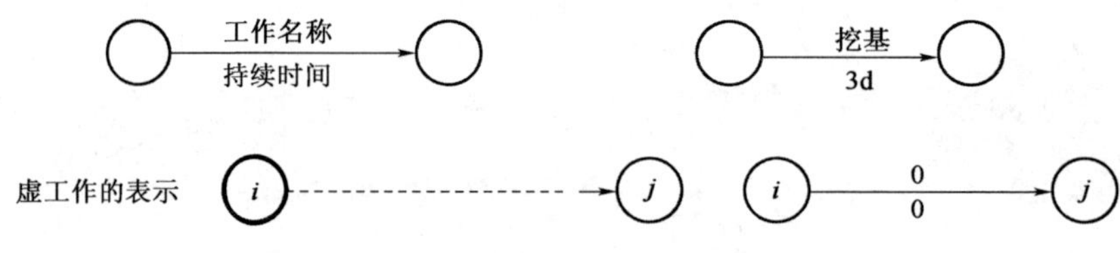


图 4-1 工作的表示方法

### (二)箭线(图 4-2)

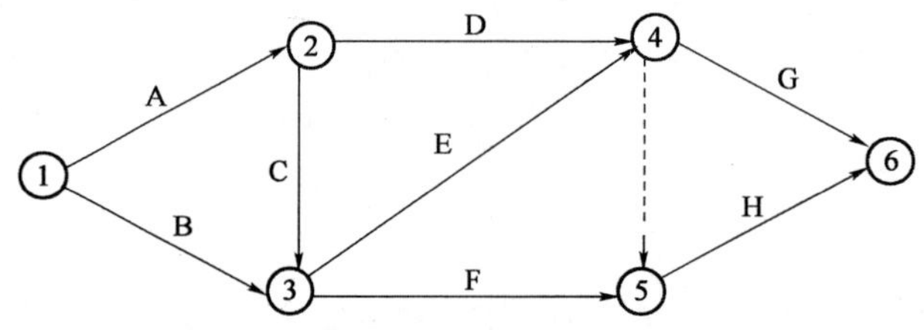


图 4-2 内向箭线与外向箭线示例说明

1. 内向箭线

对节点ⓘ,凡是箭头指向ⓘ节点的箭线都叫内向箭线。如图 4-2 中,③节点的内向箭线是②——►③和①——►③。

2. 外向箭线

对节点ⓘ,凡是箭头指出去的箭线都叫外向箭线。如图 4-2 中,③节点的外向箭线是③——►④和③——►⑤。

## (三)工作关系

### 1. 紧前工作

对工作ⓘ——→ⓙ,凡是ⓘ节点上所有的内向箭线,都叫紧前工作。如图4-2中,E工作的紧前工作是B、C工作。

### 2. 紧后工作

对工作ⓘ——→ⓙ,凡是ⓙ节点上所有的外向箭线,都叫紧后工作。如图4-2中,D工作的紧后工作是G、H工作。

### 3. 先行工作

对工作ⓘ——→ⓙ,凡是在ⓘ节点之前完工的工作,都是先行工作。如图4-2中,G工作的先行工作是A、B、C、D、E工作。

### 4. 后续工作

对工作ⓘ——→ⓙ,凡是在ⓙ节点之后开工的工作,都是后续工作。如图4-2中,C工作的后续工作是E、F、G、H工作。

### 5. 平行工作

就某一工作而言,与其同时施工(作业)的工作,都是该工作的平行工作,从同一节点开始的工作,肯定是平行工作。如图4-2中,A工作的平行工作是B工作。

### 6. 虚工作

如图4-2中,④------→⑤工作是虚工作。

虚工作的作用:虚工作表达一种逻辑关系,起联结前后工作的作用和隔断工作关系的作用。

## (四)节点

### 1. 开始节点

在一个网络图中,只有外向箭线的节点是开始节点,如图4-2中,①节点。

### 2. 结束节点

在一个网络图中,只有内向箭线的节点是结束节点,如图4-2中,⑥节点。

### 3. 中间节点

在一个网络图中,既有内向箭线又有外向箭线的节点是中间节点,如图4-2中,②、③、④、⑤节点。

## (五)线路

从开始节点到结束节点(沿箭流方向),叫一条线路。如图4-2中,①→③→④→⑤→⑥即是一条线路。

## 三、双代号网络计划图的模型

1. 依次开始（表4-1，图4-3）

工作依次开始 表4-1

| 工　作 | A | B | C | 工　作 | A | B | C |
|---|---|---|---|---|---|---|---|
| 紧后工作 | B | C | — | 紧前工作 | — | A | B |

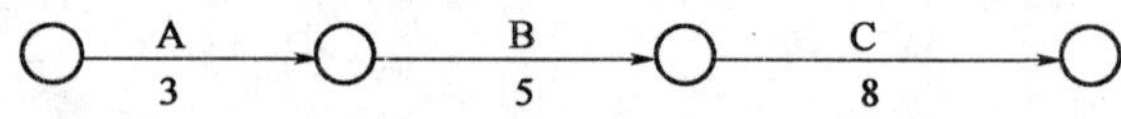


图4-3　工作依次开始

2. 同时开始（表4-2，图4-4）

工作同时开始 表4-2

| 工　作 | D | 工　作 | E | F |
|---|---|---|---|---|
| 紧后工作 | E、F | 紧前工作 | D | D |

3. 同时结束（表4-3，图4-5）

工作同时结束 表4-3

| 工　作 | X | 工　作 | Z | Y |
|---|---|---|---|---|
| 紧前工作 | Z、Y | 紧后工作 | X | X |

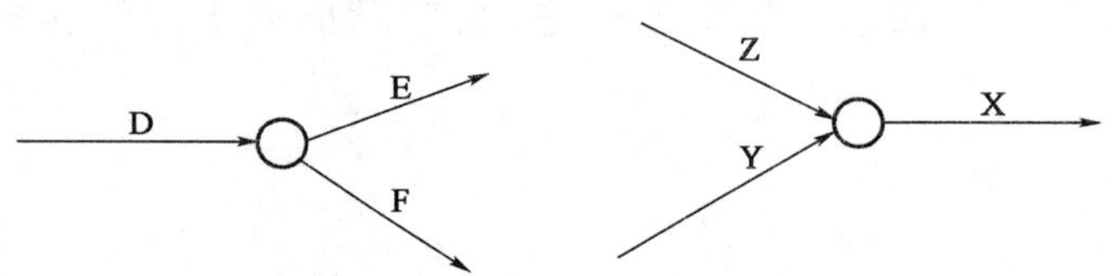


图4-4　工作同时开始　　图4-5　工作同时结束

4. 约束关系

(1)全约束（表4-4，图4-6）

全约束关系 表4-4

| 工　作 | A | B | 工　作 | C | D |
|---|---|---|---|---|---|
| 紧后工作 | C、D | C、D | 紧前工作 | A、B | A、B |

(2)半约束（表4-5，图4-7）

半约束关系 表4-5

| 工　作 | A | B | 工　作 | C | D |
|---|---|---|---|---|---|
| 紧后工作 | C、D | D | 紧前工作 | A | A、B |

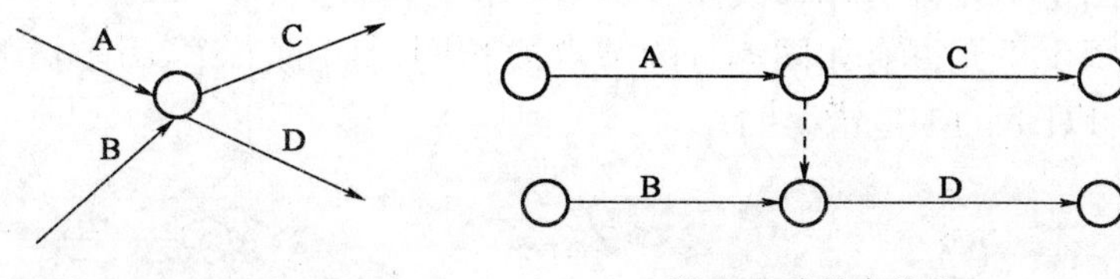


图 4-6　全约束关系　　　　图 4-7　半约束关系

(3)三分之一约束(表 4-6,图 4-8)

三分之一约束关系　　表 4-6

| 工　作 | A | B | 工　作 | C | E | D |
|---|---|---|---|---|---|---|
| 紧后工作 | C、D | D、E | 紧前工作 | A | B | A、B |

5. 两个工作同时开始且同时结束(图 4-9)

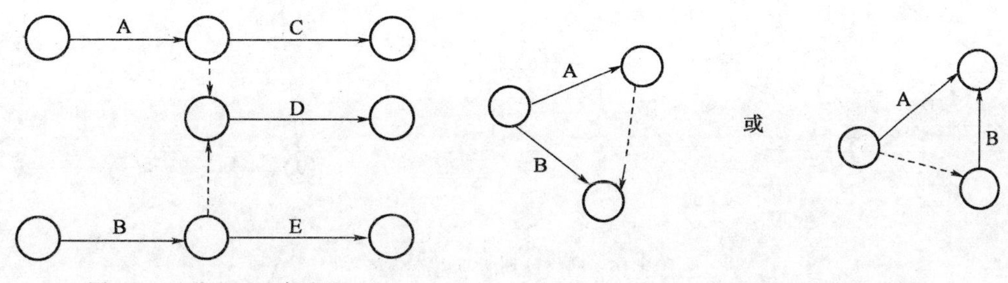


图 4-8　三分之一约束关系　　　　图 4-9　两个工作同时开始且同时结束

## 四、画双代号网络计划图的基本规则

(1)一个网络计划图中只允许有一个开始节点和一个结束节点;图 4-10a)中有两个开始节点,图 4-10b)中有两个结束节点,所以图 4-10 是错误的。

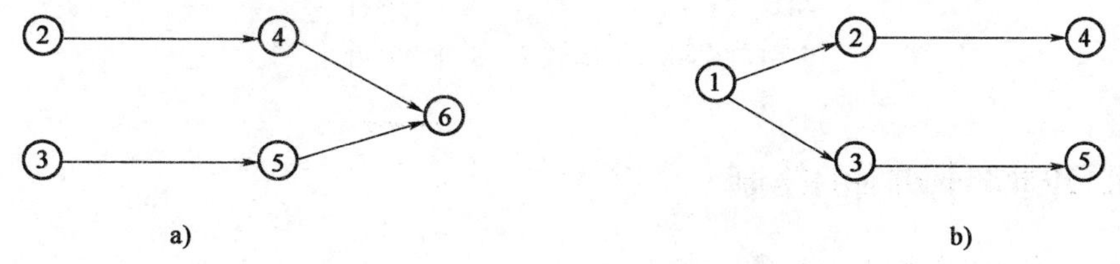


图 4-10　错误的双代号网络计划图一

(2)一个网络计划图中不允许单代号、双代号混用,图 4-11 是错误的。

(3)节点大小要适中,编号应由小到大,但可以跳跃,见图 4-12。

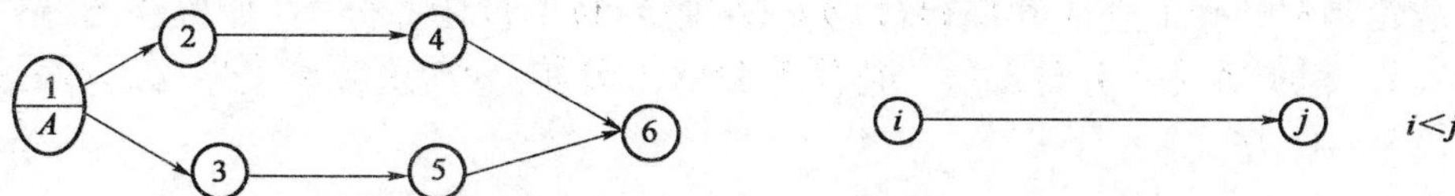


图 4-11　错误的双代号网络计划图二　　　　图 4-12　双代号图节点编号要求

(4)一对节点之间只能有一条箭线,图 4-13 是错误的。一对节点之间不能出现无头箭杆,如"○—○"是错误的。

(5)网络计划图中不允许有循环线路，图 4-14 是错误的。

(6)网络计划图中不允许有相同编号的节点或相同代码的工作；图 4-15 中有两个③号节点，两个 E 工作，所以图 4-15 是错误的。

图 4-13 错误的双代号图三

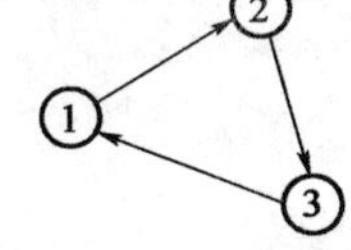


图 4-14 错误的双代号图四

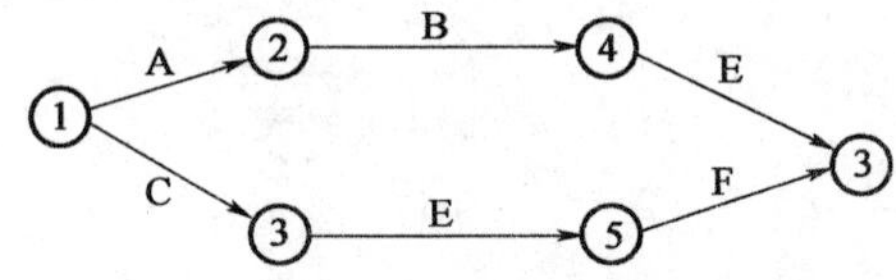


图 4-15 错误的双代号图五

(7)网络计划图的布局应合理，要尽量避免箭线的交叉，如图 4-16a)应调整为图 4-16b)。当箭线的交叉不可避免时，可采用“暗桥”或“断线”方法来处理，见图 4-17a)、图 4-17b)。

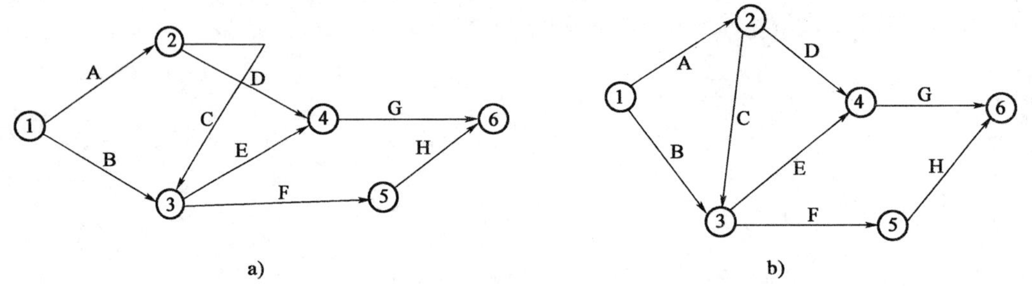


图 4-16 网络计划图避免箭线交叉

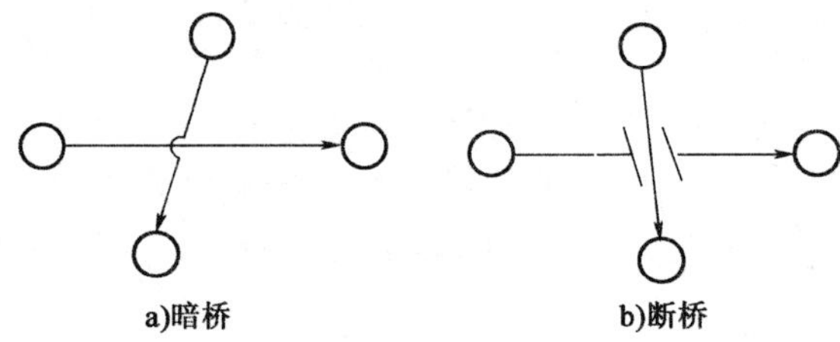


图 4-17 网络计划图箭线交叉处理方法

## 五、双代号网络计划图的绘制

### (一)绘制双代号网络计划图的步骤

#### 1. 工程任务分解

首先应清楚要对哪些工程任务进行计划安排，然后将工程任务分类（如桥涵类、路线类、防护工程类等）。根据各类工程特点将工程任务分解为分部、分项工程或工序，作为网络计划图的最小单元——工作。

#### 2. 确定各分部、分项工程或工序之间的逻辑关系

明确排列出各工作（分部、分项工程或工序）在开始之前应完成哪些紧前工作，或者工作结束之后有哪些紧后工作要进行。

3. 确定各单项工作(分部、分项工程或工序)的持续时间(流水节拍)

确定各单项工作的持续时间除考虑工程量大小,施工单位的生产力水平,投入的劳动力、机械设备、资金数量,还应考虑气候影响及节假日问题,因为工作持续时间的可靠性,直接影响工程进度和工程质量。若时间定的太短,会造成人为的紧张局面,甚至工作无法完成;如果时间定的太长,又造成时间浪费,甚至延误工期,所以确定各项工作的持续时间应充分考虑以往的工作经验。

4. 资料列表

以上三项确定之后,将这些资料填写到工作关系表中。工作关系表的基本内容包括:工作代号、工作名称、紧后工作(紧前工作)、持续时间等。

5. 绘制双代号网络计划草图

绘图技巧见以下内容。

6. 整理成图

由于绘制草图时,主要目的是表明各项工作的逻辑关系,所以布局上不是十分合理,同时难免会有多余的虚工作等。整理草图的主要工作有:检查工作关系、去掉多余的虚箭线、调整位置、尽量去掉交叉、检查是否符合绘图规则、给各节点编号。

7. 计算时间参数,找出关键线路

通过计算时间参数检查计划进度是否满足上级要求,若不满足应进行调整。调整方法见“网络计划的优化”一节。

(二)网络计划图的绘图技巧

1. 工作关系为紧前工作

**例 4-1**:绘出表 4-7 工作关系的双代号网络计划图。

表 4-7

| 工作 | A | B | C | E | F | D | G | H | I | J |
|---|---|---|---|---|---|---|---|---|---|---|
| 紧前工作 | — | A | A | A | A | B、C | F | D、E、G | D、E | H、I |

绘图步骤:以例 4-1 为例。

(1)首先分析工作关系

第一步,找出同时开始的工作(如 B、C、E、F 工作的紧前工作都是 A,所以 B、C、E、F 工作同时开始)。

第二步,找出有约束关系的工作(如 H 和 I 是半约束关系)。

第三步,找出同时结束的工作(如 B 和 C 工作同时开始又同时结束,所以肯定要有虚箭线;H 和 I 工作同时结束,但不是同时开始,所以可以在一个节点结束)。

(2)分析工作完成后,开始动手画草图

第一步,画出一个开始节点①,然后画出 A 工作,因为 A 工作的紧前工作没有,所以 A 工作是最前面的工作。

第二步,画出 B、C、E、F 工作,都从②节点开始。

第三步，由于B和C工作同时开始又同时结束，所以在B工作后面画出③节点，在C工作后面画出④节点，③和④之间画出虚箭线，如果D工作从④节点开始，则虚箭线的箭头指向④节点，如果D工作从③节点开始，则虚箭线的箭头指向③节点。

第四步，F与G工作的关系是简单的，可以直接画出，见图4-18。

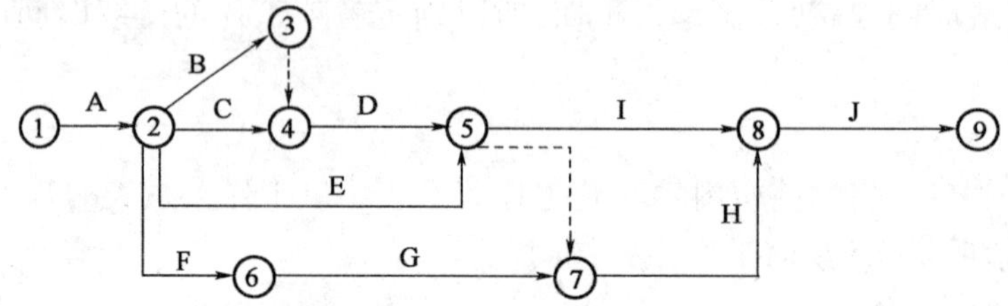


图4-18 网络计划图

第五步，I工作与D、E工作的关系比H与D、E工作的关系要简单，所以，先画出I工作与D、E工作的关系，即D、E工作同时在⑤节点结束，I工作从⑤节点开始。

第六步，由于D、E工作已出现，所以只画出H与G工作的关系，即H工作从⑦节点开始，再用虚箭线连接H与D、E工作的关系，虚箭线箭头指向⑦节点。

第七步，H与I工作同时结束在⑧节点。

第八步，J工作从⑧节点开始，在⑨节点结束。

第九步，按表4-7仔细检查各工序之间的逻辑关系，确定无误后整理草图。

按以上原理，画出以下几个网络图，见例4-2、例4-3和例4-4。

**例4-2**：绘出表4-8工作关系的双代号网络计划图（图4-19）。

表4-8

| 工作（工序） | A | B | C | D | E | F | H | G |
|---|---|---|---|---|---|---|---|---|
| 紧前工作 | — | — | A | A | B、C | B、C | D、E、F | D、E |

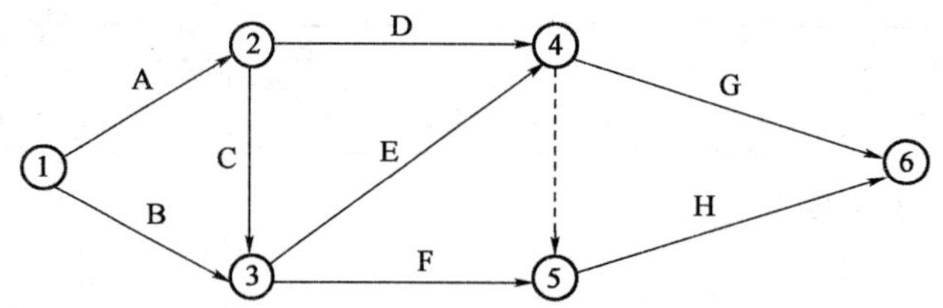


图4-19 表4-8工作关系的双代号网络计划图

半约束的画法如下。

（1）分析工作之间的逻辑关系，找出哪些工作关系是半约束关系。

（2）先画相对简单的关系。如例4-1中I与D、E的关系比H与D、E的关系要简单，所以先画I与D、E的关系。

（3）再画另一半（未出现）关系。将“未出现关系”看作简单关系，直接在图中画出，如例4-1中H与G的关系直接画出，暂不考虑其他关系。

（4）用虚箭线连接约束关系工作（例4-1中D、E工作）。如例4-1中再用虚箭线连接H与D、E的关系。

**例 4-3**:绘出表 4-9 工作关系的双代号网络计划图(图 4-20)。

表 4-9

| 工作(工序) | A | B | C | D | E | F |
|---|---|---|---|---|---|---|
| 紧前工作 | — | — | — | A、B | A、C | A、B、C |

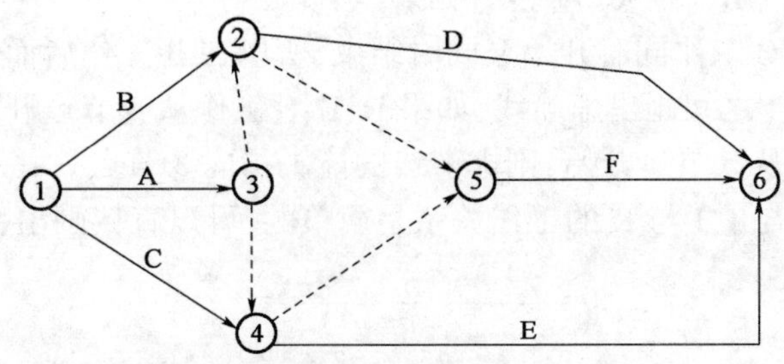


图 4-20　表 4-9 工作关系的双代号网络图

**例 4-4**:绘出表 4-10 工作关系的双代号网络计划图(图 4-21)。

表 4-10

| 工作(工序) | A | B | C | D | E |
|---|---|---|---|---|---|
| 紧前工作 | — | — | A | A、B | B |

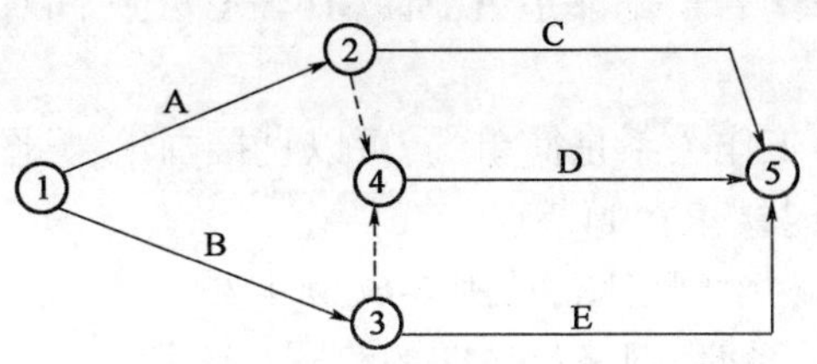


图 4-21　表 4-10 工作关系的双代号网络图

2. 工作关系为紧后工作

**例 4-5**:绘出表 4-11 工作关系的双代号网络计划图。

表 4-11

| 工　作 | A | B | C | D | E | F | G | H | I | J | K |
|---|---|---|---|---|---|---|---|---|---|---|---|
| 紧后工作 | B、C | D、E、F | D、E、F | H | G | J | H | I | — | K | — |

绘图步骤:以例 4-5 为例。

找出最前面的工作即找出开始的工作,即紧后工作中没有出现的工作是最前面的工作。

(1)分析工作关系

第一步,找出同时开始的工作(如 A 工作的紧后工作是 B、C 工作,所以 B、C 工作同时开始,B、C 工作的紧后工作都是 D、E、F 工作,所以 D、E、F 工作同时开始)。

第二步,找出有约束关系的工作(如 B 和 C 的紧后工作完全相同,所以是全约束关系,又由于 B 和 C 工作同时开始又同时结束,所以肯定有虚箭线)。

第三步,找出同时结束的工作(如 D 和 G 工作的紧后工作都是 H,所以 D 和 G 工作同时结束,但不是同时开始,所以可以在一个节点结束;又如 I 和 K 的紧后工作没有,所以为结束工作）。

（2）分析工作完成后，开始动手画草图

第一步，画出一个开始节点①，然后画出 A 工作，因为 A 工作在紧后工作中没有出现，所以 A 工作是最前面的工作。

第二步，画出 B、C 工作，都从②节点开始。

第三步，由于 B 和 C 工作同时开始又同时结束，所以在 B 工作后面画出④节点，在 C 工作后面画出③节点，③和④之间画出虚箭线，如果 D、E、F 工作从④节点开始，则虚箭线的箭头指向④节点，如果 D 工作从③节点开始，则虚箭线的箭头指向③节点。

第四步，E 与 G、F 与 J、J 与 K 的工作关系是简单的，可以直接画出，见图 4-22。

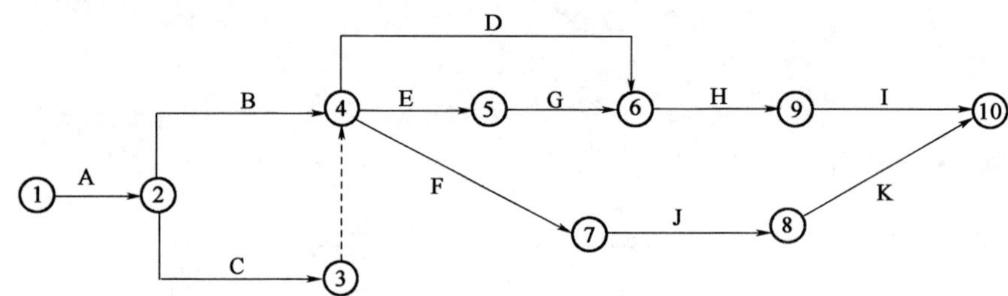


图 4-22　直接画出简单关系

第五步，D 与 G 工作的紧后工作都是 H，所以 D 与 G 工作同时结束在⑦节点，H 工作从⑦节点开始。

第六步，由于 H 与 I 的工作关系是简单的，可以直接画出，见图 4-22。

第七步，K 与 I 工作同时结束在⑩节点。

按以上原理，画出以下两个网络图，见例 4-6、例 4-7。

逻辑关系为紧后工作关系时，网络计划图的绘图步骤为：

①怎样找开始工作？

紧后工作中没有出现的工作是最前边的工作。

②先画简单的关系，后画复杂的关系。

③找共同约束关系。

**例 4-6**：绘出表 4-12 工作关系的双代号网络计划图（图 4-23）。

表 4-12

| 工　作 | A | B | C | D | E | F | G | H | I |
|---|---|---|---|---|---|---|---|---|---|
| 紧后工作 | C、D、E、F | E、F | G | H | H | I | — | — | — |

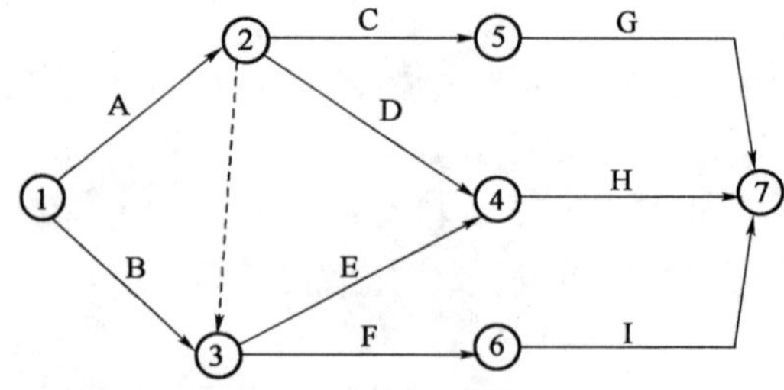


图 4-23　表 4-12 工作关系对应的网络计划图

**例 4-7**：绘出表 4-13 工作关系的双代号网络计划图(图 4-24)。

表 4-13

| 工 作 | E | F | G | H | I | J | K | L | M | N | P | Q | R | S |
|---|---|---|---|---|---|---|---|---|---|---|---|---|---|---|
| 紧后工作 | I、K | K | K、L、N | N | J | P | P、Q、R | M | R | R、S | — | — | — | — |

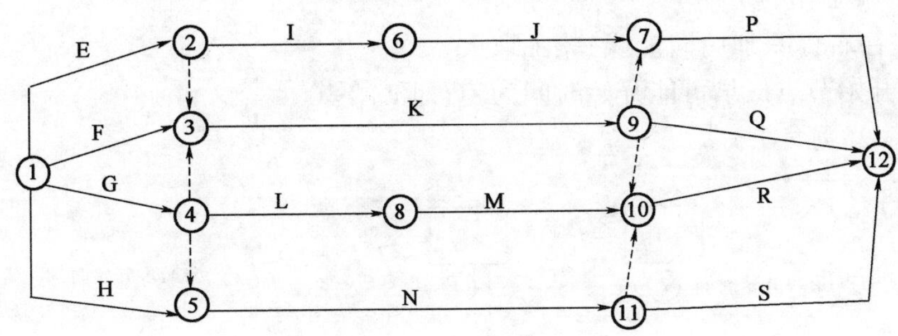

图 4-24 表 4-13 工作关系对应的网络计划图

以下两题请同学们自己完成。

(1)绘出表 4-14 工作关系的双代号网络计划图。

表 4-14

| 工 作 | A | B | C | D | E | F | G | H | I | J |
|---|---|---|---|---|---|---|---|---|---|---|
| 紧前工作 | — | A | A | A | B | B、C | E、F | F | F、D | G、H、I |

(2)绘出表 4-15 工作关系的双代号网络计划图。

表 4-15

| 工 作 | A | B | C | D | E | F | G | H | I |
|---|---|---|---|---|---|---|---|---|---|
| 紧后工作 | B、C | D、E | E、F | H | H、G | G | I | I | — |

# 第三节 时间参数的计算及关键线路

## 一、节点时间参数的计算

节点时间参数包括节点的最早可能开始时间 ET 和节点的最迟可能开始时间 LT。节点时间参数的计算方法有分析法、图算法、矩阵法、表算法、电算法。在此只讲图算法(涉及时间单位为天,用 d 表示,图中省略 d)。

### (一)节点的最早可能开始时间 ET

(1)定义:节点的最早可能开始时间即节点可以开工的最早时间,表示该节点的紧前工作已全部完工。

(2)计算方法:从开始节点起,沿箭线方向,依次计算每一个节点,直至结束节点。计算式

为式(4-1):

$$ET_j = \{ET_i + D_{i-j}\}\max \quad (只看内向箭线) \tag{4-1}$$

式中:$ET_j$——$j$ 节点的最早可能开始时间;

$ET_i$——$i$ 节点的最早可能开始时间;

$D_{i-j}$——$i-j$ 工作的工期。

口诀:从左往右,(只加内向箭线)累加取大。

(3)规定:开始节点最早可能开始时间为零,即 $ET_1 = 0$。

图例如图 4-25 所示。

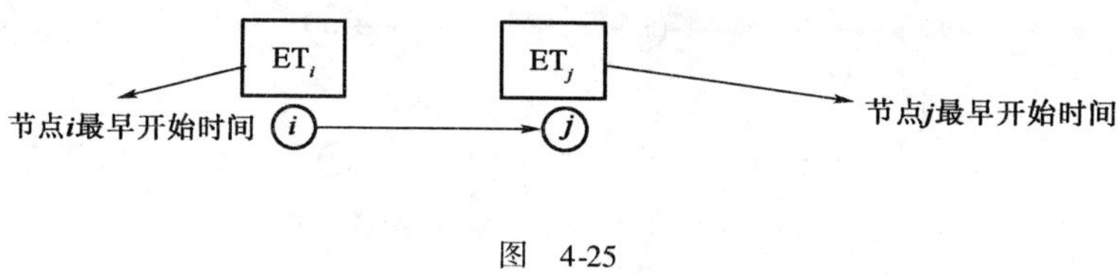


图 4-25

节点的最早开始时间 ET 计算步骤,以例 4-8 为例,见图 4-26。

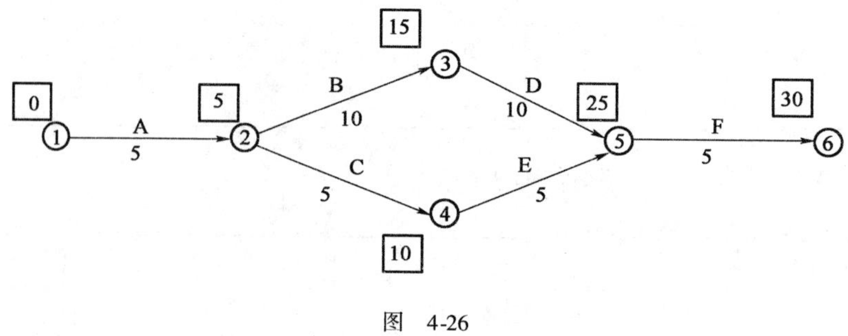


图 4-26

**例 4-8**:第一步,①节点最早开始时间为 0d;

第二步,②节点最早开始时间为①节点最早开始时间加 A 工作工期,即 0 +5 =5d;

第三步,③节点最早开始时间为②节点最早开始时间加 B 工作工期,即 5 +10 =15d;

第四步,④节点最早开始时间为②节点最早开始时间加 C 工作工期,即 5 +5 =10d;

第五步,⑤节点最早开始时间为③节点最早开始时间加 D 工作工期,即 15 +10 =25d,而不是④节点最早开始时间加 E 工作工期即 10 +5 =15d,因为 F 工作必须等 D、E 工作都完成后才能开始,D 工作最早结束时间是第 25d,E 工作最早结束时间是第 15d,所以⑤节点最早开始时间是第 25d 而不是第 15d。

第六步,⑥节点最早开始时间为⑤节点最早开始时间加 F 工作工期,即 25 +5 =30d。

**总结**:由以上计算可见,计划总工期为 30d。

## (二)节点的最迟可能开始时间 LT

(1)定义:节点的最迟可能开始时间表示节点开工不能迟于这个时间,若迟于这个时间,将会影响计划的总工期。

(2)计算方法:从结束节点开始,逆箭线方向,依次计算每一个节点,直至开始节点。计算式为式(4-2)：

$$LT_i = \{LT_j - D_{i-j}\}\min \tag{4-2}$$

式中：$LT_i$——$i$ 节点的最迟可能开始时间；

$LT_j$——$j$ 节点的最迟可能开始时间；

$D_{i-j}$——$i-j$ 工作的工期。

口诀：从右往左，(只看外向箭线包括虚箭线)递减取小。依次一个节点一个节点地去计算，不要看线路，不要远看，只看前后两个节点。

(3)规定：结束节点最迟可能开始时间为结束节点的最早可能开始时间，即计划的总工期。

图例如图 4-27 所示。

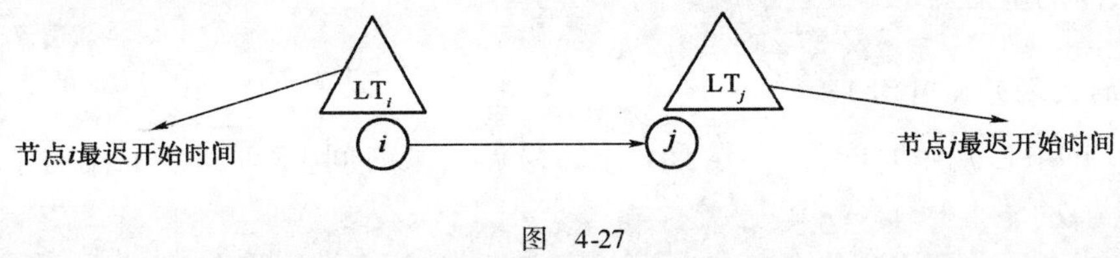


图 4-27

节点的最迟开始时间 LT 计算步骤，以例 4-9 为例，见图 4-28。

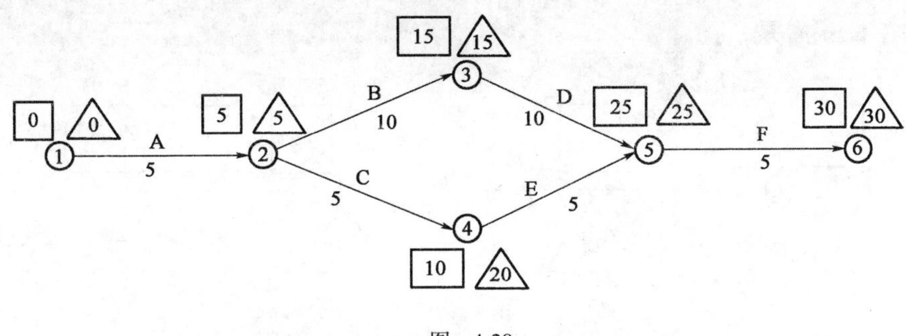


图 4-28

**例 4-9**：第一步，⑥节点最迟开始时间为 30d；

第二步，⑤节点最迟开始时间为⑥节点最迟开始时间减去 F 工作工期，即 30 - 5 = 25d；

第三步，④节点最迟开始时间为⑤节点最迟开始时间减去 E 工作工期，即 25 - 5 = 20d；

第四步，③节点最迟开始时间为⑤节点最迟开始时间减去 D 工作工期，即 25 - 10 = 15d；

第五步，②节点最迟开始时间为③节点最迟开始时间减去 B 工作工期，即 15-10 = 5d，而不是④节点最迟开始时间减去 C 工作工期即 20 - 5 = 15d，因为②节点最迟必须开始时间是 5d，不会影响总工期，如果是 15d 则总工期将推迟 10d，所以②节点最迟开始时间是 5d 而不是 15d。

第六步，①节点最迟开始时间为②节点最迟开始时间减去 A 工作工期，即 5 - 5 = 0d。

**总结**：由以上计算可见，关键线路为①②③⑤⑥。关键线路上节点的最早、最迟开始时间相同。

## 二、工作(工序)时间参数(过程参数)的计算

### (一)工作的最早开始、最早结束时间

1. 工作的最早开始时间 ES

$i-j$ 工作的最早开始时间 $ES_{i-j}$ 与 $i$ 节点的最早开始时间 ET 相等,即 $ES_{i-j}=ET_i$。

2. 工作的最早结束时间 EF

$i-j$ 工作的最早结束时间 $EF_{i-j}$ 等于工作的最早开始时间 $ES_{i-j}$ 加上工作的工期 $D_{i-j}$,即 $EF_{i-j}=ES_{i-j}+D_{i-j}$。

### (二)工作的最迟开始、最迟结束时间

1. 工作的最迟开始时间 LS

$i-j$ 工作的最迟开始时间 $LS_{i-j}$ 等于工作的最迟结束时间 $LF_{i-j}$ 减去工作的工期 $D_{i-j}$,即 $LS_{i-j}=LF_{i-j}-D_{i-j}$。

2. 工作的最迟结束时间 LF

$i-j$ 工作的最迟结束时间 $LF_{i-j}$ 等于 $j$ 节点的最迟开始时间 $LT_j$,即 $LF_{i-j}=LT_j$。

图例如图 4-29 所示:

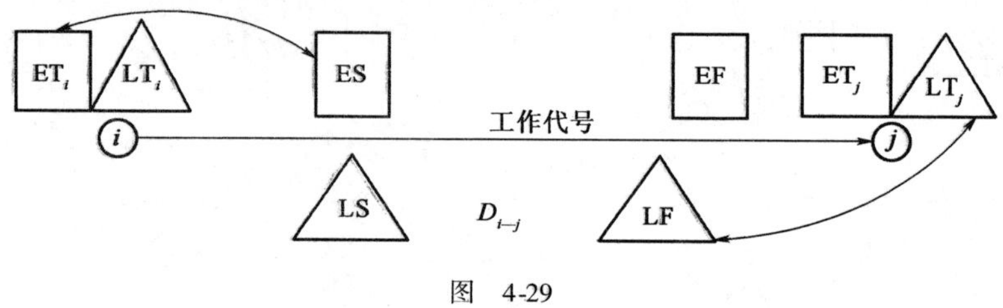


图 4-29

**例 4-10:**各工作时间参数计算步骤如下,见图 4-30。

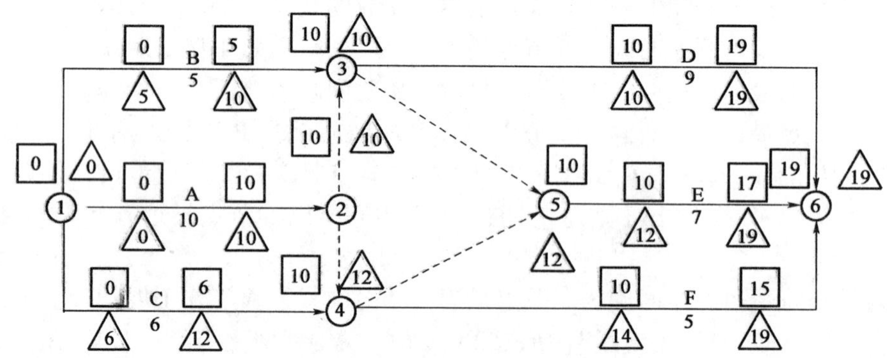


图 4-30

第一步，A 工作最早开始时间不能早于①节点最早开始时间，即 $ES_A = 0d$，A 工作最早结束时间等于 A 工作最早开始时间加 A 工作工期，即 $EF_A = ES_A + 10 = 10d$；

第二步，B 工作最早开始时间不能早于①节点最早开始时间，即 $ES_B = 0d$，B 工作最早结束时间等于 B 工作最早开始时间加 B 工作工期，即 $EF_B = ES_B + 5 = 0 + 5 = 5d$；

第三步，C 工作最早开始时间不能早于①节点最早开始时间，即 $ES_C = 0d$，C 工作最早结束时间等于 C 工作最早开始时间加 C 工作工期，即 $EF_C = ES_C + 6 = 0 + 6 = 6d$；

同理，得 $ES_D = 10$，$EF_D = ES_D + 9 = 10 + 9 = 19d$；$ES_E = 10d$，$EF_E = ES_E + 7 = 10 + 7 = 17d$；$ES_F = 10d$，$EF_F = ES_F + 5 = 10 + 5 = 15d$；

第四步，A 工作最迟结束时间不能迟于②节点最迟开始时间，即 $LF_A = 10d$，A 工作最迟开始时间等于 A 工作最迟结束时间减去 A 工作工期，即 $LS_A = LF_A - 10 = 0d$；

第五步，B 工作最迟结束时间不能迟于③节点最迟开始时间，即 $LF_B = 10d$，B 工作最迟开始时间等于 B 工作最迟结束时间减去 B 工作工期，即 $LS_B = LF_B - 5 = 5d$；

第六步，C 工作最迟结束时间不能迟于④节点最迟开始时间，即 $LF_C = 12d$，C 工作最迟开始时间等于 C 工作最迟结束时间减去 C 工作工期，即 $LS_C = LF_C - 6 = 12 - 6 = 6d$；

同理，$LF_D = 19d$，$LS_D = LF_D - 9 = 19 - 9 = 10d$；$LF_E = 19d$，$LS_E = LF_E - 7 = 19 - 7 = 12d$；$LF_F = 19d$，$LS_F = LF_F - 5 = 19 - 5 = 14d$；

**总结：**

(1)若工作的最早开始时间等于工作的最迟开始时间，即 ES = LS，则说明此工作没有时差，为关键工作。

(2)若工作的最早开始时间不等于工作的最迟开始时间，即 ES ≠ LS，则说明此工作有机动时间可利用。

(3)关键线路为①②③⑥。

**例 4-11：**由同学们自己完成图 4-31 所示过程参数计算，并找出关键线路。

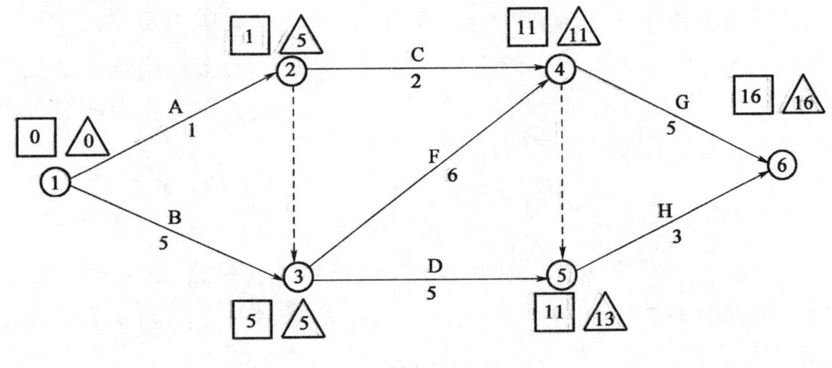


图 4-31

## 三、工作的时差计算

时差反映工作在一定条件下的机动时间范围。通常分为总时差 TF、局部时差 FF、相干时差 IF 和独立时差 DF。

（一）总时差 $TF_{i-j}$

定义：总时差是在不影响任何一项紧后工作的最迟必须开始时间的条件下，本工作所拥有的最大机动时间。换句话说，它是在保证本工作以最迟完成时间完工的前提下，允许该工作推迟其最早开始时间或延长其持续时间的幅度。总时差 $TF_{i-j}$ 可以用节点时间参数来计算，也可以用过程参数来计算。

1. 用节点时间参数来计算

$$TF_{i-j} = LT_j - ET_i - D_{i-j} \tag{4-3}$$

式中：$TF_{i-j}$——$i-j$ 工作的总时差；

$LT_j$——$j$ 节点的最迟可能开始时间；

$ET_i$——$i$ 节点的最早可能开始时间；

$D_{i-j}$——$i-j$ 工作的工期。

2. 用过程参数来计算

$$TF_{i-j} = LS_{i-j} - ES_{i-j} = LF_{i-j} - EF_{i-j} \tag{4-4}$$

式中：$TF_{i-j}$——$i-j$ 工作的总时差；

$LS_{i-j}$——$i-j$ 工作的最迟可能开始时间；

$ES_{i-j}$——$i-j$ 工作的最早可能开始时间；

$LF_{i-j}$——$i-j$ 工作的最迟可能结束时间；

$EF_{i-j}$——$i-j$ 工作的最早可能结束时间；

$D_{i-j}$——$i-j$ 工作的工期。

**总结**：①如果总时差等于0，其他时差也都等于0；②总时差不但属于本工作，而且可以传递，为一条线路所共有；③总时差最小的工作为关键工作，关键工作组成的线路为关键线路；④总时差等于0，说明本工作没有机动时间；总时差大于0，说明本工作有机动时间；总时差小于0，说明计划工期超过了上级规定工期，应进行调整。

（二）局部时差 $FF_{i-j}$

定义：局部时差是在不影响任何一项紧后工作的最早开始时间，本工作所拥有的最大机动时间。换句话说，局部时差 $FF_{i-j}$ 是在不影响紧后工作按最早开始时间开工的前提下，允许该工作推迟其最早开始时间或延长其持续时间的幅度。局部时差 $FF_{i-j}$ 可以用节点时间参数来计算，也可以用过程参数来计算。

1. 用节点时间参数来计算

$$FF_{i-j} = ET_j - ET_i - D_{i-j} \tag{4-5}$$

式中：$FF_{i-j}$——$i-j$ 工作的局部时差；

$ET_j$——$j$ 节点最早可能开始时间；

$ET_i$——$i$ 节点最早可能开始时间；

$D_{i-j}$——$i-j$ 工作的工期。

2. 用过程参数来计算

$$FF_{i-j} = ES_{j-k} - ES_{i-j} - D_{i-j} \tag{4-6}$$

式中：$FF_{i-j}$——$i-j$ 工作的局部时差；

$ES_{j-k}$——紧后工作最早开始时间；

$ES_{i-j}$——$i-j$ 工作最早开始时间；

$D_{i-j}$——$i-j$ 工作的工期。

**总结**：①局部时差属于本工作，不能传递；②局部时差小于或等于总时差；③使用局部时差对紧后工作没有影响。

(三) 相干时差 $IF_{i-j}$

定义：相干时差是一个工作的终点上的一对节点时间参数之差。计算公式为：

$$IF_{i-j} = LT_j - ET_j \tag{4-7}$$

式中：$IF_{i-j}$——$i-j$ 工作的相干时差；

$LT_j$——$j$ 节点最迟可能开始时间；

$ET_j$——$j$ 节点最早可能开始时间。

**总结**：①相干时差可以传递，前后工作可共用；②相干时差 + 局部时差 = 总时差。

(四) 独立时差 $DF_{i-j}$

定义：独立时差是在不影响紧前工作最迟结束时间及紧后工作最早开始时间的条件下，本工作所拥有的机动时间。它可以用节点时间参数来计算，也可以用过程参数来计算。

1. 用节点时间参数来计算

$$DF_{i-j} = ET_j - LT_i - D_{i-j} \tag{4-8}$$

符号意义同前。

2. 用过程参数来计算

$$DF_{i-j} = ES_{j-k} - LF_{h-i} - D_{i-j} \tag{4-9}$$

式中：$ES_{j-k}$——紧后工作最早开始时间；

$LF_{h-i}$——紧前工作最迟结束时间；

其他符号意义同前。

**总结**：①独立时差属于本工作，不能传递；②独立时差小于或等于局部时差；③使用独立时差对紧前、紧后工作都没有影响。

**例4-12**：用节点时间参数计算图4-33中各工作的总时差$TF_{i-j}$、局部时差$FF_{i-j}$、相干时差$IF_{i-j}$和独立时差$DF_{i-j}$，并找出关键线路。

图例如图4-32所示。

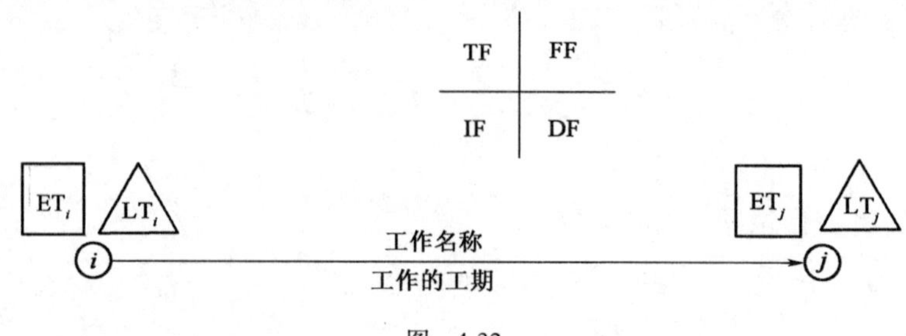


图 4-32

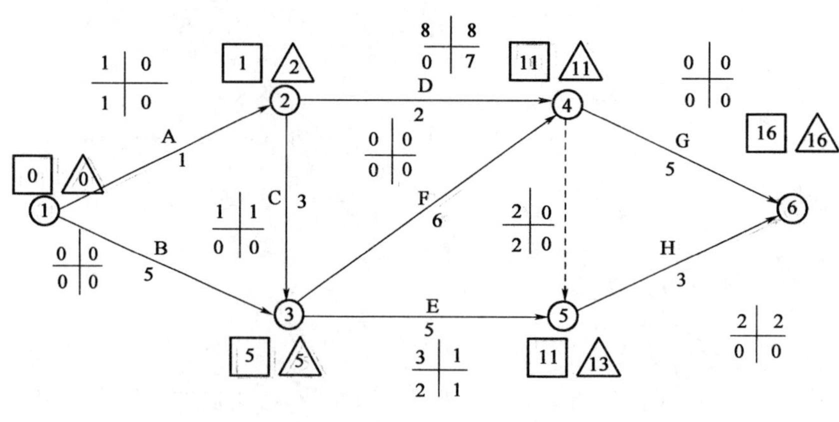

图 4-33

**解**：计算步骤：

（1）总时差$TF_{i-j}$

$TF_A=2-0-1=1d$，$TF_B=5-0-5=0d$，$TF_C=5-1-3=1d$，$TF_D=11-1-2=8d$，$TF_F=11-5-6=0d$，$TF_E=13-5-5=3d$，$TF_G=16-11-5=0d$，$TF_H=16-11-3=2d$，$TF_{虚工作}=13-11-0=2d$。

（2）局部时差$FF_{i-j}$

$FF_A=1-0-1=0d$，$FF_B=5-0-5=0d$，$FF_C=5-1-3=1d$，$FF_D=11-1-2=8d$，$FF_F=11-5-6=0d$，$FF_E=11-5-5=1d$，$FF_G=16-11-5=0d$，$FF_H=16-11-3=2d$，$FF_{虚工作}=11-11-0=0d$。

（3）相干时差$IF_{i-j}$

$IF_A=2-1=1d$，$IF_B=IF_C=5-5=0d$，$IF_D=IF_F=11-11=0d$，$IF_E=IF_{虚工作}=13-11=2d$，$IF_G=IF_H=16-16=0d$。

（4）独立时差$DF_{i-j}$

$DF_A=1-0-1=0d$，$DF_B=5-0-5=0d$，$DF_C=5-2-3=0d$，$DF_D=11-2-2=7d$，$DF_F=11-5-6=0d$，$DF_E=11-5-5=1d$，$DF_G=16-11-5=0d$，

$DF_H = 16 - 13 - 3 = 0d$，$DF_{虚工作} = 11 - 1 - 0 = 0d$。

(5)关键线路为①③④⑥。

## 四、关键线路及其确定

1. 关键线路

由关键工作组成的线路叫关键线路。在一个网络图中，持续时间之和最长的线路是关键线路。

2. 非关键线路

在一个网络图中，关键线路以外的线路都是非关键线路。非关键线路上的工作并非全由非关键工作组成。

3. 关键线路的确定

(1)总时差最小的工作所组成的线路是关键线路。

(2)关键线路上所有节点的两个时间参数相等，反过来，如果节点的两个时间参数相等，该节点不一定是关键线路上的节点，要成为关键线路上的节点，还需加上条件：箭尾节点时间 + 工作持续时间 = 箭头节点时间，满足此两条件的工作，即为关键工作。

4. 总结

(1)关键线路在网络图中不一定只有一条。

(2)非关键工作如果将总时差全部用完，就转化为关键工作。

(3)如果总时差为零，其他时差也一定为零。

(4)当非关键线路延长的时间超过它的总时差，关键线路就转化为非关键线路。

## 五、网络计划图与横道图的关系

网络计划图与横道图有什么关系吗？有。实际上网络计划图与横道图一样都是时间组织的一种成果，任何一个横道图(紧凑法)都可以改画成网络计划图。下面举一实例来说明横道图改画成网络计划图的具体步骤。

**例 4-13**：图 4-34 为一个横道图，我们把 a 工序在 A 施工段上的施工过程(工作过程)叫作 Aa 工作，在 B 施工段上的施工过程叫作 Ba 工作，在 C 施工段上的施工过程叫作 Ca 工作，在 D 施工段上的施工过程叫作 Da 工作；我们把 b 工序在 A 施工段上的施工过程叫作 Ab 工作，在 B 施工段上的施工过程叫作 Bb 工作，在 C 施工段上的施工过程叫作 Cb 工作，在 D 施工段上的施工过程叫作 Db 工作；同理，c 工序在各施工段上的施工过程分别叫作：Ac、Bc、Cc、Dc 工作。其工作之间的逻辑关系见表 4-16，图 4-35 为网络计划图，由图 4-34 改画而成。

表 4-16

| 工作代号 | Aa | Ba | Ab | Ca | Bb | Ac | Da | Cb | Bc | Db | Cc | Dc |
|---|---|---|---|---|---|---|---|---|---|---|---|---|
| 紧前工作 | — | Aa | Aa | Ba | Ba、Ab | Ab | Ca | Ca、Bb | Bb、Ac | Cb、Da | Cb、Bc | Db、Cc |
| 流水节拍 | 2 | 3 | 2 | 3 | 2 | 3 | 2 | 3 | 3 | 3 | 3 | 2 |

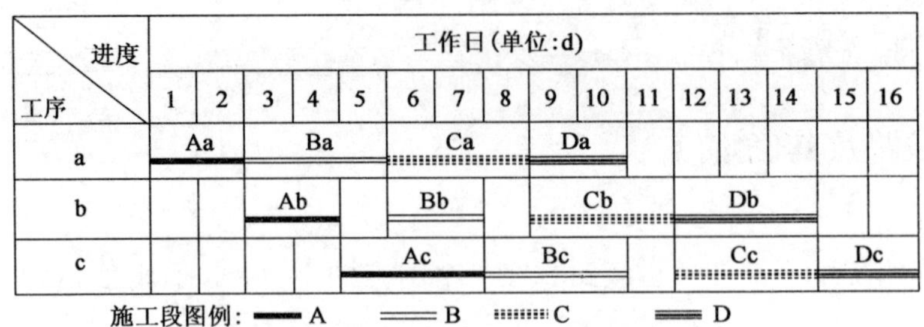


图 4-34　紧凑法流水作业进度图

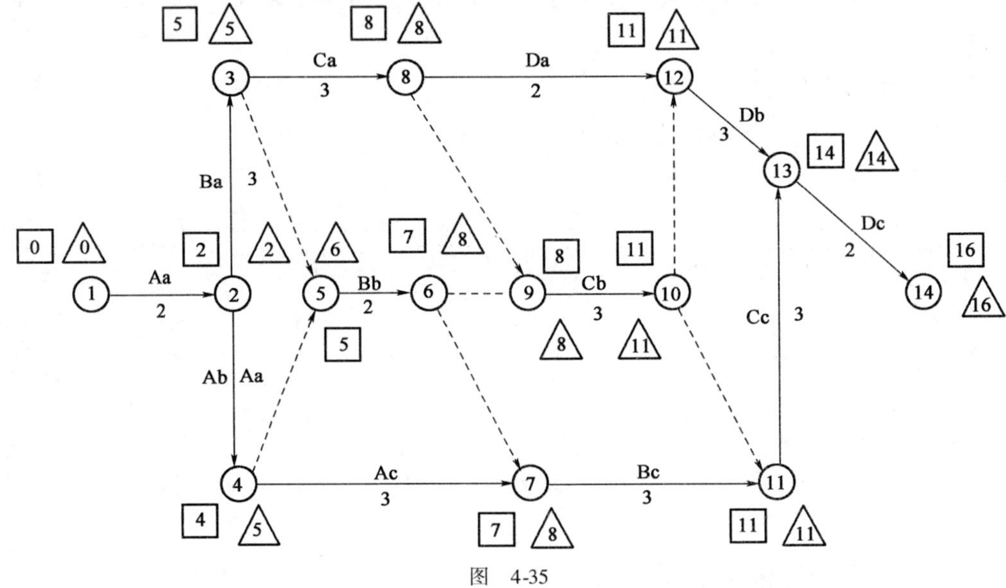


图　4-35

说明：双箭杆线代表关键工作；□代表节点的最早开始时间；△代表节点的最迟开始时间。

# 第四节　时间坐标网络计划

## 一、时间坐标网络计划的概念

前面讨论的网络计划是一般网络计划，在一般网络计划中，工作的工期（工作的持续时间）在箭线下方标出，各项工作的开始时间和结束时间不能直接看出来，不能反映整个计划的时间进程。

时间坐标网络计划，简称时标网络计划，是在一般网络计划的上方或下方增加一个时间坐标，箭线的长短即表示该工作的工期，是网络计划的另一种表达形式。它克服了一般网络计划的缺点，使网络计划更易于理解，对施工组织管理和计划调整使用更方便。

## 二、时间坐标网络计划的绘制

时间坐标网络计划图可以按节点最早时间、节点最迟时间标画。这种时间坐标网络计划图主要供计划管理人员分析计划和实施资源优化使用。

1. 按节点最早时间标画时标网络

**例 4-14**:将图 4-36 所示的一般网络图,按节点最早时间标画成时标网络图。

具体步骤如下:

(1)先计算各节点的时间参数,并找出关键线路,如图 4-36 所示。

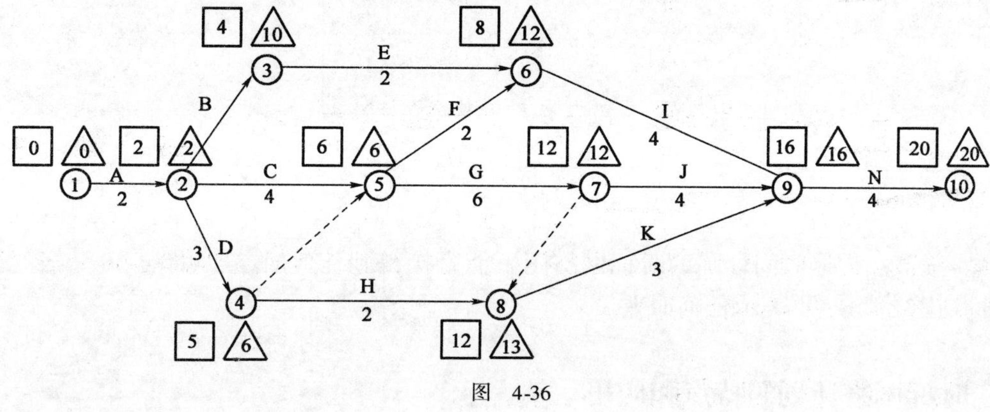


图 4-36

(2)做出时间坐标,见图 4-37。

(3)按节点最早时间把关键线路标画在图中适当位置,如图 4-37 所示。

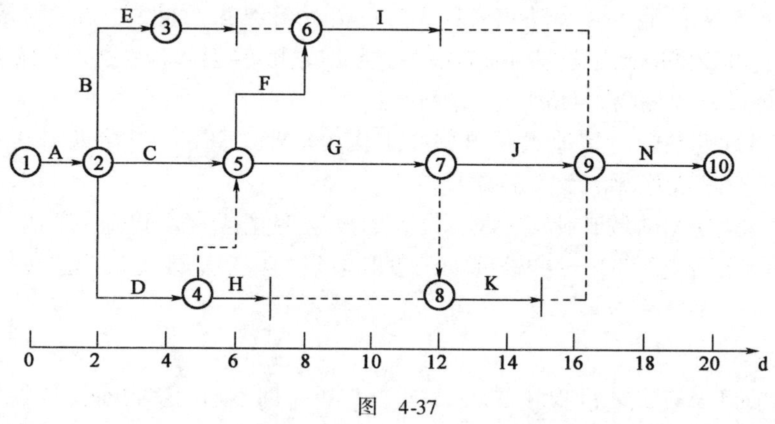


图 4-37

(4)按节点最早时间标画非关键线路,标画时应注意:①工作用实箭线表示,箭线的长度表示工作持续时间的长短;②虚工作仍用虚箭线表示;③机动时间用虚线表示,并在实箭线与虚箭线分界处加一个截止短线;④纵向没有时间含义。按以上步骤可画得如图 4-37 所示的时标图。

**总结**:按节点最早时间标画的时间坐标网络图,可以直接得到局部时差。如图 4-37 中,各工作的机动时间(虚线部分)即各工作的局部时差。

2. 按节点最迟时间标画时标网络

按节点最迟时间标画时标网络图与按节点最早时间标画时标网络图,其具体步骤完全相同,只是各工作的机动时间画在左侧,各节点由最早位置移动到最迟位置。仍以图4-36为例,得到的时标网络如图4-38所示。

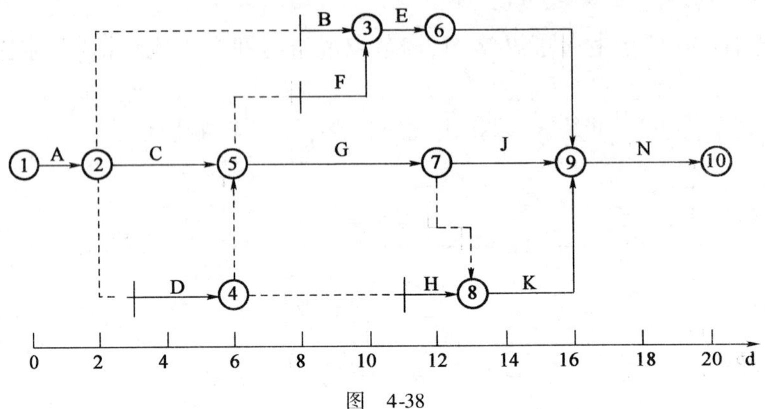


图 4-38

**注意**:按节点最迟时间标画的时标网络图不能直接得到任何时差,即图4-38中各工作的机动时间(虚线部分)不表示任何时差。

## 三、时标网络计划的特点和应用

1. 时标网络计划的特点

(1)时标网络计划图能直观地反映出整个计划的时间进程,与横道图比较接近。

(2)时标网络计划图能直接反映出各项工作的开始和结束时间、机动时间及关键线路;在计划执行过程中,可以随时确定哪些工作应该已经完成,哪些工作正在进行及哪些工作将要开始,如果实际执行过程中偏离了计划,应及时调整。

(3)时标网络计划图能清楚地表示出哪些工作可以平行进行,以帮助材料员确定在同一时间内各种材料、机械等资源的大致需要量。

(4)时标网络计划图的调整比较麻烦,当工期发生变化或资源供应有问题及其他原因而导致某些工作不能正常进行时,某些箭线的长度和节点的位置需要变动,这样往往导致整个网络图发生变动。

2. 时标网络计划的应用

(1)对工作项目少或工艺过程较简单的施工进度计划,利用时标网络计划图能迅速方便地边绘制、边计算、边调整。

(2)对于大型复杂的工程,可以先用时标网络计划图的形式绘制各分部工程或分项工程的网络计划图,然后再综合起来绘制出比较简单的总网络计划,即把每一个分部工程或分项工程的网络计划图看作是总网络计划图的一个工作(形成子网络图)。在执行过程中,如果有偏差,或其他原因等需要调整计划,只需调整子网络计划,而不必改动总网络计划。

(3)在时间坐标的表示上,根据网络图的层次,时间的刻画每一小格可以是1天、1个月、1个季度或1年。在时间安排时,应考虑节假日和雨季期的影响,要留有调整余地。

# 第五节 单代号网络计划图的绘制与计算

## 一、单代号网络计划图的构成

单代号网络计划图与双代号网络计划图一样，也由三要素组成，但含义却完全不相同。

1. 节点

单代号网络计划图中的节点可以用圆圈或方框表示，一个节点表示一项具体的工作。节点所表示的工作的名称（或工作的代号）、工作的持续时间和节点的编号一般都标注在圆圈内。

计算所得的时间参数一般标注在节点的两侧，如图 4-39 所示。

2. 箭线

在单代号网络计划图中，箭线表示工作之间的相互关系，它既不消耗时间也不消耗资源。

单代号网络计划图中不用虚箭线，箭线的箭头方向表示工作的前进方向。如图4-40 中，A 为 B 的紧前工作，B 为 C、D 的紧前工作，C、D 工作同时结束。

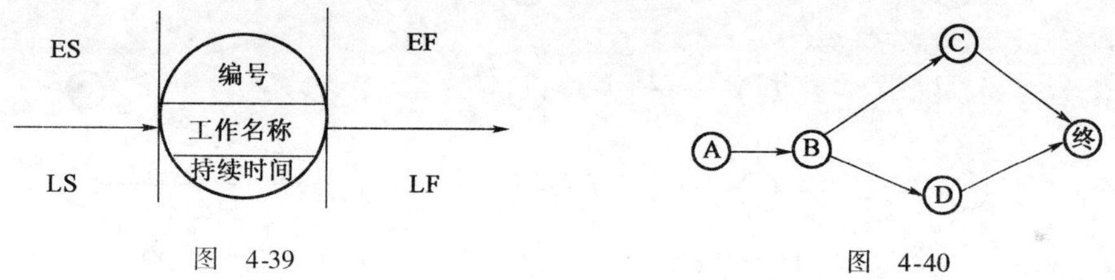


图 4-39

图 4-40

3. 代号

在单代号网络计划图中，一项工作只能有一个代号，不能重复。箭头节点的编号应大于箭尾节点的编号。

## 二、单代号网络计划图的绘制

单代号网络计划图与双代号网络计划图所表达的计划内容是一致的，两者的区别仅在于绘图的符号所表示的意义不同。单代号网络计划图的绘制过程与双代号网络计划图的绘制过程一样，也是先将工程任务分解成若干项具体的工作，然后确定这些工作之间的相互关系，以及各项工作的持续时间。

（一）工作关系的模型（与双代号相比较）

1. 两个工作同时开始且同时结束（图 4-41）

2. 约束关系

（1）全约束（图 4-42）

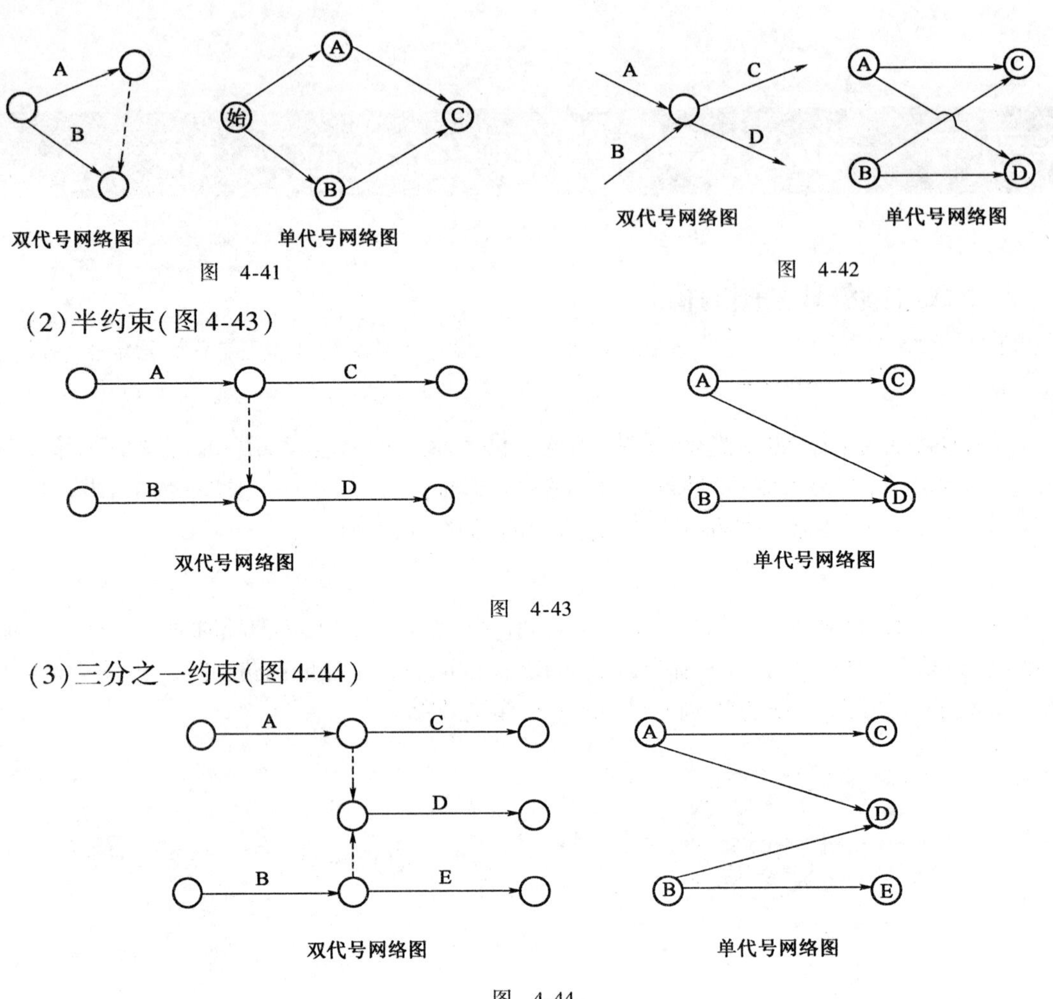


图 4-41

图 4-42

(2)半约束(图4-43)

图 4-43

(3)三分之一约束(图4-44)

图 4-44

(二)绘制单代号网络计划图的基本规则

(1)双代号网络计划图中所列出的基本规则,在单代号网络计划图中原则上都应遵守。

(2)在单代号网络计划图中,若有几个工作同时开始,应引入一个“始”节点;若有几个工作同时结束,应引入一个“终”节点。引入的“始”节点和“终”节点都是虚拟的节点,它们不消耗时间和资源。

(三)单代号网络计划图的绘图

**例4-15**:绘出表4-17工作关系的单代号网络计划图(见图4-45,其双代号网络计划图见前面的例6)。

表4-17

| 工　作 | A | B | C | D | E | F | G | H | I |
|---|---|---|---|---|---|---|---|---|---|
| 紧后工作 | C、D、E、F | E、F | G | H | H | I | — | — | — |

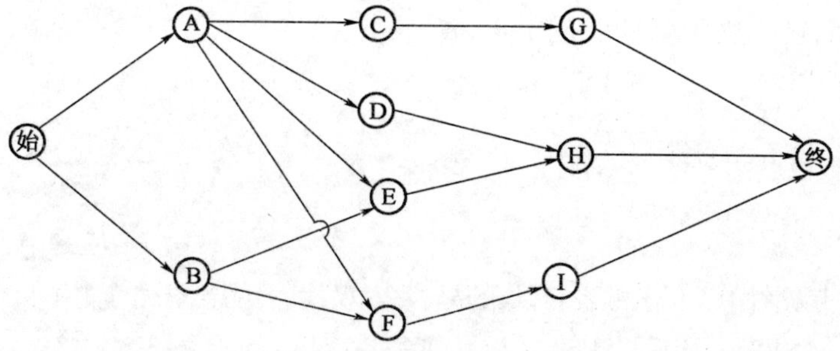

图 4-45

**总结**:①单代号网络图的绘制比较简单,其各项工作之间的相互关系容易表达;②单代号网络图的绘制不用虚箭线,便于检查和修改;③需要常用“暗桥法”解决交叉问题;④由于单代号网络图无节点时间参数,所以不能改画成时标网络图。

## 三、单代号网络计划图的时间参数计算

### (一)工作的最早时间参数

1. 工作的最早可能开始时间 ES

(1)定义:工作的最早可能开始时间表示该工作的所有紧前工作都已完工,本工作可以开工。

(2)计算方法:从开始节点起,沿箭线方向,依次计算每一个节点时,只看内向箭线,取所有紧前工作中最早结束时间最大者,作为该工作最早可能开始时间 $ES_i$,直至结束节点。

(3)规定:开始节点最早可能开始时间为零,即 $ES_1 = 0$。

2. 工作的最早可能结束时间 EF

工作的最早可能结束时间 $EF_i$ 为:

$$EF_i = ES_i + D_i \quad (i = 1,2,3,\cdots,n) \tag{4-10}$$

式中:$D_i$——第 $i$ 项工作的持续时间;

$n$——网络图中终节点的编号。

### (二)工作的最迟时间参数

1. 工作的最迟必须结束时间 LF

(1)规定:结束节点最迟必须结束时间等于结束节点的最早可能结束时间,即 $LF_n = EF_n$。则 $LS_n = LF_n - D_n$。

(2)计算方法:从结束节点开始,逆箭线方向,依次计算每一个节点时,只看外向箭线,取所有紧后工作中,最迟必须开始时间的最小者,作为该工作的最迟必须结束时间,直至开始节点。

2. 工作的最迟必须开始时间 LS

(1)定义:工作的最迟必须开始时间表示该工作开工不能迟于这个时间,若迟于这个时

间，将会影响计划的总工期。

(2)计算：工作的最迟必须开始时间 $LS_i$ 为：

$$LS_i = LF_i - D_i \quad (i = 1,2,3,\cdots,n) \tag{4-11}$$

(三)工作的各种时差计算

1. 总时差 $TF_i$

在单代号网络计划图中，工作的总时差的概念与双代号网络图完全相同。其计算公式为：

$$TF_i = LF_i - ES_i - D_i = LF_i - EF_i = LS_i - ES_i \tag{4-12}$$

2. 局部时差 $FF_i$

由于单代号网络计划图中，无节点时间参数，工作 $i$ 的所有紧后工作中，最早可能开始时间不一定相同，因而在计算工作的局部时差时公式稍有变化，为：

$$\begin{aligned} FF_i &= \min\{ES_j\} - ES_i - D_i \\ &= \min\{ES_j\} - EF_i \quad (i < j) \end{aligned} \tag{4-13}$$

式中：$\min\{ES_j\}$——工作 $i$ 的所有紧后工作中最早可能开始时间的最小者。

3. 相干时差 $IF_i$

$$IF_i = TF_i - FF_i \tag{4-14}$$

4. 独立时差 $DF_i$

$$DF_i = FF_i - \max\{IF_h\} \quad (h < i) \tag{4-15}$$

式中：$\max\{IF_h\}$——工作 $i$ 的所有紧前工作中相干时差的最大者，当 $DF_i < 0$ 时，取 $DF_i = 0$。

**例 4-16**：计算图 4-46 所示的单代号网络计划图的各种时间参数，并确定关键线路。

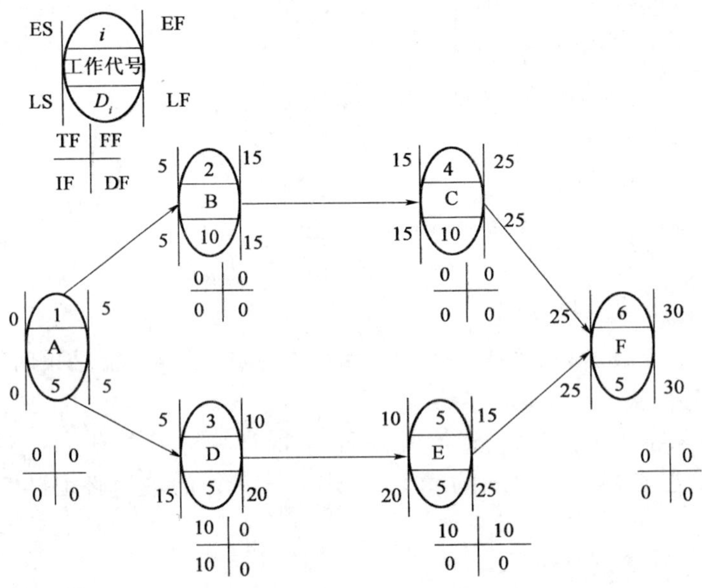


图 4-46　例 4-16 图

(四)关键线路的确定

单代号网络计划图中确定关键线路的方法与双代号网络计划图基本相同。只是由于没有节点时间参数,所以不能用节点时间参数均相等这种方法来判别关键线路。

在单代号网络计划图中,总时差为零的工作为关键工作,由关键工作所组成的自始至终的线路为关键线路。

关键线路为①②④⑥。

# 第六节 网络计划的优化

## 一、工期优化

在网络计划中,关键线路控制着施工任务的总工期,当计划的总工期超过了上级要求的总工期时,我们必须从关键线路着手(本节中涉及时间的单位为天,用 d 表示,图中省略单位)。缩短关键线路的方法有:①优化原来的组织计划;②压缩关键工作的持续时间。

(一)优化原来的组织计划

(1)将顺序工作调整为平行工作(A 工作与 B 工作不在同一工作面上),见图 4-47。

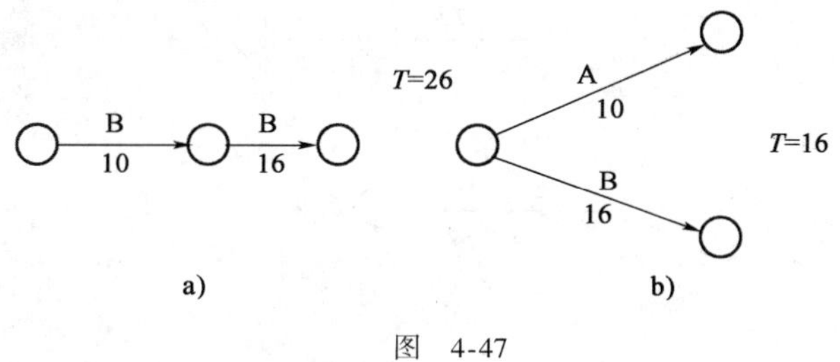


图 4-47

(2)将顺序工作调整为交叉工作。

如:某一辅线工程,里程是 3km,计划分为三个工程项目,即施工准备工作 18d;路基工程 15d;路面工程 6d。

①若顺序施工,工期 $T=39$d,见图 4-48。

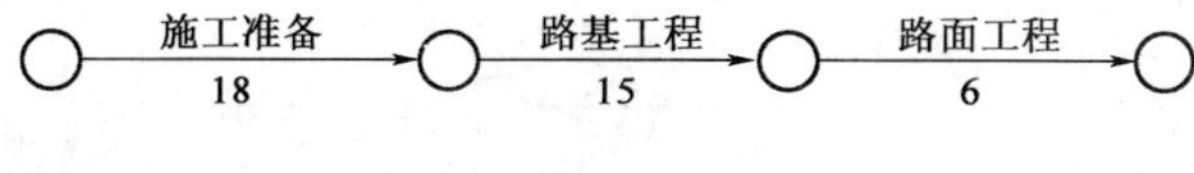


图 4-48

②若采用交叉作业,工期 $T=25$d,见图 4-49。

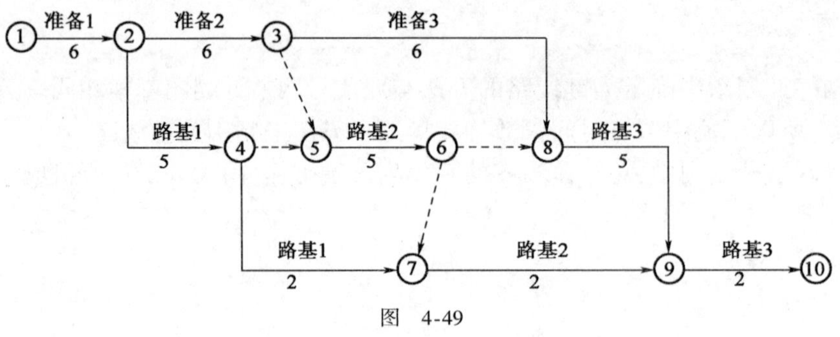


图 4-49

将这段路分成三个施工段，按流水作业方法组织，则工作关系见表4-18。

表4-18

| 工作 | 准备1 | 准备2 | 准备3 | 路基1 | 路基2 | 路基3 | 路面1 | 路面2 | 路面3 |
|---|---|---|---|---|---|---|---|---|---|
| 紧前工作 | — | 准备1 | 准备2 | 准备1 | 准备2<br>路基1 | 准备3<br>路基2 | 路基1 | 路基2<br>路面1 | 路基3<br>路面2 |
| 持续时间 | 6 | 6 | 6 | 5 | 5 | 5 | 2 | 2 | 2 |

(3)延长非关键工作的持续时间。

图4-50所示网络计划，计划工期27d，上级要求工期25d。在工作面允许的情况下，按照劳动量相等的原则，我们可以把C工作延长2d，把E工作延长1d，从C工作中抽走4人，从E工作中抽走1人。这样就可使工期满足要求，但关键线路发生了变化，见图4-51。

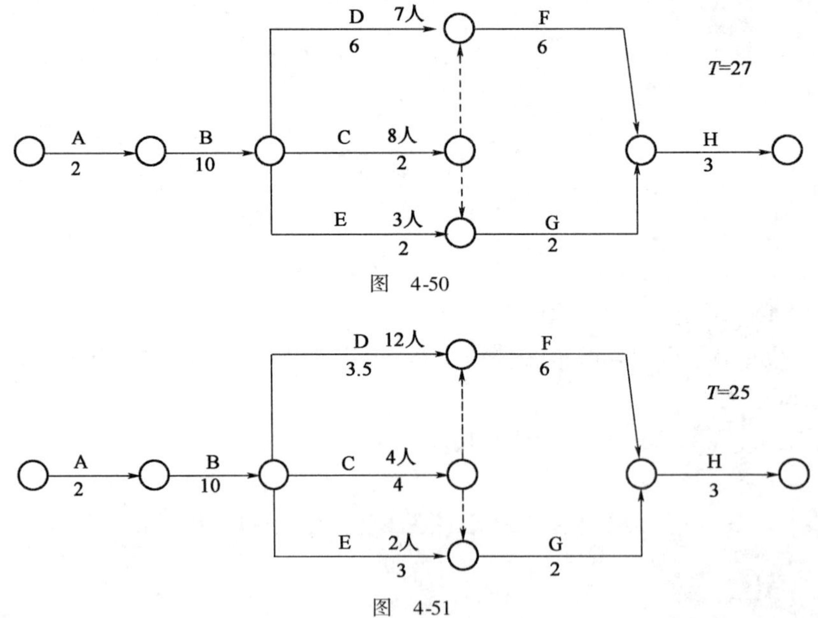


图 4-50



图 4-51

(4)推迟非关键工作的开始。

图4-52所示网络计划图，计划工期27d，上级要求25d完工。在工作面允许的条件下，我

们推迟 C 工作的开工时间，将 C 工作的 8 人全部投入 B 工作。新的网络计划图能满足上级要求，见图 4-53。

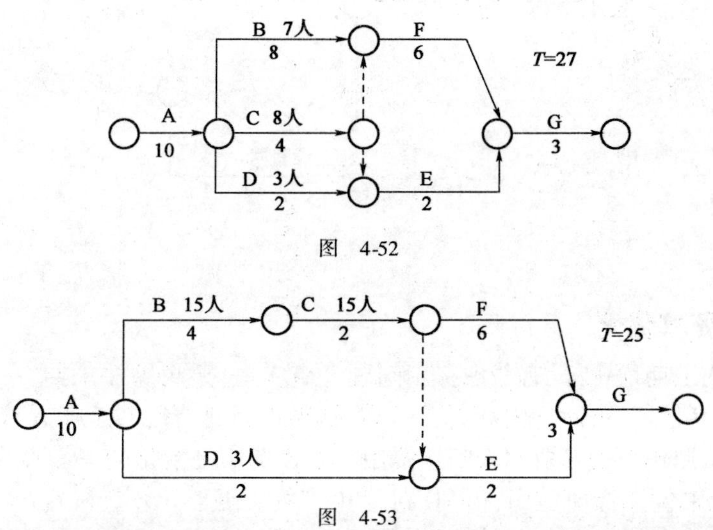


图 4-52

图 4-53

（二）压缩关键工作的持续时间

在工作面允许，资源充足的情况下，我们通过从计划外增加资源，压缩关键工作的持续时间，以达到缩短工期的目的。需要注意的是，在压缩关键线路的同时，会使某些时差较小的次关键线路上升为关键线路，这时需要再次压缩新的关键线路，如此逐渐逼近，直到达到规定工期为止。

如图 4-54 所示的网络计划图，计划工期 68d，上级规定工期 60d。第一次，J 工作压缩 5d，M 工作压缩 3d，新的网络计划图见图 4-55。

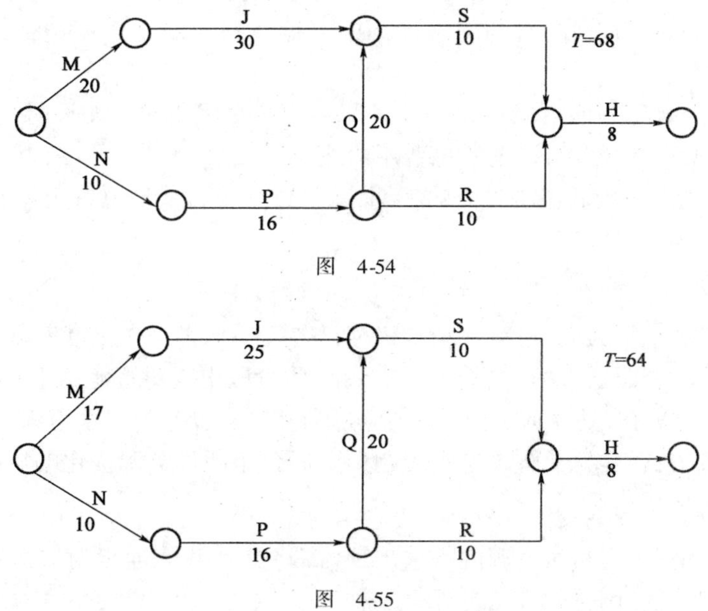


图 4-54

图 4-55

第二次，Q 工作压缩 4d，新的网络计划图见图 4-56。已满足规定工期要求。

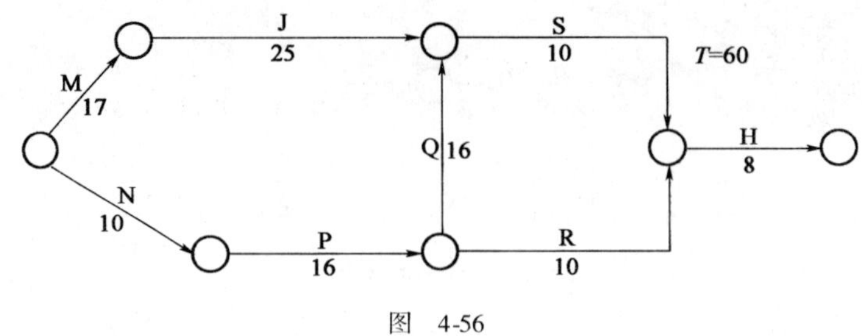


图 4-56

## 二、时间—费用优化

前面所讨论的工期优化，没有考虑费用问题。事实上，要想缩短工期，一般都需要增加劳动力、时间或增加其他资源，而这些都会引起费用增加，因此费用与工期有着密切的关系。公路工程项目的总费用包括直接费用和间接费用。直接费用是指完成工程所需的人工、材料、机械等费用；间接费用包括管理费用、福利、利息和一切不便于计入直接费用的其他附加费用。直接费用随着工期的缩短而增加，间接费用则随着工期的缩短而减少。因此，对于一个工程项目来说，就有一个时间—费用的优化问题。

时间—费用优化的基本步骤为：

(1) 按正常工作时间编制网络计划图，并计算计划工期和完成计划的直接总费用。

(2) 列出构成整个计划的各项工作在正常工期时的直接费用，以及关键工作每缩短单位时间所增加的费用额，即费用斜率。

(3) 根据费用最小原则，找出关键工作中费用斜率最小的首先给予压缩，这样可以使直接费用的增加最少。

(4) 计算加快某关键工作后，计划的总工期和总直接费用额，并重新确定关键线路。

(5) 重复(3)和(4)的内容，直到网络计划中关键线路上的工作都达到最短持续时间，而不能再压缩为止。

(6) 根据以上计算结果便可以得到一条时间—直接费用曲线。如果时间—间接费用曲线也已知，叠加此二曲线便可得出计划的总费用曲线。

(7) 总费用曲线上的最低点所对应的工期，就是整个项目计划总费用最低的最优工期。

## 三、资源优化

这里所说的资源包括人力、材料、动力、机械设备等。如果工作进度安排不恰当，就会在计划的某些阶段出现对资源需求的“高峰”，而在另一些阶段出现对资源需求的“低谷”。这种资源的不均衡，会造成资源供应不足，或资源供应过剩，同时，也会给工程组织和管理带来许多麻烦。资源优化的目的，就是为了解决这些问题。下面介绍两种资源优化的情况。

### 1. 规定工期的资源均衡

在工期限定的情况下，当对资源的需求出现“高峰”时，我们通常对非关键工作进行调整，以使资源尽量达到均衡，调整的方法有以下三种。

(1)利用时差,推迟某些工作的开始时间。推迟规则为:①优先推迟资源强度小的工作(资源强度是指单位时间内的资源需要量);②当有几项工作的资源强度相同时,优先推迟机动时间大的工作。

(2)在条件允许的情况下,可在资源需求量超限的时段内中断某些工作,以减少对资源的需要量。

(3)改变某些工作的持续时间。

2. 资源有限使工期最短

当一项工程计划经过调整资源均衡之后,如果所需要的资源很充足,就可以下达实施了。但是,当资源供应有限时,就要根据有限的资源去安排工作。下面介绍一种资源有限的分配方法——备用库法。

备用库法分配有限资源的基本原理为:设想可供分配的资源储藏在备用库中,任务开始后,从库中取出资源,按工作的"优先安排规则"给即将开始的工作分配资源,并考虑到尽可能的最优组合,分配不到资源的工作就推迟开始。随着时间的推移和工作的结束,资源陆续返回到备用库中。当库中的资源达到能满足即将开始的一项或几项工作的资源需要时,再从备用库中取出资源,按这些工作的优先安排规则进行分配。这样反复循环,一直到所有工作都分配到资源为止。

资源分配的优先安排规则为:

(1)优先安排机动时间短的工作;

(2)当几项工作的机动时间相同时,优先安排持续时间短的和资源强度小的工作。

应注意的是:优先保障关键工作的资源安排和力争减少资源的库存积压,提高利用率。灵活地运用以上优先安排规则,并考虑尽可能最优组合。

## 第七节 Project 2010 在施工组织设计中的应用

施工组织设计是统筹考虑施工活动中的人力、资金、材料、机械和施工方法等,对整个工程的施工进度和资源消耗等做出的科学而合理的安排。在项目实施的过程中,工程项目管理软件能为工程人员进行进度安排工作提供较好的支持,因此得到较为广泛的应用。

多数软件具备基于网络技术的进度计划管理功能,可以做到:定义任务,并将这些任务用一系列的逻辑关系联系起来;计算关键路径;时间进度分析;资源平衡;实际的计划执行情况;输出报告,包括横道图和网络图等。

Project 2010 是微软公司推出的项目规划与管理软件,它凝集了现代许多成熟的项目管理理论和方法,在计算机技术高度发展的今天为项目管理提供了优秀的软件工具,可以帮助项目管理者实现时间、资源和成本的计划与控制。该软件不仅可以快速、准确地创建项目计划,而且可以帮助项目管理者实现项目进度、成本的控制、分析和预测,使项目工期大大缩短,资源得到有效利用,提高经济效益。

## 一、Project 2010的工作界面

Project 2010的工作界面与Office其他组件的工作界面大致相同,也是由标题栏、功能区、组、状态栏与工作区组成。唯一的区别便是Project 2010的工作区是由数据编辑区与视图区组合而成的。

窗口的最上方由快速访问工具栏、标题栏与窗口控制按钮组成,下面是功能区,然后是由数据区和图表区组合而成的工作表区,具体如图4-57所示。

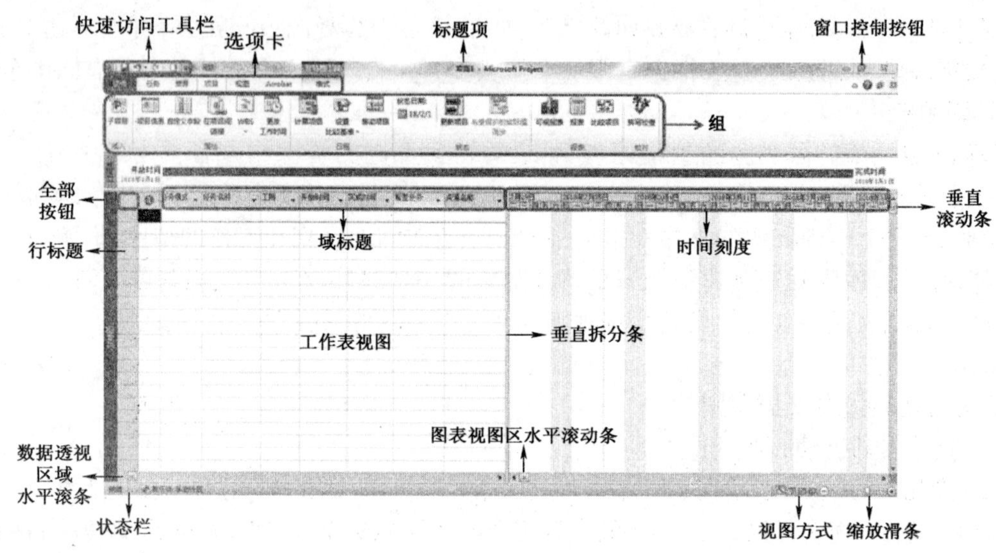


图 4-57

(1)标题栏:位于窗口的最上方,用于显示文件名称。左侧为快速访问工具栏,右侧为窗口控制按钮,中间显示程序为当前运行的文件名称。

(2)快速访问工具栏:位于标题栏的左侧,用于存放一些常用命令。

(3)窗口控制按钮:位于标题栏的右侧,用于缩小、放大与关闭Project 2010窗口。

(4)选项卡:在Project 2010中,选项卡替代了旧版本中的菜单,主要包括文件、任务、资源、项目、视图等选项卡。

(5)组:在Project 2010中,组替代了旧版本菜单中的各级命令,直接单击组中的命令可快速实现对Project 2010的各种操作。

(6)全选按钮:单击该按钮,可选择Project 2010中的整个数据编辑区。

(7)域标题:类似于Excel中的列标题,为Project 2010工作表视图中没列顶部的灰色区域,单击域标题可选择该列。

(8)行标题:为每行左侧的灰色区域,任务工作表和资源工作表的行标题通常包含每项任务或资源的标识号。

(9)水平拆分条:双击或拖动该按钮可以将工作表视图水平拆分成两部分,拆分任务视图时,将在底部显示"任务窗体"视图,而拆分资源视图时,将在底部显示"资源窗体"视图。

(10)垂直拆分条:用于分割甘特图、资源图表、资源使用状况、任务分配状况视图中的表

与图表部分，或图例与图表部分。

(11)时间刻度：在甘特图、资源图表、任务分配状况、资源使用状况视图顶部包含时间刻度的灰色分割宽线，时间刻度下方的区域显示了以图表方式表示的任务或资源信息。

(12)状态栏：位于界面的底部，主要显示当前的操作或模式的状态。在状态栏中包含了当前编辑状态与新任务的当前模式。

(13)工作表视图：位于界面的中央，垂直折分条的左侧为数据视图区，主要用来编辑项目任务名称、工期、开始时间等项目信息，而垂直拆分条的右侧为图表视图区，主要用来显示甘特图、资源图表、资源使用状况、任务分配状况视图中的以图形显示的任务或资源信息。

(14)缩放滑块：位于状态栏的最右侧，可快速缩放视图的时间分段部分，可用于甘特图、网络图、日历视图以及所有的图形视图中。

(15)滚动条：分为垂直滚动条、图表视图区水平滚动条与数据视图区水平滚动条，主要用来调节工作表视图的显示内容。

(16)视图方式用来切换工作表的视图，包括甘特图、任务分配状况、工作组规划器与资源工作表4种模式。

## 二、Project2010编制项目计划的基本步骤

通过Project2010编制工程项目施工进度计划，既要保证工程质量和安全，又要确保按期完工。根据实际工程的特点，针对工程重点控制关键工期，确定各主要分部、分项工程的施工进度，满足项目管理的需要。结合施工企业的技术、资源等状况，制订工程进度目标，采取一定的技术管理措施和先进综合的施工技术，编制施工进度计划。

### 1.任务分解

简单来讲，项目分解就是把复杂的项目逐步分解成一层一层的要素，直到具体明确为止，是对项目工作由粗到细的分解过程。具体地，首先确定整个项目的步骤，列出项目的主要内容，然后将这些步骤分解为更详细的任务，确定项目步骤与项目任务之后，再规划项目任务的实施时间。

### 2.创建项目文档

Project2010创建新文档，可以通过以下三种方法来创建。

(1)创建空白项目文档

①快速访问工具栏。启动Project2010之后，单击“自定义快速访问工具栏”中的下拉按钮，在其下拉列表中选择“新建”选项，将该命令添加到“自定义快速访问工具栏”中，然后单击“自定义快速访问工具栏”中的“新建”按钮可以快速创建空白项目文档，见图4-58。

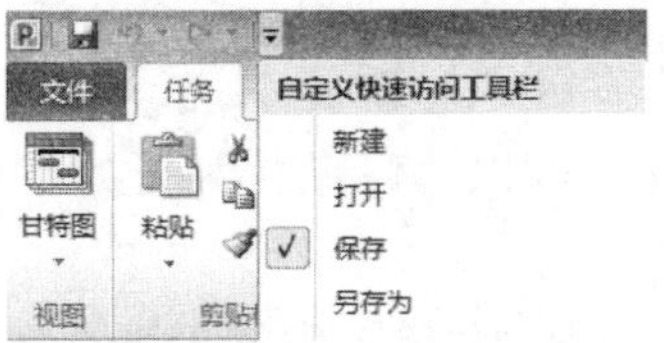

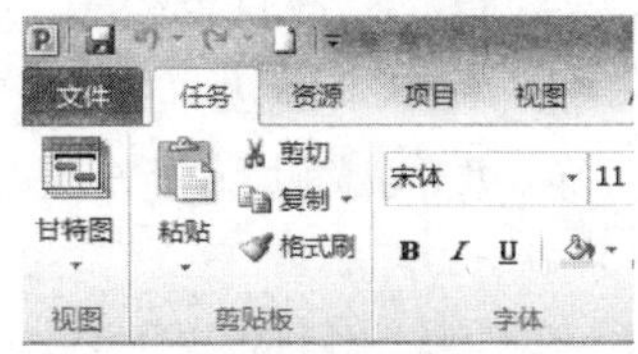


图 4-58

②命令法

启动 Project2010，执行“文件/新建”命令，在展开的列表中选择“空白项目”选项，并单击“创建”按钮。

(2)利用模板创建

模板是一种特殊的项目文档，是 Project 预先设置好任务、资源及样式的特殊文档。通过模板可以创建具有统一规格、统一框架的项目文档。

①利用“我的模板”创建。“我的模板”列出了已创建的模板。执行“文件/新建”命令，在展开的列表中选择“可用模板”选项，见图 4-59。

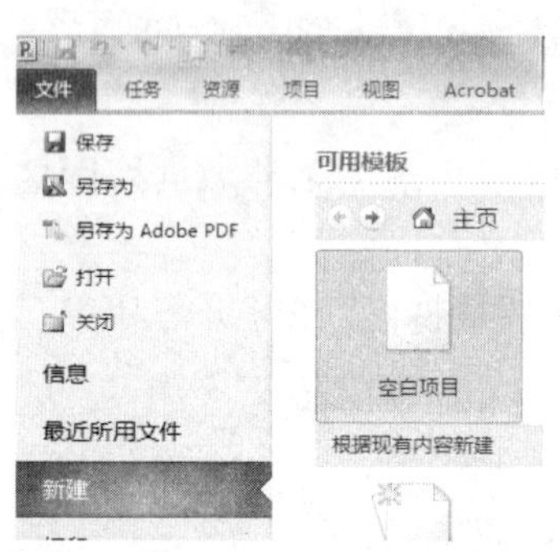

图 4-59

②利用“最近打开的模板”创建。“最近打开的模板”是根据用户最近一段时间内所打开的模板类项目文档创建新的项目文档。执行“文件/新建”命令，在展开的列表中选择“最近打开的模板”选项。也可以执行“文件/最近”命令，在最近列表中快速打开最近使用的项目文档。

③利用“Office. com 模板”创建。“Office. com 模板”是从 Microsoft office Online 中下载的模板。执行“文件/新建”命令，在展开的列表中选择“Office. com 模板”列表中的“计划、评估报告和管理方案”选项，然后，在展开的列表中选择模板文件，并单击“下载”，即可显示相应内容。

(3)根据现有项目创建

“根据现有项目创建”是根据用户保存在本地计算机中的项目文档来创建新的项目文档。执行“文件/新建”命令，在展开的列表中选择“根据现有项目新建”选项。

3. 设置项目信息

创建项目文件之后，使用 Project2010 编制项目计划时首先应做一些系统设置。选择“项目”/“属性”/“项目信息”，在弹出的对话框中设置各项信息。

(1)设置项目开始日期或完成日期

通常 Project2010 从给定日期开始向后编排项目。这个日期就是在“开始日期”框中设置的日期。所有任务在确定时间或设置相关性之前，都以该日期作为开始日期。

(2)设定项目日程排定方法

在大多数情况下，我们从项目的“开始日期”根据所有任务的工期与关联性计算出项目的完成日期，并显示在“完成日期”中。这样的日程排定为“正排计划”。在“日程排定方法”选项下选定“从项目开始之日起”排定时就是按这种方法排定的。

有时可使用“倒排计划”方法，即先设定完成日期，再按任务的工期和相关性向前推算项目的开始日期。在“日程排定方法”选项下选定“从项目完成之日起”时就是按这种方法排定的。按这种方法，系统便会把计算出来的开始日期放到“开始日期”框中。

4. 设置项目日历

(1)新建日历

Project2010 为用户提供了“标准日历”，标准日历的设置为：

①工作日：星期一到星期五。星期六和星期日休息。

②工作时间：8:00－12:00，13:00－17:00。

③没有特定的假日。

④每天工作 8h，每周 40h，每月按 20 个工作日计算。

但是，并不是所有的项目都适应于标准日历，例如，工程施工是基本不考虑周六、周日的，此时，标准日历无法满足工程项目的需要，我们需要为项目创建一个新的日历。执行“项目/属性/更改工作时间”，单击“新建日历”按钮，输入日历名称，并输入相应的选项。一般选“复制”，方便我们随时使用默认的基准日历。

(2)调整工作周

创建新日历之后还需要调整日历的“工作周”，来满足工程施工的要求。点击“工作周/详细信息”，将周六和周日选为“对所列日期设置以下工作时间”，输入开始时间和结束时间后点击确定，日历视图中周六和周日两列由灰色变为白色。

(3)设置工作日

在项目执行过程中，经常会因为某种原因，需人员适当的加班或休息。例如，春节放假。此时，激活“例外日期”选项卡，输入例外日期的名称、开始与完成时间，并单击“详细信息”按钮，设置相应的选项。同理，加班时间也可进行设置。

5. 创建项目任务

设置好项目的基本信息后，开始创建任务。将已经分解好的项目任务一一输入。一般情况下，在“甘特图”视图中输入项目任务。选择“任务名称”域标题中的第 1 个单元格，在单元格中输入任务名称，系统会自动在行标题处显示行号。输入任务名称后，系统会自动将“任务模式”设置为“手动计划”，此时还要输入任务对应的工期、开始时间与完成时间。

另外，当将“任务模式”设置为“自动计划”时，输入任务名称后，系统自动以当前日期显示任务的开始日期与结束日期，只需设置任务的工期，完成日期便会自动调整，见图 4-60。

手动输入任务较快捷，但却无法设置更多的任务信息，可先选择“任务名称”域中的单元格，执行“任务/属性/信息”命令，在弹出的对话框中设置相应的任务信息，见图 4-61。

6. 组织任务

创建项目任务之后，为使各任务按照预定的顺序与时间实施，还需为任务设置结构与执行时间。为便于管理任务，需对任务进行分级，任务分级主要包括创建摘要任务与子任务的大纲结构，以及创建工作分解结构这两种形式。

| | 任务模式 | 任务名称 | 工期 | 开始时间 | 完成时间 | 前置任务 |
|---|---|---|---|---|---|---|
| 1 | | 道路施工项目 | 1 个工作日? | 2018年3月1日 | 2018年3月1日 | |
| 2 | | 前期准备 | 1 个工作日? | 2018年3月1日 | 2018年3月1日 | |
| 3 | | 工程预算 | 1 个工作日? | 2018年3月1日 | 2018年3月1日 | |
| 4 | | 设置提示牌 | 1 个工作日? | 2018年3月1日 | 2018年3月1日 | |
| 5 | | 清理路面 | 1 个工作日? | 2018年3月1日 | 2018年3月1日 | |
| 6 | | 路面工程 | 1 个工作日? | 2018年3月1日 | 2018年3月1日 | |
| 7 | | 清除路面垃圾 | 1 个工作日? | 2018年3月1日 | 2018年3月1日 | |
| 8 | | 挖掘沟槽 | 1 个工作日? | 2018年3月1日 | 2018年3月1日 | |
| 9 | | 铺设水管 | 1 个工作日? | 2018年3月1日 | 2018年3月1日 | |
| 10 | | 压力试验 | 1 个工作日? | 2018年3月1日 | 2018年3月1日 | |
| 11 | | 填埋沟槽 | 1 个工作日? | 2018年3月1日 | 2018年3月1日 | |
| 12 | | 电力工程 | 1 个工作日? | 2018年3月1日 | 2018年3月1日 | |
| 13 | | 设置电杆 | 1 个工作日? | 2018年3月1日 | 2018年3月1日 | |
| 14 | | 拉装电缆 | 1 个工作日? | 2018年3月1日 | 2018年3月1日 | |
| 15 | | 安装变压器 | 1 个工作日? | 2018年3月1日 | 2018年3月1日 | |
| 16 | | 电力入户 | 1 个工作日? | 2018年3月1日 | 2018年3月1日 | |
| 17 | | 路面清理 | 1 个工作日? | 2018年3月1日 | 2018年3月1日 | |
| 18 | | 清理路面垃圾 | 1 个工作日? | 2018年3月1日 | 2018年3月1日 | |
| 19 | | 修剪树枝 | 1 个工作日? | 2018年3月1日 | 2018年3月1日 | |
| 20 | | 铺设路面 | 1 个工作日? | 2018年3月1日 | 2018年3月1日 | |
| 21 | | 后期工作 | 1 个工作日? | 2018年3月1日 | 2018年3月1日 | |
| 22 | | 撤销提示牌 | 1 个工作日? | 2018年3月1日 | 2018年3月1日 | |
| 23 | | 恢复交通 | 1 个工作日? | 2018年3月1日 | 2018年3月1日 | |

甘特图

就绪 新任务:自动计划

图 4-60

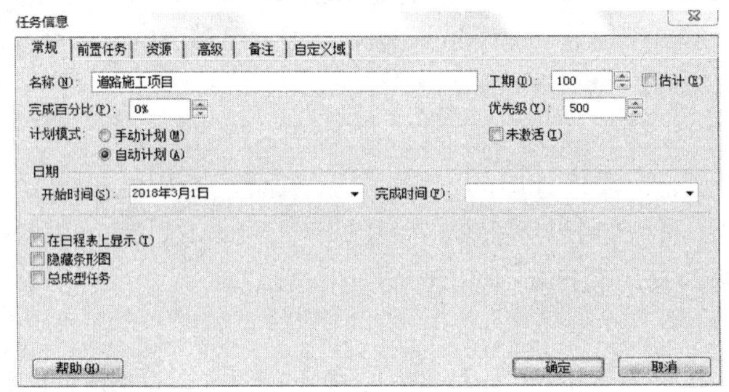


图 4-61

(1)大纲结构

在 Project2010 中,可通过降级和升级项目任务的方法,来创建摘要任务和子任务的大纲,从而细分任务列表,使其更具有组织性与可读性。

①摘要任务和子任务:默认情况下,摘要任务是以粗体显示并已升级,而子任务降级在摘要任务之下。

②组织任务的方法:摘要任务又称为“集合任务”,用于汇总其子任务的数据。可通过下列两种方法来组织任务列表。

自上而下:首先确定主要阶段,再将主要阶段分解为各个任务。

自下而上:首先列出所有的任务,再将其组合为多个阶段。

确定了用于组织任务的方法后,便可以大纲形式将任务组织为摘要任务和子任务。

在“甘特图”视图中,选择需要降级的任务,执行“任务/日程/降级命令”,可将所选任务降级为子任务,见图 4-62。

一般情况下,摘要任务汇总了所有包含子任务的最早开始日期到最后完成日期之前时间段的信息,并且,摘要任务的值处于不可编辑状态,用户可通过修改各个子任务值的方法来更改摘要任务的值。

| | 任务模式 | 任务名称 | 工期 | 开始时间 | 完成时间 | 前置任务 |
|---|---|---|---|---|---|---|
| 1 | | ⊟道路施工项目 | 1 个工作日? | 2018年3月1日 | 2018年3月1日 | |
| 2 | | ⊟前期准备 | 1 个工作日? | 2018年3月1日 | 2018年3月1日 | |
| 3 | | 工程预算 | 1 个工作日? | 2018年3月1日 | 2018年3月1日 | |
| 4 | | 设置提示牌 | 1 个工作日? | 2018年3月1日 | 2018年3月1日 | |
| 5 | | 清理路面 | 1 个工作日? | 2018年3月1日 | 2018年3月1日 | |
| 6 | | ⊟路面工程 | 1 个工作日? | 2018年3月1日 | 2018年3月1日 | |
| 7 | | 清除路面垃 | 1 个工作日? | 2018年3月1日 | 2018年3月1日 | |
| 8 | | 挖掘沟槽 | 1 个工作日? | 2018年3月1日 | 2018年3月1日 | |
| 9 | | 铺设水管 | 1 个工作日? | 2018年3月1日 | 2018年3月1日 | |
| 10 | | 压力试验 | 1 个工作日? | 2018年3月1日 | 2018年3月1日 | |
| 11 | | 填埋沟槽 | 1 个工作日? | 2018年3月1日 | 2018年3月1日 | |
| 12 | | ⊟电力工程 | 1 个工作日? | 2018年3月1日 | 2018年3月1日 | |
| 13 | | 设置电杆 | 1 个工作日? | 2018年3月1日 | 2018年3月1日 | |
| 14 | | 拉装电缆 | 1 个工作日? | 2018年3月1日 | 2018年3月1日 | |
| 15 | | 安装变压器 | 1 个工作日? | 2018年3月1日 | 2018年3月1日 | |
| 16 | | 电力入户 | 1 个工作日? | 2018年3月1日 | 2018年3月1日 | |
| 17 | | ⊟路面清理 | 1 个工作日? | 2018年3月1日 | 2018年3月1日 | |
| 18 | | 清理路面垃 | 1 个工作日? | 2018年3月1日 | 2018年3月1日 | |
| 19 | | 修剪树枝 | 1 个工作日? | 2018年3月1日 | 2018年3月1日 | |
| 20 | | 铺设路面 | 1 个工作日? | 2018年3月1日 | 2018年3月1日 | |
| 21 | | ⊟后期工作 | 1 个工作日? | 2018年3月1日 | 2018年3月1日 | |
| 22 | | 撤销提示牌 | 1 个工作日? | 2018年3月1日 | 2018年3月1日 | |
| 23 | | 恢复交通 | 1 个工作日? | 2018年3月1日 | 2018年3月1日 | |

图 4-62

(2)工作分解结构

工作分解结构又称为 WBS 代码,该代码由字母和数字组成,主要用来表示相关联任务在项目层次结构中所处的位置。另外,WBS 代码类似于大纲数字,每个任务只有一个 WBS 代码,该代码是唯一值。执行“项目/属性/WBS/定义代码”命令,在弹出的对话框中设置代码类型即可,见图 4-63。

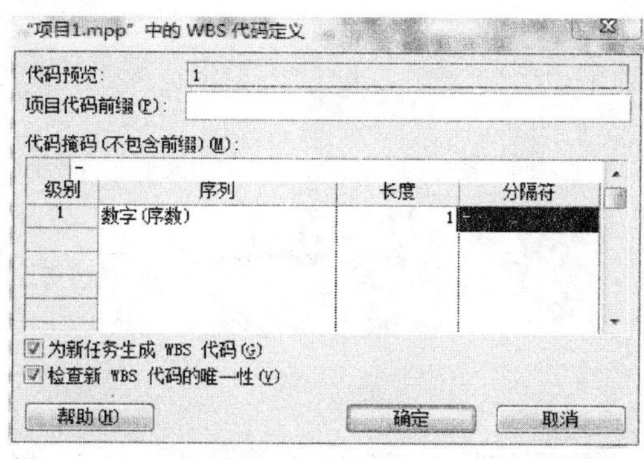


图 4-63

然后,右击“任务模式”域标题,执行“插入列”命令,选择“WBS”选项即可。

7. 设置任务工期

任务工期是完成某项任务的工作时间,通过设置每项任务的工期,可以获得项目的总工期。

(1)设置任务时间

在项目管理中,任务时间即为每项任务所完成的时间。只能为子任务设置任务时间,每个子任务的累计时间便是摘要任务的时间。

在“甘特图”视图中,工期值后面都带有一个问号“?”,这表示系统目前使用的是估计工期。当在工期单元格中输入工期值,并按 Enter 键后,估计工期便会变成计划工期了,工期值后面的“?”也会自动消失。

设置任务时间也可通过“任务信息”对话框,选择任务名称,执行“任务/属性/信息/”命令,输入工期值即可,见图 4-64。

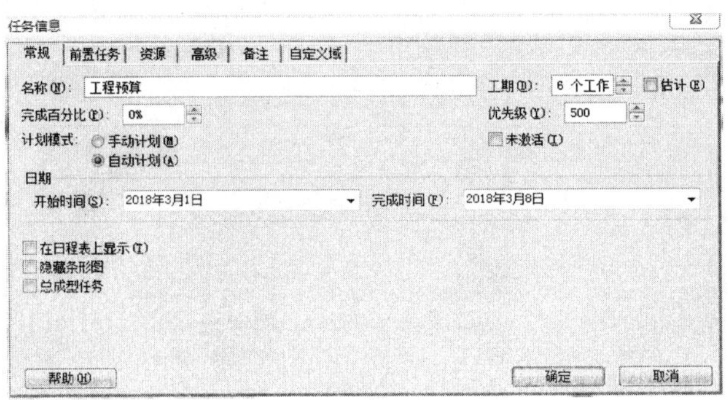


图 4-64

(2)创建里程碑任务

项目中有些任务不属于过程性任务,只是一个重要的时间点,这类任务称为“里程碑任务”,如“设计评审完成”。创建里程碑任务有以下两种方法:

①任务工期为 0 的里程碑。

默认情况下,只要工期是 0 的任务,系统会自动将其设置为里程碑。

对于已经输入的任务,在任务对应的“工期”单元格中,将工期值改为 0 即可,见图 4-65。

| | 任务模式 | 任务名称 | 工期 | 开始时间 |
|---|---|---|---|---|
| 19 | | 修剪树枝 | 6 个工作日 | 2018年3 |
| 20 | | 铺设路面 | 13 个工作日 | 2018年3 |
| 21 | | - 后期工作 | 1 个工作日 | 2018年 |
| 22 | | 撤销提示牌 | 1 个工作日 | 2018年3 |
| 23 | | 恢复交通 | 0 个工作日 | 2018年3 |

图 4-65

当在已输入任务之间设置里程碑任务时,需要选择插入里程碑任务之下的任务名称,执行“插入/里程碑”命令,系统会自动插入一个新任务,并将新任务的工期显示为零,此时,只需在插入的新任务中输入任务名称即可,见图 4-66。

图 4-66

②任务工期大于0的里程碑。

有些任务工期不为0,也可标记为里程碑任务。例如,项目包含一个"验收"的任务,它的工期为5d,是项目中一个重要的时间点,我们可将它设置为里程碑。执行"任务/信息/高级"命令,选中"标记为里程碑"复选框即可,见图4-67。

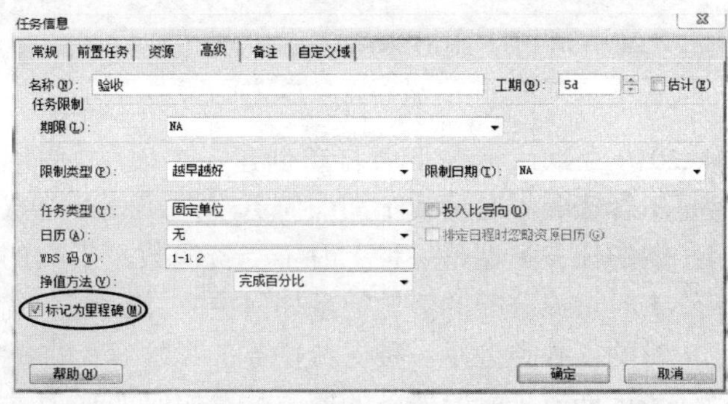


图 4-67

(3)创建周期性任务。

对于定期发生的事件,即每天、每周、每月或每年发生的周期性任务,可以指定每次发生的工期、发生时间,以及重复的时间或次数。

执行"插入/任务/任务周期"命令,在弹出的"周期性任务信息"对话框中,设置相应的选项,见图4-68。

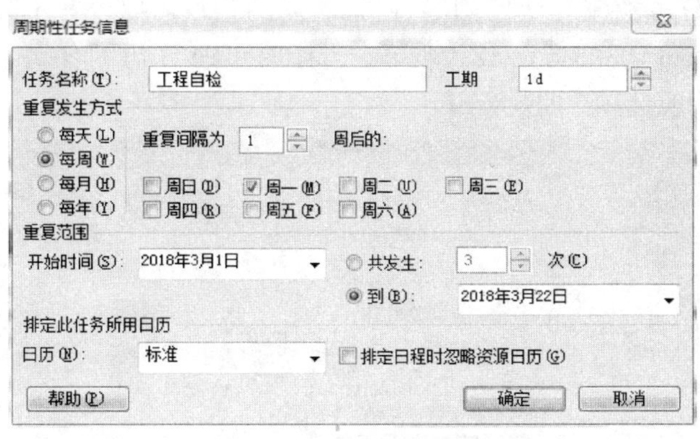


图 4-68

8.设置任务信息

在项目管理过程中,经常根据项目自身的特点设置相匹配的任务类型、任务日历与任务限制,以保证整个项目顺利完成。

(1)任务类型

在 Project2010 中，任务类型主要用于控制工时、工期或工作分配单位的更改对另外两种类型的影响。一般情况下，可在“任务信息”对话框中的“高级”选项卡中设置任务类型。在“任务类型”选项中主要包括固定单位、固定工期与固定工时3种类型，见图4-69。

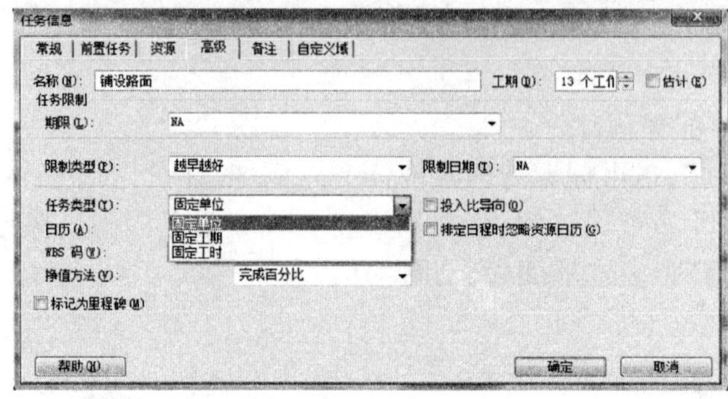

图 4-69

①固定单位。Project2010 在默认情况下会自动创建一个被称为固定单位任务的资源任务。固定单位任务类型是不管任务工时量或工期如何更改，工作分配单位都将保持不变。

②固定工期。固定工期的任务类型是一种工时不受资源数量影响的任务时间安排类型。固定工期任务类型是不管工时量或分配的资源数量如何更改，任务工期都将保持恒定。

③固定工时。固定工时的任务类型是一种保持任务工时数不变的任务时间安排类型。固定工时任务类型是不管任务工期或分配给任务的资源数量如何更改，工时量都将保持不变。

投入比导向任务是在固定工期和固定单位任务中，根据资源数量的变化来修改分配给任务资源的总工时百分比。当创建投入比导向任务时 Project2010 会重新为任务中的资源分配相同的工时。另外，当用户将“任务类型”选项设置为“固定工时”时，“投入比导向”复选框将变成不可用状态。

(2)任务日历

任务日历是项目任务实施时所使用的日历，不同的项目需要设置不同的日历，以适应项目计划的需求。设置任务日历的方法较为简单，选择要更改日历的任务，执行“任务/属性/信息/高级”命令，选择相应选项，见图4-70。

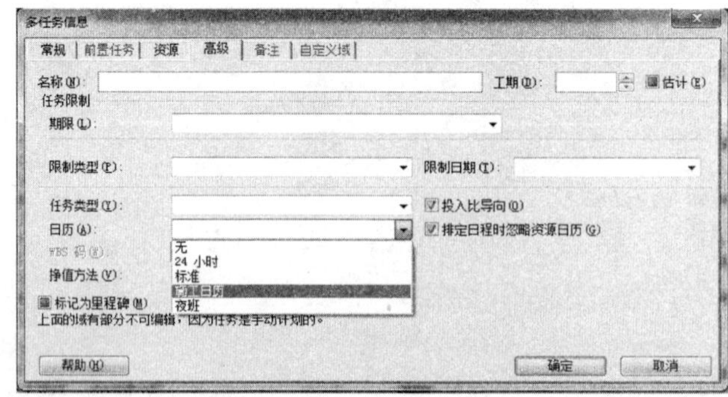

图 4-70

(3)任务限制

当一个任务在特定时间开始或完成对于任务的完成或项目的结局很重要时，可以使用日期限制。

①限制类型。

限制类型用于指定任务的开始或完成期限。

Project2010 提供了下列 8 种限制类型。

越早越好:表示排定任务尽可能早开始,而任务的开始日期不早于项目的开始日期。默认情况下,自动选择该选项。

必须开始于:表示任务必须在指定的日期开始。

必须完成于:表示任务必须在指定的日期完成。

不得晚于…开始:表示任务的开始日期不得晚于指定日期,即排定任务在指定日期或指定日期之前开始。

不得晚于…完成:表示任务的完成日期不得晚于指定日期,即排定任务在指定日期或指定日期之前完成。

不得早于…开始:表示任务的开始日期不得早于指定日期,即排定任务在指定日期之后开始。

不得早于…完成:表示任务的完成日期不得早于指定日期,即排定任务在指定日期或指定日期之后完成。

越晚越好:表示排定任务尽可能晚开始,而任务的完成日期不晚于项目的结束日期,并且不能延迟后续任务。

综上所述,可以发现"必须完成于"与"必须开始于"限制类型表示限制任务在指定日期开始或结束,而其他限制类型则限制任务在特定的时间范围内完成,见图 4-71。

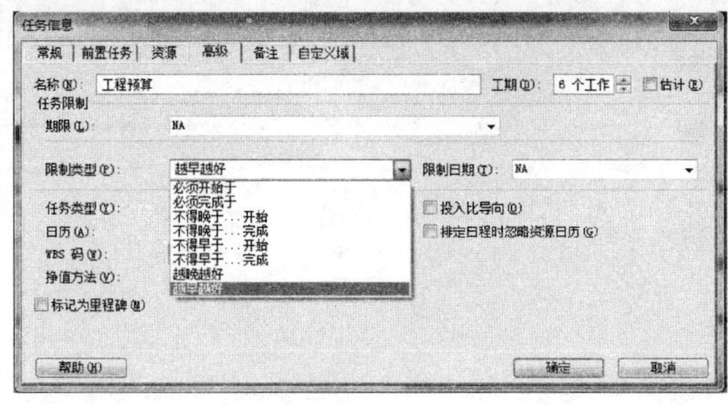


图 4-71

②限制日期。

限制日期是限制类型的辅助选项。主要用来指限制类型的实施时间。默认情况下,Project 2010将限制日期设置为 NA,表示该任务不受任何限制。

当用户指定了任务的限制类型之后,便可以单击"限制日期"下拉按钮,并在弹出的日期列表中选择相应的日期。

③期限。

当用户不设置任务限制只标注任务的一个期限时,可以使用 Project2010 中的"期限"功能。其中,设置期限并不影响任务的排定方式,但是,如果任务的完成日期被安排为晚于期限日期,将在标记列中显示一个标记(带有惊叹号的红色菱形),起提醒作用。可在"任务信息"对话框中设置任务的期限。

9. 设置任务的相关性

前面我们已经学习了如何创建项目任务,设置摘要任务和子任务的大纲,设置任务的工期及任务信息。但是,到目前为止,我们几乎假设所有的任务,不论是摘要任务还是子任务,都是从同一天开始,这显然与实际情况不符。这就需要设置任务之间的相关性,即需要链接各项任务以显示它们之间的关系。

在 Project2010 中,任务之间的相关性是通过"链接"功能来实现的,默认的链接类型为"完成—开始",除此之外,还有其他的链接类型。具体见表 4-19。

链接类型说明 表 4-19

| 链接类型 | 符号 | 说　明 | 链接类型 | 符号 | 说　明 |
|---|---|---|---|---|---|
| 完成-开始 | FS | 前置任务完成后,后续任务才开始 | 完成-完成 | FF | 前置任务完成后,后续任务才完成 |
| 开始-开始 | SS | 前置任务开始后,后续任务才开始 | 开始-完成 | SF | 前置任务开始后,后续任务才可以完成 |

(1)默认链接类型

选择多个子任务,执行"任务/日程/链接任务"命令,即可为选择的任务创建"完成—开始"类型,见图 4-72。

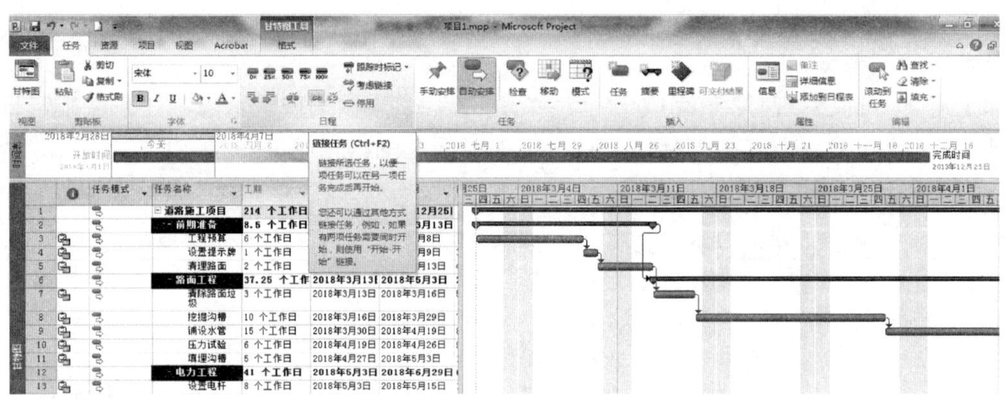

图 4-72

(2)其他链接类型

除了使用默认的链接类型设置任务的相关性之外,还可以使用"任务信息"对话框为特定的任务设置其他连接类型的相关性,见图 4-73。

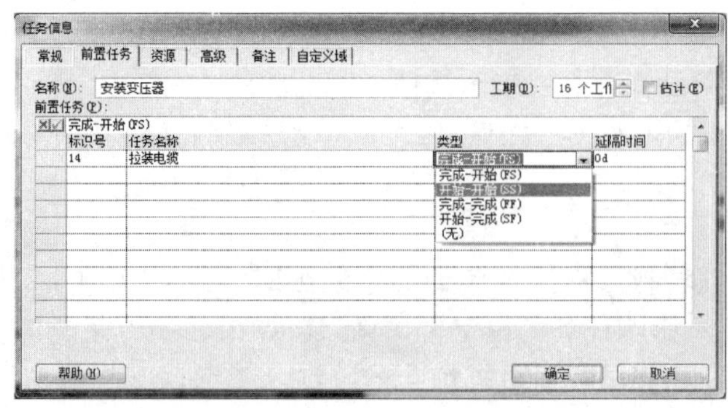


图 4-73

执行“任务/属性/信息/前置任务”命令,输入链接任务的相关信息。

另外,还可通过执行“任务/日程/取消链接任务”命令,取消任务之间的相关性。

当前置任务完成之后,后续任务无法按照链接任务安排的时间进行工作时,执行“任务/属性/信息/前置任务”命令,在“延隔时间”一栏输入延迟的时间,即可延迟链接任务。

当前置任务未完成时,便要开始后续任务的工作,也可通过设置“延隔时间”,重叠链接任务,此时输入的延迟时间一般为负值。

10. 创建资源列表

任何项目都会用到资源,资源一般包括人力、材料、机械设备等,资源的可用性和分配直接影响到每个任务的完成日期,进而影响到整个项目的工期。因此,在进行项目规划之前应先建立一个可供使用的资源列表。

在 Project2010 中,资源主要分为工时资源、材料资源和成本资源 3 种资源类型。每种资源的含义如下所示。

(1)工时资源

工时资源是执行工时以完成任务的人员和设备资源,是一种需要消耗时间来完成任务的资源。在设置工时资源时,需要根据工时及任务的灵活性来区分人员资源与设备资源。

(2)材料资源

材料资源是一种可消耗材料或供应品的资源,在项目中设置材料资源是为了便于跟踪项目的消耗量及成本额。材料资源会随着项目的进度而消耗,例如,工程项目中的木板、水泥、钢筋等。

(3)成本资源

成本资源与材料资源一样,不参与工作,也不影响日程的安排,其主要作用是将成本与任务关联,表示出项目的财务成本。

要想建立资源列表,可通过执行“视图/资源工作表”命令,将视图由系统默认的“甘特图”视图切换至“资源工作表”视图,然后,在“资源名称”单元格中输入资源名称,在“类型”单元格中选择资源类型,并设置其他相应选项,见图 4-74。

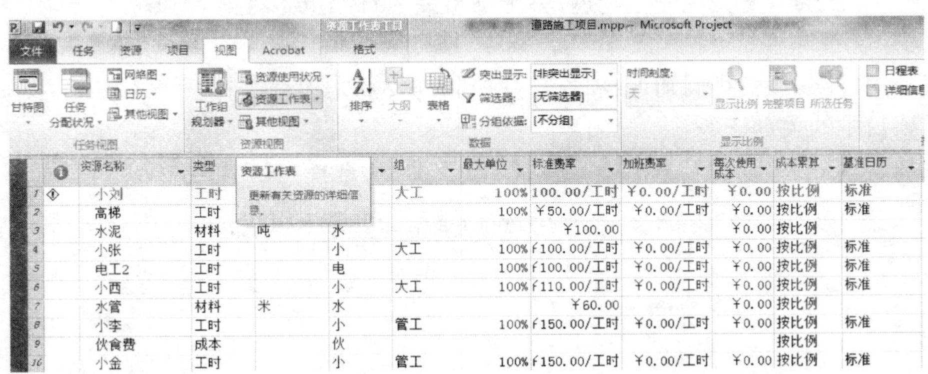

图 4-74

除了利用“资源工作表”之外,还可通过执行“资源/属性/信息”命令,在“资源信息”对话框中输入资源名称及相应的资源信息。

11. 分配资源

建立了资源列表后，还需要将这些资源分配到任务中去。任务和资源之间存在“多”对“多”的关系，即一种资源可同时分配在多个任务上，而一个任务也可由多种资源共同来完成。不同的资源类型需要使用不同的分配方式。

分配资源可以使用甘特图来进行分配，在“甘特图”视图中，选择任务名称对应的“资源名称”单元格，在其下拉列表中选择资源名称，即可分配给对应的任务，见图4-75。

| | 任务模式 | 任务名称 | 工期 | 开始时间 | 完成时间 | 前置任务 | 资源名称 |
|---|---|---|---|---|---|---|---|
| 0 | | 道路施工项目 | 93 个工作日 | 2018年3月1日 | 2018年7月9日 | | |
| 1 | | 道路施工项目 | 97.75 个工1 | 2018年3月1日 | 2018年7月9日 | | |
| 2 | | 前期准备 | 9.5 个工作E | 2018年3月1日 | 2018年3月13日 | | |
| 3 | | 工程预算 | 6 个工作日 | 2018年3月1日 | 2018年3月8日 | | |
| 4 | | 设置提示 | 1 个工作日 | 2018年3月9日 | 2018年3月9日 | 3 | |
| 5 | | 清理路面 | 2 个工作日 | 2018年3月12日 | 2018年3月13日 | 4 | |
| 6 | | 路面工程 | 41 个工作日 | 2018年3月14日 | 2018年5月7日 | 2 | |
| 7 | | 清除路面垃圾 | 3 个工作日 | 2018年3月14日 | 2018年3月16日 | 5 | |
| 8 | | 挖掘沟槽 | 10 个工作日 | 2018年3月19日 | 2018年3月30日 | 7 | |
| 9 | | 铺设水管 | 15 个工作日 | 2018年4月2日 | 2018年4月20日 | 8 | |
| 10 | | 压力实验 | 6 个工作日 | 2018年4月23日 | 2018年4月30日 | 9 | |
| 11 | | 填埋沟槽 | 5 个工作日 | 2018年5月1日 | 2018年5月7日 | 10 | |
| 12 | | 电力工程 | 32.5 个工作 | 2018年5月8日 | 2018年6月19日 | 6 | |
| 13 | | 设置电杆 | 8 个工作日 | 2018年5月8日 | 2018年5月17日 | 11 | |
| 14 | | 拉装电缆 | 12 个工作日 | 2018年5月18日 | 2018年6月4日 | 13 | |
| 15 | | 安装变压 | 16 个工作日 | 2018年5月18日 | 2018年6月8日 | 14SS | |
| 16 | | 电力入户 | 7 个工作日 | 2018年6月11日 | 2018年6月19日 | 15 | |
| 17 | | 路面清理 | 13.5 个工作 | 2018年6月20日 | 2018年7月6日 | 12 | |
| 18 | | 清理路面 | 3 个工作日 | 2018年6月20日 | 2018年6月22日 | 16 | |
| 19 | | 修剪树枝 | 6 个工作日 | 2018年6月25日 | 2018年7月2日 | 18 | |
| 20 | | 铺设路面 | 13 个工作日 | 2018年6月20日 | 2018年7月6日 | 19FS-10 个工 | |
| 21 | | 后期工作 | 1 个工作日 | 2018年7月9日 | 2018年7月9日 | 17 | |
| 22 | | 撤销提示牌 | 1 个工作日 | 2018年7月9日 | 2018年7月9日 | 20 | |

资源名称下拉列表：安装费 安装员1 安装员2 电工1 电工2 电工3 电工3 电线 高梯 伙食费 金山 经理 水管 水泥 挖土机 小金 小李 小刘 小西 小鱼 小张 预算员

甘特图

图 4-75

分配资源还可使用“分配资源”对话框，在“甘特图”视图中，选择任务名称，执行“资源/工作分配/资源分配”命令，选择资源名称，单击“分配”按钮。

12. 关键路径与项目工期

在项目各任务构成的各条路径中，最长的路径称为关键路径。构成项目关键路径的所有任务都称之为关键任务。因此，关键任务是指那些必须按时完成，从而才能保证整个项目如期完成的任务。反之，只要关键任务延迟，整个项目完成日期也必将拖后。

(1)显示关键路径

理解了关键路径后，我们知道，项目日程控制的要点是追踪关键任务。因此，我们需要清楚地查看项目中的关键任务。

在“甘特图”视图中，执行“格式/条形图样式”命令，选择“关键任务”复选框，见图4-76。

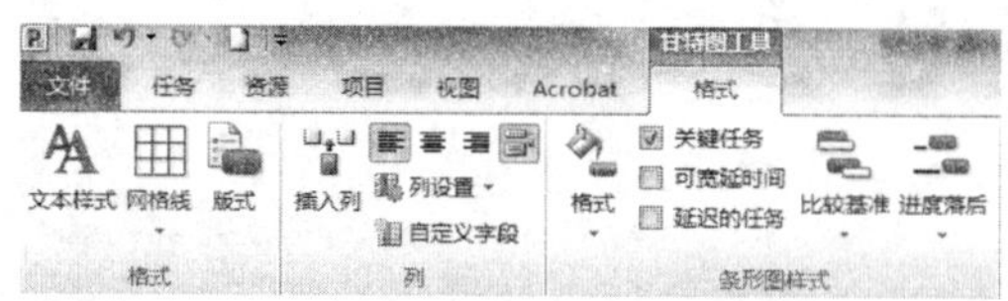


图 4-76

执行“格式/条形图样式/格式/条形图样式”命令，选择“关键”选项，在“条形图”选项卡中设置条形图的样式，见图4-77。

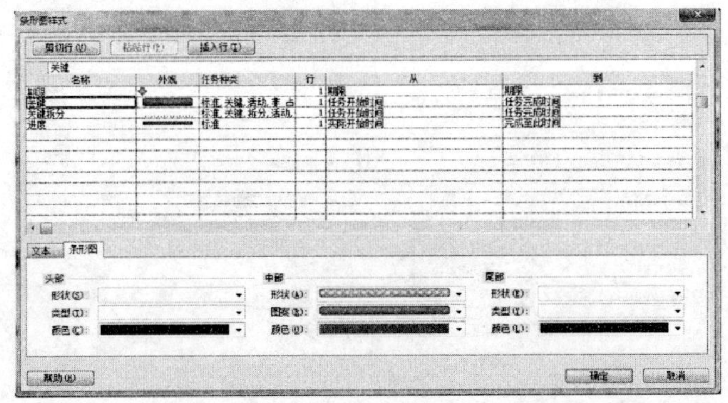

图 4-77

然后,激活"文本"选项卡,分别设置"左侧"与"内部"显示文本值,单击"确定"按钮,关键任务的条形图将以设置的格式进行显示,见图 4-78。

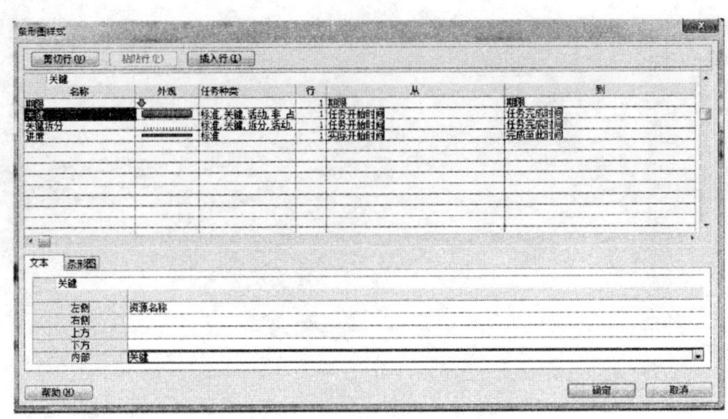

图 4-78

(2)缩短关键路径

当需要缩短项目日程的时候,可通过缩短关键路径中工期的方法,在缩短项目施工时间的同时降低项目费用。一般情况下,可通过减少关键任务的工期,以及重叠关键任务两种方法,解决日程安排问题。

减少关键任务工期的方法如下:

①添加资源:向关键任务中添加资源,当向固定工期任务中添加资源时,将无法减少任务的工作时间。

在"甘特图"视图中,选择某项任务,在"任务信息"对话框中,将"任务类型"更改为"固定单位",并启用"投入比导向"复选框。启用"投入比导向"复选框后,Project2010 会在已分配的资源中重新分配工时,见图 4-79。

然后,执行"资源/工作分配/分配资源"命令,选择资源名称,单击"分配"按钮,为任务添加资源。

②使用加班时间:可在关键任务中使用加班时间。

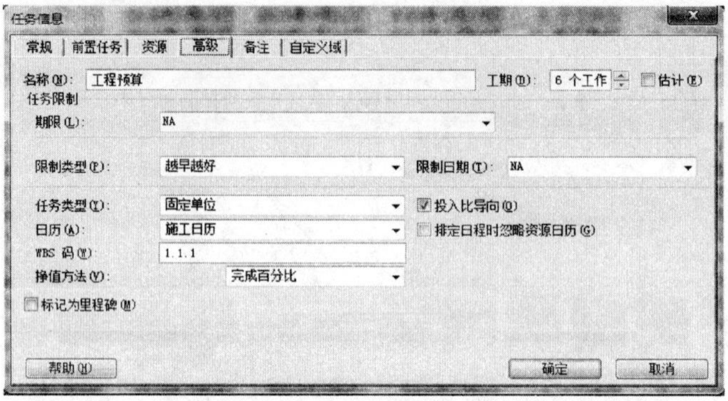

图 4-79

首先，在“甘特图”视图中选择任务名称，执行“视图/拆分视图/详细信息”命令，创建一个包含“任务窗体”的复合视图。然后，选择“任务窗体”视图，同时执行“格式/详细信息/工时”命令，然后，为资源添加加班时间值即可，见图 4-80。

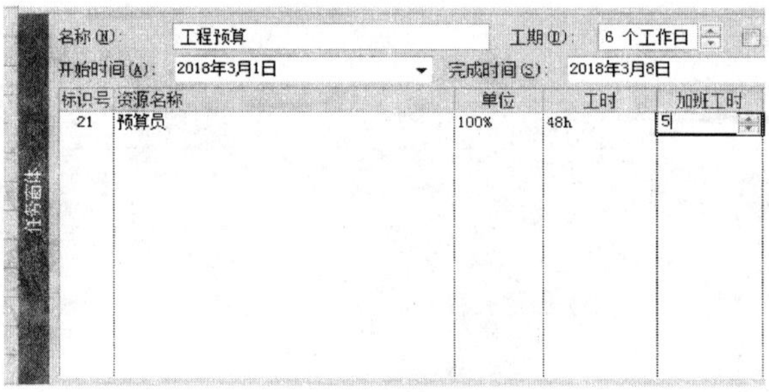

图 4-80

另外，我们可通过下列方法重叠关键任务，以减少项目的总工期。

调整相关性：可以将“完成 - 开始”链接类型更改为“开始 - 开始”链接关系。

限制任务日期：可通过调整任务日期的限制类型，或延隔时间的方法来重叠关键任务。

以上两种方法均可在“任务信息”对话框中进行设置，前面已讲，不再赘述。

在 Project2010 中，还可以通过减少多种关键路径的方法了解任务之间的相关性，以便于了解每项任务的完成时间，避免延迟项目的完成时间。执行“文件/选项”命令，激活“高级”选项卡，启用“计算多重关键路径”复选框，单击“确定”按钮后，在视图中显示多个关键路径，见图 4-81。

前面，我们学习了如何创建一个项目计划，只要为每个任务输入名称、工期、相关性和限制条件，Project2010 会自动为每个任务计算开始时间和完成时间，同时也可计算项目的完成日期，为我们建立项目的计划模型。此外，我们还学习了如何建立资源信息库，如何将资源分配到任务上等问题，从而更加科学、合理、有效地利用资源，使我们编制的项目计划更加准确，更符合项目的实际。

综合上述，Project2010 包含了项目管理的多方面的重要的技术和方法，是一个功能强大而且可以灵活运用的项目管理工具,我们可以利用 Project 更好地控制项目进度,提高管理水平,更好地实现项目的目标。

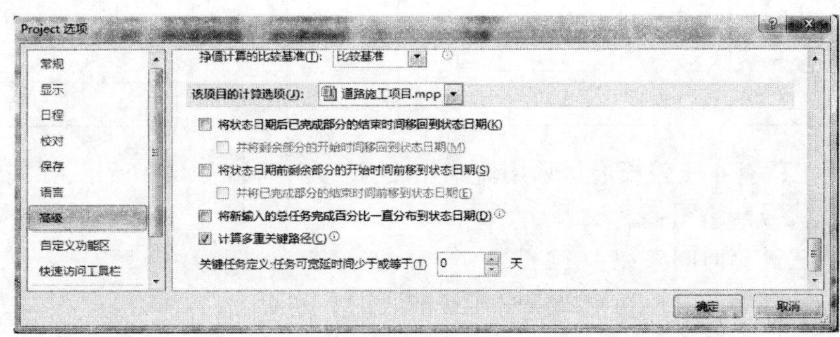


图 4-81

1. 网络计划的特点和分类是什么?
2. 双代号网络计划图的三要素及各自的含义是什么?双代号网络计划图的基本原则和绘制步骤是什么?
3. 单代号网络计划图的三要素及各自的含义是什么?单代号网络计划图的基本原则和绘制步骤是什么?
4. 图算法如何计算节点时间参数?工作时间参数的计算步骤是什么?时差参数怎样计算?
5. 关键线路定义及其确定方法是什么?如何缩短关键线路?
6. 时间坐标网络计划的绘制步骤是什么?其特点是什么?
7. 时间—费用优化的基本步骤是什么?
8. 试述总时差在实际工程施工中的意义和作用?
9. 双代号网络图中,虚工作怎样表示?其作用是什么?
10. 简述网络计划控制工程进度的操作步骤。

11. 根据表 4-20 绘制双代号网络图,并指出关键线路和计算出工期。

表 4-20

| 工序名称 | A | B | C | D | E | F | G | H | I | J | K | L |
|---|---|---|---|---|---|---|---|---|---|---|---|---|
| 紧前工作 | — | — | A | A | A,F | B,C | F | D,E | E,G | E,G | H,I | J |
| 持续时间 | 5 | 3 | 2 | 4 | 5 | 3 | 1 | 3 | 2 | 5 | 3 | 5 |

12. 根据表 4-21 绘制单代号网络图,指出关键线路并计算出工期。

表 4-21

| 工作代号 | A | B | C | D | E | F | G | H | I | J |
|---|---|---|---|---|---|---|---|---|---|---|
| 紧后工作 | — | — | A,B | B | B | C,D | C,D,E | D,E | F | F,G,H |
| 持续时间 | 3 | 5 | 3 | 5 | 4 | 5 | 4 | 3 | 4 | 5 |

13. 根据表 4-22 绘制时间坐标网络图。

表 4-22

| 工序名称 | A | B | C | D | E | F | G | H | I |
|---|---|---|---|---|---|---|---|---|---|
| 紧前工作 | — | — | A | B | B | A,D | E | C,F,E | G |
| 持续时间 | 2 | 5 | 3 | 5 | 2 | 5 | 4 | 5 | 2 |

14. 某路线工程有 4 座盖板通道采用流水作业，持续时间如表 4-23 所示，并完成下列内容：

(1)绘制双代号网络图；

(2)用图算法计算时间参数；

(3)确定关键线路并分析与一般流水作业的区别。

表 4-23

| 施工工序 | 施工段 | | | |
|---|---|---|---|---|
| | 持续时间 | | | |
| | 一 | 二 | 三 | 四 |
| 挖基 | 3 | 5 | 6 | 4 |
| 砌片石 | 6 | 4 | 7 | 5 |
| 现浇墙体 | 8 | 10 | 9 | 12 |
| 盖板安装 | 2 | 4 | 3 | 2 |

15. 根据表 4-24 资料绘制网络图，并在图上计算节点时间。

表 4-24

| 工序名称 | A | B | C | D | E | F | G | H | I |
|---|---|---|---|---|---|---|---|---|---|
| 紧前工作 | — | — | A | B | A | B | C,D | C,D | E,G |
| 紧后工作 | C,E | D,F | G,H | G,H | I | — | I | — | — |
| 作业时间 | 3 | 1 | 4 | 2 | 5 | 6 | 7 | 8 | 9 |

# 第五章
CHAPTER FIVE
# 公路施工组织设计

## 第一节 概述

### 一、施工组织设计的概念

公路施工组织设计,是公路工程基本建设项目在设计、招投标、施工阶段,公路大中修、旧桥加固阶段必须提交的技术文件,它是准备、组织、指导施工和编制施工作业计划的基本依据。因此,公路施工组织设计是公路工程基本建设管理的主要手段之一。

那么,什么是施工组织设计呢?施工组织设计就是从工程的全局出发,按照客观的施工规律和当时、当地的具体条件(自然、环境、地质等),统筹考虑施工活动中的人力、资金、材料、机械和施工方法这五个主要因素后,对整个工程的施工进度和资源消耗等做出的科学而合理的安排。施工组织设计的目的是使工程建设在一定的时间和空间内实现有组织、有计划、有秩序的施工,以达到工期尽量短、质量高、资金省、施工安全的效果。

施工组织设计可以是对整个基本建设项目起控制作用的总体战略部署,也可以是对某一单位工程的具体施工作业起指导作用的战术安排。

### 二、编制施工组织设计的基本原则

1. 认真贯彻我国基本建设的方针政策

公路工程建设工期长,规模大,耗用的人力、物力等各种资源多,需要巨大投资。因此,必须纳入国家的计划安排,经上级主管部门批准,公路建设才有保障。

组织施工应严格按照基本建设程序和施工程序的要求,按照合同签订的或上级下达的施工期限,根据工程情况,对人工、材料、机械等资源合理组织,确保重点工程,分期、分批进行安排,保质、保量完成施工任务。

2. 合理安排施工顺序

公路施工是野外作业,受外界环境影响很大,不仅要考虑时间顺序,还要考虑空间顺序。首先考虑影响全局的工程项目,再按照公路工程施工的客观规律安排施工顺序,如施工准备、基础工程、主体结构工程、路面工程、附属结构物工程等。

将整个施工项目划分为几个阶段或分项工程,在保证质量的前提下,尽量实现连续、紧凑、均衡的施工过程,以减少资源的不均衡利用,尽可能缩短工期,降低工程成本。

3. 应用科学的计划方法

根据工程的特点和工期要求,尽可能采用流水作业施工方法,当工程项目较大时,可采用平行流水作业、立体交叉平行流水作业。并积极应用网络计划技术,管理控制工程计划,在保证关键线路畅通的情况下,组织连续、均衡地施工。

4. 采用先进的施工技术和设备

采用先进的施工技术是提高劳动生产率、加快施工速度、提高工程质量、降低工程成本的重要途径。同时,积极运用和推广新技术、新工艺、新材料、新设备,是现代文明施工的标志。

在条件允许的情况下,尽可能采用先进的施工技术(但要经过试验),不能墨守成规。不断提高施工机械化、预制装配化程度,减轻劳动强度,提高劳动效率,无形中缩短了工期,降低了成本。

5. 合理安排冬、雨季施工项目

对于受季节影响的工程项目,应优先考虑安排,如混凝土工程、路面工程不宜在冬季施工,桥梁基础工程、下部工程不宜在雨季施工。

合理安排冬、雨季施工项目,就是把那些不因冬、雨季施工而带来技术复杂的工程项目列入冬、雨季施工。当然,冬、雨季施工要采取一些必要的措施,从而增加工程的其他直接费用。但能全面均衡人工、材料的需要量,提高施工的均衡性和连续性。

6. 确保工程质量与安全

公路是永久性的建筑物,工程质量的好坏直接影响使用效果,甚至影响沿线国民经济的发展。为了保证工程质量,要认真贯彻施工技术规范,严格按设计要求组织施工。

在进行施工组织设计时,要有确保工程质量和安全施工的措施,尤其是一些复杂大型工程项目,如大跨径现浇连续箱梁施工,后张预应力施工的质量、安全保证等。在组织施工时,要经常进行质量、安全教育,严格按操作规程进行施工。杜绝一切违章操作,是保证工程质量和施工安全的必要措施。

7. 统筹布置施工现场,降低工程成本

合理布置施工平面图,节约施工用地,充分利用原有地形、地物。尽量减少临时设施、临时便道、临时便桥的设置,方便施工,避免材料二次搬运,充分利用当地人工、材料等。

公路工程建设所耗费的巨额资金和各种资源数量,是通过公路工程概、预算得到的,概算一经批准,即是投资的最高限额,施工时一般不允许突破这一限额,施工企业要想获得经济效益,必须实行经济核算,在保证工程质量的前提下,尽量通过各种途径降低工程成本。对于大型工程项目,以上几条做得合理,可降低工程成本。

## 三、施工组织设计的作用

(1)施工组织设计是指导施工准备工作、全面布置施工活动、开展生产工作、进行项目管理、控制施工进度的依据。

(2)施工组织设计是进行劳动力和机械调配的依据。

(3)施工组织设计是进行施工生产活动的行动纲领。

(4)施工组织设计是编制施工预算的主要依据。

总之,施工组织设计对优质、高效、按时、低耗地完成公路工程施工任务起着决定性的作用。

## 四、公路施工组织设计的编制依据和编制程序

### 1.公路施工组织设计的编制依据

编制公路施工组织设计需要各种资料,根据公路工程建设的不同阶段,以及施工组织设计的具体用途不同,对资料的内容及深度要求不尽相同,一般需要如下资料。

(1)计划文件和合同文件。计划文件和合同文件是指国家批准的基本建设计划文件,施工期限要求,建设单位对工程设计、施工的要求,施工单位上级主管部门下达的施工任务及与工程沿线单位签订的协议、合同、纪要等。

(2)自然条件调查资料。自然条件调查资料见本章第二节。

(3)各种定额及技术规范。

(4)施工时可能调用的资源。施工时可能调用的资源可以通过调查得到,具体内容见本章第二节。

(5)类型相似或相近项目的经验资料。

(6)其他资料。

### 2.公路施工组织设计的编制程序

(1)分析设计资料,了解工程概况,进行调查研究。

(2)提出施工整体部署,选择施工方案,确定施工方法。

(3)编制工程进度图。

(4)计算人工、材料、机具、设备需要量,编制人工、主要材料和主要机具计划。

(5)编制临时工程计划。

(6)工地运输组织。

(7)布置施工平面图。

(8)计算技术经济指标。

(9)编写施工组织设计说明书。

### 3.编制公路施工组织设计的注意事项

(1)根据工程的特点,集中力量解决好施工中的主要矛盾。

(2)认真细致地做好各工程项目的施工次序。

(3)应注意施工展开的进行方向与技术物资和生活资料的补给结合,为工地运输创造条件。

(4)留有余地,便于调整。

## 五、公路施工组织设计的技术经济分析

### (一)公路施工组织设计技术经济分析的意义

在进行施工组织设计时,所进行的整体部署、拟定的施工方案等应是可行的,且具有良好的经济效益和社会效益。在多个可行的方案中,必须经过对比、分析,再行取舍。进行施工组织设计的技术经济分析,有以下作用和意义。

(1)为选择合理的施工组织设计提供依据。

(2)通过分析和评价工作,得到不同方案的经济价值,确定出不同施工方案合理的使用范围。

(3)施工组织设计的技术经济分析,能有效地促进新技术的推广和应用。

(4)通过对施工组织设计的技术经济分析,可以不断提高建筑业的技术、组织和管理水平,提高建设的投资效益。

### (二)公路施工组织设计技术经济评价方法

施工组织设计的技术经济评价方法主要有定性分析法和定量分析法两种。

#### 1. 定性分析法

定性分析法是结合工程施工实际经验,对多个施工组织设计的一般优缺点进行分析和比较,如施工操作的熟练程度、技术水平、难易程度和安全可靠性,施工机械设备的获得必须体现经济合理性的要求,方案是否能为后续工序提供有利条件,施工组织是否合理,是否能体现文明施工等。

#### 2. 定量分析法

定量分析法是通过对各个方案的工期指标、实物量指标和价值指标等一系列单个技术经济指标进行计算对比,从而得到最优实施方案的方法。定量分析指标通常有:

(1)施工工期。建筑产品的施工工期是指从开工到竣工所需要的时间,一般以施工天数计。通常,根据单位工程的开工、竣工日期,可以确定各单位工程的施工工期。施工工期的长短反映影响建设速度的各有关因素。当要求工程尽快完成以便尽早投入生产和使用时,选择施工方案就要在确保工程质量、安全和成本较低的条件下,优先考虑工期较短的方案。

(2)单位产品的劳动消耗量。单位产品的劳动消耗量是指完成单位产品所需消耗的工日数,它反映施工机械化程度和劳动生产率水平。通常,方案中劳动量消耗越少,施工机械化程度和劳动生产率水平越高。

(3)主要材料消耗量。它反映各施工方案主要材料的节约情况,这里主要材料是指钢材、木材、水泥、化学建材等材料。

(4)成本。成本指标反映的是施工方案的成本高低情况。

(5)投资额。所选定的施工组织设计需要增加新的投资时,如购买新的施工机械或设备时,则需要增加投资额指标进行比较,低者优选。如果工期要求紧,应优先考虑工期短的方案。

# 第二节 施工组织设计资料的调查

## (一)调查的目的和方法

公路施工涉及面广,专业多,材料及机具种类繁多,投资大,需要协调的问题复杂。如果原始资料不全或出现错误,对施工组织设计的编制和施工作业的正常进行都会造成不利影响,常常导致工期延误、质量低劣、设计变更、工程事故等严重后果。因此,施工前应有计划、有步骤地认真做好原始资料的调查、搜集和分析工作。

为编制设计阶段的施工组织设计文件,设计单位在野外勘察阶段由调查组进行原始资料的调查、搜集。为编制施工阶段的施工组织设计文件而进行的原始资料调查,由施工单位在施工准备阶段进行,是对设计阶段调查结果的复核和补充。设计阶段和施工阶段的调查方法和内容基本相同,都要深入现场,通过实地勘察、座谈访问、查阅历史资料,并采取必要的测试手段获得所需数据和资料。

调查工作的基本要求是:座谈有纪要、协商有协议、调查有证明、政策规定应索取原件或影印件。特别是要注意所有资料均要真实可靠、手续齐全、措辞严谨、依法生效。

## (二)自然条件调查

### 1. 地形、地貌

应重点调查公路沿线、大桥桥位、隧道、附属加工厂、工程困难地段的地形、地貌。调查资料用于选择施工用地,布置施工平面图、规划临时设施、掌握障碍物及其数量等。

### 2. 地质

通过试验、观察和地质勘探等手段确定公路沿线地质情况,用以选择路基土石方施工方法、确定特殊路基处理措施、复核地基基础设计及其施工方案、选定自采加工材料料场、制定障碍物的拆除计划等。

### 3. 水文地质

(1)地下水。判定水质及其侵蚀性质和施工注意事项、研究降低地下水位的措施、选择基础施工方案、复核地下排水设计。

(2)地面水。调查汛期和枯水期地面水的最高水位,用于制定水下工程施工方案、施工季节、复核地面排水设计。

### 4. 气象

(1)气温。调查冬季最低气温、冬季期月数及夏季最高气温。用于确定冬季施工项目及夏季防暑降温措施，估计混凝土、水泥砂浆的强度增长情况，选择水泥混凝土工程、路面工程及砌筑工程的施工季节。

(2)降雨。调查雨季期月数和降雨量，用于确定雨季施工措施、工地排水及防洪方案，确定全年施工作业的有效工作天数及桥涵下部构造的施工季节。

(3)风力及风向。调查当地最大风力、风向及大风季节，用于布置临时设施，确定高空作业及吊装的方案与安全措施。

5. 其他自然条件

其他自然条件如地震、泥石流、滑坡等，必要时也应进行调查，并注意它们对基础和路基的影响，以便采取专门的施工保障措施。

### (三)施工资源调查

1. 筑路材料

(1)外购材料：发货地点、规格、品种、可供应数量、运输方式及运输费用等。

(2)地方材料：分布情况、质量、单价、运输方式及运输费用等。

(3)自采加工材料：料场选择、料场位置、可开采数量、运距等。

2. 运输情况调查

公路沿线及邻近地区的铁路、公路、河流的位置；车站、码头存储货物的能力及到工地的距离；装卸费和运杂费标准；公路及桥梁的最大承载能力；航道的运输能力；当地汽车修理厂的情况及水平；民间运输能力。

3. 供水、供电、通信情况调查

当地水源位置、供水数量、水压、水质、水费。当地电源位置、供电的容量、电压、电费、每月停电次数。对于通信，调查当地邮电机构设置情况。如果以上供水、供电、通信当地都有能力解决，应签订相应的协议书，以利于有关部门提前做好准备。

4. 劳动力及生活设施

(1)公路沿线可利用的劳动力人数、技术水平，还应了解沿线民风、民俗。

(2)公路沿线有无可利用的房屋、面积有多大。

(3)公路沿线的文化教育、生活、医疗、消防、治安情况及支援能力。

(4)环境条件，周围有无有害气体、液体、有无地方性疾病。

5. 地方施工能力调查

如当地钢筋混凝土预制构件厂、木材加工厂、采石厂等建筑施工附属企业的生产能力，能否满足公路施工的需求量。

### (四)施工单位能力调查

在公路工程设计阶段，施工单位尚不明确，应向建设单位调查落实施工单位。对施工单位，主要调查其施工能力，如施工技术人员数量、施工人数、机械设备的装备水平、施工单位的资质等级及近几年的施工业绩等。对实行招、投标的工程，在设计阶段不能明确施工单位，编制施工组织设计时，应从工程设计的角度出发，提出优化的、最合理的意见作为依据。在施工阶段,施工单位已确定,施工单位能够调动的施工力量及技术装备水平,都是编制施工组织设计的依据。

(五)施工干扰调查

调查行车、行人干扰,用于确定施工方法和安全措施。

## 第三节 施工组织设计的阶段与文件组成

在公路工程设计和施工的各个阶段,都必须编制相应的施工组织设计文件。在初步设计阶段拟定“施工方案”,在技术设计阶段提出“修正的施工方案”,在施工图设计阶段编制“施工组织计划”;在招投标阶段编制“指导性施工组织设计”,在施工阶段编制“实施性施工组织设计”。在公路大中修及旧桥加固阶段,编制“施工组织计划”。它们统称为施工组织设计文件。

### 一、施工方案

“两阶段”初步设计和“三阶段”初步设计中的施工组织设计文件称为施工方案。施工方案由以下文件组成。

(一)新建公路工程

1. 施工方案说明

(1)施工期限的总体安排,关键工程项目的施工方案比较、论证情况。
(2)主要工程、控制工期的工程和特殊工程的施工方案。
(3)临时工程的安排。
(4)下阶段应解决的问题及注意事项。

2. 工程概略进度图

根据项目工程可行性研究批复的施工期限、施工条件以及施工方案,按年和季度进行概略安排。列出工程项目、单位、数量,按年度和季度列出各工程项目的起止时间、浮动时间、衔接时间。

3. 施工便道主要数量表

列出施工便道的长度、宽度、防护工程圬工数量、便桥数量。

4. 其他临时工程一览表

列出工程名称(如独立便桥、预制场、拌和场、钢梁、电力线路等),地点或桩号,工程项目及数量。

5. 公路临时用地表

列出临时用地的位置或桩号、工程名称、土地的隶属(县、乡、村、个人)关系、长度、宽度、土地类别及数量等。

上述施工方案说明列入初步设计文件的第一篇即总说明书中，其余四项构成第十一篇即施工方案文件。

(二)改(扩)建公路工程

改(扩)建公路工程(高速公路、一级公路，其他公路可参考执行)的施工方案除按上述(一)的规定编制外，应增加下列内容。

1. 施工方案说明

(1)原有公路在路网中的作用。

(2)改(扩)建施工中路线、路基、路面、桥涵、隧道、立体交叉等施工对原有公路交通通行的影响及保通措施。

(3)分离式立交和通道改建对道路交通运行的影响及采取的主要措施。

(4)施工期原有公路交通限流、分流、封闭及绕行等管制措施的可行性分析，拟采取的交通组织方案。

2. 施工交通组织设计图

包括路网分流、绕行设计方案和交通管制措施等设计图；为保证原有公路畅通及地方道路通行而设置的临时工程设计图。

3. 临时交通工程一览表

列出序号、名称、单位及数量、备注等。

施工方案说明列入初步设计文件的第一篇即总说明书中，其余两项构成第十篇即交通组织设计文件。

## 二、修正施工方案

采用"三阶段"设计的公路工程，在技术设计阶段编制的施工组织设计文件称为"修正施工方案"。"修正施工方案"根据初步设计的批复意见和施工方案说明中提出的应进一步解决的问题及注意事项进行编制，"修正施工方案"编制深度和提交的文件内容介于施工方案和施工组织计划之间。

## 三、施工组织计划

公路工程不论采用几阶段设计，在施工图设计阶段都要编制施工组织计划。施工组织计划由以下内容的文件组成。

(一)新建公路工程

1. 说明

(1)初步设计(或技术设计)批复意见的执行情况。

(2)施工组织、施工期限、主要工程的施工方法、工期、进度及采取的措施。

(3)主要材料供应、运输方案及临时工程的安排。

(4)对缺水、风沙、高原、严寒等地区以及冬、雨季施工所采取的措施。

(5)对交通工程及沿线设施施工协调和分期实施有关问题的说明。

(6)施工准备工作的意见(如拆迁、用地、修建便道、便桥、临时房屋、架设临时电力线路、通信设施等)。

2.施工便道主要工程数量表

列出施工便道的长度、宽度、防护工程圬工数量和便桥数量。

3.其他临时工程数量表

包括独立便桥、预制场、拌和场、施工场地、电力线等。列出地点或桩号、工程名称、工程说明、工程数量等。

4.公路临时用地表

列出临时用地的位置或桩号、工程名称、土地的隶属(县、乡、村、个人)关系、长度、宽度、土地类别及数量等。

施工组织计划为施工图设计文件的第十一篇内容。

(二)改(扩)建公路工程

改(扩)建公路工程(高速公路、一级公路,其他公路可参考执行)的施工组织设计除按上述(一)的规定编制外,应增加下列内容。

1.说明

(1)工程实施对原有公路通行的影响情况。

(2)交通组织设计的原则及内容。

(3)交通组织设计方案及必选论证情况。

(4)施工期原有公路交通限流、分流、封闭及绕行等管制措施的可行性分析,拟采取的交通组织方案。

2.临时交通工程一览表

列出序号、名称、单位及数量、备注等情况。

3.施工期临时交通组织设计图

详细交通的限流、分流、封闭及绕行等交通管制措施设计图;为保证原有公路畅通及地方道路的通行而设置的临时工程设计图。包括路网分流、绕行设计方案和交通管制措施等设计图;为保持原有公路畅通及地方道路的通行而设置的临时工程设计图。

交通组织设计为施工图设计文件的第十一篇内容。

## 四、指导性施工组织设计

公路工程招投标包括:公路勘测设计招投标、公路工程施工监理招投标、公路工程施工招投标。其招投标过程是一致的,公路工程施工招投标过程如下。

公路工程施工招标包括：①招标准备。其内容有：工程施工招标应具备的条件，招标机构，确定招标方式和合同形式，制订招标计划，施工标段划分和确定工期。②资格预审。其内容有：施工招标资格预审程序，编制施工招标资格预审文件，资格预审通告，资格评审。③招标文件编制。其内容有：招标文件组成，招标文件编制准备工作，投标邀请书格式，投标人须知，合同通用条款，合同专用条款，技术规范，投标书与投标担保格式，工程量清单，投标书附表格式，合同协议书格式，履约担保格式。④组织招标。其内容有：邀请投标，现场考察和标前会议，标底编制，开标和评标，签订合同协议。

公路施工企业为了提高中标率，一般建立投标管理制度，组织专门的投标机构。公路工程施工投标包括：①参加资格预审。②投标准备。③编制投标文件。④投标文件的签署、包装和递交。⑤投标后的工作。

指导性施工组织设计，是施工单位用于工程投标所编制的施工组织设计，它是投标文件组成中的必备文件。乙方中标后，它是承包合同的重要组成文件。

指导性施工组织设计的内容、文件组成，目前国家尚无统一规定，通常与设计阶段的"施工组织计划"内容相似，但为满足招标文件，要求更加具体、详细，并增加了如下内容：施工单位、施工项目组织管理框架、人员组成分工及法人代表；质量自检体系、人员和试验设备配备清单；施工机械、关键设备进场使用清单；工程平面、高程和方位控制体系及程序安排方案；施工安全和环境保护措施；施工设计和施工辅助设计有关资料等。

## 五、公路大中修及旧桥加固阶段施工组织设计

公路大中修及旧桥加固阶段施工组织设计的内容、文件组成，目前国家尚无统一规定，通常与施工图设计阶段的"施工组织计划"内容相似，但是与新建公路工程施工组织设计不同，因为工程内容不同，其侧重点不同，施工规模比新建工程要小。对于高速公路，由于是全封闭运营，不中断交通，在进行施工组织时，施工平面图布置及施工运输还要考虑进出口问题。对于其他等级公路，要考虑交通干扰和交通安全问题，施工平面图布置及施工运输要考虑充分利用现有地形、地物和可利用道路。对于旧桥加固，要考虑交通干扰和交通安全问题，当需要改善桥面铺装时，在不中断交通的情况下，半幅施工，另外通车半幅要控制车速，防止车辆振动造成混凝土开裂。

## 六、实施性施工组织设计

在公路工程的施工准备阶段，由施工单位编制的施工组织设计称为实施性施工组织设计。施工单位根据施工图设计图纸和野外调查资料及本单位施工条件（施工力量、技术水平等）进行编制。因此，这一阶段编制的施工组织设计十分具体、可行。因为要在工程施工中实施，就必须对各分部、分项工程、各道工序和施工专业队都进行施工进度的日程安排和具体的操作设计。

实施性施工组织设计文件的内容与施工图设计阶段的施工组织设计相似，但更具体、更详细。工程进度图应按月、旬安排，并编制相应的人工、材料、机具、设备计划。

综上所述，从施工方案到实施性施工组织设计，后一阶段比前一阶段的要求更高，内容也更详细、具体，但是各个阶段既是独立的又是相互联系的。

# 第四节 施工进度图

## 一、施工进度图的作用

(1)它是对全部施工项目进行时间组织的成果。

(2)确定了各工程项目之间的衔接关系。

(3)它是控制施工进度、指导施工活动的依据。

(4)它是编制作业计划、物资供应计划、机具调度计划、资金使用计划等施工组织文件的依据。

施工进度图简单易懂,有助于相关部门抓住关键,统筹全局,合理布置人工、材料、机具、设备,正确指导施工生产活动的顺利进行;有利于明确目标,更好地发挥主动精神;有利于施工企业内部及时配合。

## 二、施工进度图的分类

### (一)按施工进度图的形式分类

#### 1. 横道图

横道图也叫水平图表,其常用的格式如图5-1所示。它由两大部分组成,左面部分是以分部分项工程或工序为主要内容的表格,包括工程量、劳动量、工作日等;右面部分是进度图表,横道线的长短表示施工的期限,横道线所在的位置表示施工的内容,线上可以用数字标出劳动力或其他资源的需要数量。

横道图的优点是简单、直观、易懂、容易编制,但有以下缺点:

(1)工程量的实际分布情况不清楚,也无法表示。

(2)施工日期和施工地点的关系不明确,即什么日期在什么地点施工不明确。

(3)不能表示各工程项目之间的衔接情况及施工专业队之间的相互配合关系。

(4)不能绘制对应施工项目的平面示意图。

#### 2. 垂直图

垂直图也叫斜线图,其常用的格式如图5-2所示,以纵坐标表示施工日期,以横坐标表示里程或工程位置,用不同的线条或符号表示各项工程及其施工进度,资源平衡可在图表右侧以曲线表示。

垂直图的优点是工程量的分布情况、工程项目的相互关系、施工的紧凑程度、施工期限都十分清楚。从垂直图中,可以找出任何一天各施工队的施工地点和正在进行的施工项目。但仍有一些不足之处:

| 序号 | 施工项目 | 施工方法 | 工程量 单位 | 工程量 数量 | 劳动量（工日） | 每班人数 | 班制 | 工作天数 | 进度（5月～8月，进度线上为人数） |
|---|---|---|---|---|---|---|---|---|---|
| 1 | 准备工作 | 人工 | m³ | — | 500 | 100 | 1 | 5 | 100 |
| 2 | 备A台料 | 人机 | m³ | 754 | 1 028.5 | 200 | 1 | 5 | 200 |
| 3 | 挖A台及锥坡基础 | 人工 | m³ | 1 935 | 2 026.5 | 60 | 2 | 17 | 120 |
| 4 | 砌A台 | 人工 | m³ | 355.5 | 598.5 | 60 | 2 | 5 | 120 |
| 5 | 砌A台及锥坡 | 人工 | m³ | 62.55 | 108 | 60 | 2 | 1 | 120 |
| 6 | 回填A台及锥坡 | 人工 | m³ | 1 740 | 779.5 | 60 | 2 | 6.5 | 120 |
| 7 | 备B台料 | 人机 | m³ | 754 | 1 028.5 | 80 | 1 | 13 | 80 |
| 8 | 挖B台及锥坡基础 | 人工 | m³ | 1 935 | 2 026.5 | 80 | 1 | 25 | 80 |
| 9 | 砌B台 | 人工 | m³ | 355.5 | 598.5 | 80 | 1 | 7.5 | 80 |
| 10 | 砌B台及锥坡 | 人工 | m³ | 62.55 | 108 | 80 | 1 | 1.5 | 80 80 |
| 11 | 回填B台及锥坡 | 人工 | m³ | 1 740 | 779.5 | 80 | 1 | 9.5 | 80 |
| 12 | 备中墩料 | 人机 | m³ | 215.6 | 378 | 120 | 1 | 3 | 120 |
| 13 | 挖中墩基础 | 人工 | m³ | 730 | 803 | 60 | 2 | 7 | 120 |
| 14 | 砌中墩 | 人工 | m³ | 158.8 | 302 | 60 | 2 | 2.5 | 120 |
| 15 | 回填中墩 | 人工 | m³ | 600 | 240 | 60 | 2 | 2 | 120 |
| 16 | 备预制料 | 人机 | m³ | 144 | 101.5 | 40 | 1 | 2.5 | 40 |
| 17 | 预制制料 | 人工 | m³ | 97.05 | 605.5 | 40 | 1 | 15 | 40 |
| 18 | 备拱上用料 | 人机 | m³ | 243.1 | 170 | 40 | 1 | 4 | 40 |
| 19 | 备引道、桥面用料 | 人机 | m³ | 1 473.8 | 766 | 40 | 1 | 19.5 | 40 |
| 20 | 引道A路基 | 人工 | m³ | 7 200 | 1 076 | 120 | 1 | 9 | |
| 21 | 引道A路面 | 人工 | m² | 2 600 | 1 838 | 80 | 1 | 23 | 80 |
| 22 | 引道B路基 | 人工 | m³ | 11 000 | 1 540 | 40 | 1 | 40 | 40 120 20 40 40 |
| 23 | 引道B路面 | 人工 | m³ | 2 700 | 2 660 | 120 | 1 | 25 | 120 20 120 20 120 |
| 24 | 吊装拱肋、拱波 | 人工 | m³ | 95.78 | 371 | 120 | 1 | 3 | 120 |
| 25 | 浇横墙 | 人工 | m³ | 22.96 | 100.5 | 120 | 1 | 1 | 120 |
| 26 | 吊装腹拱、砌侧墙 | 人工 | m³ | 38.4 | 189 | 120 | 1 | 1.5 | 120 |
| 27 | 浇护拱 | 人工 | m³ | 12.8 | 31 | 120 | 1 | 0.5 | 120 |
| 28 | 拱上填料 | 人工 | m³ | 98.3 | 155 | 120 | 1 | 1.5 | 120 |
| 29 | 桥面铺装 | 人工 | m² | 630 | | | | | |
| 30 | 结束工作 | 人工 | — | — | 100 | 120 | 1 | 1 | 120 |
| 31 | 说明：1. 进度线上为人数；<br>2. 采用流水作业；<br>3. 本桥为2~15m 双曲拱桥；<br>4. 工程施工期限为5月1日至8月31日；<br>5. 考虑节假日和雨季天数，5月按有效工作日计25d，6月28d，7、8月各20 d，共计93个工作日；<br>6. 本桥总工日：21 005.5；<br>7. 实际总工日：21 080 | | | | | | | | 240 60 |

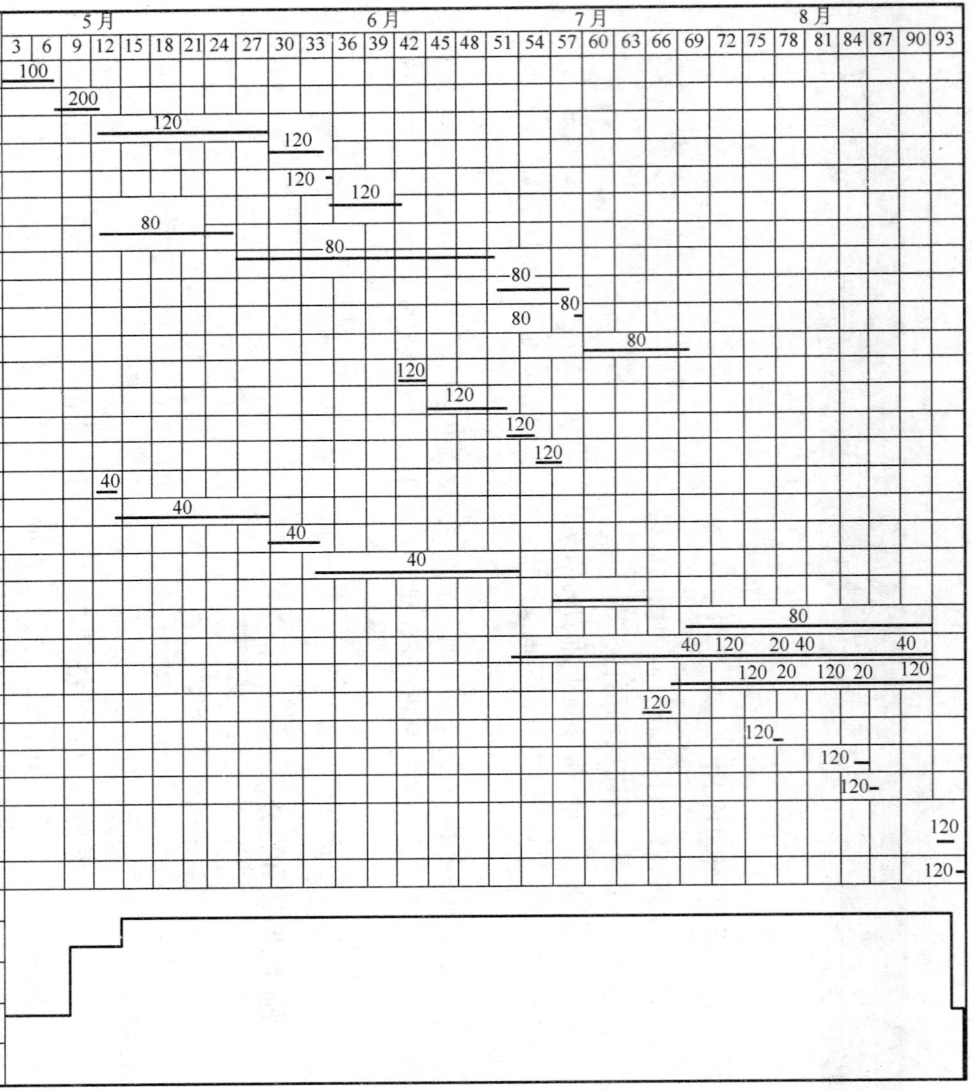

（注：时间轴刻度为 3 6 9 12 15 18 21 24 27 30 33 36 39 42 45 48 51 54 57 60 63 66 69 72 75 78 81 84 87 90 93；第28、29项的劳动量155、每班人数120、班制1、工作天数1.5为合并单元格。）

图 5-1　双曲拱桥工程进度图(横道图)

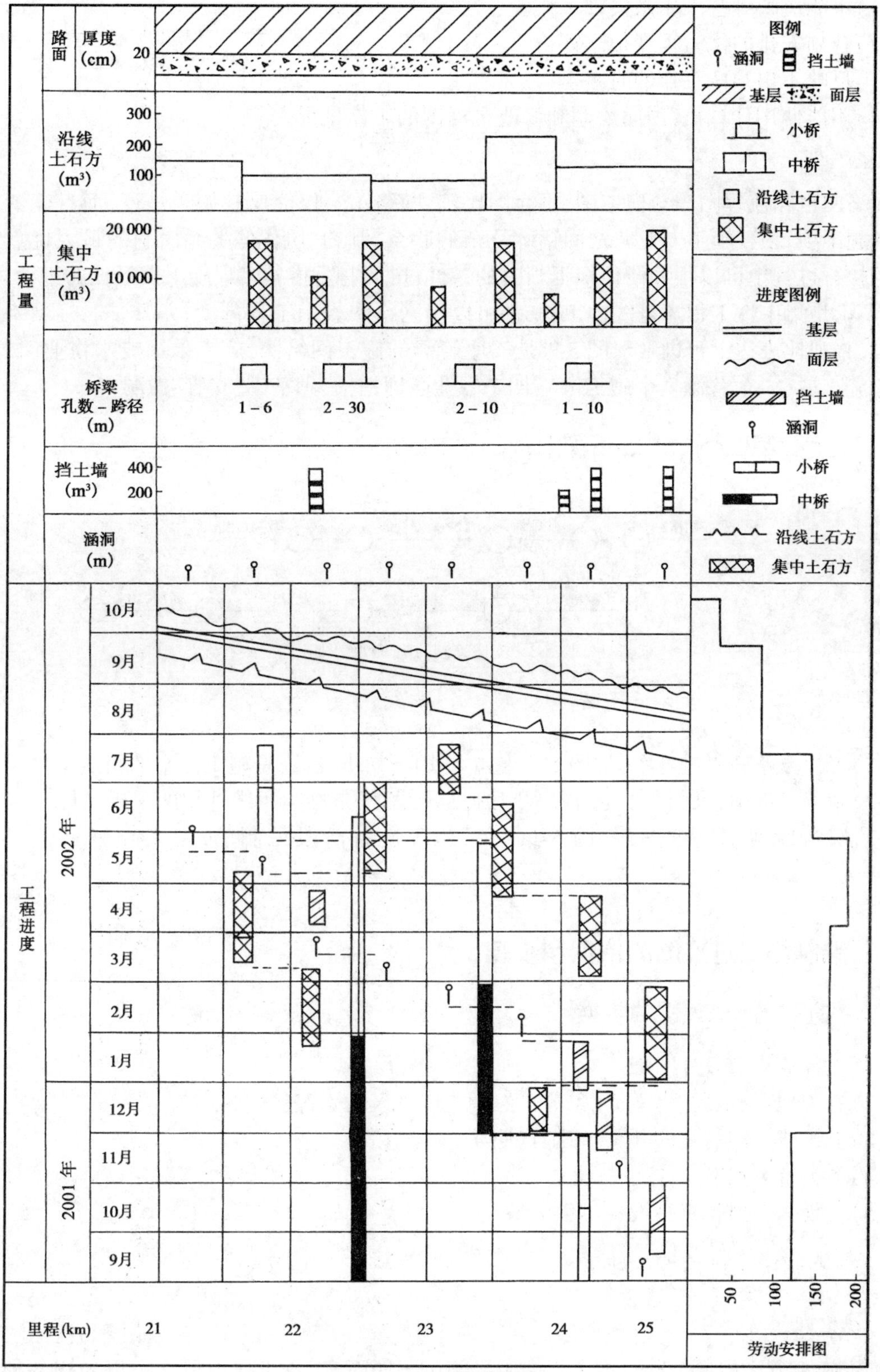

图 5-2 某路线垂直进度图

(1)不能反映哪些工作是关键工作。

(2)计划安排的优劣程度很难评价。

(3)反映不出某些工作的时差。

(4)不能使用计算机,因而绘制和修改进度图的工作量很大。

3. 网络图

网络图也叫流程图。与横道图、垂直图比较,网络图不仅能反映施工进度,而且能清楚地表达各施工项目、各施工专业队之间错综复杂的联系、制约、协作等关系。它的最大优点是在计划的执行过程中可以很方便地根据当时的条件进行调整,指导工程施工按最佳的进度运行。因此,不论是集中性工程还是线性工程,都可以用网络图表示工程进度,尤其是时标网络图更能准确、直观地表达工程进度。图 5-3 是三座管涵的施工网络图,施工采用流水作业,自然分成三个施工段(一个管涵一个施工段),四个专业队即挖槽、砌基础、安管、做洞口。

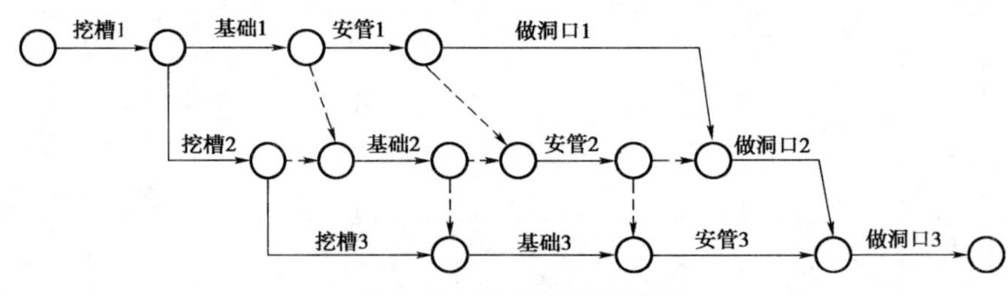


图 5-3　三座管涵的施工网络图

(二)按设计阶段分类

(1)工程概略施工进度图,见图 5-4,它主要用于初步设计,是施工方案的组成文件。

(2)施工进度图,见图 5-2,它主要用于施工图设计,是施工组织计划的组成文件。

(3)实施性施工进度图,见图 5-1,它是施工准备阶段编制的,是指导施工生产活动的依据。

## 三、编制施工进度图的依据和步骤

(一)编制施工进度图的依据

(1)工程的全部设计图纸。

(2)有关地形、地质、水文、气象等自然调查资料及技术经济资料。

(3)上级或合同规定的开工、竣工日期。

(4)各类有关定额。

(5)劳动力、材料、机械设备等供应情况。

(二)编制施工进度图的步骤

1. 确定施工方法

确定施工方法主要是针对本工程的主导施工工序而言,各工程项目均可以采用各种不同

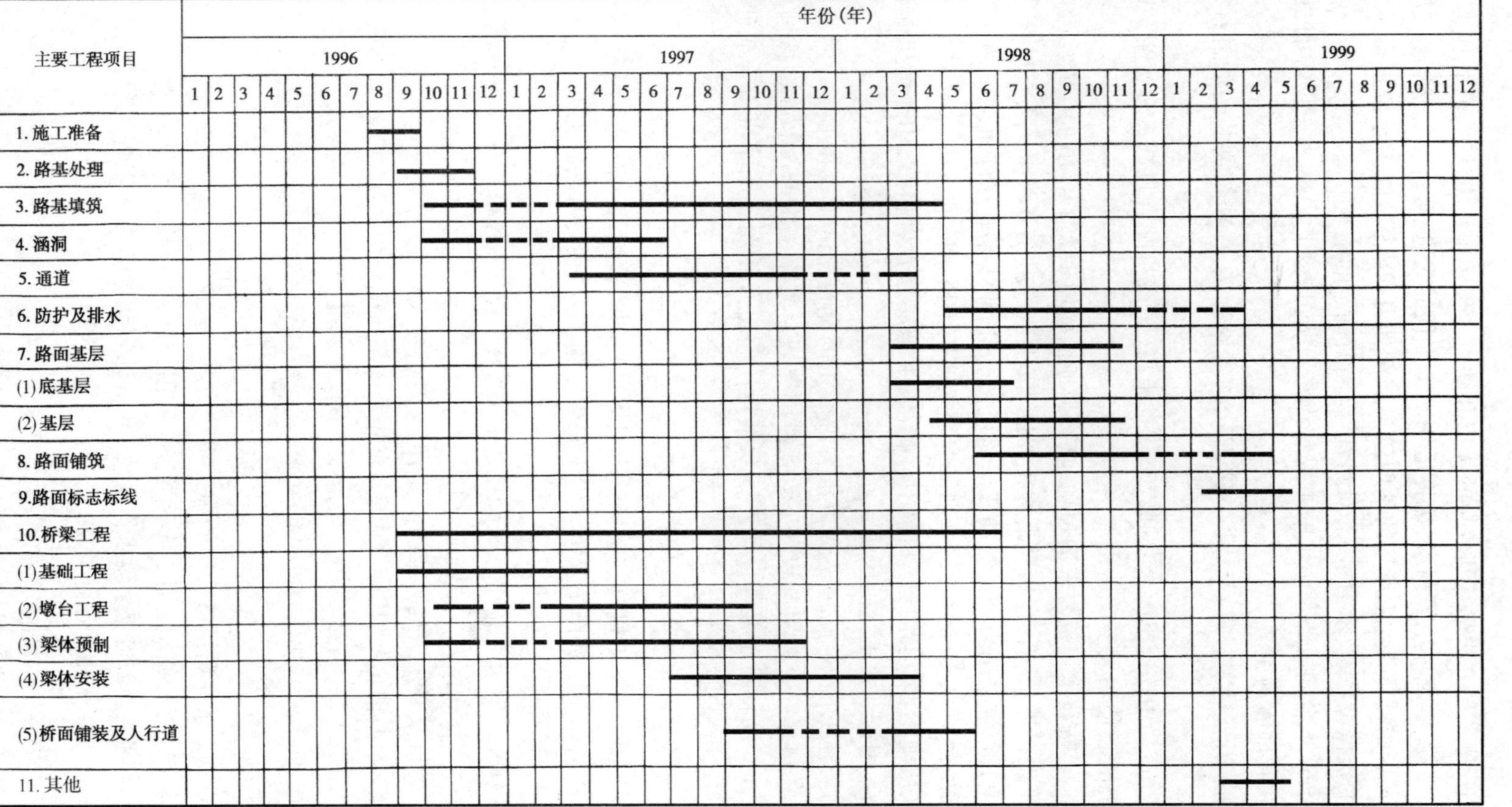


图5-4 工程概略施工进度图

的方法进行施工，每一种方法都有其各自的优点和缺点。确定施工方法时，首先应考虑工程特点、现有机具的性能、施工环境等因素，选择适用于本工程的先进、合理、经济的施工方法，从而达到降低工程成本和提高劳动生产率的预期效果。例如，以下为某施工单位根据工程特点和本单位所拥有的机械设备、技术力量等，对路基、路面所确定的施工方法。

(1)石方挖方：本合同段路基施工的主要特点是石方开挖量大，约占总挖方的70%以上，其中又以弱风化花岗岩为主。

施工方法：采用进口大型凿岩机打岩，采取松动爆破方法，严格控制装药量，精确计算，确保施工安全。

(2)土方挖方：采用挖掘机配合自卸汽车或推土机、装载机配合自卸汽车运土。对地势平坦，土量集中的路段，使用大型产运机。

(3)填方路基：按技术规范要求清理场地后，当地面横坡不大于1:10时，直接填筑路堤；采用推土机配合平地机摊土、石，严格掌握虚铺厚度，按工艺要求充分碾压，土、石材料分层填筑、分段使用。对填石路堤采用大吨位振动式压路机；土方适用于钢轮压路机，配合振动压路机碾压。对于地面横坡大于1:10的路段，分别采取翻松或挖土质台阶的方法。

(4)路面基层施工：采用路拌法和集中厂拌法，下承层检查合格后，用摊铺机配合平地机摊平。经初压后，用振动式压路机压实。

(5)路面面层施工：第一步，首先做好沥青混凝土的配合比试验。在准备好的基层上喷洒透油层，将合格的热拌混合料用自卸汽车运到摊铺路段。采用德国产S1800型摊铺机整幅摊铺。第二步，碾压。沥青路面碾压必须使用双钢轮压路机及轮胎式压路机组合或使用15t普通压路机与轮胎式压路机组合。

2. 选择施工机具

施工方法一经确定，施工机具的选择就应以满足它的需求为基本依据。但是，在现代化的施工条件下，许多时候是以选择施工机具为主来确定施工方法的，所以施工机具的选择往往成为主要的问题。在选择施工机具时，应注意以下几点。

(1)只能在现有的或可能获得的机械中进行选择。尽管某种机械在各方面都是适合的，但如不可能得到，就不能作为一个供选择的方案。

(2)所选择的机具必须满足施工的需要，但又要避免大机小用。

(3)选择施工机具时，要考虑相互配套，充分发挥主机的作用。

(4)在选择施工机具时，必须从全局出发，不仅要考虑在本工程或某分部工程施工中使用，还要考虑同一现场上其他工程或其他分项工程是否也可以使用。

3. 选择施工组织方法

根据具体的施工条件选择最合理的施工组织方法，是编制工程进度图的关键。流水作业法是公路工程施工较好的组织方法，但不能孤立采用，有些工程技术复杂、工程量大，还可以考虑采用平行流水作业法、立体交叉流水作业法、网络计划法等。有些工程工程量小、工作面窄小、工期要求不紧，可以采用顺序作业法。

4. 划分施工项目

施工方法确定后，就可以划分施工项目。每项工程都是由若干个相互关联的施工项目所组成,如桥梁工程由施工准备、基础工程、下部工程、上部工程、桥面系、引道工程等施工项目组成。施工项目划分的粗细程度,与工程进度图的阶段即用途有关(施工项目可以是单位工程、分部工程、分项工程、工序等)。一般按所采用的定额的细目或子目来划分,这样,便于查阅定额。

划分施工项目时,必须明确哪一项是主导施工项目。一般情况,主导施工项目就是施工难度大、耗用资源多或施工技术复杂、需要使用专门的机械设备的工序或单位工程。主导施工项目常控制施工进度,因此,首先应安排好主导施工项目的施工进度,其他施工项目的进度要密切配合。在公路工程中,高级路面、集中土石方、特殊路基、大、中桥等一般都是主导施工项目。

5. 排序

排序即列项。按照客观的施工规律和合理的施工顺序,将所划分的施工项目进行排序,如施工准备、路基处理、路基填筑、涵洞、防护及排水、路面基层、路面铺筑等。路面基层施工项目必须放在路基填筑、涵洞施工项目的后面。注意不要漏列、重列。工程进度图的实质就是科学合理地确定这些施工项目的排列次序。

6. 划分施工段,并找出最优施工次序

在一般的横道图中,一般采用横线工段式,见图 5-1 和图 5-4。设计阶段所进行的施工进度图,一般不明确划分施工段。在实施性施工进度中,如果组织流水作业,为了更好地安排施工进度,缩短施工工期,就应该划分施工段,并尽可能按约翰逊—贝尔曼法则找出最优或较优施工次序,并在施工进度图中表示出来。图 5-1 中,A 台及锥坡、B 台及锥坡、中墩可以看作是三个施工段,挖基础是先行工序,砌基础是后续工序,按约翰逊—贝尔曼法则最优施工次序为:A 台及锥坡⟶B 台及锥坡⟶中墩,实际也是这样组织的。

7. 计算工程量与劳动量

当划分完施工项目并排序后,即可根据施工图纸及有关工程数量的计算规则,计算各个施工项目的工程数量,并填入相应表格中,工程数量的单位,应与所采用的定额单位一致。当划分施工段组织流水作业时,必须分段计算工程数量。此外,还应考虑为保证施工质量和安全的附加工程数量。

计算劳动量时要注意施工现场的具体情况和施工的难易程度。同样工程数量,都是挖基坑,挖普通土和挖硬土的劳动量不同;同样工程数量的砌筑工程,搬运材料的运距不同,劳动量也不同。

劳动量的计算:所谓劳动量,就是施工项目的工程量与相应的时间定额的乘积。也就是实际投入的人数与施工项目的作业持续时间的乘积。人工操作时叫劳动量,机械操作时叫作业量。

劳动量可按式(5-1)计算:

$$D = Q \times S \tag{5-1}$$

式中:$D$——劳动量(工日或台班);

$Q$——工程量;

$S$——时间定额。

8. 计算各施工项目的作业持续时间

具体的计算方法见前面第三章第三节，计算过程中应结合实际的施工条件认真考虑以下几点：①各施工项目均应按一定技术操作程序进行。②保证工作面和劳动人数的最佳施工组合。③相邻施工项目之间应有良好的衔接和配合，互不影响工程进度。④必须保证施工安全和工程质量。⑤确定技术间歇时间（混凝土的养生、油漆的干燥等），确定组织间歇时间（施工人员或机械的转移及施工中的检查、校正等属于最小流水步距以外增加的间歇时间）。

9. 初步拟定工程进度

按照客观的施工规律和合理的施工顺序，采用前面确定的施工组织方法、施工段间最优或较优施工次序及各施工项目的作业持续时间就可以拟定工程进度。在拟定时应考虑施工项目之间的相互配合，例如：某一路线工程，采用流水施工，为了使各施工项目尽早投入施工生产，首先集中人力、物力进行第1km的施工准备工作，第1km的施工准备工作完成后，小桥涵等人工构造物可以投入施工，小桥涵等人工构造物完成后，路基施工开始，路基完成后，路面施工开始，等等。各项工作有序向前推进，其他辅助工作（材料加工及运输等）应与工程进度相配合。

拟定工程进度时，应特别注意人工的均衡使用。施工开始后，人工数量应逐渐增加，然后在较长时间内保持稳定，接近完工时又应逐渐减少。另外，还要力求材料、机械及其他物资的均衡使用。初拟方案若不能满足规定工期要求或超过物资资源供应量，应对工程进度进行调整。

10. 检查和调整施工进度计划

无论采用流水作业法还是网络计划法组织施工，都要在初拟方案的基础上通过优化调整，最后得到工程进度图。在优化过程中重点检查的内容有：

（1）施工工期。施工进度计划的工期应符合上级或合同规定的工期。

（2）施工顺序。检查施工项目的施工顺序是否科学、合理，相邻施工项目之间衔接、配合是否良好。

（3）劳动力等资源的消耗是否均衡。劳动力需要量图反映了施工期间劳动力的动态变化，它是衡量施工组织设计合理性的重要标志。不同的工程进度安排，劳动力需要量图呈现不同的形状，一般可归纳为如图5-5所示的三种典型图式。图5-5a）出现短暂的劳动力高峰，图5-5b）劳动力需要量为锯齿波动形，这两种情况都不便于施工管理并增大了临时生活设施的规模，应尽量避免。图5-5c）在一个较长时间内劳动力保持均衡，符合施工规律，是最理想的状况。

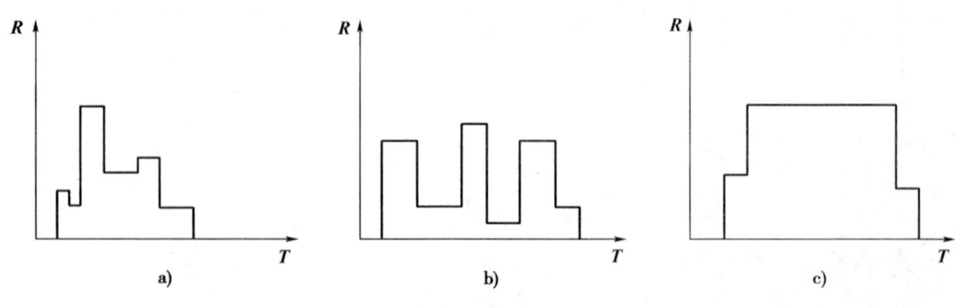


图5-5 劳动力需要量图

a）短时高峰；b）锯齿波动；c）均衡

劳动力消耗的均衡性,用劳动力不均衡系数 $K$ 表示。劳动力不均衡系数应大于或等于 1,越接近于 1 越合理,一般不允许超过 1.5。其值按式(5-2)计算:

$$K = \frac{R_{max}}{R_{平均}} \tag{5-2}$$

式中:$R_{max}$——施工期间人数最高峰值;

$R_{平均}$——施工期间加权平均人数,即总劳动量/计划总工期。

针对出现的问题,采取有效的技术措施和组织措施,使全部施工在技术上协调,在人工、材料、机具的需要量上均衡,力争达到最优状态。调整结束后,采用恰当的形式绘制工程进度图。

## 四、注意事项

(1)安排工程进度时,应扣除法定节假日,并充分估计因气候或其他原因的停工时间。上级规定或合同签订的施工工期减去这些必要的停工时间之后,才是实际可安排的施工作业时间。此外,还要考虑必要的准备工作时间,必需的外部协调时间。

(2)注意施工的季节性。如桥梁的基础施工应避开洪水期,沥青路面和水泥混凝土路面应避免冬季施工等。

(3)公路工程是野外施工,影响施工的因素很多,即使计划周密详尽也很难一一实现。安排工程进度时应保证重点、留有余地、方便调整。特别是对于施工难度大、物资资源供应条件差的工程,更应注意留有充分的调整余地。

(4)各种施工间歇时间(技术间歇时间、组织间歇时间等),由于不消耗资源,往往容易被忽视。采用网络计划法组织施工时,可以将间歇时间作为一条箭线处理(不消耗资源,但消耗时间,故仍为实箭线)。

(5)在对初步方案进行优化时,注意外购材料和各种设备分批到达工地的合同日期,需要这些材料和设备的施工项目的开工时间不得早于合同日期。

编制工程进度图是一项十分细致而又复杂的工作,因此在编制前必须做好深入的调查研究和资料的收集工作,编制时要认真负责,充分估计可能发生的各种情况,根据现场的条件实事求是地进行编制。

## 五、施工进度图的绘制

### (一)横道图的绘制步骤

#### 1. 编制作业工期计算表

(1)准备好作业工期计算表,见表 5-1。

作业工期计算表　　表5-1

| 施工项目 | 施工方法 | 工程数量 | | 定额编号 | 主导工期 | 人工劳动量 | | 实用人数 | | 人工作业工期 |
|---|---|---|---|---|---|---|---|---|---|---|
| | | 单位 | 数量 | | | 定额 | 数量 | 作业班制 | 每班人数 | |
| 1 | 2 | 3 | 4 | 5 | 6 | 7 | 8 | 9 | 10 | 11 |
| | | | | | | | | | | |
| | | | | | | | | | | |

| 机械作业量(台班) | | | | | | 实用机械台数与作业工期 | | | | | | | | |
|---|---|---|---|---|---|---|---|---|---|---|---|---|---|---|
| 机 | | 机 | | 机 | | 机 | | | 机 | | | 机 | | |
| 定额 | 数量 | 定额 | 数量 | 定额 | 数量 | 班制 | 台数 | 工期 | 班制 | 台数 | 工期 | 班制 | 台数 | 工期 |
| 12 | 13 | 14 | 15 | 16 | 17 | 18 | 19 | 20 | 21 | 22 | 23 | 24 | 25 | 26 |
| | | | | | | | | | | | | | | |
| | | | | | | | | | | | | | | |

(2)按前面“三”中所讲的方法划分施工项目、确定施工方法。

(3)列项。按前面“三”中所讲的列项要求,将施工项目(工序)列项,并填入表5-1中的第1栏,同时将施工方法填入第2栏。

(4)在表5-1中逐项计算工程数量、劳动量(作业量)。某些工程数量可从图纸或概、预算中抄录过来。

(5)在表5-1中逐项确定施工单位作业班制、实用人数和机械台数、作业工期或确定主导工期,反求人工和机械数量。

(6)在表5-1中逐项确定主导工期。

2. 绘制施工进度线

(1)参照图5-1或图5-4,绘制进度图的图框和表格。

(2)将“作业工期计算表”中的施工项目、有关数据抄录于图中。

(3)按合同或上级规定的开、竣工日期,在图中填列日历。

(4)按“作业工期计算表”计算的主导工期,根据施工项目(工序)之间的逻辑关系,确定施工作业组织方法(顺序作业法、平行作业法、流水作业法等);在进度图上合理设计各施工项目的施工起止日期。即用直线或不同符号、不同颜色的线条在施工进度图上绘制作业进度;进度图的习惯表示方法是:以线的位置表示施工项目,以线的长短表示工期,线上的注字说明人工、机械数量和作业班制,线的符号表示不同施工段、工种、专业队等。

(5)绘制劳动力、材料等资源的数量—时间曲线,见图5-1。

(6)在施工项目进度安排上进行反复比较、修改,同时修改作业工期计算表,直至合理为止。

(7)编写施工进度图的说明,并抄录于进度图的适当位置。

(8)在进度图的适当位置,列出图例。

3. 择优比选

多方案反复平衡、比较、择优定案。

## (二)垂直图的绘制步骤

### 1.编制作业工期计算表

编制垂直图的作业工期计算表内容和方法,与横道图作业工期计算表的编制内容和方法基本相同。但列项时,线性工程要按里程顺序,并以公里为单位计量列项;集中性工程要按工程的桩号顺序,并单独计量列项。

### 2.绘制施工进度线

(1)根据施工项目的多少,参照图5-2绘制图表轮廓、表格、标注里程。

(2)将作业工期计算表中的施工项目,按数量、里程、不同符号,展绘于进度图的上部各栏内。

(3)按合同或上级规定的开、竣工日期,将进度日历绘于图左的纵标上。

(4)将工程的空间组织,即施工平面设计草图,按里程展绘于进度图的下部。

(5)按各施工项目的主导工期、施工方法、施工作业组织方法,依据施工组织原理,用不同符号的斜线或垂线,进行施工项目的进度安排设计。此项设计工作要反复比较、修改,具体设计方法如下。

①小桥涵工程:首先要明确施工组织方法(顺序、平行、流水等),然后根据每座小桥涵工程的开、竣工日期,在各小桥涵的相应位置用直线或其他符号垂直地绘出施工工期。

②大中桥工程:其绘制方法与小桥涵工程相同。但习惯上将桥梁上、下部工程用两种线条符号表示。

③路基工程:当路基工程的施工组织方法确定之后,可根据工程量、施工力量配制、施工条件,逐公里或逐施工段按主导工期,以斜线表示时间—里程之间的进度关系。在绘制路基进度线时,必须充分考虑各项施工项目之间的关系。由于多方面的原因,路基施工进度线可能是一条或多条直线,也可能是一条或多条连续或间断的折线。注意:所有斜线不能和桥涵线相交。

④路面工程:路面工程一般组织成一段或多段连续施工,所以进度线一般是一条或多条斜线。斜线的垂直高度为路面施工的总工期,斜线的水平长度等于路面总里程。安排路面施工进度时,不得与路基进度线相交,避免路基施工间断。

(6)绘制资源(人工、材料等)消耗数量—时间曲线。

(7)进行反复比较、修改,检查总工期是否符合合同或上级规定,资源需要量是否均衡等。

(8)编写施工进度图的说明。

(9)绘制图例。

### 3.择优比选

进行多方案比较,评价,择优定案。

## (三)网络图的绘制步骤

### 1.工程任务分解

将一个庞大的工程项目,划分为若干个单项工作(工序),或将横道图中各个施工项目(工序)在各个施工段上的操作,重新命名为其他工作名称,如第四章第一节。

2. 确定施工方法

工程任务分解后，即可确定各单项工作的施工方法，其施工方法的确定见本节“三”。

3. 确定施工作业组织方法

应尽量采用流水作业法或几种作业方法综合运用。

4. 划分施工段

按第三章流水作业法的要求划分施工段，因为这样更容易得到最佳的网络计划。

5. 确定各单项工作(工序)的相互关系

明确单项工作(工序)之间的逻辑关系，即明确指出紧前或紧后工作关系，并列出“工作关系草表”，形式同第四章一样。

6. 确定各单项工作的持续时间(流水节拍)

具体方法见本节“三”中的“7”，但是还要估计因气候或其他原因的停工时间。将各单项工作的持续时间(流水节拍)填入“工作关系草表”。

7. 列表

将前6项内容反复斟酌，确认无不合理之处后，列出正规的“工作关系表”。通常“工作关系表”的内容包括：工作代号、工作名称、紧前(紧后)工作、持续时间等。

8. 绘制双代号网络草图

根据“工作关系表”，按照第四章所讲的绘图技巧和绘图方法，绘制双代号网络草图，并进行网络图的计算，找出关键线路，确定计划总工期。

9. 整理成图

经过网络图的计算和反复检查调整，确认工期满足要求，资源基本平衡，将优化后的网络草图，合理布局，重新成图。对于规模较大、内容复杂的网络图，可先规划，分块绘制，再拼接起来，统一检查调整。

## 第五节 资源需要量计划及其他图表

### 一、劳动力需要量计划

如果施工进度计划已确定，即可计算出各个施工项目每天所需的人工数，将同一时间内所有施工项目的人工数累加，即可绘出劳动力需要量图，根据劳动力需要量图，可以编制劳动力需要量计划，见表5-2。劳动力需要量计划是确定临时生活设施和组织施工工人进场的依据。

劳动力计划表 表 5-2

| 工种名称 | 总人数 | 需要人数及时间 | | | | | | | | | | 备注 |
|---|---|---|---|---|---|---|---|---|---|---|---|---|
| | | 年 | | | | | 年 | | | | | |
| | | 一季度 | 二季度 | 三季度 | 四季度 | 合计 | 一季度 | 二季度 | 三季度 | 四季度 | 合计 | |
| 1 | 2 | 3 | 4 | 5 | 6 | 7 | 8 | 9 | 10 | 11 | 12 | 13 |
| | | | | | | | | | | | | |
| | | | | | | | | | | | | |
| | | | | | | | | | | | | |

## 二、主要材料计划

主要材料计划包括施工需要的材料、构件和半成品等的名称、规格、数量以及来源和运输方式等内容，它是运输组织和布置工地仓库的依据。

主要材料应包括钢材、木材、水泥、沥青、石灰、砂、石料、爆破器材等公路施工中用量大的材料。特殊工程使用的土工织物、各种加筋带、外掺剂等也应列入主要材料计划。

主要材料计划的编制过程与劳动力计划相同，一般按年度和季度编制，见表 5-3。

主要材料计划表 表 5-3

| 材料名称及规格 | 单位 | 数量 | 来源 | 运输方式 | 年度、季度需要量 | | | | | | | | | | 备注 |
|---|---|---|---|---|---|---|---|---|---|---|---|---|---|---|---|
| | | | | | 年 | | | | | 年 | | | | | |
| | | | | | 一季度 | 二季度 | 三季度 | 四季度 | 合计 | 一季度 | 二季度 | 三季度 | 四季度 | 合计 | |
| 1 | 2 | 3 | 4 | 5 | 6 | 7 | 8 | 9 | 10 | 11 | 12 | 13 | 14 | 15 | 16 |
| | | | | | | | | | | | | | | | |
| | | | | | | | | | | | | | | | |
| | | | | | | | | | | | | | | | |

## 三、主要施工机具与设备计划

在确定施工方法时，已经考虑了哪些施工项目需用何种施工机具或设备。为了做好施工机具、设备的供应工作，在工程进度确定之后，将每个施工项目采用的机械名称、规格和需要数量以及使用的日期等综合汇总，编制成施工机具、设备计划表，见表 5-4。

主要施工机具、设备计划表 表 5-4

| 机具名称及规格 | 数量 | | 使用期限 | | 年度、季度需要量 | | | | | | | | | | | | | | | | 备注 |
|---|---|---|---|---|---|---|---|---|---|---|---|---|---|---|---|---|---|---|---|---|---|
| | 台班 | 台数 | 开始时间 | 完成时间 | 年 | | | | | | | | 年 | | | | | | | | |
| | | | | | 一季度 | | 二季度 | | 三季度 | | 四季度 | | 一季度 | | 二季度 | | 三季度 | | 四季度 | | |
| | | | | | 台班 | 台数 | 台班 | 台数 | 台班 | 台数 | 台班 | 台数 | 台班 | 台数 | 台班 | 台数 | 台班 | 台数 | 台班 | 台数 | |
| 1 | 2 | 3 | 4 | 5 | 6 | 7 | 8 | 9 | 10 | 11 | 12 | 13 | 14 | 15 | 16 | 17 | 18 | 19 | 20 | 21 | 22 |
| | | | | | | | | | | | | | | | | | | | | | |
| | | | | | | | | | | | | | | | | | | | | | |
| | | | | | | | | | | | | | | | | | | | | | |

资源需要量计划是根据工程进度图编制的，而资源需要量的均衡性又反映了工程进度的合理性。因此，上述人工、材料、机械等的需要量计划，在实际工程中是结合工程进度图的编制、调整、优化过程同时进行的。

## 四、技术组织措施计划

为了保证工程质量，提高劳动生产率、降低成本、安全生产等所采取的技术组织措施。尤其是采用新材料、新工艺的工程及技术复杂的工程等，此项工作是必不可少的，其表格形式见表5-5。

技术组织措施计划表　　表5-5

| 措施名称及内容提要 | 经济效果(元) | 计 划 依 据 | 负　责　人 | 完 成 日 期 |
|---|---|---|---|---|
| | | | | |
| | | | | |
| | | | | |

## 五、临时工程计划

在施工组织设计中，除了临时建筑（如宿舍、仓库、试验室等）外，还会遇到其他的临时工程设施，如便道、便桥、临时车站、码头、通信设施等，其表格形式见表5-6。

临时工程计划表　　表5-6

| 设置地点 | 工程名称 | 说明 | 单位 | 数量 | 工 程 数 量 | | | | | | | | | | 备注 |
|---|---|---|---|---|---|---|---|---|---|---|---|---|---|---|---|
| | | | | | | | | | | | | | | | |
| 1 | 2 | 3 | 4 | 5 | 6 | 7 | 8 | 9 | 10 | 11 | 12 | 13 | 14 | 15 | 16 |
| | | | | | | | | | | | | | | | |
| | | | | | | | | | | | | | | | |
| | | | | | | | | | | | | | | | |
| | | | | | | | | | | | | | | | |
| | | | | | | | | | | | | | | | |

表5-6的格式和内容可根据实际情况进行删减或增加。第6～15栏一般可填写临时便道、便桥等的工程数量（如土方、石方、基层、面层等）。若临时工程中只有一些加工场地，临时建筑等简单设施，第6～15栏可删去。

## 六、公路临时占地计划

公路临时占地包括：临时便道、便桥、临时车站、码头、通信设施占地，工地加工场地，临时仓库、工地试验室、施工队驻地、监理驻地、工程指挥所临时驻地等，其表格形式见表5-7。

公路临时占地计划表 表 5-7

| 位置或桩号 | 工程名称 | 占地数量($m^2$) | | | 土地类别 | | 土地隶属(县、乡、村、个人) |
|---|---|---|---|---|---|---|---|
| | | 长度(m) | 宽度(m) | 数量($m^2$) | 荒地 | 良田 | |
| 1 | 2 | 3 | 4 | 5 | 6 | 7 | 8 |
| | | | | | | | |
| | | | | | | | |

# 第六节 工地运输与临时设施设计

为保障公路工程正常施工,除了安排合理的施工进度之外,还需在正式开工前充分做好各项准备工作,如各种临时设施(临时道路、临时供水、供电、通信、工棚、办公室、仓库、工地运输等)的设计。

各种临时设施设计是施工平面图设计中的一部分,尤其是实施性施工平面图设计,除了应确定各临时设施的相互位置外,还应确定各个临时设施的容量、面积等。

## 一、工地运输设计

工地运输设计应解决的问题有:确定运输量、选择运输方式、确定运输工具数量。

### (一)确定运输量

工地需要运输的物资有:建筑材料、构件、半成品、机械设备、施工生活用品等。其运输量用式(5-3)计算:

$$q=\frac{\sum Q_iL_i}{T}\times K \tag{5-3}$$

式中:$q$——每日运输量,t·km;

$Q_i$——各种物资的年度或季度需用量,t;

$L_i$——运输距离,km;

$T$——工程年度或季度计划运输天数,d;

$K$——运输工作不均衡系数,公路运输取1.2,铁路运输取1.5。

### (二)选择运输方式

目前工地运输的方式有:铁路运输、公路运输、水路运输和特种运输(索道、管道)等。选择运输方式,必须充分考虑各种影响因素,如运输量大小、运距和物资性质,现有运输设备条件,利用永久性道路的可能性,地形、地质、水文等自然条件,运杂费用等。

一般情况,当货运量较大,运距远,又具备条件时,宜采用铁路运输。运距短、地形复杂、坡度较陡时，宜采用汽车或当地的拖拉机运输。当有几种可能的运输方式可供选择时，应通过比较后确定。

### （三）确定运输工具数量

运输方式确定后，即可计算运输工具的数量。运输工具数量可用式（5-4）计算：

$$m = \frac{QK_1}{qTnK_2} \tag{5-4}$$

式中：$m$——所需的运输工具台数；

$Q$——年度或季度最大运输量，t；

$K_1$——运输不均衡系数，场外运输一般采用1.2，场内运输一般采用1.1；

$T$——工程年度或季度的工作天数，d；

$K_2$——运输工具供应系数，一般采用0.9；

$q$——汽车台班产量，t/台班，根据运距按定额确定；

$n$——每日的工作班数。

## 二、临时设施设计

### （一）工地加工场地设计

工地临时加工场地施工组织的任务主要是确定建筑面积和结构形式。

工地临时加工厂（站、场）的建筑面积，通常参照有关资料或按经验确定，也可按以下公式计算：

（1）钢筋混凝土构件预制厂、木工房、钢筋加工间等的场地或建筑面积，用式（5-5）计算：

$$F = \frac{KQ}{TS\alpha} \tag{5-5}$$

式中：$F$——所需建筑面积，$m^2$；

$Q$——加工总量，$m^2$、t等；

$K$——不均衡系数，取1.3～1.5；

$T$——加工总工期，月；

$S$——每平方米场地的月平均产量；

$\alpha$——场地或建筑面积利用系数，取0.6～0.7。

（2）水泥混凝土搅拌站面积用式（5-6）计算：

$$F = NA \tag{5-6}$$

式中：$F$——搅拌站面积，$m^2$；

$A$——每台搅拌机所需的面积，$m^2$；

$N$——搅拌机台数，台，按式（5-7）计算：

$$N = \frac{QK}{TR} \tag{5-7}$$

式中：$Q$——混凝土总需要量，$m^3$；

$T$——混凝土工程施工总工作日；

$K$——不均衡系数，取1.5；

$R$——混凝土搅拌机台班产量。

大型沥青混凝土拌和设备的场地面积，根据设备说明书的要求确定。

上述建筑场地的结构形式应根据当地条件和使用期限而定，使用年限短的用简易结构，使用年限长的宜采用砖木结构。

（二）临时仓库设计

工地临时仓库分为转运仓库、中心仓库和现场仓库等，其施工组织的任务是：确定材料储备量和仓库面积、选择仓库位置和进行仓库设计等。

1. 确定材料储备量

材料储备量既要保证连续施工的需要，又要避免积压。对于场地窄小、运输方便的现场可少储存；对供应不易保证、运输困难、受季节影响大的材料可多储存些。

对常用材料，如砂、石、水泥、钢材、木材等的储备量可按式(5-8)计算：

$$P = T_e \times \frac{Q_i K}{T} \tag{5-8}$$

式中：$P$——材料储备量，$m^3$、t等；

$T_e$——储备期，d，按材料来源确定，一般不小于10d，即保证10d的需用量；

$Q_i$——材料、半成品等的总需要量；

$K$——材料使用不均匀系数，取1.2～1.5；

$T$——有关施工项目的总工日数。

对于不经常使用或储备期长的材料，可按年度需用量的某一百分比储备。

2. 确定仓库面积

一般仓库面积可按式(5-9)计算：

$$F = \frac{P}{qK} \tag{5-9}$$

式中：$F$——仓库总面积，$m^2$；

$P$——仓库材料储备量，由式(5-8)确定；

$q$——每平方米仓库面积能存放的材料数量；

$K$——仓库面积利用系数（考虑人行道和车道所占面积），一般为0.5～0.8。

特殊材料，如爆炸品、易燃或易腐蚀品的仓库面积，按有关安全要求确定。

在设计仓库时，除满足仓库总面积外，还要正确地确定仓库的平面尺寸。仓库的长度应满足装卸要求，宽度要考虑材料存放方式、使用方便和仓库结构形式。

（三）行政、生活、福利临时建筑设计

此类临时建筑的建筑面积主要取决于建筑工地的人数，包括职工和家属人数。建筑面积按式(5-10)计算：

$$S = NP \tag{5-10}$$

式中：$S$——建筑面积，$m^2$；

$N$——工地人数；

$P$——建筑面积指标，见表5-8。

**行政、生活临时建筑面积指标** 表5-8

| 序号 | 名称 | 面积定额（$m^2$/人） | 说明 |
|---|---|---|---|
| 1 | 办公室 | 2.1～2.5 | |
| 2 | 宿舍 | 3.0～3.5 | |
| 3 | 食堂 | 0.7 | |
| 4 | 卫生所 | 0.06 | |
| 5 | 浴室及理发室 | 0.1 | |
| 6 | 招待所 | 0.06 | 包括家属招待所 |
| 7 | 会议及文娱室 | 0.1 | |
| 8 | 商店 | 0.07 | |
| 9 | 锅炉房 | 10～40 | 指总面积 |

进行施工组织设计时，应尽量利用工地附近的现有建筑物，或提前修建能利用的永久房屋，如道班房、加油站等，不足部分再修建临时建筑。

临时建筑按节约、适用、拆装方便的原则设计，其结构形式按当地气候、材料来源和工期长短确定。

### （四）工地临时供水、供电、供热设计

工地临时供水、供电、供热应解决的主要问题有：确定用量、选择供应来源、设计管线网路等。如需工地自行解决供应来源，还需确定相应的设备。

1. 工地临时供水

1）用水量计算

（1）施工工程用水

$$q_1 = K_1 \times \sum \frac{Q_1 N_1}{T_1 b} \times \frac{K_2}{8 \times 3\,600} \tag{5-11}$$

式中：$q_1$——施工工程用量，L/s；

$K_1$——未预见的施工用水系数，$K_1 = 1.05 \sim 1.15$；

$Q_1$——年度或季度工程量（以实物计量单位表示）；

$N_1$——施工用水定额，见表5-9；

$T_1$——年度或季度有效作业日；

$b$——每天工作班数；

$K_2$——用水不均衡系数，见表5-10。

施工用水定额表 表 5-9

| 序号 | 用水对象 | 单位 | 耗水量(L) | 备注 |
|---|---|---|---|---|
| 1 | 浇筑混凝土全部用水 | $m^3$ | 1 700 ~ 2 400 | |
| 2 | 搅拌混凝土 | $m^3$ | 250 ~ 350 | |
| 3 | 混凝土养生 | $m^3$ | 200 ~ 700 | |
| 4 | 湿润、冲洗模板 | $m^3$ | 5 ~ 15 | |
| 5 | 洗石子、砂 | $m^3$ | 600 ~ 1 000 | |
| 6 | 砌砖工程全部用水 | $m^3$ | 150 ~ 250 | |
| 7 | 砌石工程全部用水 | $m^3$ | 50 ~ 80 | |
| 8 | 搅拌砂浆 | $m^3$ | 300 | |
| 9 | 抹灰 | $m^2$ | 4 ~ 6 | 不包括调制用水 |
| 10 | 素土路面、路基 | $m^2$ | 0.2 ~ 0.3 | |
| 11 | 消化生石灰 | t | 3 000 | |
| 12 | 浇砖 | 千块 | 500 | |

施工用水不均衡系数表 表 5-10

| K 号 | 用水名称 | 系数 |
|---|---|---|
| $K_1$ | 未预见用水 | 1.05 ~ 1.15 |
| $K_2$ | 施工工程用水 | 1.5 |
| | 生产企业用水 | 1.25 |
| $K_3$ | 施工机械、运输机具 | 2.00 |
| | 动力设备 | 1.05 ~ 1.10 |
| $K_4$ | 施工现场生活用水 | 1.30 ~ 1.50 |
| $K_5$ | 居住区生活用水 | 2.00 ~ 2.50 |

(2)施工机械用水

$$q_2 = K_1 \times \sum Q_2 \times \frac{N_2 K_3}{8 \times 3\,600} \tag{5-12}$$

式中:$q_2$——施工机械用水量,L/s;

$K_1$——未预见的用水系数,$K_1 = 1.05 \sim 1.15$;

$Q_2$——同一种机械台数,台;

$N_2$——施工机械台班用水定额,见表 5-11;

$K_3$——施工机械用水不均衡系数,见表 5-10。

施工机械用水量参考定额表 表 5-11

| 序号 | 机械名称 | 单位 | 耗水量(L) | 备注 |
|---|---|---|---|---|
| 1 | 内燃挖掘机 | L/(台班·$m^3$) | 200~300 | 以斗容量 $m^3$ 计 |
| 2 | 内燃起重机 | L/(台班·t) | 15~18 | 以起重吨数计 |
| 3 | 蒸汽打桩机 | L/(台班·t) | 1 000~1 200 | 以锤重吨数计 |
| 4 | 内燃压路机 | L/(台班·t) | 12~15 | 以压路机吨数计 |
| 5 | 拖拉机 | L/(昼夜·台) | 200~300 | — |
| 6 | 汽车 | L/(昼夜·台) | 400~700 | — |
| 7 | 空气压缩机 | L/[台班·($m^3$/min)] | 40~80 | 以压缩空气排气量计 |
| 8 | 内燃动力装置 | L/(台班·kW) | 160~480 | 直流水 |
| 9 | 内燃动力装置 | L/(台班·kW) | 35~55 | 循环水 |
| 10 | 锅炉 | L/(h·t) | 1 000 | 以小时蒸发量计 |
| 11 | 锅炉 | L/(h·$m^2$) | 15~30 | 以受热面积计 |
| 12 | 电焊机 | L/h | 100~350 | — |
| 13 | 对焊机 | L/h | 300 | — |
| 14 | 冷拔机 | L/h | 300 | — |
| 15 | 凿岩机 | L/min | 8~12 | — |

(3)施工现场生活用水

$$q_3 = \frac{P_1 N_3 K_4}{8 \times 3\ 600} \times b \tag{5-13}$$

式中：$q_3$——施工现场生活用水量,L/s；

$P_1$——施工现场高峰人数,人；

$N_3$——施工现场生活用水定额,一般为 20~60L/人·班；

$b$——每天工作班数；

$K_4$——用水不均衡系数,见表 5-10。

(4)生活区生活用水

$$q_4 = \frac{P_2 N_4 K_5}{24 \times 3\ 600} \tag{5-14}$$

式中：$q_4$——生活区生活用水量,L/s；

$N_4$——生活区生活用水定额,见表 5-12；

$P_2$——生活区居住人数,人；

$K_5$——用水不均衡系数,见表 5-10。

**生活区用水量参考定额表** 表 5-12

| 序　号 | 用水名称 | 单　位 | 耗　水　量(L) | 备　注 |
|---|---|---|---|---|
| 1 | 生活用水 | L/(人·日) | 20～30 | 盥洗、饮用 |
| 2 | 食堂 | L/(人·日) | 15～20 | — |
| 3 | 浴室 | L/(人·次) | 50 | 入浴人数按出勤人数的 30% 计 |
| 4 | 洗衣 | L/人 | 30～35 | — |
| 5 | 理发室 | L/(人·次) | 15 | — |
| 6 | 工地医院 | L/(病床·日) | 100～150 | — |

(5)消防用水量

消防用水量用 $q_5$ 表示，见表 5-13。

**消防用水量参考表** 表 5-13

| 序　号 | 用水区域 | 用水情况 | 火灾同时发生次数 | 用水量(L/s) |
|---|---|---|---|---|
| 1 | 生活区 | 5 000 人以内 | 一次 | 10 |
| | | 10 000 人以内 | 二次 | 10～15 |
| | | 25 000 人以内 | 二次 | 15～20 |
| 2 | 施工现场 | 施工现场在 $25\times10^4\text{m}^2$ 以内 | 一次 | 10～15 |
| | | 施工现场每增加 $25\times10^4\text{m}^2$ | 一次 | 5 |

(6)总用水量

总用水量并不是所有用水量的总和。因为，施工用水是间断的，生活用水时多时少，而消防用水又是偶然的，因此，工地总用水量按式(5-15)～式(5-17)计算：

①当$(q_1+q_2+q_3+q_4)\leqslant q_5$时，则：

$$Q = q_5 + 0.5(q_1 + q_2 + q_3 + q_4) \tag{5-15}$$

②当$(q_1+q_2+q_3+q_4)>q_5$时，则：

$$Q = q_1 + q_2 + q_3 + q_4 \tag{5-16}$$

③当工地面积小于 $5\times10^4\text{m}^2$，而且$(q_1+q_2+q_3+q_4)<q_5$时，则：

$$Q = q_5 \tag{5-17}$$

式中：$Q$——总用水量，L/s。

其余符号意义同前。

2)水源选择

工地临时供水水源，首先应考虑当地的自来水，如不可能时，才另选天然水源。天然水源有河水、湖水、水库蓄水等地面水及泉水、井水等地下水。

任何临时水源都应满足以下要求：①水量充足稳定，能保证最大需水量供应。②符合生活饮用和生产用水的水质标准。③取水、输水、净水设施安全可靠。④施工安装、运转、管理和维护方便。

2. 工地临时供电

1)工地总用电量

工地用电可分为动力用电和照明用电两类，用电量可用式(5-18)计算：

$$P=(1.05-1.10)\left(K_1\frac{\sum P_1}{\cos\phi}+K_2\sum P_2+K_3\sum P_3+K_4\sum P_4\right) \tag{5-18}$$

式中：$P$——工地总用电量，kV·A；

$P_1$、$K_1$——电动机额定功率，kW；需要系数 $K_1=0.5\sim0.7$，电动机 10 台以下取 0.7，超过 30 台取 0.5；

$P_2$、$K_2$——电焊机额定容量，kV·A；需要系数 $K_2=0.5\sim0.6$，电焊机 10 台以下取 0.6；

$P_3$、$K_3$——室内照明容量，kW；需要系数 $K_3=0.8$；

$P_4$、$K_4$——室外照明容量，kW；需要系数 $K_4=1.0$；

$\cos\phi$——电动机的平均功率因数，根据用电量和负荷情况而定，最高为 0.75 ~ 0.78，一般为 0.65 ~ 0.75。

2）选择电源及确定变压器

根据所确定的总用电量来选择电源，并确定变压器。

如果选择当地电网供电，要考虑当地电源能否满足施工期间最高负荷，电源距离较远时是否经济；如果设临时电站，供电能力应满足需要，避免浪费或供电不足，电源位置应设在设备集中、负荷最大而输电距离最短的地方。

一般首先考虑将附近的高压电通过工地的变压器引入。变压器的功率按式(5-19)计算：

$$P=K\left(\frac{\sum P_{max}}{\cos\phi}\right) \tag{5-19}$$

式中：$P$——变压器的功率，kV·A；

$K$——功率损失系数，取 1.05；

$\sum P_{max}$——各施工区的最大计算负荷，kW；

$\cos\phi$——功率因数。

3）选择导线截面

合理的导线截面应满足三个方面的要求：①足够的机械强度，即在各种不同的敷设方式下，确保导线不致因一般机械损伤而折断或损坏漏电。②应满足通过一定的电流强度，即导线必须能承受电流长时间通过所引起的温度升高。③导线上引起的电压差必须限制在容许范围之内。按这三项要求，选其截面最大者。

4）配电线路的布置要点

线路宜架设在道路的一侧，并尽可能选择平坦路线。线路距建筑物的水平距离应大于 1.5m。在380/220V 低压线路中，木杆间距为 25 ~ 40m。分支线及引入线均应从电杆处接出。

临时布线一般都用架空线，因为架空线工程简单、经济、便于检修。电杆及线路的交叉跨越要符合有关输变电规范。配电箱要设在便于操作的地方，并设有防雨、防晒设施。各种施工用电机具必须单机单闸，绝不可一闸多用。闸刀的容量按最高负荷选用。

3. 工地临时供热

工地临时供热的主要对象是：临时房屋（办公室、宿舍、食堂等）的冬季采暖、给某些冬季施工项目供热、预制场(钢筋混凝土构件的蒸汽养生等)供热。

建筑物内部采暖耗热量,按有关建筑设计手册计算。

临时供热的热源,一般都设立临时性的锅炉房或个别分散设备(煤火炉),如果有条件,也利用当地的现有热力管网。

临时供热的蒸汽用量用式(5-20)计算:

$$W = \frac{Q}{IH} \tag{5-20}$$

式中:$W$——蒸汽用量,kg/h;

$Q$——所需总热量,按相关建筑采暖设计手册计算,J/h;

$I$——在一定压力下蒸汽的含热量,查有关热工手册,J/kg;

$H$——有效利用系数,一般为0.4~0.5。

蒸汽压力根据供热距离确定,供热距离在300m以内时,蒸汽压力为30~50kPa即可;在1 000m以内时,则需要200kPa。确定了蒸汽压力后,又按式(5-20)计算得到了蒸汽用量,即可查阅锅炉手册,选定锅炉的型号。

(五)其他临时工程设施设计

在施工组织设计中,除了前面提到的临时设施,还会遇到其他临时工程设施,如便道、便桥、临时车站、码头、通信设施等。

全部临时建筑及临时工程设施都应在设计完成之后,再编制临时工程一览表。临时工程一览表是施工组织设计规定的文件之一,它的内容及格式见表5-6。

# 第七节 施工平面图

工程进度图是施工过程时间组织的具体成果,施工平面图是施工过程空间组织的具体成果。它们都是施工组织设计规定的文件。

工程进度图表达了各个工程项目和时间的关系。

施工平面图表达了施工期间各项临时设施、管理机构、永久性建筑之间的空间关系。施工组织平面布置得当,可以降低运输费用,保证运输方便,减少临时性建筑物的修建费用,减少占地及青苗补偿等费用。辅助企业的布置原则,应尽量靠近其他服务区及服务对象,并保证对外交通运输的方便。施工组织平面布置合理与否,对施工图预算的编制有较大影响。

## 一、施工平面图布置的原则和依据

(一)施工平面图布置的原则

(1)在保证顺利施工的前提下,充分利用原有地形、地物,少占农田,以降低工程成本。

(2)充分考虑水文、地质、气象等自然条件的影响。

(3)生产作业区的区域布置及其设施，必须从所采用的施工手段和施工方法出发，如大桥工程施工，由于钢筋骨架、构件体积大，质量大，因此所有轨道、吊车等的布置，应以方便使用为目的。

(4)辅助生产区域的布置和设施，必须方便施工操作，在内部要满足工艺流程的需要；如公路建设项目，桥梁、涵洞都分布在沿线，不可能每座桥涵处都设一座混凝土预制厂。所以混凝土预制厂的选址就必须认真考虑，既要靠近现有交通线附近，又要靠近预制构件需要量大的工程附近，这样既方便砂、石、水泥、钢筋等材料的进场，又能减少预制构件的运输费用，降低预算成本。

(5)场内运输形式的选择及运输线路的布设，应尽量减少物资的运输量和起重量，即减少二次搬运和运输距离。

(6)施工管理机构的位置必须有利于全面指挥和管理施工现场。

(7)生活区的布置及其设施，必须方便职工生活，利于休息，与施工现场互不干扰。

(8)施工平面布置图必须符合安全生产、文明生产的规定和要求。

### (二)施工平面图布置的依据

(1)工程地形图。

(2)施工进度图和施工组织计划图表(为设计临时设施面积提供数据)。

(3)施工组织调查资料。

(4)各类临时设施的性质、形式、面积等。

(5)设计图纸。

(6)其他有关资料。

## 二、施工平面图的类型及其内容

### (一)施工总平面图

#### 1.施工总平面图的内容

(1)拟建公路工程的主要施工项目。如路线及里程，大中桥、隧道、集中土石方、交叉口、特殊路基等重点工程的位置，道班房、加油站、高速公路收费站、服务区等公路养护、运营管理使用的永久性建筑。

(2)为工程施工服务的临时设施及其位置。如采石场、采砂场、便道、便桥、仓库、混凝土拌和基地、沥青混合料拌和基地、生活用房屋等。

(3)工地附近与施工有关的永久性建筑设施。如已有公路、铁路、车站、码头、居民点、地方政府所在地等。

(4)施工管理机构。如施工现场指挥部、监理机构、工程处、施工队、办事处等。

(5)重要地形、地物。如河流、山峰、文物、自然保护区、高压铁塔、重要通信线等。

(6)其他与施工有关的内容。如地质不良地段、国家测量标志、气象台、水文站、防洪、防火、安全设施等。

2. 施工总平面图的形式

施工总平面图可用两种形式表示。一种是根据公路路线的实际走向按适当的比例绘制，如图 5-6 所示。这种图形直观，图中所绘内容的位置准确。另一种是将公路路线绘成水平直线，将图中各点的平面位置以路中线为基准做相对移动，这种图纵横比例可以不同，一般用于斜条式工程进度图中。

(二) 重点工程施工场地平面图

重点工程是指公路立交枢纽、集中土石方工程、大中桥、隧道等施工技术复杂或施工条件困难的重点工程地段。

由于施工总平面图的范围很大，比例太小，而重点工程的施工环节多，需要的机械、设备、人力多，为了做好施工现场的场地布置，需要用较大比例尺(一般为 1:500 至 1:100)绘制施工场地平面图。绘制这类施工平面布置图，可以参考设计文件中的地形图，并绘出各种临时设施的相对位置、面积大小。即在图上详细绘出施工作业现场，辅助生产设施(如钢筋加工场地、木工房、工地试验室、机械修理车间、水泥混凝土拌和站、沥青混合料拌和基地等)，办公和生活等区域的布置情况。对原有的地物，特别是已有公路、铁路、车站、码头、居民点、学校等应适当绘出，与施工密切相关的资料，如洪水位线、地下水出入处、供电、供水、供热管线等也应在图上注明。

图 5-7 是某立交桥工程的施工场地布置图。该立交桥工程位于某省会郊区，该立交桥建成后将是某高速公路与市区主干道的立交枢纽。该立交桥工程周围都是农田，为了少占耕地，降低工程成本，该立交桥工程施工场地布置充分利用了该工程的特点，即将辅助生产设施(如工地试验室、机械修理车间、水泥混凝土拌和站、砂石料场等)分别布置在四个匝道中，钢筋加工场地、木工房等布置在主桥引道位置，主桥建成后，钢筋加工场地、木工房等将撤离施工场地。桥梁上部构造全部采用现浇，故没有设置构件预制厂。由于施工期较长(三年)，所以在生活区内盖了一部分砖房，一部分简易纤维板房，并设有医务室、浴室、锅炉房。由于附近没有合适的水源，所以在生活区内钻了一口水井，供生活区和施工现场用水。冬季无混凝土施工，所以施工现场没有供热设施。电源由附近引入，非常方便。

(三) 其他施工场地平面图

还有一些工程项目，虽然不属于复杂工程，但由于施工期限长，施工占地大，管理工作量大，有必要绘制其施工平面图，这类工程有：

(1) 沿线砂石料厂。

(2) 大型附属企业，如水泥混凝土构件预制厂、沥青混合料拌和基地等。

(3) 临时供水、供电、供热基地及管线分布平面图。

施工场地平面布置图没有固定的模式，必须因地制宜，密切联系实际，充分收集资料，针对工程特点和施工现场的环境条件，共同商议讨论，才能编制出切实可行的施工场地布置图。

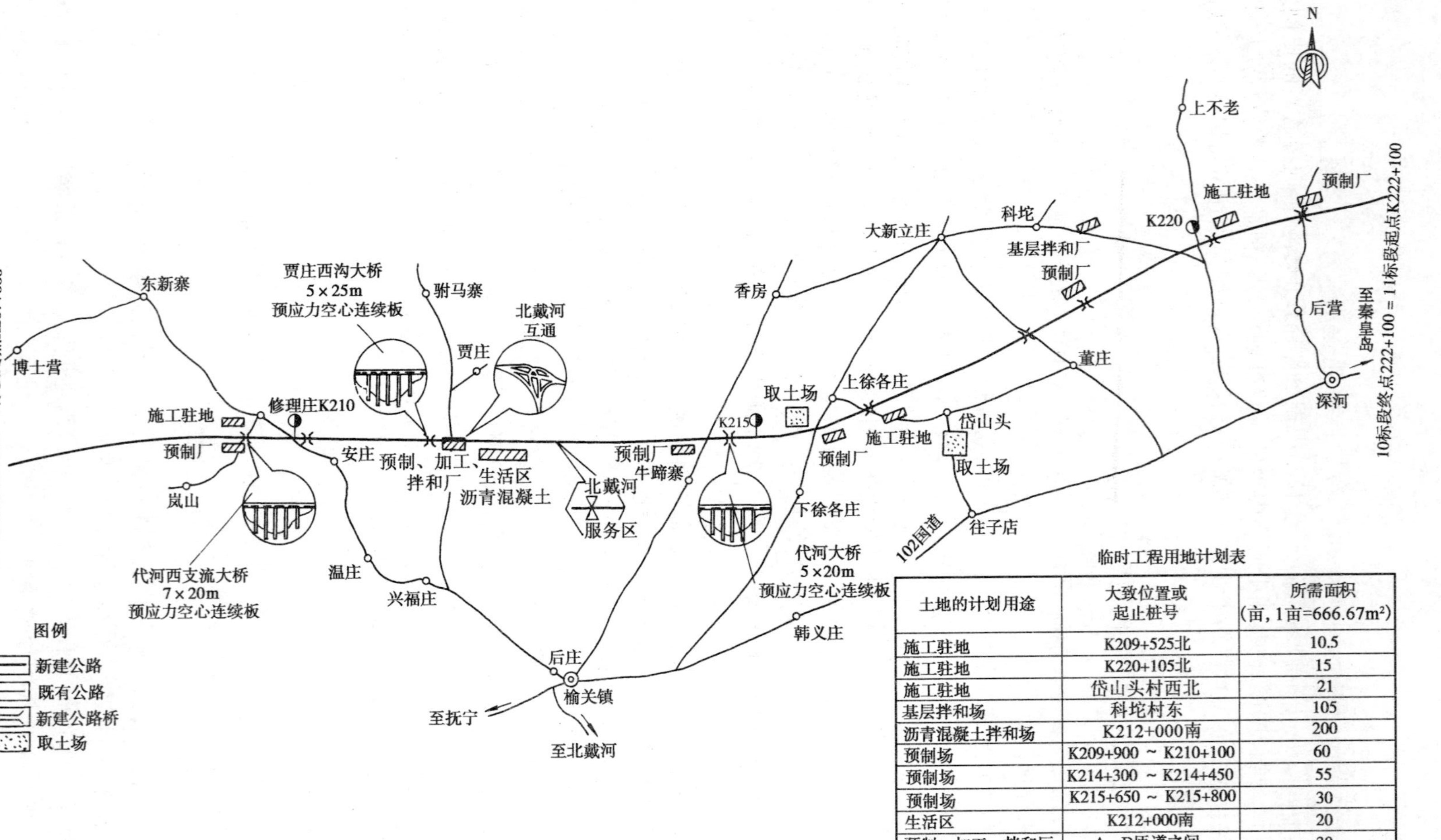


临时工程用地计划表

| 土地的计划用途 | 大致位置或起止桩号 | 所需面积（亩，1亩=666.67m²） |
|---|---|---|
| 施工驻地 | K209+525北 | 10.5 |
| 施工驻地 | K220+105北 | 15 |
| 施工驻地 | 岱山头村西北 | 21 |
| 基层拌和场 | 科坨村东 | 105 |
| 沥青混凝土拌和场 | K212+000南 | 200 |
| 预制场 | K209+900 ~ K210+100 | 60 |
| 预制场 | K214+300 ~ K214+450 | 55 |
| 预制场 | K215+650 ~ K215+800 | 30 |
| 生活区 | K212+000南 | 20 |
| 预制、加工、拌和厂 | A、B匝道之间 | 30 |

图 5-6　施工总平面图

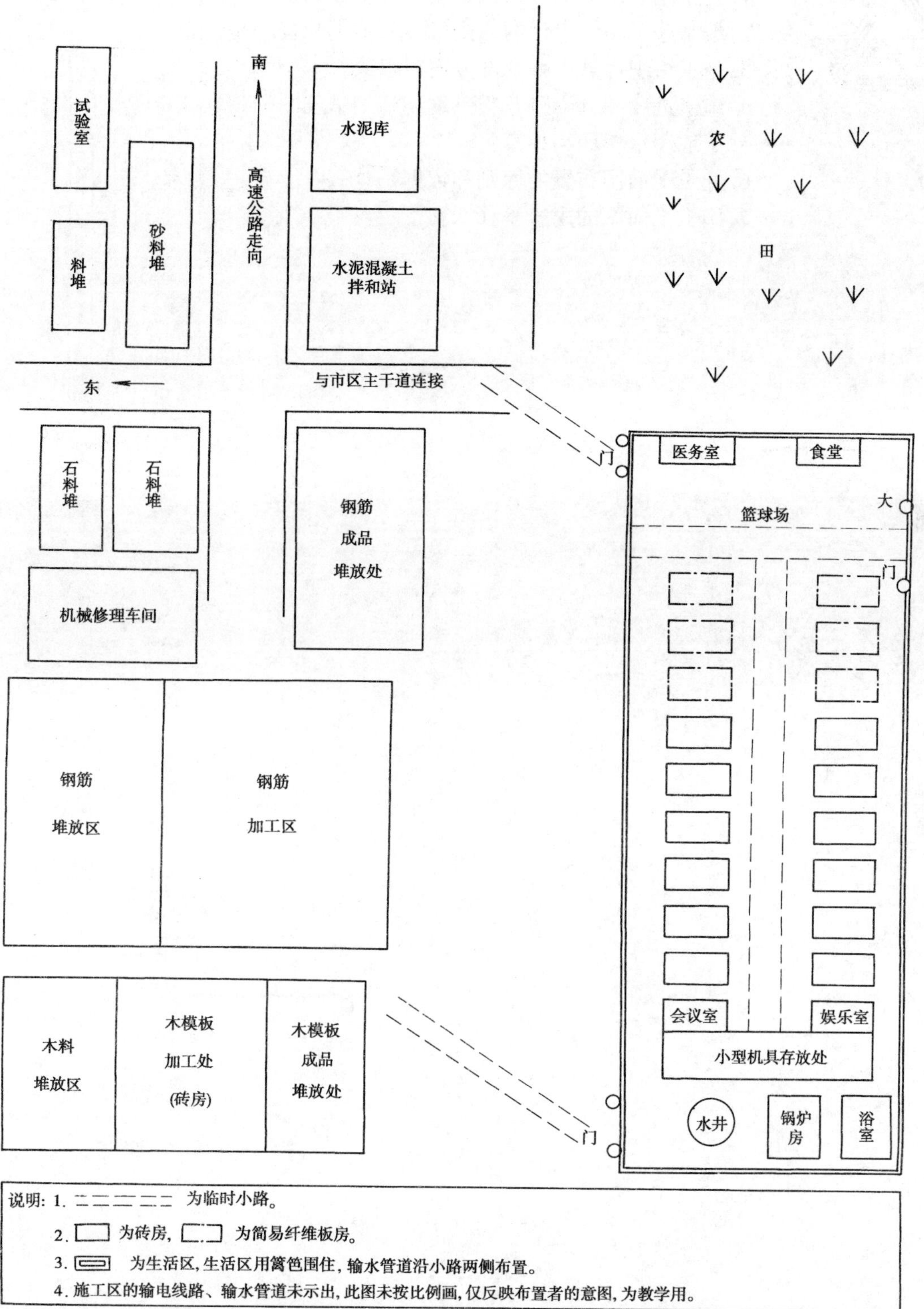


图 5-7　某立交桥施工场地布置示意图

1. 公路施工组织设计的概念及目的是什么？
2. 编制施工组织设计的原则、作用、依据和程序是什么？
3. 施工组织计划由哪几部分内容组成？
4. 施工进度图分为哪几类？编制施工进度图的依据和步骤是什么？
5. 工地用水量如何计算？
6. 施工平面图布置的原则和依据是什么？
7. 施工平面图的内容是什么？

# 第六章
CHAPTER SIX

# 机械化施工组织设计

## 第一节 概述

### 一、机械化施工组织设计的意义

随着我国公路建设的迅速发展,机械化施工已成为公路施工的主要施工方法。公路施工具有周期长、流动性大、施工协作性高,以及易受外界干扰等特点,因此,公路实施机械化施工,必须事先做好计划,即编制好机械化施工组织设计。公路机械化施工具有以下优点。

1. 机械化施工有利于降低工程成本

采用大规模机械化施工,使过去高成本的工作,现在只需要较少费用即可完成。如大型构件的预制安装、顶推施工法、回旋钻机钻孔、铲运机及自卸车运土等,这些机械将过去高投入、低产出的工程变为技术型、低投入、高产出的工程。另外,工程造价中机械费用占有很大比重,科学合理地组织机械化施工,减少机械使用费,就可以大幅度降低工程造价。

2. 机械化施工可大大缩短施工工期

当今工程施工周期大为缩短,这应当归功于机械化施工的推广。例如,一座特大桥的施工工期,过去一般需要近十年时间,而现在的工期只有原来的三分之一左右。

3. 机械化施工可提高工程质量

随着工程设计精度的提高、工程难度的加大,对连续施工的要求更高,只有机械化施工才能满足要求。例如:高速公路的路面平整度,只有在机械摊铺的条件下才能达到规范要求;特大桥的大体积混凝土,必须采用混凝土输送泵运送才能保证连续浇注;大型构件的运输等也只有机械化作业才能满足要求,这些都是人力施工达不到的。

4. 机械化施工可优化社会资源，节约社会劳动

机械化施工减少了之前施工组织计划中对劳动力的需求，将更多的社会劳动力调配到更适合的工作岗位上，从而为社会节约了大量的劳动力。当然，机械化施工也刺激新型劳动力的成长，使工程施工的机械化得到普及和提高。

5. 机械化施工使公路工程设计空间更为拓展，施工更创新

机械化施工，不仅可建造一个具有足够承载力的公路工程跨越构造物，而且同时也可以为社会创造更多的美和艺术品。在机械化生产的条件下，利于构造物建设同时满足施工技术和美化景观方面的要求。

## 二、机械化施工的现状

目前我国公路工程建设中，机械化施工及其管理已在不断完善。但是仍有部分企业不会合理地进行机械组配，对机械化施工不能很好地组织管理，因而出现一系列的问题，致使机械台班大量浪费，甚至造成亏本。

今后随着机械化施工技术水平的不断进步，机械化施工的组织管理显得更加重要。工程管理必须要对机械化生产的每一个环节或每一个操作进行深入研究，对机械化生产每一天的使用消耗进行统计分析。现在的施工机械应向着联合型、多功能型，甚至是自动化、计算机化方向发展，专业技术人员应顺应形势的发展，从科学角度掌握机械化施工的客观规律。

## 三、机械化施工组织设计的内容

无论是施工企业、业主，还是监理单位，对一个工程项目来说，施工组织设计的内容安排、文件编制等方面都是一致的。例如招投标的组织文件，开工前的组织文件，施工中阶段性组织文件，都对机械化施工的组织提出相应的要求。对于整个工程项目，其具体内容分机械化施工总体计划和分部分项工程计划。

1. 机械化施工总体计划内容

(1)确定施工计划总工期。

(2)重点工程的机械施工方案和方法。

(3)机械化施工的步骤和操作规程、相关的机械管理人员。

(4)机械最佳配置、各季度计划台班数量。

(5)机械施工平面设置与机械占地布设。

(6)确定机械作业的总体进度计划。

2. 机械化施工分部分项工程计划内容

(1)分部分项工程日进度计划图表。

(2)工程项目机械配合施工的安排计划(施工方法、机械种类)。

(3)机械施工技术、安全保证措施。

(4)机械检修、保养计划和措施。

(5)机械的临时占地布设和现场平面组织措施。

## 四、机械化施工组织设计的基本原则

机械化施工生产过程中，与其他施工组织措施的配合是否合理、经济，能否保证整个工程项目施工连续均衡地进行，只有通过对施工机械加以限制和规定，让其成为施工过程中配合、刺激进度的因素，才能使整个施工组织设计更好地完成。一般应该遵循以下原则：

（1）施工连续高效运转，确保满足工程质量标准、技术标准。

（2）主导机械选择、控制合理，配套机械的选择与周围环境条件协调一致。

（3）提高机械的使用率，满足均衡使用要求，降低人员的工作强度。

（4）安装调试简便，转场运输方便，不形成交叉作业。

（5）降低机械使用费，减少机械闲置，配套机械协调作业达到经济目标。

## 五、机械化施工组织设计的影响因素

1. 机械完好率

机械需要经常维修和保养，才能保证在施工中连续作业达到最大负荷运转，这是保证机械完好率的先决条件。机械在使用过程中总是会消耗、损耗机件，在所有施工工期范围内，机械不可能永远满负荷作业。而在机械施工中，要求机械满负荷运转，只有经常维修和保养，才能达到施工的要求，以保证施工组织计划的顺利实施。

2. 气候影响

机械作业产生大量的热，所以在夏天应考虑机械的散热和降温，如补加机油、常换冷却水、间隔施工、机械交替作业等，这些都会影响施工组织计划，必须在开工前对机械可能遇到的发热、危险情况做充分的准备或设计。冬季气温降低，必须做好防冻措施，比如加防冻液或夜间放掉冷却水，油箱包裹起来；同时也要做好施工运转时的保温措施，如搭建遮风棚、包裹油箱、热水加温等。

3. 施工方案与机械搭配

施工机械在型号、功率、容积、长度等方面要达到施工方案的要求，否则就会影响工程进度，降低工程质量，甚至损耗机器。由于公路工程机械种类多，而施工方案也不能一概而论，故在本章第四节列有常见的机械搭配方法，仅供参考。

4. 机械配套技术

工程主导机械的选择如果是正确的，则其配套机械的好坏就会直接影响施工的进度。配套机械的技术规格应满足工程的技术标准要求；配套机械必须具有良好的工作性能和具有足够的可靠性；应尽量采用同厂家或品牌的配套机械，以保证最佳匹配和便于维修保养。为了提高工作效率，还要尽量在数量上少用配套机械，以避免相互干扰和影响；对配套的所有机械必须定时定期检修，不能因为一台机器的故障，而使影响整个施工。

5. 机械操作员

影响施工的另一个因素是机械操作员。机械操作员首先必须熟知机械操作规程；其次，要熟悉技术标准和施工规范；最后，充分激发其积极性和责任心，或采用效益和责任包干的方式，让操作员坚守工作岗位，兢兢业业工作。机械操作员的有效配合是保证机械化施工顺利进行的必要条件。

6.使用寿命与台班总数量

机械的耐用总台班是指机械在正常施工作业条件下，设备从开始投入使用至报废前，按规定应达到的使用总台班数。使用寿命是在正常施工作业的条件下，在其耐用总台班内，按规定的大修理次数划分的工作周期数。实用台班数量如果超过耐用总台班，则经济效益好；反之则差。在施工组织管理中，正确估价和计算现场机械的使用寿命和已用总台班，有利于合理处理闲置的台班数量，以保证施工现场机械的连续运转。否则，当机械已接近或达到使用寿命，使用完耐用总台班还在超负荷运转，就会出现现场停机或施工中断现象。

## 第二节 机械化施工组织原理

### 一、机械化施工进度图的绘制

机械化施工进度图表一般使用横道图、垂直图、管理曲线图、网络图。横道图与垂直图在第三章已作过详细介绍，网络图在第四章已作详细介绍，在此只从机械化施工方面来讲这三种图的具体制作方法，并简单介绍管理曲线方法。

（一）横道图、垂直图与网络图

1.横道图（垂直图）制作

横道图（垂直图）的常规制作方法和制作步骤已在第五章作过介绍，在此介绍机械化施工台班的横道图制作方法和步骤。

（1）确定各机械化施工工序的主导机械种类、功率。

（2）绘制一般工程施工进度横道图，完全按第五章的方法制作，但仅限于有机械施工的工序。

（3）将横道线上的数字用机械台班的数字代替。

（4）绘制机械台班分布图，并将分布图统计为详细计划表。

（5）合理确定配套机械的种类、功率。

2.网络图的制作

网络图的制作方法和步骤已在第四章作介绍，在此介绍机械化施工台班网络图的制作方法和步骤。

（1）确定各机械化施工工序的主导机械种类、功率。

（2）分析各项工作之间的相互关系，列出逻辑表达式。

（3）尽量采用水平箭线或折箭线，按从左到右、从上到下的方向排列。

（4）在保证网络图逻辑关系正确的前提下，合理布局图面，应层次清晰、重点突出、减少箭线交叉，工作密切相关的应相邻布置。

(5)使用虚箭线将没有逻辑关系的工作断开。

(6)绘制机械台班分布图,并将分布图统计为详细计划表。

(7)合理确定配套机械种类、功率。

3. 横道图(垂直图)编制

机械作业量以台班为单位,机械台数、作业时间的计算详见第三章。如图6-1为某工程主导机械施工横道图计划,图6-2为某工程机械化施工垂直图计划,图6-3为某工程机械化施工网络图。同种机械的施工计划可以用横道图表现,也可直接以表格形式统计,某工程电焊机施工横道图形式见图6-4所示。

| 序号 | 名　称 | 数量 | 单位 | 台班数量 | 工序工期 | 机械化施工进度 | | | | | | | | | | 备注 |
|---|---|---|---|---|---|---|---|---|---|---|---|---|---|---|---|---|
| | | | | | | 1月 | 2月 | 3月 | 4月 | 5月 | 6月 | 7月 | 8月 | 9月 | 10月 | |
| 0 | 准备工作 | 2 714 | $m^2$ | 90 | | 2 | | | | | | | | | | 载重车 |
| 1 | 汽车运输材料 | 6 147 | $m^3$ | 2 140 | | | | | 11 | | | | | | | 载重车 |
| 2 | 集中土方开挖 | 53 471 | $m^3$ | 182 | | | | | 9 | | | | | | | 挖掘机 |
| 3 | 汽车运输土石方 | 63 714 | $m^3$ | 1 452 | | | | | 12 | | | | | | | 自卸车 |
| 4 | 桥梁混凝土 | 1 436 | $m^3$ | 120 | | | | | 1 | | | | | | | 自卸车 |
| 5 | 管涵安装 | 625 | $m^3$ | 68 | | | | | | | 1 | | | | | 起重机 |
| 6 | 板涵吊装 | 382 | $m^3$ | 45 | | | | | | | 1 | | | | | 起重机 |
| 7 | 沿线设施安装 | 253.5 | t | 120 | | | | | | | | | | 1 | | 电焊机 |

图6-1　某工程主导机械施工横道图计划

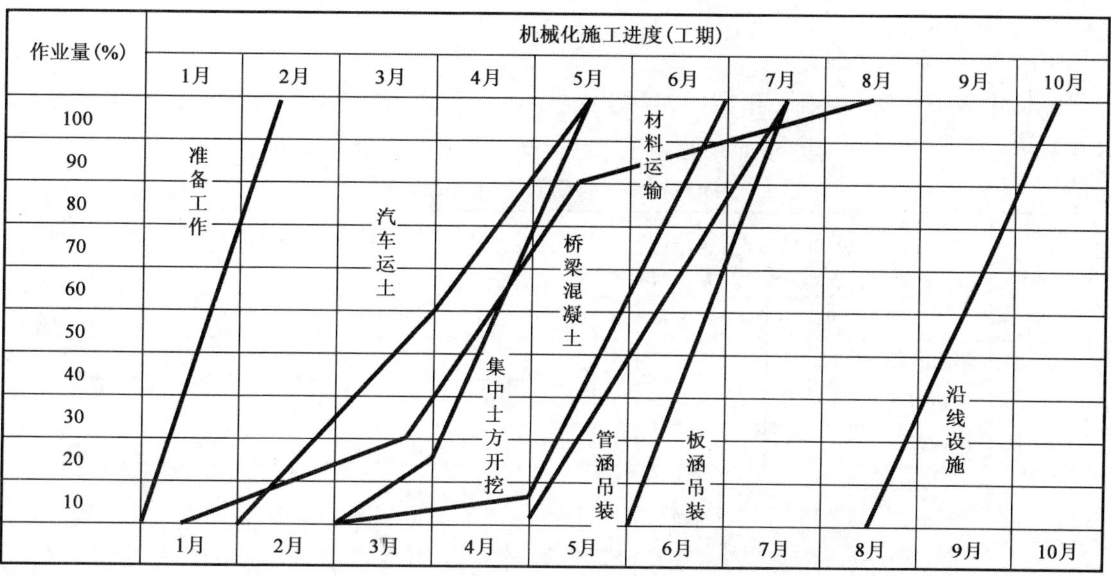


图6-2　某工程主导机械施工垂直图计划

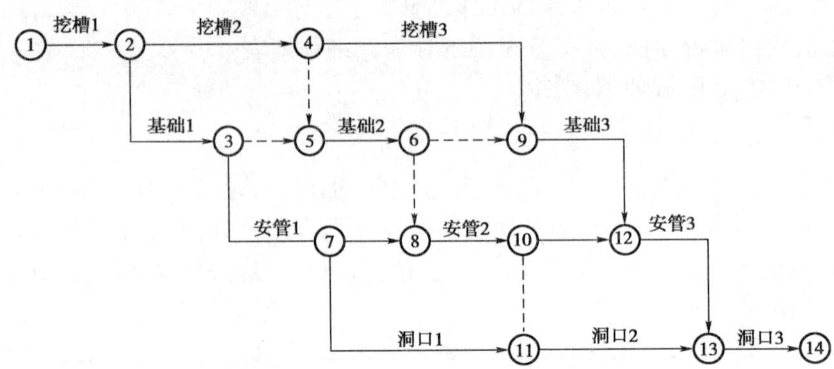


图 6-3 某工程主导机械施工网络图

| 序号 | 名　称 | 数量 | 单位 | 台班数量 | 工序工期 | 机械化施工进度 | | | | | | | | | | 备注 |
|---|---|---|---|---|---|---|---|---|---|---|---|---|---|---|---|---|
| | | | | | | 1月 | 2月 | 3月 | 4月 | 5月 | 6月 | 7月 | 8月 | 9月 | 10月 | |
| 0 | 准备工作 | 2 714 | $m^2$ | 40 | | 1 | | | | | | | | | | 电焊机 |
| 1 | 汽车运输材料 | 6 147 | $m^3$ | 0 | | | | | 0 | | | | | | | 电焊机 |
| 2 | 集中土方开挖 | 53 471 | $m^3$ | 0 | | | 0 | | | | | | | | | 电焊机 |
| 3 | 汽车运输土石方 | 63 714 | $m^3$ | 0 | | | 0 | | | | | | | | | 电焊机 |
| 4 | 桥梁混凝土 | 1 436 | $m^3$ | 120 | | | | | 1 | | | | | | | 电焊机 |
| 5 | 管涵安装 | 625 | $m^3$ | 68 | | | | | | | 1 | | | | | 电焊机 |
| 6 | 板涵吊装 | 382 | $m^3$ | 45 | | | | | | | 1 | | | | | 电焊机 |
| 7 | 沿线设施安装 | 253.5 | t | 120 | | | | | | | | | | 1 | | 电焊机 |

图 6-4 某工程电焊机施工横道图计划

机械化施工计划确定后,相应的机械预定计划表、动力材料消耗计划表也相应确定,如表 6-1、表 6-2 所示。

机械预定计划表(单位:d)　　表 6-1

| 规格名称 | 工　程 | 所需机械台数 | | | | | | | | | | | | | | | | | | | |
|---|---|---|---|---|---|---|---|---|---|---|---|---|---|---|---|---|---|---|---|---|---|
| | | 9 月 | | | | | | | | | | | | | | | | | | | |
| | | 9 | 10 | 11 | 12 | 13 | 14 | 15 | 16 | 17 | 18 | 19 | 20 | 21 | 22 | 23 | 24 | 25 | 26 | 27 | 28 |
| 推土机 | 清除障碍物 | 12 | 12 | 5 | 5 | 5 | 5 | 5 | 5 | 5 | 5 | 5 | | | | | 15 | 15 | 10 | 10 | 10 |
| | 清除表土 | | | 4 | 4 | 4 | 4 | 4 | 4 | 4 | 4 | 4 | 4 | 4 | | | | | 5 | 5 | 5 |
| | 排水 | 1 | 1 | 1 | 1 | 1 | 1 | 1 | 1 | 1 | 1 | 1 | 1 | 1 | | | | | | | |
| | 挖掘 | | | | | | | | | 1 | 1 | 1 | 1 | 1 | 5 | 5 | 7 | 7 | | | |
| | 铺平 | | | | | | | | | 1 | 1 | 1 | 1 | 1 | 1 | 1 | 1 | 1 | | | |
| | 搬运便道 | 2 | 2 | 2 | | | | | | | | | | | | | | | | | |

续上表

| 规格名称 | 工 程 | 所需机械台数 | | | | | | | | | | | | | | | | | | | |
|---|---|---|---|---|---|---|---|---|---|---|---|---|---|---|---|---|---|---|---|---|---|
| | | 9月 | | | | | | | | | | | | | | | | | | | |
| | | 9 | 10 | 11 | 12 | 13 | 14 | 15 | 16 | 17 | 18 | 19 | 20 | 21 | 22 | 23 | 24 | 25 | 26 | 27 | 28 |
| 轮式铲运机 | 清除表土 | | | 4 | 4 | 4 | 4 | 4 | 4 | 2 | 2 | 2 | | | | | | | | | |
| | 挖掘 | | | | | | | | 6 | 6 | 6 | 10 | 10 | 10 | 9 | 9 | | | | | |
| | 表面终压 | | | | | | | | | | | | | 1 | 1 | 1 | 1 | 1 | 1 | | |
| | 便道铲土 | 1 | 1 | 1 | | | | | | | | | | | | | | | | | |
| 羊足碾压路机 | 碾压 | | | | | | | 1 | 1 | 1 | 1 | 1 | 1 | 1 | 1 | 1 | 1 | 1 | | | |
| 平地机 | 表面刮削 | | | 1 | 1 | 1 | 1 | 1 | 1 | 1 | 1 | | | | | | | | | | |
| | 铺平 | | | | | | | 1 | 1 | 1 | 1 | 1 | 1 | 1 | 1 | 1 | 1 | 1 | | | |
| | 表面精加工 | | | | | | | | | | | | | | | 2 | 2 | 2 | 2 | 2 | 2 |
| 挖掘机 | 挖掘 | | | | | | | 2 | 2 | 2 | 2 | 2 | 2 | 2 | 2 | 2 | 2 | 2 | | | |
| | 排水 | | | 1 | 1 | 1 | | | | | | | | | | | | | | | |
| 压路机(10t) | 表面终压 | | | | | | | | | | | | | | | 1 | 1 | 1 | 1 | 1 | 1 |
| 压路机(20t) | 表面终压 | | | | | | | | | | | | | | | 1 | 1 | 1 | 1 | 1 | 1 |
| 翻斗车 | 排水 | | | | 6 | 6 | 6 | 6 | 6 | | | | | | | | | | | | |
| | 挖运 | | | | | | | | | | 9 | 9 | 9 | 9 | 9 | 9 | 9 | 9 | | | |

**动力材料消耗计划表** 表6-2

| 时间(年) | | 需 要 量 | | | | | | | | 备注 |
|---|---|---|---|---|---|---|---|---|---|---|
| | | 主要工地 | | | | 辅助生产 | | | | |
| | | 汽油(t) | 柴油(t) | 电(kW·h) | 煤(t) | 汽油(t) | 柴油(t) | 电(kW·h) | 煤(t) | |
| 2005 | 9 | 8.5 | 14.2 | 3 800 | 3.8 | 0 | 2.5 | 4 500 | 0 | |
| | 10 | 8.5 | 14.2 | 3 800 | 3.8 | 0 | 2.5 | 4 500 | 0 | |
| | 11 | 4.8 | 16 | 1 600 | 10.5 | 1.2 | 0 | 3 200 | 15 | |
| | 12 | 2 | 25 | 2 400 | 14.5 | 8 | 1.2 | 3 100 | 18 | |
| 2006 | 1 | 3.8 | 18.5 | 3 400 | 16.5 | 1.1 | 3.7 | 4 500 | 18 | |
| | 2 | 3.2 | 2.2 | 560 | 3.5 | 5 | 8 | 400 | 2.5 | |
| | 3 | | | | | | | | | |
| | 4 | | | | | | | | | |

制表： 审核：

## (二)管理曲线方法

管理曲线方法是建立在横道图方法的基础上，机械的成本费用，机械作业计划与实际进度的差别，都能够形象地反映在图纸上。一般地，机械作业量及其累计量画在纵坐标上，时间作为横坐标。其绘图步骤如下：

(1)做好横道图计划的复制件，并将机械施工工序的机械作业量计算出来，按累计方法计算累计时间段的累计量(可按机械成本总费用比例与机械总台班数量比例两种方法累计)；

(2)在横道图上用累计百分比的方法标注纵坐标刻度,以时间单位为横坐标刻度；

(3)按计算出来的累计量在图纸上标点,并用曲线尺连接各点形成S形曲线；

(4)当做出进度计划的曲线以后,随着实际日进度的完成,统计机械作业量并将累计量在图纸上标点,并用曲线尺逐点连接各点,看是否形成S形曲线,并与计划S形曲线比较；

(5)时刻关注实际进度点与计划点的差异,做出书面报告及时汇报。

限于篇幅,管理曲线的制作过程及方法不作详细介绍,其形式如图6-5所示。

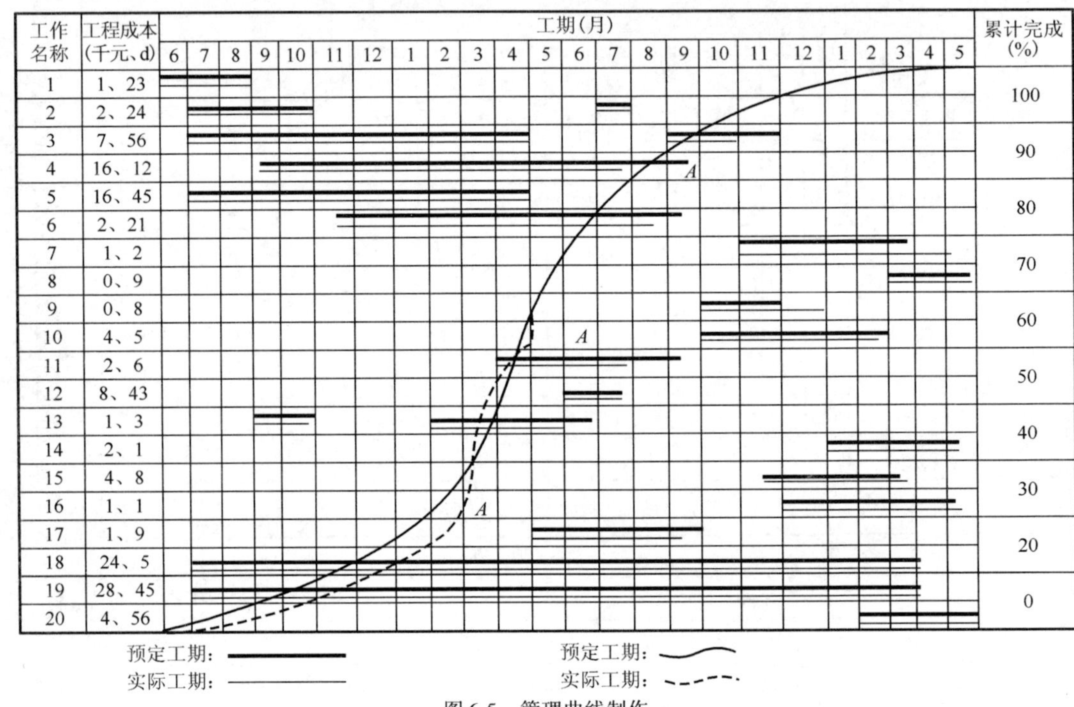

图6-5 管理曲线制作

## 二、经济车辆数的确定

机械化施工中工程运输车辆需要量很大,费用所占比重也很大,现以土石方运输的汽车与挖掘机、装载机配套的工程运输车为例予以说明。

1.一般方法

(1)铲斗容积比的选择:挖掘机和汽车的利用率达到最高值时的理论铲斗容积比(汽车容量与挖掘机斗容量之比),是随着运距的增加而提高,随着汽车平均行驶速度增快而降低,也就是随着汽车循环时间的增加而提高的。当运距为1～2.5km时,理论的铲斗容积比为4～7;运距在3～5km时,为7～10。结合我国当前的情况,自卸汽车容量较小,可取3～5,最大不超过7～8。实践表明,铲斗容积比宜取低值,但车厢不能过小,以免装载不便而延长装卸时间,而且容易损坏车厢。

(2)汽车载质量的利用程度:它与铲斗容积比、汽车载质量或车厢容积以及土的密度等因素有关。装满自卸车车厢所需铲装次数$n$一般应满足下列条件:

$$n \leqslant \frac{V}{V_1}, \text{且 } n \leqslant \frac{Q}{W} \tag{6-1}$$

式中：$Q$——自卸车的载质量，t；

$W$——铲斗中土的质量，t；

$V_1$——铲斗中土的松方容积，$m^3$；

$V$——铲斗容积，$m^3$。

与挖掘机、装载机配套适宜的车辆，其铲装次数一般在 3～5 范围内，而车辆载质量的利用程度也是考核配套合理性的另一个重要指标。

(3)与一台挖掘机、装载机配套的自卸车车辆数 $N$：

$$N = \frac{T}{t_1} \tag{6-2}$$

式中：$T$——自卸车的工作循环时间，可由下式计算：

$$T = t_1 + t_2 + t_3 + t_4 \tag{6-3}$$

式中：$t_1$——用装载机械装满一车箱所需时间，min；

$t_2$——重车运输行驶时间和空车返回的行驶时间，min；

$t_3$——在卸料点倒车转向和卸料的时间(表 6-3)，min；

$t_4$——在装载机械近旁的调车时间(表 6-4)，不包括因等候装车耽误的时间，如果计算因等候装车耽误的时间，应按实际发生的时间(或平均时间)计算。

**运输车辆的倒车转向和卸料时间 $t_3$**(单位：min) 表 6-3

| 作业条件 | 后卸车 | 底卸车 | 侧卸车 |
|---|---|---|---|
| 顺利 | 1.0 | 0.4 | 0.7 |
| 一般 | 1.3 | 0.7 | 1.0 |
| 不顺利 | 1.5～2.0 | 1.0～1.5 | 1.5～2.0 |

**运输车辆的调车时间 $t_4$**(单位：min) 表 6-4

| 作业条件 | 后卸车 | 底卸车 | 侧卸车 |
|---|---|---|---|
| 顺利 | 0.5 | 0.15 | 0.15 |
| 一般 | 0.3 | 0.5 | 0.5 |
| 不顺利 | 0.8 | 1.0 | 1.0 |

所求车辆数一般取大于自卸车车辆数的整数，以满足运输车辆的要求。配套汽车的生产率应取挖掘机、装载机的生产率或车队生产率这两者之中的最小值。在生产率计算中，应计入配套机械的时间利用率，使其符合实际情况。

2. 优化方法——排队论法

上述计算车辆数量的式中，装车时间和行驶时间均假定是固定不变的。但实际上，车辆的工作循环时间难以保持相等，因为在装载机械附近有时是排队等候装车，有时会无车可装，因而降低了装载机械的生产率。

排队论法是用统计学来处理装车时间和行驶时间变化的方法。工程实践表明，采用排队论法求出的机械实际生产率和最经济的车辆数比较符合实际情况。运用这一方法时，认为装载时间出现的概率呈泊松分布或指数分布。

设 $N$ 为车队中汽车的车辆数；$a$ 为汽车的平均到达率，以每小时达到的次数计（按无延误计算，不包括装车时间）；$L$ 为挖掘机每小时平均装车辆数；$\gamma = a/L$ 为每小时到达率与每小时装车辆数的比值。设 $P_0$ 为挖掘机无车可装的概率；$P_t$ 为挖掘机有一辆车或 $N$ 辆车可装的概率，因此在挖掘机前不是无车可装，就是有一辆车可装，概率 $P_0$ 和 $P_t$ 之和必须为 1，故得：

$$P_0 = 1 - P_t$$

为了计算 $P_t$ 和 $P_0$ 值，可先按下述方法求出 $\gamma$ 值：

$$a = \frac{1}{t_2}$$

$$L = \frac{1}{t_1} = \frac{Q_W}{V}$$

$$\gamma = \frac{a}{L} = \frac{t_1}{t_2} = \frac{V}{Q_W \cdot t_2} \tag{6-4}$$

式中：$Q_W$——挖掘机的生产率；

$V$——汽车车厢的堆装容积。

挖掘机无车可装的概率 $P_0$ 和有车可装的概率 $P_t$，取决于汽车的量数 $N$ 和 $\gamma_0$，$P_0$ 值可用式（6-5）精确计算。

$$P_0 = \left[\sum_{i=0}^{N} \frac{N!}{(N-i)!}(\gamma)^i\right]^{-1} \tag{6-5}$$

运用排队论证法确定挖、运机群可能达到的生产率 $Q$，可用式（6-6）计算：

$$Q = 1.03 Q_W \cdot P_t \tag{6-6}$$

式中：$Q_W$——挖掘机的正常生产率，1.03 指计算值与现场实测值比较的校正系数。

与一台挖掘机配套的最适宜车辆数的近似值 $N'$ 可由式（6-7）计算：

$$N' = \frac{1}{\gamma} \tag{6-7}$$

在沥青混凝土、水泥混凝土面层机械化施工中，也可用排队论法求得经济车辆数。

## 三、机械的维修及保养计划

机械化施工组织设计中，应该包括对机械的维修保养计划，同时它也是机械化施工管理的组成部分。工地上的土木技术人员有时只顾眼前的工作，忽视机械的状态而强行工作，常常导致功率降低，甚至造成机械故障或更严重的后果。所以，正确使用机械是提高工作效率、降低机械使用费的主要途径。一台机械在生产、维修、质量和安全方面的重要性，要从以下各点来进行评价。

1. 生产

（1）机械在生产使用中的状态（重点在运转效率）。

(2)工地及计划中是否有闲置的备用机械。

(3)机械故障的出现对机械的影响程度及对进度的影响程度。

2. 维修

(1)机械发生故障的频率(是否尽快维修)。

(2)机械发生故障的维修时间是否导致长时间停工。

(3)机械修理故障所消耗的费用是否值得。

3. 质量

(1)带故障的机械对工程质量是否有影响。

(2)故障机械的修理费用与影响质量效果的比重。

4. 安全

(1)因机械故障可能引起的伤害程度。

(2)机械故障可能引起的公害程度。

从以上四个方面综合评价机械的现状及维修的重要性,以便在施工组织中合理权衡各方面的关系。机械维修从开始到结束都要做好记录,一是备查,二是统计费用,三是对操作员负责的机械进行追踪管理。维修记录使用表6-5形式。

机械维修存档记录表 表6-5

| 机械规格名称 | 厂家名称 | 维修原因 | 维修方式 | 维修部位 | 维修时间 | 备　注 |
|---|---|---|---|---|---|---|
| | | | | | | |
| | | | | | | |
| | | | | | | |

机械师: 记录员:

保养大致可分为定期保养和日常保养。定期保养是拆卸分解整套机械的保养,恢复其原来的性能,使它能长期使用;日常保养指每周、每月进行保养。机械故障检查记录表见表6-6,保养存档记录表见表6-7。

机械故障检查记录表 表6-6

| 机械规格名称 | 操作员 | 厂家名称 | 正在施工的作业 | 受损部位 | 初步结论 | 时间 | 备注 |
|---|---|---|---|---|---|---|---|
| | | | | | | | |
| | | | | | | | |
| | | | | | | | |

检修员: 记录员:

机械保养存档记录表 表6-7

| 机械规格名称 | 厂家名称 | 操作员 | 保养部位 | 维修部位 | 保养级别 | 保养时间 | 备　注 |
|---|---|---|---|---|---|---|---|
| | | | | | | | |
| | | | | | | | |
| | | | | | | | |

机械师: 记录员:

(1)每日保养

每日保养是每天开始运转和运转结束后必做的保养，由机械操作员和辅助操作人员负责完成，包括擦拭、检查、调整和补充燃料、润滑油脂和冷却水。

(2)每周保养

每周保养是对每日保养涉及不到的润滑油补充和离合器、制动器调整等进行保养的工作，每周保养一次。保养工作除操作人员及其辅助操作人员以外，还需机械师指导保养。要及早发现漏油、裂缝、螺栓螺母的松动以及反常发热等异常情况，必须清理机械、记录结果、填报记录。

(3)每月保养

每月保养主要在当地的机械维修基地进行，由机械师和操作员进行检查、保养。保养规模大，除更换一些零部件外，也拆卸一部分外围部件进行保养。同时记录结果，填报记录表。

(4)润滑管理

机件长期得不到润滑是机械故障的主要原因之一。润滑工作的标准因机械种类不同而不同，一般按机械使用说明书所记载的标准执行即可。如果有特殊的规格，或有特殊的运转条件时，就要和机械制造厂家协商，采取适当的维护保养措施。进行正确的润滑工作，必须遵守四个原则：①润滑必须在适当的时期进行；②润滑必须在适当的部位进行；③润滑必须选用适当润滑油；④润滑油用量要适中。

# 第三节 施工机械

## 一、路基工程机械

### （一）推土机

推土机是一种自行式短距离铲土运输机械，它的特点是所需作业面小、机动灵活、转移方便、短距离运土效率高、干湿地都可独立工作（图6-6）。土石方施工的季节性较强，对工程量较为集中的土石方工程一般采用履带式推土机。推土机一般用于经济运距为50～100m的短距离推运土方、石方、渣土等作业，也用于开挖河渠、填筑堤坝、平整场地、砍树挖根、堆集砂砾石等作业。此外，还用于进行局部碾压、给铲运机助铲和预松土，以及牵引各种拖式土方机械等作业。

图6-6 推土机

推土机在施工工艺上根据地形、地物的具体情况，其作业方式分为波浪式铲土法、多刀推土法、槽式推土法、并列推土法和下坡推土法五种方式。

（二）铲运机

铲运机（图 6-7）是一种循环作业式的铲土运输机械，主要用于中等运距的土方工程，如填筑路堤、开挖路堑和大面积平整场地等，它本身能完成铲装、运输和卸铺作业，并兼有一定压实和整平能力。有拖式、自行式的机械传动，液压传动，电力传动和静压传动等形式。在施工作业时，铲运机铲土分为一般铲土、波浪式铲土、跨铲铲土法、下坡铲土法和顶推铲土法五种。

铲运机的经济运距和行驶道路坡度是铲运机选型的重要依据。一般来说，运距短、坡度大、路面松软，以选择拖式铲运机为宜；如果运距较长、坡度大，宜采用双发动机驱动的自行式铲运机比较经济；路面较平坦则选用单发动机驱动的自行式铲运机较为经济。铲运机适用于中等运距（100 ~ 200m）和道路坡度不大条件下的大土方量转移工程。如果运距太短（100m 以内）采用铲运机是不经济的，这时采用推土机或轮胎式自装自运较为适宜，运距特长（200m 及以上）则采用自卸汽车较为经济。

（三）挖掘机

挖掘机是一个刚性或挠性的连续铲斗，以间隔重复式循环进行工作，是一种周期作业的自行式土方机械。挖斗有正铲挖掘机、反铲挖掘机（图 6-8）、拉铲挖掘机、抓斗挖掘机等形式。正铲挖掘机的基本作业有侧向开挖和正向开挖两种；反铲挖掘机的基本作业有沟端开挖法和沟侧分段开挖法两种；拉铲挖掘机基本作业有沟侧开挖法和沟端开挖法。

图 6-7　铲运机

图 6-8　反铲挖掘机

挖掘机具有挖掘能力强，构造通用性好，能适合不同作业要求的特点。在公路建设中，遇到开挖量较大的路堑和填筑路堤等大工程量时，挖掘机与运输车辆配合作业可以获得最好的经济效果，汽车数量可按运输距离所需的运转循环时间和挖掘机的作业循环时间来确定，数量不宜过多，以保证生产率最高，成本最低为标准。

（四）装载机

装载机形式有轮胎式及履带式的全回转式、半回转式和非回转式三种（图 6-9），它兼有推土机和挖掘机两者的工作能力，可以进行铲掘、推土、平整、装卸和牵引等多项作业。

图6-9　装载机

装载机常用于公路建设中的土石方铲运，以及推土、起重等多种作业，在运距不大或运距和道路坡度经常变化的情况下，如采用装载机与自卸车配合装运作业，会使工效下降，费用增高。在这种情况下，可单独采用装载机作为自铲运设备使用。根据经验总结，如果整个采装运作业循环时间少于3min时，则把装载机作为自铲运设备使用，是经济合理的。如果运距较远，采用轮胎式装载机配合自卸车采运土石方，也可以提高作业效率。

（五）平地机

平地机是一种以铲土刮刀为主，配以其他多种可换作业装置，进行土地平整和整形连续作业的筑路机械。主要工作装置是一把刮刀，它可以调整四种作业动作，即刮刀的平面回转、刮刀的左右端升降、刮刀左右引伸和刮刀机外倾斜来完成刮刀刀角铲土侧移、刮刀刮土侧移、刮刀刮土直移和机外刮土等作业。自行式平地机机动灵活、生产率高，被广泛采用。

平地机主要用于修筑路堤横断面，路基边坡整理工程的刷坡作业，开挖边沟及路槽，平整场地等；还可用来在路基上拌和摊铺路面材料，对碎石路面和土路面进行养护；清除路肩上的杂草以及冬季道路除雪等。

（六）压实机械

压实机械有静作用碾压机械、振动碾压机械和夯实机械三类（图6-10）。在机械选择时还有钢制钢轮压路机和钢制羊角碾压路机两种形式。静作用碾压机械用碾轮沿被压实材料表面作往复滚动，靠自身的静作用力，使被压层产生永久变形以达到压实的目的。振动压路机用碾轮沿被压实材料表面做往复滚动，以一定频率、振幅振动，使被压层同时受到碾轮的静作用力和振动力的综合作用，以提高压实效果。

钢轮压路机的线压力较小，压实深度也浅，而且压实不均匀，不适合于土坝、河堤、围堰的碾压。钢轮压路机的自重也可以在一定范围内调整以改变单位线压力，一般用于整理性压实工作，对于密度要求较低的黏性土、砂砾料、风化料、冲击砾质土较为适合。

羊角碾压路机具有很大的单位面积压力及挤压力，压实深度大而均匀，并能挤碎土块，因而有很好的压实效果和较高的生产率，广泛用于黏性土料的分层碾压。羊角碾压路机的自重也可以在一定范围内调整以改变单位面积压力。羊脚碾压路机对非黏性土料和高含水率黏土的压实效果不好，不宜采用。

轮胎压路机（俗称轮胎碾）具有弹性，在碾压时与土体同时变形，其碾压作用力主要取决于轮胎的内压力。接触面积与压实深度有着密切的关系，为了得到较大的接触面积，又增加压实深度，在轮胎允许范围内尽可能增加轮胎碾的负荷。一般地，刚性碾轮由于受到土壤极限强度的限制，机械质量不能太大，而轮胎碾则没有这个缺点，所以轮胎碾适合于压实黏性土及非黏性土，如壤土、砂壤土、砂土、砂砾料等土质，同时在路面施工中也常常采用。

a) b) c) d)

图 6-10 压实机械

a)静力钢轮压路机;b)振动压路机;c)轮胎压路机;d)羊角碾

振动式压路机(俗称振动碾),其钢轮碾和羊角碾适用于不同土质条件,主要优点:一是单位面积压力大,可适当增加压实厚度,碾压遍数也可适当减少;二是结构质量轻,外形尺寸小。其最大缺点就是振动及噪声大,使机械操作人员过度疲劳。

目前压路机多采用大直径的碾轮,并配以液压机械式传动系统(即全液压传动系统);而且全轮驱动、前后碾轮直径相同,承担的重力也大致相同,行驶一遍等于碾压两遍,同时也使爬坡能力、转向、通过性能和稳定性得到改善。振动式压路机采用轮胎减振、铰接式机架、液压传动等多种新型结构,减振问题已经基本得到解决,故在土石方及路面施工中较多采用 5 ~ 15t 振动式压路机来压实。

(七)凿岩穿孔机械

凿岩穿孔机械包括凿岩机(图 6-11)、穿孔机及其辅助机械设备,它们都是钻凿炮孔的石方工程机械,凿岩机是属于小型机具,具有风动凿岩机、液压凿岩机、电动凿岩机和内燃凿岩机等形式,适用于钻凿小直径炮孔。穿孔机适用于钻凿大直径的炮孔,凿岩穿孔机施工操作简便,性能单一,在此不详述。

图6-11 凿岩机

## 二、路基工程机械

### 1. 土石方机械组合条件

土石方机械根据性能及地质、地貌、运距、功率或容量(载质量)的不同,在选型配套方面,本着经济、安全、快速的原则,从施工企业自身的机械施工能力、技术实力出发,在多种可供选择的方案下,尽量选择经济、进度快、重复工作量小、一次到位的施工方案。尽量利用地形开辟工作面,在合理组织下,发挥机械施工的最大效益。在这里提供表6-8的组合方法供参考。

土石方机械设备组合条件　　表6-8

| 修筑方法 | 路堤或路堑高(m) | 土的类别 | 运土距离(m) | 工作段最小长度(m) | 选择施工机械设备 | |
|---|---|---|---|---|---|---|
| | | | | | 主要机械 | 辅助机械 |
| 从路基两侧取土坑取土填方(在平地上) | <1 | Ⅰ~Ⅳ | <15 | 500 | 自动平地机 | 松土器(Ⅳ类土必要时使用)、推土机轮胎压路机或羊足碾 |
| 从路基一侧或两侧取土填方 | | | <30 | 不限制 | 推土机 | 松土器(Ⅳ类土必要时使用)、自动平地机轮胎压路机或羊足碾 |
| | 1~2 | | <50 | 50 | 推土机、铲运机($6m^3$) | 松土器、自动平地机轮胎压路机或羊足碾 |
| 自路堑取土填筑路堤(移挖作填) | <3 | | <100 | 不限制 | 推土机 | 松土器、自动平地机轮胎压路机或羊足碾 |
| | | | 100~500 | | 铲运机(斗容量<$10m^3$) | 推土机、松土器、轮胎压路机、羊足碾 |
| | | | 500~1 000 | 100 | | 推土机、重型压路机、轮胎压路机、羊足碾 |

续上表

| 修筑方法 | 路提或路堑高（m） | 土的类别 | 运土距离（m） | 工作段最小长度（m） | 选择施工机械设备 | |
|---|---|---|---|---|---|---|
| | | | | | 主要机械 | 辅助机械 |
| 自路堑取土填筑路堤（移挖作填） | >3 | Ⅴ~Ⅳ | >1 000 | 在一个工作段内（5 000m³） | 装载机或挖掘机配自卸汽车 | 推土机、自动平地机、轮胎压路机、羊足碾 |
| | | | >500 | | | 空气压缩机、凿岩机、推土机 |
| 自专用借土坑取土填筑路堤（取土填方） | 不限制 | Ⅰ~Ⅳ | <500 | 50 | 铲运机（10m³） | 推土机、轮胎压路机、羊足碾 |
| | | | >500 | 100 | 铲运机（10m³）、装载机配自卸车 | 推土机、自动平地机、轮胎压路机、羊足碾 |
| 纵向运土的斜坡填方 | | | <500 | 50 | 铲运机（6m³）、万能推土机 | 自动平地机、轮胎压路机、羊足碾 |
| 傍山半填半挖 | 山坡<20° | | <30 | 100 | 万能推土机 | 铲运机（6m³）、轮胎压路机 |
| | 山坡>20° | Ⅴ~Ⅳ | | | 挖掘机 | 万能推土机、空气压缩机、凿岩机 |
| 将土推往弃土堆（挖方） | | Ⅰ~Ⅳ | <50 | | 推土机 | 自动平地机、重型压路机 |

2. 压实机械组合

压路机械组合所受约束较多，现以沈大高速公路某施工队碾压机械在沥青混凝土路面施工中的组合为例进行介绍，见表6-9。考虑了压实温度的要求和摊铺机生产率后，与气温相适应的碾压长度为：常温（25℃），40~50m；偏低（小于10℃），20~40m；偏高（大于20℃），50~80m；高温（30℃），100m左右。

**压实机械组合表** 表6-9

| 碾压流程 | 型号 | 台数 | 轮宽（m） | 碾压速度（km/h） |
|---|---|---|---|---|
| 初压 | 2Y8/10 双轮压路机 | 2 | 1.25 | 3.6 |
| 复压 | VL9/16 轮胎压路机<br>3Y12/15 三轮压路机 | 1<br>2 | 2<br>2×0.53 | 5.0<br>4.5 |
| 终压 | 2Y8/10 双轮压路机 | 2 | 1.25 | 3.6 |

3. 装载机与自卸汽车组合

装载机的斗容量和自卸车的装载质量及运距有关。在运距不大、运输道路上有坡度时，只能将装载机作为自铲运设备使用，一般要求这样的作业循环时间不超过3min，否则就使用装载机配合自卸车联合作业。前者与生产的强度有关，如生产强度高，装载机一次装载的质量一定,则要求铲运的合理运距尽量缩短,其合理运距配合见表6-10;后者是根据斗容量配备自卸车装载质量的,如2.25m³ 的斗配备10t 自卸车效果最佳,见表6-10。

装载机与自卸车配合表

表6-10

| 年生产量( ×10⁴t) | 10 | 30 | | 50 | | 80 | | 100 以上 | |
|---|---|---|---|---|---|---|---|---|---|
| 装载机斗容量(m³) | 2.25 | 2.25 | 4 | 2.25 | 4 | 2.25 | 4 | 2.25 | 4 |
| 汽车载质量(t) | 10 | 10 | 27 | 10 | 27 | 10 | 27 | 10 | 27 |
| 装载机载质量(t) | 装载机合理运距(m) | | | | | | | | |
| 2 | 470 | 170 | 260 | 110 | 160 | 80 | 110 | 71 | 65 |
| 4 | 760 | 280 | 450 | 190 | 280 | 130 | 190 | 118 | 108 |
| 5 | 920 | 350 | 540 | 240 | 340 | 170 | 230 | 155 | 143 |

## 三、路面工程机械

路面工程机械包括稳定土拌和机厂拌设备,沥青乳化设备、沥青运输车及洒布车,沥青混合料拌和设备及摊铺机、水泥混凝土摊铺机等。

### (一)稳定土拌和机及厂拌设备

稳定土拌和机有履带式和轮胎式的中置式、后置式三种,主要是把无机结合料(石灰、粉煤灰、水泥)、土(碎石土、砾石土、天然料)、细料(碎砾石、炉渣)、水等材料,按照施工配合比在路上直接拌和的机械(图6-12)。更换工作装置后,还可进行切削旧沥青路面和路基的工作。

稳定土厂拌设备是将土(碎石土、砾石土、天然料)、碎石、砾石、碎砾石和无机结合料(水泥、石灰、粉煤灰)、水等材料按施工配合比在固定地点拌和均匀的专用设备(图6-13)。其优点是所需配套设备少、占地少,级配精度高,拌和质量好;缺点是需安装在固定地点作业,整机庞大,还需配置运输车辆才能将成品运至施工现场,因此成本较高。

图6-12 稳定土拌和机

图6-13 稳定土厂拌设备

### (二)沥青乳化设备

沥青乳化机是将沥青破碎成微小的颗粒,稳定而均匀地分散到含有乳化剂的水溶液中,形成水包油液体的机械，它是沥青乳化的关键设备。乳化机有搅拌式、胶体磨式、喷嘴式三种。

乳化设备分开式系统和闭式系统两种。开式系统作业直观，作业完毕清洗方便，但容易混入空气，产生气泡。闭式系统不用乳化机漏斗接液，而用两个匹配好的泵直接把沥青和乳化剂水溶液经管路泵入乳化机内，靠流量斗指示流量，所以不容易混入空气，便于自动化操作，可以提高产量，但清洗麻烦。

### (三)沥青混合料拌和设备

沥青混合料拌和设备对集料进行加热、干燥、掺配，并与沥青拌和，是专业生产沥青混合料的大型配套设备(图6-14)。拌和设备有强制式和滚筒式，其中滚筒式分为固定式、半固定式及移动式三种。拌和设备可提高沥青混合料成品品质，减少环境污染，实现振动搅拌和无尘搅拌。

固定式拌和设备规模大，安装地点固定，生产效率高，设备性能完善，可以进行多种级配料的生产，适合工程量集中的长距离路面工程的施工。半固定式设备有几个分解的部件，由几个半平挂车装卸运输和搬迁，拼装灵活方便，多用于工程量较大的养护工程和工程量较小的新建工程，如匝道、连接线等。目前拌和设备多使用强制式拌和设备，先将骨料粗配、烘干、加热，然后再筛分、精确称量，最后加入矿粉和沥青，强制搅拌生产出混合料。但生产中产生粉尘，组件较多，结构复杂，设备庞大，需较大的用地面积。

### (四)沥青混合料摊铺设备

沥青混合料摊铺机有机械式和液压式，其中液压式分为履带式、轮胎式。将在拌和厂拌和好的混合料运至现场后，再将沥青混合料均匀地摊铺在已修整和平整好的路面基层上，螺旋输送器将混合料铺开，然后由振捣梁对铺开的料层进行初步捣实，并利用熨平装置完成加热熨平整形工作(图6-15)。可自动控制面层厚度、自动调整路拱横坡、自动控制平整度，是现代化施工技术的体现。目前对7m、12m等铺筑宽度都能一次摊铺完成，工效高、质量佳，故其已被广泛用于各等级公路的新建、改建、扩建工程中。

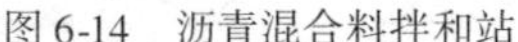

图6-14　沥青混合料拌和站

图6-15　沥青混合料摊铺机

由于沥青混合料摊铺设备成本较低，低温稳定性良好，所以吸引了国内外的技术人员进行研制和开发。主要体现在两方面：一方面改机械式为全液压式或液压机械式，另一方面开发不受外界条件变化干扰，始终保持平行于纵横基准线而不停运动的，与机械本身的垂直运动无关的自动调平装置。德国已经开发出一次铺筑成功并一起做最终压实的沥青混合料摊铺机。

（五）水泥混凝土摊铺机

水泥混凝土摊铺机是将水泥混凝土均匀地摊铺在路面基层上，然后经过振实、整平等作业程序，完成水泥混凝土路面铺筑的路面机械。现在水泥混凝土路面施工设备主要是滑模摊铺机（图6-16）。滑模式摊铺机的摊铺高度和厚度可实现自动控制，将各作业装置安装在同一机架上，通过位于模板外侧的行走装置随机移动滑动模板，就能按照要求使路面板挤压成形，并可实现多种功能的摊铺，如摊铺路肩、路牙等。

图6-16 滑模式摊铺机

滑模式摊铺机不设固定边模，需用的模板和辅助立模的人工均较少，具有较高的生产率，但对水泥混凝土搅拌设备的要求高，必须保证水泥混凝土及时供应和严格控制坍落度。另外滑模式摊铺机只包括较少的组合机械数量，但所有机械都需要安装由导向钢丝控制的自动找平和自动转向系统，整套设备的自动化程度高、技术难度大，造价和维修成本高。

路面混凝土机械的配套，指拌和机与摊铺机、运输车辆之间的配套。当主导机械摊铺机选定后，可根据机械的有关参数和施工中的具体情况计算出摊铺机械的生产率。拌和机械与之配套即是在保证摊铺机械生产率充分发挥的前提下，使拌和机械的生产率得到正常发挥，并在施工中保持均衡、协调一致。车辆的配套根据排队论方法，找出合理的配套方案。考虑到装载点与车辆的配套是一个动态系统，即随着摊铺作业的推进，车辆的运输路程随时间的增加而增加。在运输装载过程中，随机影响因素又较多，如道路状况、操作水平、设备运行状况等，因此配套方案有一个优化过程。

滑模式摊铺机施工机械的配套选用见表6-11。

滑模式摊铺机施工机械的配套表　　表6-11

| 工　序 | 可考虑选用的机械 | 工　序 | 可考虑选用的机械 |
|---|---|---|---|
| 混凝土拌和 | 拌和机、装载机、自动配料机 | 混凝土养护 | 洒水车 |
| 混凝土运输 | 混凝土搅拌运输车 | 表面修整 | 修整机、纵向表面修整机、斜向表面修整机 |
| 卸料 | 布料机 | 修整粗糙面 | 拉毛机、压(刻)槽机 |
| 摊铺 | 滑模摊铺机 | 接缝施工 | 切缝机 |

滑模式摊铺机的几种常见配套方法，如表6-12。

滑模式摊铺机的几种常见配套方法　表6-12

| 前方系统(最大铺筑宽度8～12m) | | | | 后方系统 | |
|---|---|---|---|---|---|
| Wirtgen SP850型摊铺机为主导机械的配套机械 | | SF-1700型摊铺机为主导机械的配套机械 | | 双卧轴强制拌和机的配套机械 | |
| 规格名称 | 数量 | 规格名称 | 数量 | 规格名称 | 数量 |
| 布料机 | 1 | 布料机 | 1 | 装载机(ZL30、ZL40) | 2 |
| 养生剂喷洒器 | 2 | 养生剂喷洒器 | 2 | 自动配料机 | 2 |
| 养生用洒水车 | 1 | 调速调厚切缝机 | 2 | 供水泵 | 1 |
| 调速调厚切缝机 | 2 | 养生用洒水车 | 1 | 移动电站 | 1 |
| 抹光机、刻槽机 | 1 | | | 计量水泵(外剂用) | 1 |
| 移动电站(20kW) | 1 | | | | |

## 四、水泥混凝土机械

### (一)水泥混凝土搅拌站

水泥混凝土搅拌站是一种将水泥、砂、石、外掺剂和水按一定的配合比，按一定周期自动地拌制成塑性和流态混凝土的成套机械(图6-17)。在水泥混凝土工程量大，浇筑施工强度高、施工周期长，施工地点集中的大中型工程或构件预制中被广泛应用。

水泥混凝土搅拌站有装配式搅拌站、整体移动式搅拌站、汽车式搅拌站等。其主机有锥形反转出料、锥形倾翻出料，强制漏浆式、强制行星式、强制单卧轴式、强制双卧轴式等形式。

图6-17　混凝土搅拌站

装配式搅拌站的特点是拆装方便，转运便捷，既适合于现场，又适合于固定集中搅拌站，供应一定范围内的零星分散工地所需的混凝土。砂、石、水泥都能自动控制称量，自动下料，组成一条联动线，操纵简单，称量准确。整体式搅拌站是将材料储料斗、计量、搅拌、出料等设备全部安装在一个机架上集中控制，其特点是搅拌站的体积不太大，搬迁方便，结构紧凑，占地面积较少，适用于一般中小型施工现场。汽车式搅拌站是将储料斗、计量、搅拌、出料等设备全部安装在一辆专用汽车上，灵活性大，搅拌工艺先进，可视混凝土浇注现场的变动而随时转移，只要现场具备供电、供水和供材料的条件，即能进行混凝土的搅拌。

### (二)混凝土搅拌运输车

混凝土搅拌运输车是搅拌与运输合一的混凝土施工机械，适用于大中型公路工程机械化

图 6-18 混凝土搅拌运输车

施工(图 6-18)。其形式有自行式和拖式，自行式常见的有飞轮取力式、前端取力式、单独驱动式、前端卸料式、皮带输送机式、自行上料装置式、臂架混凝土泵式、拌筒倾翻机构式等。

搅拌运输车不同于散装水泥车，散装水泥车是专为散装水泥而设计制造和改装的专用汽车。气卸散装水泥车是目前应用最广泛的一种散装水泥运输车辆。它通过气压力将水泥等粉状的灰料，送至一定高度或水平距离，卸料后的剩余料很少。利用气卸散装水泥车运输水泥不仅节约水泥包装费，减少场外运输损耗，避免环境污染，而且送至目的地后，还可将水泥直接快速地泵入混凝土搅拌站的水泥仓中，既省时又省力。

混凝土搅拌运输车短距离运输时，只作为运输工具使用，即将搅拌好的混凝土直接送至工地，仅作防止凝固、离析的轻微转动。混凝土搅拌运输车长距离运输时，发挥搅拌及运输的双重作用。在供应基地将干料(砂、碎石、水泥)按配合比装入搅拌鼓筒内，并将水注入配水箱。运输中在抵达现场 10 ~ 15min 时，由驾驶员启动搅拌鼓筒回转，并向鼓筒内注入定量的水，运至工地现场即可卸除。

### (三)混凝土输送泵

混凝土输送泵按形式有固定式、拖式(图 6-19)、车载式(图 6-20)三种，是输送混凝土的专用设备。它配有特殊管道，可以将混凝土输送到一定水平距离和高度，沿水平方向可运达 200 ~ 700m，沿垂直方向可运达 115m，如果运输距离很长，可串接两个或更多的混凝土输送泵进行多级泵送。其特点是运输工效高，可沿水平与垂直方向连续将混凝土送至浇注地点，占地面积小，不受运输地形的影响，在输送过程中能保持混凝土原有的均匀性与塑性。但由于混凝土输送泵的进出料口及管道的直径较小，对骨料粒径的大小要求较严，不宜使用过大粒径的骨料；混凝土的配合比受限制，不能输送干硬性混凝土。混凝土输送泵停机时要及时清除管道及机内积存的混凝土，以免堵塞管道及泵体。混凝土输送泵主要性能指标见表 6-13。

图 6-19 拖式混凝土输送泵

图 6-20 车载式混凝土输送泵

混凝土输送泵主要性能表 表6-13

| 项　目 | | | HB8 | ZH05 | IPF—185B | DC—S115B | IPF—75B |
|---|---|---|---|---|---|---|---|
| 形式 | | | | | 360°全回转三段液压折叠式 | 360°全回转全液压垂直三级伸缩 | 360°全回转全液压三级伸缩 |
| 最大输送量($m^3$/h) | | | 8 | 6~8 | 10~85 | 70 | 10~75 |
| 最大输送距离(m)(水平×垂直) | 输送管径 | φ100 | | | | 270×70 | 250×55 |
| | | φ125 | | | 520×110 | 420×100 | 410×80 |
| | | φ150 | 200×30 | 250×40 | | 530×110 | 600×95 |
| 粗集料的最大尺寸(cm) | 输送管径 | φ100 | | | | 25 | 25(砾石30) |
| | | φ125 | | | 40 | 40 | 30(砾石40) |
| | | φ150 | 40(卵石50) | 50 | | 40 | 40(砾石50) |
| 混凝土坍落度允许范围(cm) | | | 0.6~0.9 | 0.5~1.5 | 0.5~2.3 | 0.5~2.3 | 0.5~2.3 |
| 常用泵送压力(MPa) | | | | | 4.71 | | 3.87 |
| 布料杆工作半径(m) | 输送管径 | φ100 | | | | 17.7 | 17.4 |
| | | φ125 | | | 17.4 | 15.8 | 16.5 |
| 布料杆离地高度(m) | 输送管径 | φ100 | | | | 21.2 | 20.7 |
| | | φ125 | | | 20.7 | 19.3 | 19.3 |
| 外形尺寸(长×宽×高)(mm) | | | | | 9 000×2 485×3 280 | 8 840×4 900×3 400 | 9 470×2 450×3 230 |
| 质量(t) | | | | | | 15.35 | 15.46 |
| 产地 | | | | | 湖北建筑机械厂 | 日本三菱 | 日本石川岛 |

## 五、桥梁工程机械

1. 桩工机械

公路桥梁桩基础施工方法主要有预制桩施工和灌注桩施工两种,因而,桩工机械也可以分为预制桩施工机械和灌注桩施工机械。预制桩施工机械主要有打桩机、振动沉拔桩机、静力压桩机(图6-21)。灌注桩施工机械主要有冲击钻机、冲抓钻机、旋挖钻、正反循环钻(图6-22)等。

打桩机靠桩锤冲击桩头,使桩在冲击力的作用下贯入土中,由桩锤和桩架组成,根据桩锤驱动方式不同分为蒸汽打桩机、柴油打桩机、液压打桩机。振动沉拔桩机由振动桩锤利用机械振动法使桩沉入或拔出,由振动桩锤和桩架组成。静力压桩机采用机械或液压方式产生静压力,使桩在持续静压力作用下压入至所需深度。

冲击钻机利用钻机的曲柄连杆机构,将动力的回转运动改变为往复运动,通过钢丝绳带动冲锤上下运动。通过冲锤自由下落的冲击作用,将卵石或岩石破碎,钻渣随泥浆(或用掏渣筒)排出。适用于黏性土、砂土、砾石、卵石、较软岩石。冲锤有一字形、人字形和十字形几种;冲抓钻机靠冲抓钻头的自重向孔底进行冲击,靠张开的叶片插入孔底地层,四个叶片闭合完成挖取沙土,然后整个钻头由孔下提上来。叶片的开闭是通过自动开闭机构完成的,钻头的挂卸是由自动挂卸器完成的。适用于淤泥、腐殖土、密实黏土、砂土、卵石等地质条件。旋挖钻是通过桶状钻头旋转钻进实现成孔功能的,旋挖钻机的额定功率一般为125~450kW,动力输出扭矩为 120 ~ 400kN · m，最大成孔直径可达 1.5 ~ 4m，最大成孔深度为 60 ~ 90m。根据功率的大小分为小型机、中型机和大型机三种，主要适用于砂土、黏性土、粉质土等土层。正反循环钻机也叫旋转钻机式，其利用旋转的工作装置切下土壤，使之混入泥浆中排出孔外。根据排出泥浆和钻渣方式的不同，分为正循环和反循环两类。

a)

b)

c)

图 6-21　预制桩施工机械

a) 打桩机；b) 振动沉拔桩机；c) 静力压桩机

a)

b)

c)

图 6-22　灌注桩施工机械

钻机选择原则：根据所钻孔位的地质（土及土层结构）情况结合钻机的适用能力进行钻机类型选择。钻机型号应根据设计钻孔的直径和深度结合钻机钻孔能力而定。钻机生产率应符合工程进度要求，在保证工程质量和进度的前提下，生产率不宜过大。为便于管理，配备两台以上钻机时尽可能统一其型号规格。根据施工需要也可配不同型号规格的钻机。

2. 架设机械

公路桥梁预制梁板架设施工常用的机械有起重机、架桥机以及为完成大跨径拱桥和悬索桥施工而开发的缆索吊装系统。

起重机械根据构造和性能的不同,可分为轻小型起重设备(如千斤顶、气动葫芦、滑车、卷扬机等)、桥式类型起重机(如梁(桥)式起重机、龙门式起重机等)、臂架类型起重机(如固定式回转起重机、塔式起重机、自行式动臂起重机)。

自行式动臂起重机是公路工程中最常用的起重设备之一,根据行走装置的不同分为汽车起重机(图6-23)、轮胎起重机、履带起重机。汽车式起重机机动灵活、行驶速度大,可快速转移,制造容易且较经济,但是车身较长,转弯半径大。轮胎式起重机轴距、轮距及外形尺寸可合理布置。履带式起重机的履带对地面的平均比压小,恶劣地面上作业性能优良,爬坡能力强,牵引性能好,能带载行驶,但是质量大,速度低(1~5km/h)且易破坏公路路面。

架桥机是将桥梁预制钢筋混凝土(或预应力混凝土)梁片(或梁段)吊装到桥梁支座上的专用施工机械。主要由主梁、导梁、吊梁天车、支腿、液压系统、行走系统组成。根据导梁个数不同分为单导梁和双导梁两种,根据导梁的位置不同分为上导梁和下导梁两种(图6-24)。

图6-23 汽车起重机

图6-24 下导梁架桥机

## 六、水平运输机械和装载机械

水平运输机械包括载重汽车、自卸汽车、平板拖车、运油加油汽车、洒水汽车及各种拖拉机等。装载机械主要有装载机和叉车。现主要介绍自卸汽车和装载机。

1. 自卸汽车

自卸汽车车身坚固,机动性能和越野性能良好,爬坡能力强,它装有金属车箱,在举升设备的顶推作用下,可将箱载的物料按一定倾斜角度进行卸货,卸载迅速,在公路建设中被普遍使用。公路工程建设中一般使用中型(4~8t)、重型(9~20t)、超重型(大于20t)自卸汽车。其中后倾斜式自卸车(俗称汽车翻斗车)、中型自卸车采用汽油发动机,重型自卸车采用柴油发动机。

自卸车应与土石方机械配套使用,如与装载机、挖掘机的配合。使用时应注意以下事项:

(1)自卸汽车的车箱容积(或吨位)与装载机械的容量配套。自卸车的车箱容积总和为装载机械容积的2~4倍为宜,但具体配置还受运距长短的影响。

(2)根据地形及路况,合理选择车型。道路条件好的平原地区和施工场地开阔的山区,可以选用中型或重型自卸车；山区、峡谷、河床宜选用中型自卸车。另外，从技术管理、物资供应、设备维修和技术培训等方面考虑，选用的车辆型号越少越好。

（3）根据工程量的大小、工期和施工进度、运距远近等确定自卸车的数量。从机械化施工的合理配套考虑，应充分发挥挖掘（或装载）机械的效能，一般以每台装载机前有1～2辆自卸车待装为佳。

（4）选择时应充分考虑到各种自卸车的优缺点。轻型车在养护工程中用得较多；中型自卸车除进行短途运输外，还可长途运输，广泛应用于中等规模的工程中；重型自卸车的生产率比中型、轻型自卸车的高，在大规模的工程中使用效益显著。

2. 装载机

装载机是广泛用于公路、铁路、矿山、建筑、水利、港口等工程的土方施工机械。它的主要功能有：铲、装、卸、运土与砂石一类散状物料；对岩石、硬土进行轻度铲掘作业；更换工作装置，还可进行推土、起重、装卸其他物料的工作。在公路，特别是高速公路施工中，它主要用于路基工程的填挖、料场装料等作业。

按行走装置的不同，装载机分为轮胎式装载机（图6-25）和履带式装载机（图6-26）两种。按传动方式分为机械传动、液压传动和电力传动三种。按发动机功率分为小型（功率 < 74kW）、中型（功率74～147kW）、大型（功率147～515kW）、特大型（功率 > 515kW）四种。按装载方式分为前卸式、后卸式、侧卸式和回转式四种。

图6-25　轮胎式装载机

图6-26　履带式装载机

在公路工程机械施工中还有一些机械，如起重机、架桥机、龙门架、卷扬机、打拔桩机、钻孔机械、水泵、金属加工机械，还有土、木、石加工机械、动力机械以及工程船舶等，在此就不作详细介绍。

## 第四节　施工机械的合理选择与组合

施工机械种类、规格繁多，各种机械都有着自身独特的技术性能和作业范围，一种机械可能有多种用途，而某一施工内容往往可以采用不同机械去完成，或者需要若干机种联合工作。

为了获得最佳的技术经济效果，根据具体的施工条件，对施工机械进行合理的选择和组合，使其发挥尽可能大的效能，是机械化施工组织设计中一个非常重要的环节。

## 一、选择施工机械的原则

工程量和施工进度是合理选择机械的重要依据。为了保证施工进度和提高经济效益，工程量大时采用大型机械，而工程量小时则采用中型、小型机械。但这不是绝对的，因为影响机械施工的因素是多方面的。

例如，一项大的工程，由于受道路、桥梁等条件的限制，大型机械不易通过，如果为了运输问题而再修道路、桥梁，这是很不经济的；考虑使用较小型的机械进行施工，则更为合理。因此，选择施工机械时应遵循下述原则。

1. 保证工程质量要求

根据工程的技术要求，选择合适的施工机械是保证工程质量的重要因素之一。对于技术要求高的作业项目，应考虑采用性能优良或专用的机械，以保证工程质量和较高的生产率。但应注意不可片面追求高性能专用机械，应在满足工程质量要求的前提下，与机械的通用性相结合。

2. 安全性

在工程施工中，机械应具有可靠的安全性能，如行驶稳定，有翻车或落体保护装置，防尘隔音，危险施工项目可遥控作业等。此外，在保证施工人员、设备安全的同时，应注意保护自然环境。施工现场及其附近已有的其他建筑设施，不应因采用机械施工而受到破坏。

3. 经济性

施工机械经济性选择的基础是施工单价，施工单价和机械固定资产消耗及运行费用等因素有关。固定资产消耗包括折旧费、大修费和投资利息等，与施工机械的投资成正比；机械运行费用包括劳动工资、直接材料费、燃料费、润滑材料费、劳保设施费等，与已完成施工量成正比。采用大型机械进行施工，虽然一次性投资大，但它可以分摊到较大的工程量当中，对工程成本影响较小。因此在选择机械时，必须权衡工程量与机械费用的关系，同时要考虑机械的先进性和可靠性，这是影响经济效益的重要因素。采用先进的机械设备，由于其技术性能优良、构造简易、易于操作，故障与维修费大大降低，但是其设备可能昂贵，因此需要根据具体工程综合考虑多种因素后确定。

4. 适应性

路基工程施工范围广泛，施工条件千变万化，选用的施工机械：一方面其类型应适合于工地的气候、地形、土质、施工场地大小、运输距离、施工断面形状尺寸、工程质量要求等；另一方面，机械的容量要与工程进度及工程量任务相符合，尽量避免因机械工作能力不足或剩余，造成延缓工期或机械利用效率太低的现象。在条件允许的情况下，尽量选择最能满足施工内容的机种和机型。

5. 合理组合

合理地进行机械组合是发挥机械设备效能的重要因素，也是机械化施工的一个基本要求，它包括技术性能和机械类型及其数量两个方面合理配置的问题。

(1)主要机械与配套机械的组合。与主要机械相配套的机械,其工作容量、数量及生产率应稍有储备,以充分发挥主要机械的生产率。例如,挖掘机与运输车辆配合作业时,挖掘机的铲土容量与运输车车箱容量应协调,一般以挖掘机3~5斗能装满运土车车箱为宜,以保证作业的连续性。

(2)牵引车与配套机具的组合。路基施工中,经常会有些辅助性机具或拖式机械没有独立的动力行走装置,需要配以牵引车。这时,辅助性机具或拖式机械和牵引车的配合要协调、平衡,应避免动力剩余过大,造成浪费,或动力不够而不能完成要求的作业。

(3)配合作业机械组合数尽量少。组合数越多,其总效率就越低,例如,两台效率均为0.9的机械组合时,其总效率只有:0.9×0.9=0.81,而且每一组合中,当其中一台发生故障停车时,组合中的其他机械便无法正常工作。因此,在能完成作业内容的前提下,应尽量减少机械组合的数量。

为了避免上述不利情况的发生,应尽可能地进行多个系列的组合,并列施工,从而减少因组合中一台机械停驶而造成全面停工的现象,减少配合机械工作能力的损失。

(4)尽量选用系列产品。整个机械化施工中,应减少同一功能机械的品种类型,力求尽可能使用统一、标准化的系列产品,以便于维修和管理。

除此之外,施工单位要结合机械装置情况及机械完好率、新购机械的性能等具体实际情况,对机械进行选择和组合。应因地制宜,机械化、半机械化相结合,确实做到技术上合理和经济上有利,达到两方面的有机统一。

## 二、施工机械选择方法

在公路工程施工中,选择机械时有各种各样的考虑。根据机械的技术性能,针对各项作业的具体情况,可从下述几个方面出发,合理地选择机械。

1. 根据作业内容选择

路基工程施工作业包括土石方挖掘、装载、运输、填筑、压实、整形及挖沟等基本作业,以及伐树除根、松土、爆破、表层清理和处置等辅助性作业,每种作业都由相应的施工机械完成。表6-14列出各项作业内容可选择机械的种类,仅供参考。

不同作业内容的施工机械选择　　表6-14

| 工程类别 | 作业内容 | 选择的机械设备 |
|---|---|---|
| 准备工作 | 1. 清基(树丛、草皮、淤泥、黑土、岩基、冰雪等清除)和料场准备;<br>2. 松土、破冻土(0.2m) | 伐木机、履带式拖拉机和推土机、挖掘机、装载机、水泵、高压水泵、松土器、大犁、平地机 |
| 土方开挖 | 1. 底宽>2.5m的河渠、基坑、池塘、港口、码头、采土场等;<br>2. 小型沟渠和基坑 | 推土机、铲土机、挖掘机、装载机、冲泥机、吸泥机、开挖机、清淤机 |
| 石方开挖 | 1. 砾石开采;<br>2. 岩石开采;<br>3. 石料破碎 | 挖掘机、推土机;<br>移动式空气压缩机、凿岩机、挖掘机、推土机、爆破设备等;<br>破碎机、筛分机 |

续上表

| 工程类别 | 作业内容 | 选择的机械设备 |
|---|---|---|
| 冻土开挖 | 河渠、基坑、池塘、港口、码头 | 推土机、冻土犁、冻土锯、冻土钻、冻土铲 |
| 土石填筑 | 1. 大中小型堤坝、高质量路基、场地、台阶等；<br>2. 小型堤坝、路基、梯田、台阶 | 推土机、铲运机、羊足碾、压路机；<br>夯板碾压机、洒水车、平地机、推土机、铲运机、大犁 |
| 运输 | 1. 机械设备调运；<br>2. 土石运输 | 火车、轮船、载货汽车、汽车、起重机；<br>推土机、铲运机、装载机、汽车 |
| 整形 | 1. 削坡；<br>2. 平整 | 平地机、大犁、推土机、铲运机、挖掘机；<br>平地机、推土机、铲运机、大犁 |

实践表明，对于中小型工程，选择通用性较好的机械较为经济合理；而大型工程，应当根据作业内容进行选择，才能获得最佳的技术经济指标。具体选择时，首先选定作业的主要机械，再根据其生产能力、工作参数及施工条件选择辅助机械，以保证工程连续均衡地开展。

2. 根据土质条件选择

土、石是机械施工的主要对象，其性质和状态直接影响施工机械作业的质量、工效及成本等，因此，土质条件是选择机械的一个重要依据。

(1)根据机械通行性决定

所谓通行性是用以表示车辆，特别是工程车辆在土质等条件限制下，在工地行驶的可能程度。

(2)根据土质的工程特性选择

土质条件不仅对机械的通行性有影响，而且也左右着机械进行各种施工作业的可能性和难易程度。工程特性不同的土质，施工时应选择不同的机械。

为了便于选择施工机械，我们称较为干燥的黏土、砂石、砂粒石、软石、块石和岩石等为硬土；称淤泥、流沙、沼泽土和湿陷性大的黄土、黑土及软弱黏土(含水率较大)等为软土。硬土开挖、运输、压实时，机械选择见表6-15；软土开挖机械的选择见表6-16；各种土的压实机械选择可参考表6-17。

**硬土开挖和运输机械的选择** 表6-15

| 土质 | 施工机械 | | | | | | | | | | |
|---|---|---|---|---|---|---|---|---|---|---|---|
| | 推土机 | 铲运机 | 正铲挖掘机 | 反铲挖掘机 | 装载机 | 松土器 | 开沟机 | 平地机 | 自卸汽车 | 底卸汽车 | 钻孔机 | 凿岩机 |
| 黏土和壤土 | √ | △ | √ | √ | √ | √ | √ | √ | √ | √ | | |
| 砂土 | √ | √ | √ | √ | √ | √ | √ | √ | √ | √ | | |
| 砂砾石 | √ | × | √ | √ | √ | × | △ | △ | √ | △ | | |
| 软岩和块岩 | △ | × | √ | △ | △ | × | × | × | √ | × | √ | √ |
| 岩石 | × | × | × | × | △ | × | × | × | √ | | √ | √ |

注：√-适用；△-尚可用；×-不可用。

软土开挖机械选择 表6-16

<table>
<tr><th rowspan="3">水分状况</th><th colspan="6">施工机械</th></tr>
<tr><th rowspan="2">通用推土机</th><th colspan="3">低比压推土机接地相对压强(kPa)</th><th rowspan="2">水陆两用挖掘机</th><th rowspan="2">挖泥船</th></tr>
<tr><th>19.6~29.4</th><th>11.8~19.6</th><th><11.8</th></tr>
<tr><td>湿地</td><td>△</td><td>√</td><td>√</td><td>√</td><td>√</td><td>×</td></tr>
<tr><td>轻沼泽地</td><td>×</td><td>√</td><td>√</td><td>√</td><td>√</td><td>×</td></tr>
<tr><td>重沼泽地</td><td>×</td><td>×</td><td>△</td><td>√</td><td>√</td><td>△</td></tr>
<tr><td>水下泥地</td><td>×</td><td>×</td><td>×</td><td>√</td><td>√</td><td>√</td></tr>
</table>

注：√-适用；△-尚可用；×-不可用。

不同土质压实机械的适用性 表6-17

<table>
<tr><th rowspan="2">机械名称</th><th colspan="9">土质名称</th></tr>
<tr><th>块石、圆石、砾石</th><th>砾石土</th><th>砂</th><th>砂质土</th><th>黏土、黏性土</th><th>混杂砂石的黏土、黏性土</th><th>非常软的黏土、黏性土</th><th>非常硬的黏性土</th><th>备注</th></tr>
<tr><td>静力式压路机</td><td>B</td><td>A</td><td>A</td><td>A</td><td>B</td><td>B</td><td>C</td><td>C</td><td>用于路基、路面</td></tr>
<tr><td>自行式轮胎压路机</td><td>B</td><td>A</td><td>A</td><td>A</td><td>A</td><td>A</td><td>C</td><td>B</td><td>最经常使用</td></tr>
<tr><td>牵引式轮胎压路机</td><td>B</td><td>A</td><td>A</td><td>A</td><td>A</td><td>A</td><td>C</td><td>B</td><td>用于坡面，坡长5~6m时最有效率</td></tr>
<tr><td>振动式压路机</td><td>A</td><td>A</td><td>A</td><td>A</td><td>C</td><td>B</td><td>C</td><td>C</td><td>用于路基基层</td></tr>
<tr><td>夯实机</td><td>A</td><td>A</td><td>A</td><td>A</td><td>C</td><td>B</td><td>C</td><td>C</td><td>用于狭窄地点的碾压作业</td></tr>
<tr><td>夯锤</td><td>B</td><td>A</td><td>A</td><td>A</td><td>B</td><td>B</td><td>C</td><td>C</td><td>用于狭窄地点的碾压作业</td></tr>
<tr><td>推土机</td><td>A</td><td>A</td><td>A</td><td>A</td><td>B</td><td>B</td><td>C</td><td>A</td><td>用于摊平作业</td></tr>
<tr><td>沼泽地区推土机</td><td>C</td><td>C</td><td>C</td><td>C</td><td>B</td><td>B</td><td>A</td><td>C</td><td>用于含水率高的土</td></tr>
</table>

注：A-适用；B-可用；C-不适合使用。

### 3. 根据运距选择

根据运距选择机械，主要针对铲土运输机械而言，考虑土的状态、性质及工程规模，结合现场条件，可参考表6-18和图6-27选用机械施工。

施工机械经济运距(单位:m)　　表 6-18

| 施工机械 | 履带推土机 | 履带装载机 | 轮胎装载机 | 拖式装载机 | 自引式铲运机 | 轮式拖车 | 自卸汽车 |
|---|---|---|---|---|---|---|---|
| 经济运距 | <80 | <100 | <150 | 100~500 | 200~1 000 | >2 000 | >2 000 |
| 道路条件 | 土路不平 | 土路不平 | 土路不平 | 土路不平 | 土路不平 | 土路不平 | 土路不平 |

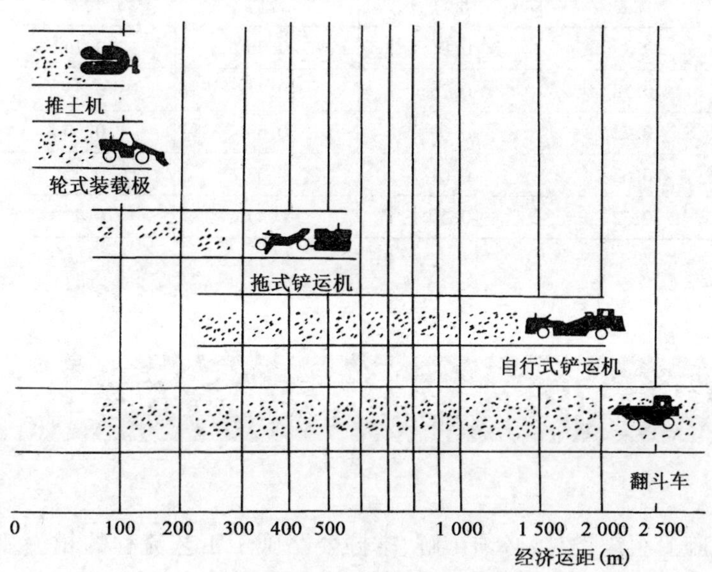


图 6-27　各种机械经济运距示意图

4. 根据气象条件选择

气象条件也是影响机械施工的因素之一,如雨季、冬季施工时,应特别加以考虑。

雨或积雪融水会直接影响土的状态,从而导致机械通行性下降,工作环境变差。我国大部分地区都有程度不同的连续降雨天气,即雨季。在此期间,如不停工就不得不考虑使用效率差的履带式机械代替干燥条件下机动灵活、效率较高的轮胎式机械进行作业。

5. 冬季施工使用的机械

冬季施工所使用的机械,应考虑进行冻土开挖、填筑、碾压等作业时,机械施工能否达到规定的技术要求;同时,应选用与破碎冻土等特殊作业相适应的机械,如松土器、冻土犁等。选择合适的施工机械,还要考虑与工程间接有关的条件,比如对较大的单位来说,同时可能承担几个不同的施工任务,这时应考虑机械设备相互之间的协调与配合。此外,诸如电力、燃料、润滑材料的供应,机械维修与管理,机械的迁移等,都对选择机械有一定的制约。要综合分析,抓住主要矛盾,选择经济适用的机械。

6. 作业效率

在计算施工机械生产率时,一般都是在假定的标准工作条件下进行的,但实际工程施工中,各种条件是千变万化的,那么,在特定的施工条件下,机械的工作能力(生产率),应是在计入作业效率后确定的。

对于不同的机械，在相同条件下，作业效率是不相同的，准确地计算出作业效率是困难的，表6-19是在不同作业条件和机械技术状况下作业效率的参考值。

施工机械作业效率参考值　　表6-19

| 作业条件 | 机械技术状况 | | | | |
|---|---|---|---|---|---|
| | 优秀 | 良好 | 普通 | 较差 | 很差 |
| 优秀 | 0.83 | 0.81 | 0.76 | 0.70 | 0.63 |
| 良好 | 0.78 | 0.75 | 0.71 | 0.65 | 0.60 |
| 普通 | 0.72 | 0.69 | 0.65 | 0.60 | 0.54 |
| 较差 | 0.63 | 0.61 | 0.57 | 0.52 | 0.45 |
| 很差 | 0.52 | 0.50 | 0.47 | 0.42 | 0.32 |

# 第五节 机械化施工组织设计

要进行机械化施工组织设计，必须了解、掌握公路施工工艺流程的相关知识，为便于学生学习，此处列出公路施工流程部分框图，见图6-28～图6-47。

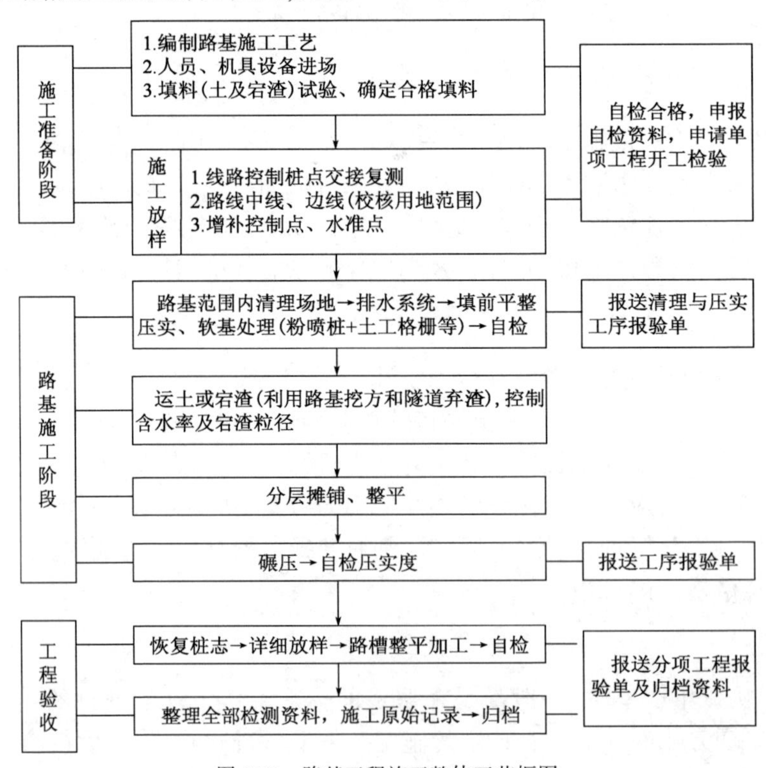


图6-28　路基工程施工整体工艺框图

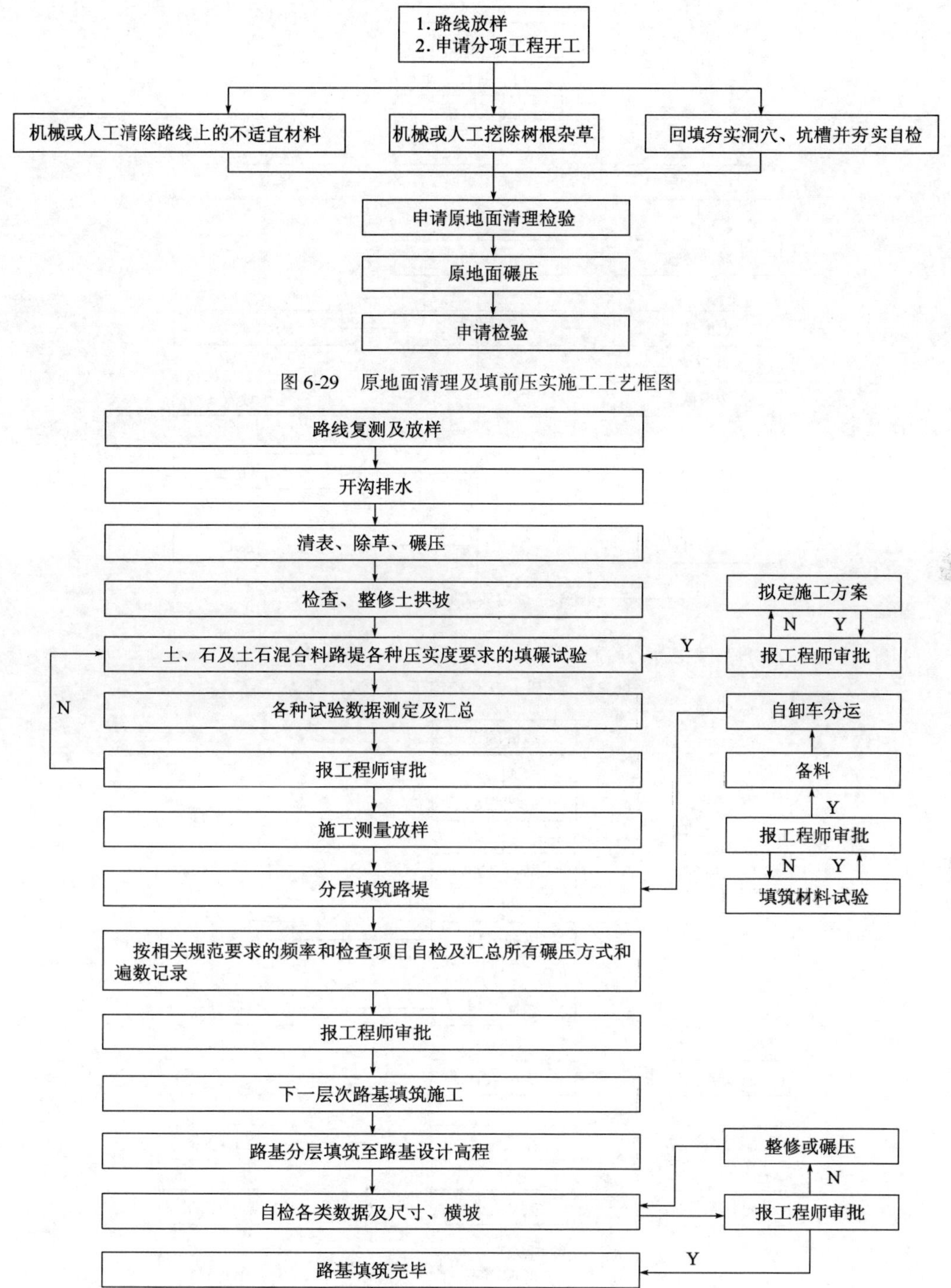


图 6-29　原地面清理及填前压实施工工艺框图

说明：填筑前规划好作业程序和机械作业路线，进行全断面机械化联合施工。每层碾压完毕，立即报验。检验合格后并及时反馈，才能进行下一层施工。

图 6-30　路基填筑施工工艺流程图

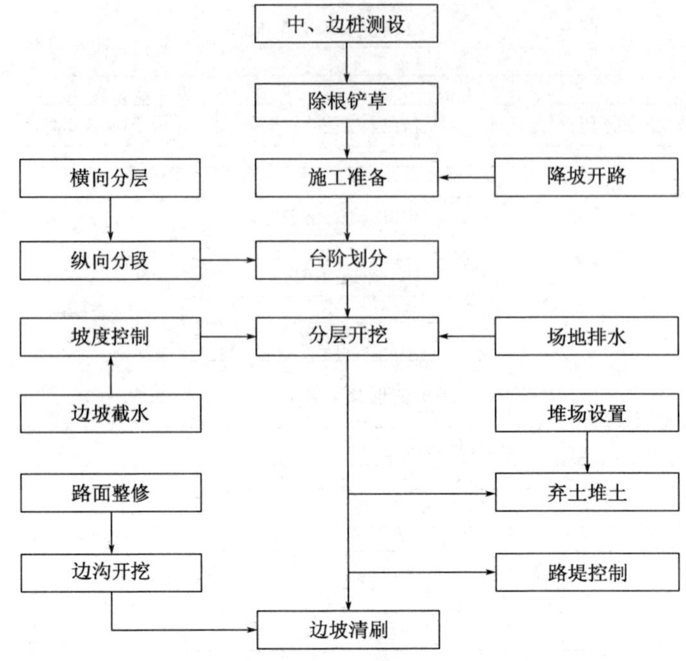


说明：采用机械开挖、分段分层开挖法进行施工。

图 6-31　路基土方开挖施工工艺流程图

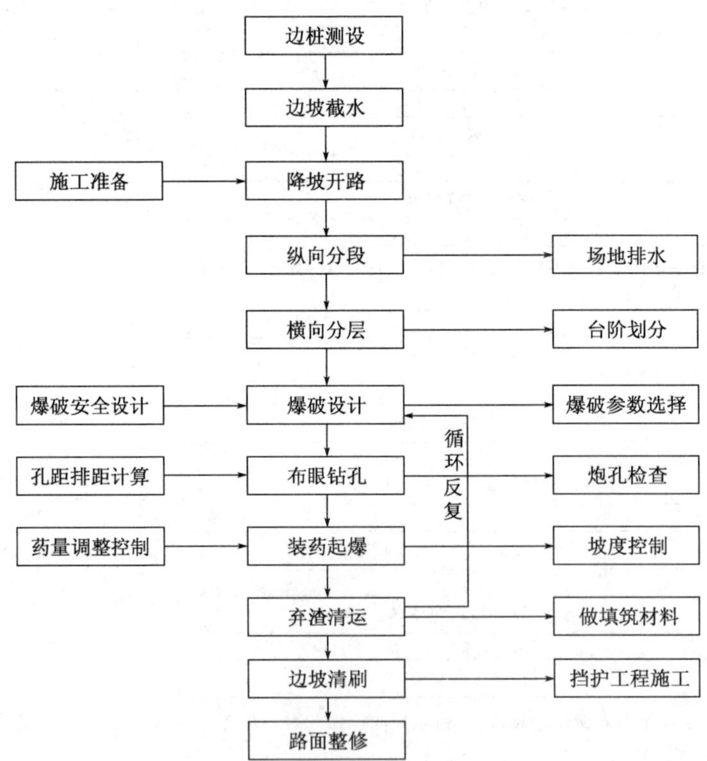


图 6-32　路基石方开挖施工工艺框图

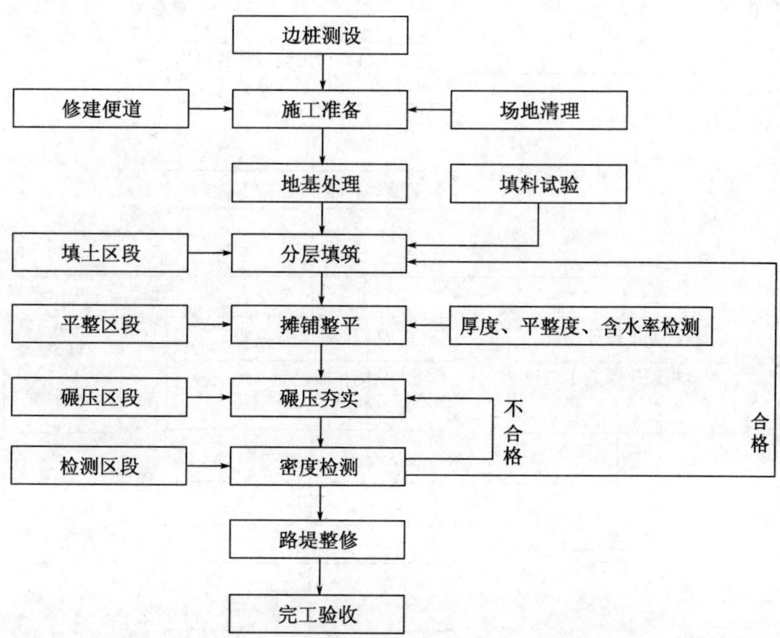


图 6-33　填土路基施工工艺框图

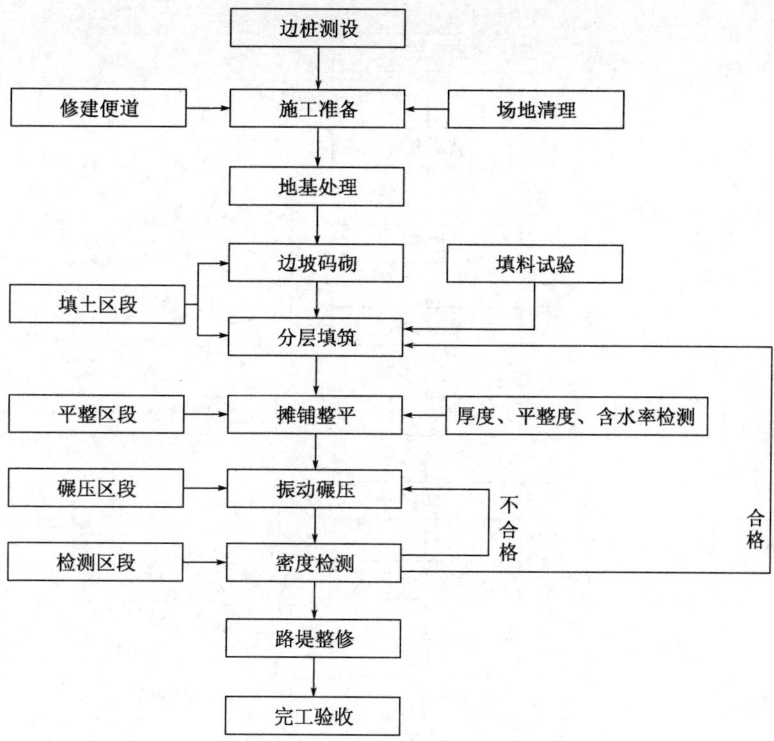


图 6-34　填石路基施工工艺框图

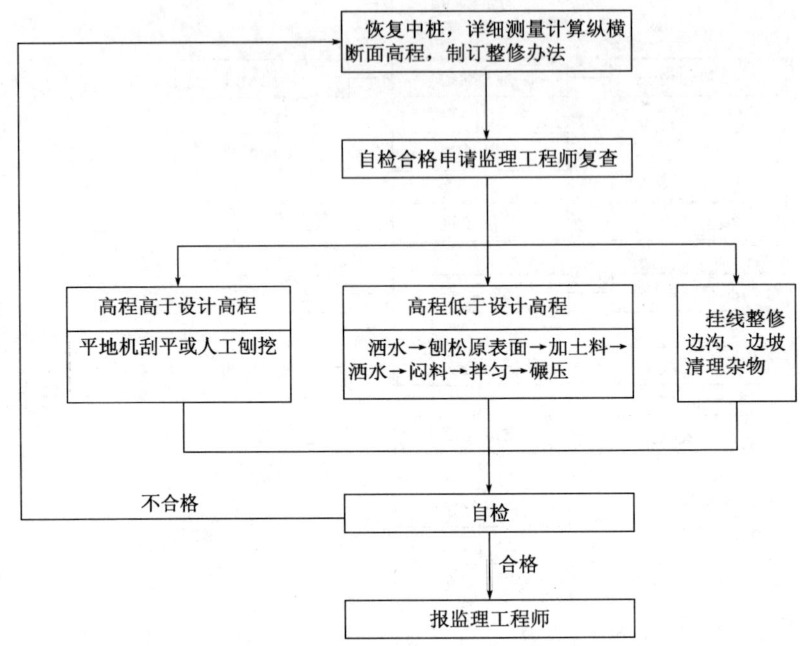


图 6-35　路基整修施工工艺框图

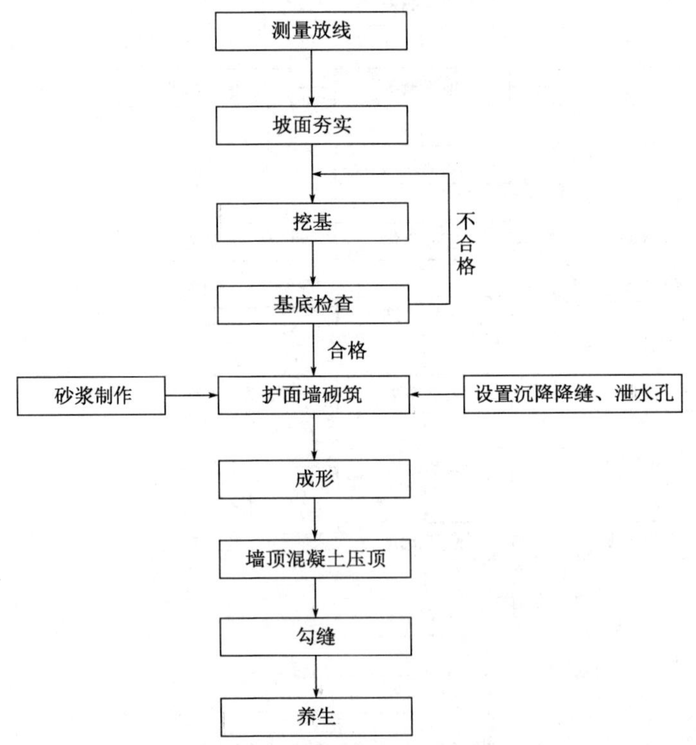


图 6-36　挡土墙施工工艺框图

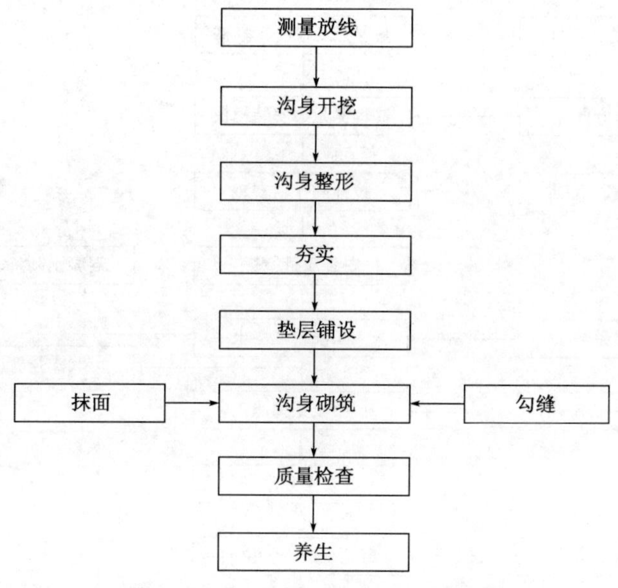


图 6-37 路基排水工程施工工艺框图

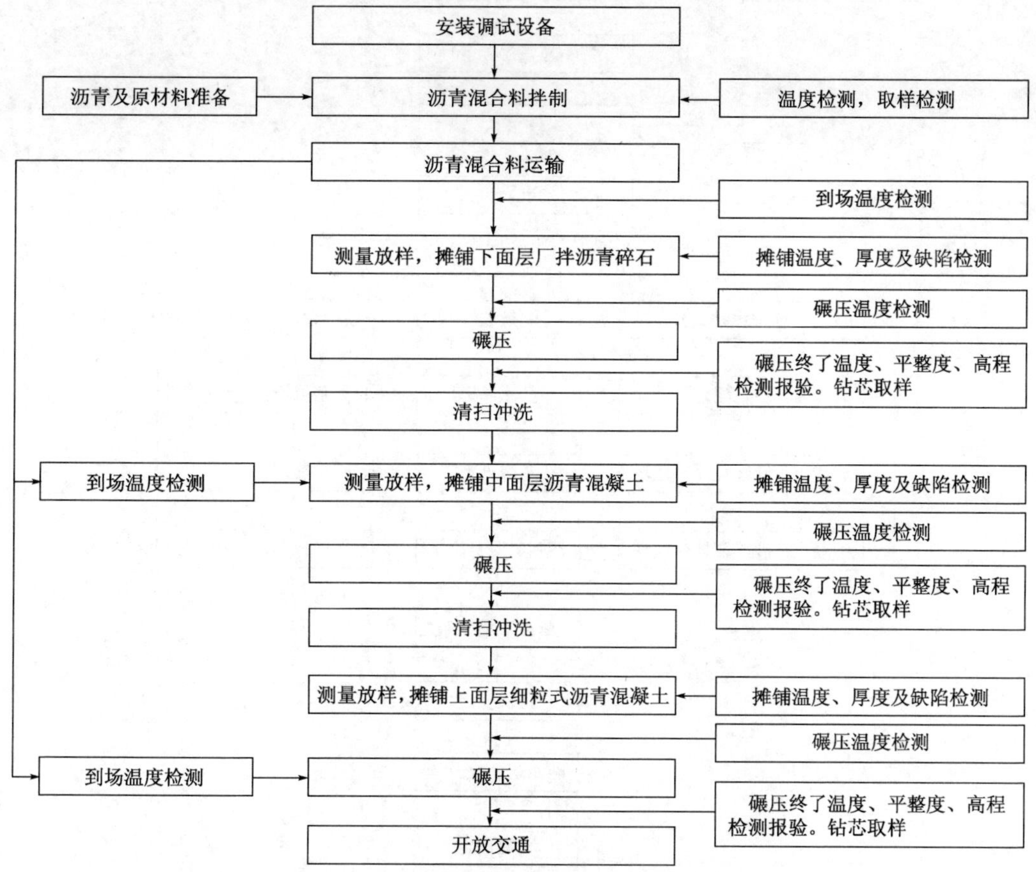


图 6-38 沥青混凝土路面施工工艺框图

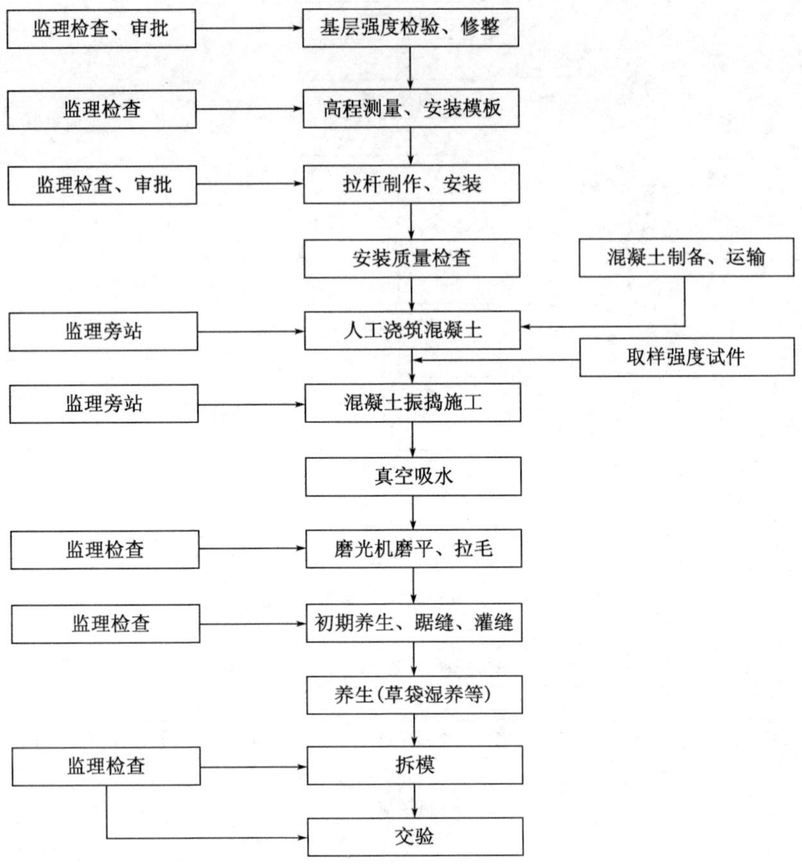


图 6-39　水泥混凝土路面施工工艺框图

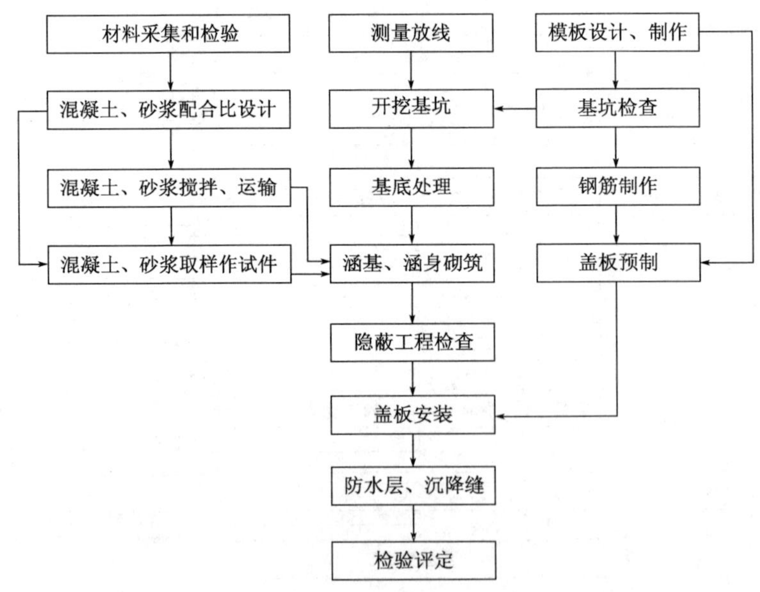


图 6-40　盖板涵（通道）施工工艺框图

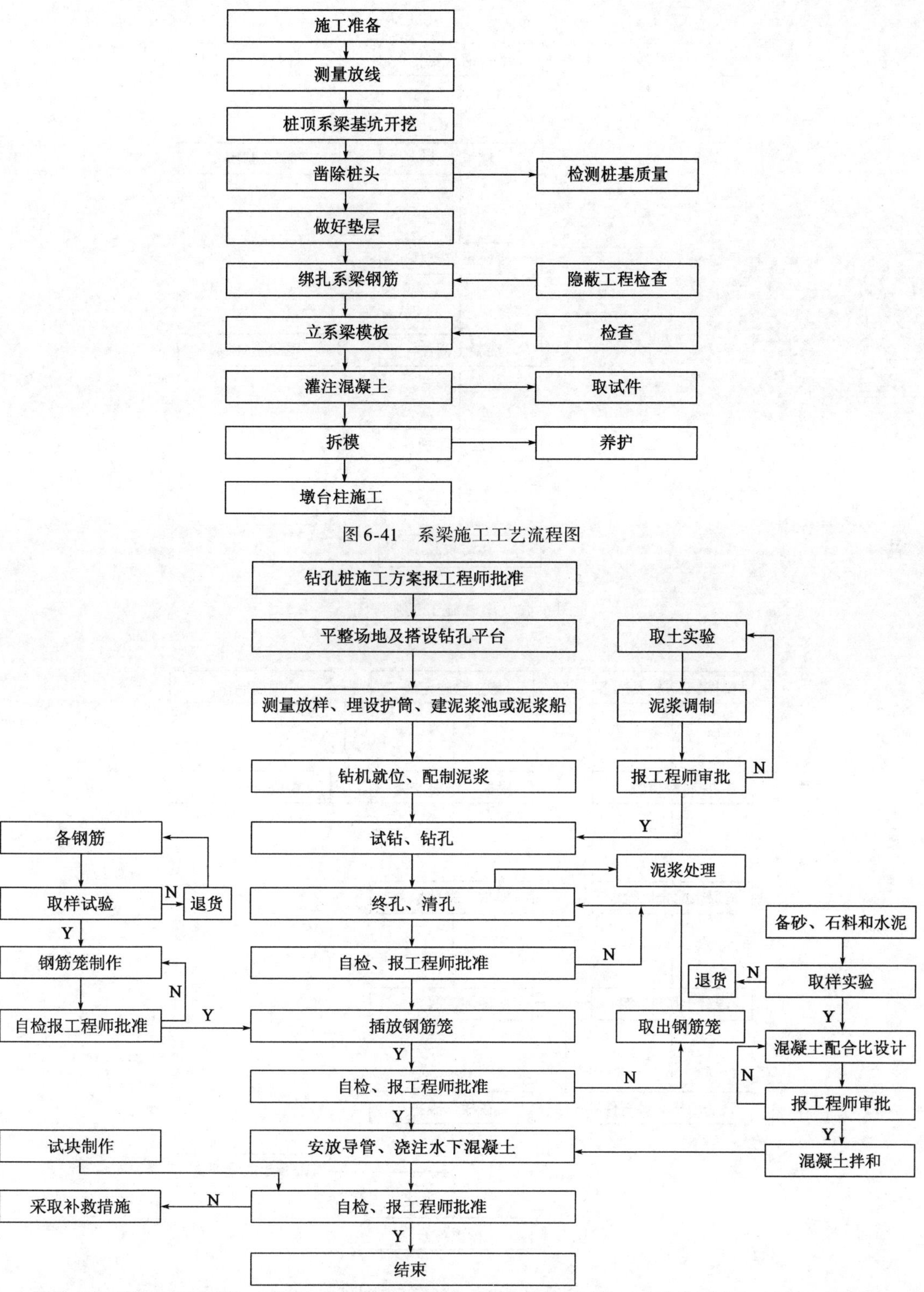


图6-41　系梁施工工艺流程图



说明：根据设计图纸钻孔定位，安设钻机进行钻孔作业，清孔，安放钢筋笼，下导管，二次清孔，灌注水下混凝土，凿除桩头。

图6-42　钻孔灌注桩施工工艺框图

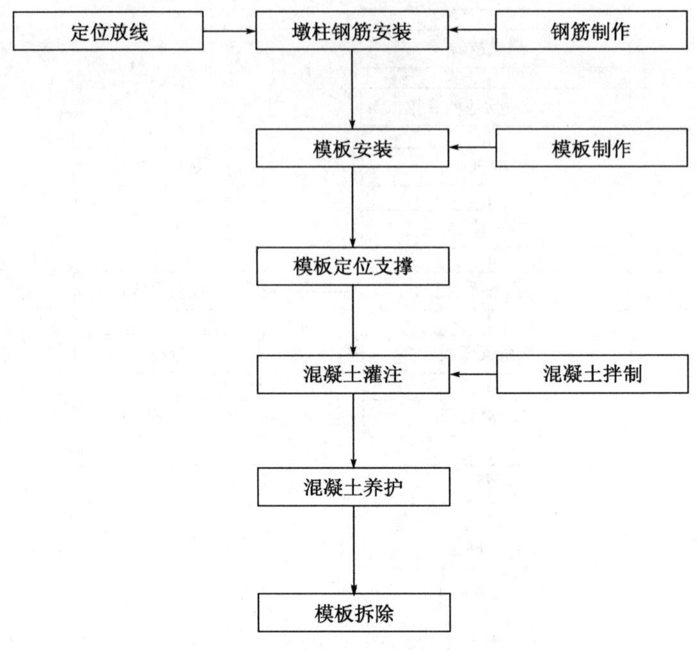


图 6-43　墩柱施工工艺框图

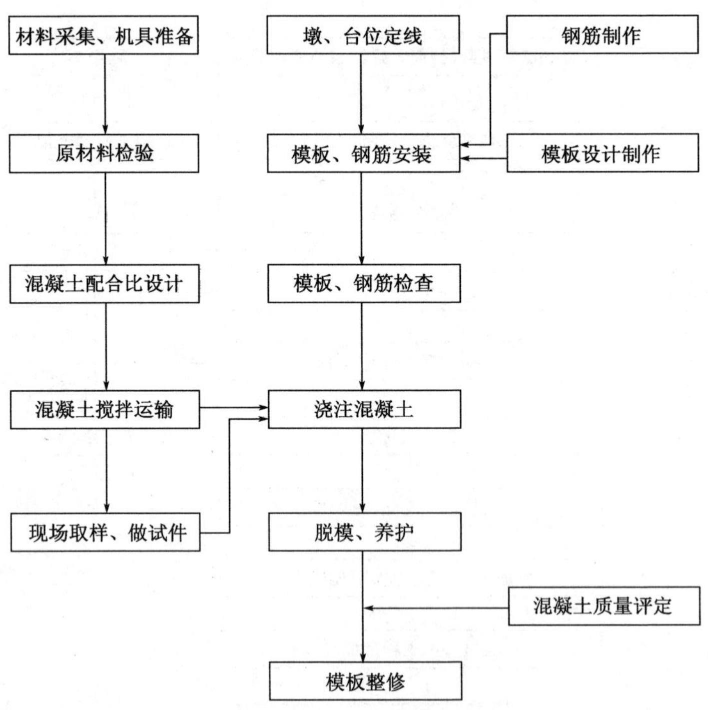


图 6-44　墩台身施工工艺框图

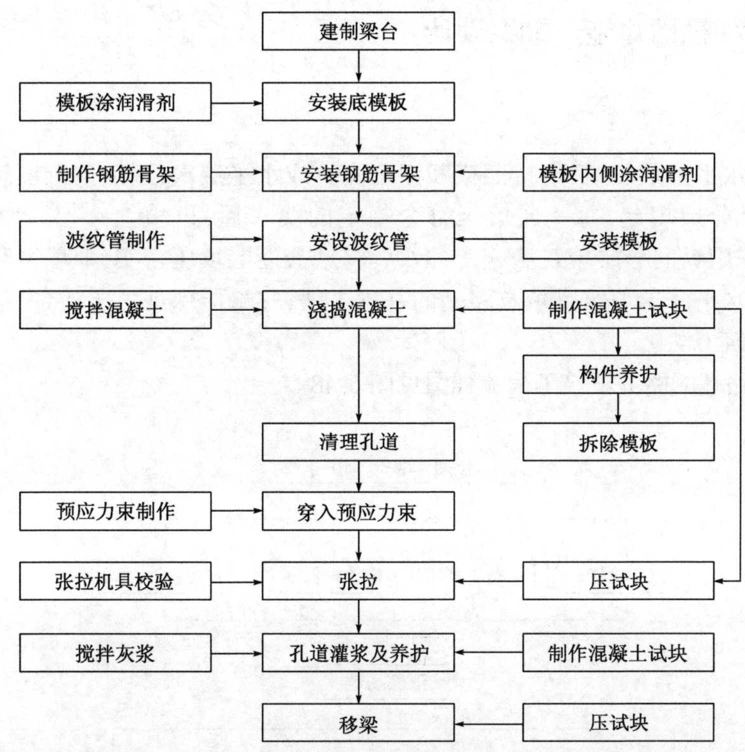


说明:张拉程序严格按设计要求进行,宜结合使用机具,根据构件外形的特征、配筋数量、间距以及张拉力大小等因素决定。

图6-45 后张法预应力梁施工工艺框图

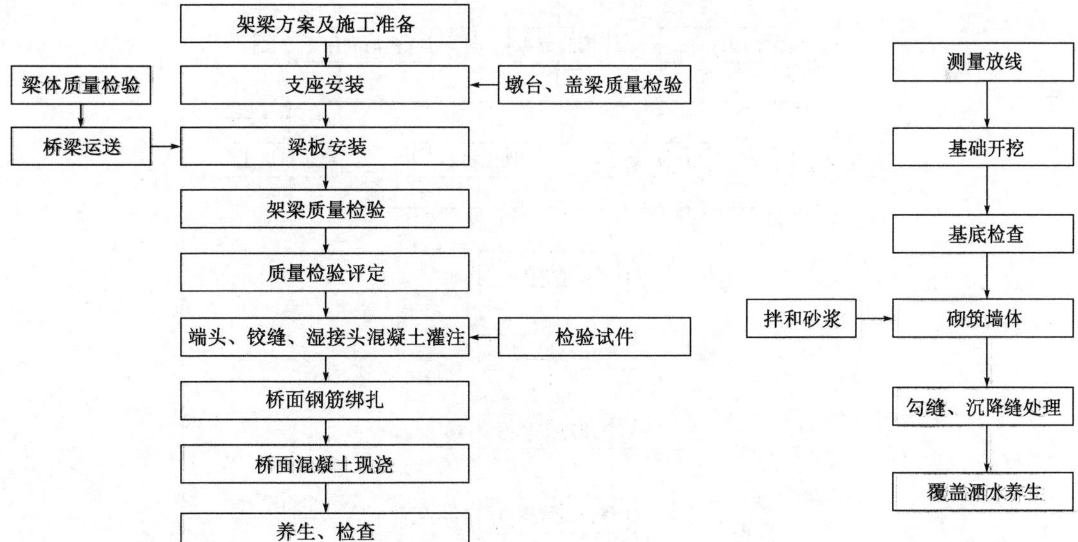


说明:1. 预制好的梁体采用双导梁架桥机和汽车吊进行架设。

2. 预制梁安装前,其上拱度不得大于设计值。架设时,梁体混凝土强度必须达到设计强度或图纸规定,墩台身混凝土强度必须达到图纸规定要求,并经监理工程师同意后,方可进行架梁作业。

图6-46 梁体安装施工工艺框图

说明:砌石做到摆放紧密,错缝,不形成通缝。砌石间做到砂浆饱满,勾缝做到牢固、美观。沉降缝做到平整、整体贯通,施工中及时洒水养护。

图6-47 排水与防护施工工艺

## 一、路基工程机械化施工组织设计

（一）路堤填筑

路堤宜采用水平分层填筑，即按照横断面全宽分成水平层次，逐层向上填筑。如原地面不平，则应从最低处分层填起，每一层填至符合规定的要求后，再填上一层。原地面纵坡大于12%的地段，可采用纵向分层填筑法施工，沿纵坡分层，逐层填压密实，但填至路堤上部仍然采用水平填筑法。水平分层填筑是填筑路基的基本方法，它最能保证填土质量，在机械化施工中广泛采用分层填筑方法。

机械化施工路基的路堤填筑工程流程图见图6-48。

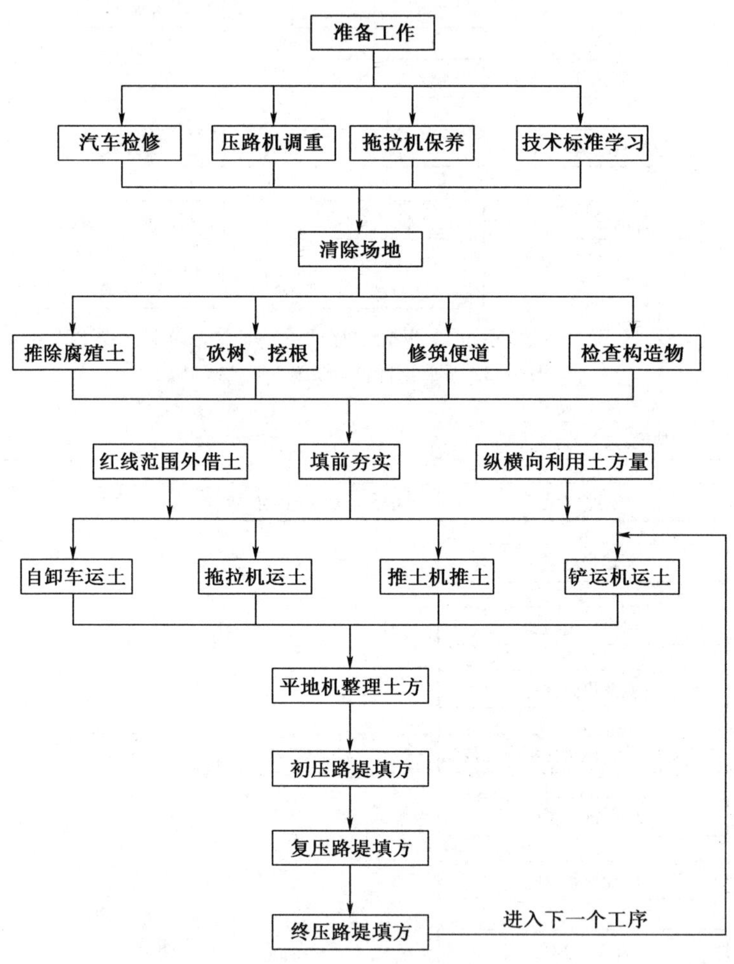


图6-48 机械化施工路堤填筑流程图

路堤机械化施工中应该注意以下问题：

（1）不同土质的填料要分别分层填筑，不得混填，以免内部形成水囊或软弱面，影响路堤的稳定。

(2)路堤上部受车辆荷载的作用较大,一般在上部填筑水稳性、强度较好的土质。

(3)透水性较大的土质填在透水性较小的土质之下时,如果两者的颗粒直径相差悬殊,应在层间加铺过渡垫层,以免上层的颗粒散落到下层路基中;反之,其顶面应设置4%的双向向外横坡,以免积水。

(4)沿纵向同一层要改变填料种类时,应做成斜面衔接,且将透水性好的填料置于斜面的上面为宜。

(5)填方相邻作业段交接处若非同时填筑时,则先填筑地段应按1:1坡度分层留好台阶;若同时填筑时,则应分层相互交叠衔接,搭头长度不得少于2m。

(6)机械化施工挖方工程应选好配套机械,要合理选择不良土质的压实机具。

### (二)路堑开挖

#### 1. 选择施工方案

路堑施工就是按设计要求进行挖掘,并将挖掘出来的土方运到路堤地段作为填料,或者运往弃土地点。路堑开挖的山体是天然地层构成的土质,随着地壳运动及沉积运动,地层结构一般都较为复杂。路堑边坡的稳定与施工的开挖密切相关,如挖掘机挖掘过陡,或弃土堆离坡顶太近,或施工中排水不良,都会引起边坡失稳,发生坍滑。

路堑开挖在机械化施工中,对进度影响很大,施工方案选择不佳,甚至会造成巨大浪费。所以在施工组织中,一般都特别关注集中性路堑土方的机械化施工方案和组织措施。路堑施工一般采用横挖法和纵挖法,其施工方法与机械施工的配置有关,下面介绍横挖法、纵挖法及各种机械施工方法。

路堑机械化施工一般遵循的流程如图6-49所示。

横挖法从路堑的一端或两端按横断面全宽逐渐向前开挖,适用于距离较短的山体土方。当路堑深度不大时,可以一次挖到设计高程;当路堑较深时,可分几个台阶用机械开挖。分层横挖使得工作面纵向拉开,多层多向出土,可以容纳较多的施工机械,加快施工的进度。采用挖掘机配合自卸车作业,台阶高度宜控制在3~4m。

纵挖法沿路堑纵向将高度及深度分成不大的层次依次开挖,适用于距离很长的集中性土石方工程。如果路堑的宽度及深度都不大时,可以按横断面全宽纵向分层开挖,即分层纵挖法;如果路堑的宽度及深度都较大时,可沿纵向分层,每层先挖出一条通道,然后开挖两旁,称为通道纵挖法;如果路堑特别长,可在适当位置将路堑的一侧横向挖穿,把路堑分成几段,各段再采用上述纵向开挖,称为分段纵挖法。纵挖法能较大地开辟工作面,加快施工节奏,对于抢工期的组织措施是可取的。

#### 2. 机械化施工方法

路堑施工选配适宜的机械有挖掘机械、平整机械、压实机械等。机械的选用可以灵活变化,因为某一种机械的用途不是唯一的,在实际施工中,可根据实际情况选择合适的操作方法,有关施工方法参见相关资料,本书不再详述。

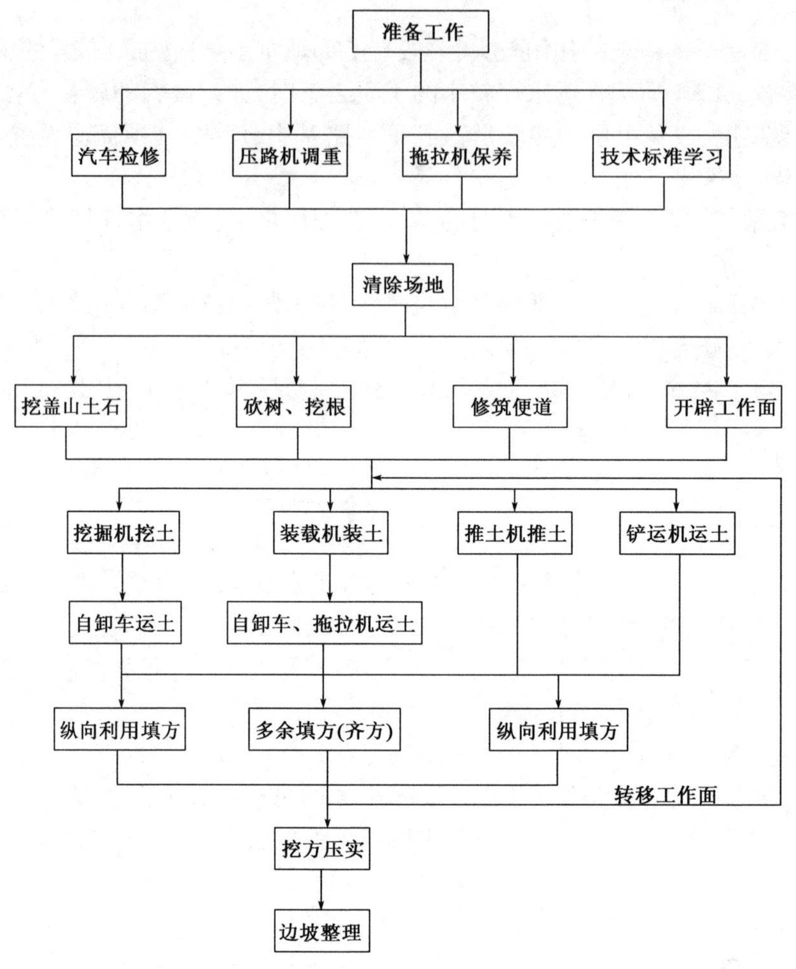


图6-49　路堑机械化施工流程图

## 二、路面工程机械化施工组织设计

### (一)沥青路面

沥青路面施工的主要内容有：沥青混合料的制备、沥青混合料的运输与摊铺以及沥青混合料摊铺层的压实。为保证沥青路面的施工质量，有效地发挥机械化施工作用，在施工组织方面应作如下考虑。

1. 沥青混合料拌和基地选择

为保证沥青路面施工时有足够的沥青混合料供应，应设置专门的沥青混合料拌和站。在选择沥青混合料拌和站厂址时，应考虑如下几方面因素。

(1)沥青混合料的施工温度

沥青混合料由拌和站运至施工现场，随运距的增大其温度会逐渐降低，当温度过低时，会影响路面摊铺后的质量。沥青混合料的施工温度应不低于《公路沥青路面施工技术规范》

(JTG F40—2004)规定值。实践证明:沥青混合料的运输时间不应超过 45~60min(气温在10℃以上,车速在 30~40km/h 以上)。

(2)沥青混合料的合理运输距离

从沥青混合料的施工要求可以看出,运距越远,温降也越大。此外从工程成本费用方面来分析,运距越远,工程成本也越高。因此,在工程施工中,如沥青混合料的总运输费用大于沥青混合料拌和场搬迁一次的搬迁费,则拌和站重选新址比较合理。

2. 沥青混合料拌和设备

(1)拌和机的种类

目前,各国采用的沥青混合料拌和机可分为三大类,见表 6-20。

**沥青混合料拌和机分类表** 表 6-20

| 分类标准 | 第一类 | 第二类 | 第三类 |
|---|---|---|---|
| 生产方式 | 循环作业式 | 连续作业式 | 综合作业式 |
| 拌和方式 | 自由拌和 | 自由拌和、强制拌和 | 强制拌和 |
| 配料称量条件 | 冷料称量送入烘干筒 | 冷料称量送入烘干筒 | 烘干后筛分称量 |
| 矿粉送入方式 | 与砂石料同时送入 | 直接送拌和机 | 直接送拌和机 |

(2)拌和机生产效率

沥青混合料拌和机是沥青路面施工机械化的主体机械,它生产能力的大小是确定其他设备数量的重要依据。因此拌和机生产率的计算是十分重要的。

综合作业式沥青混合料拌和机的生产率可用式(6-8)表示。

$$Q = \frac{60Gk_B}{t} \tag{6-8}$$

式中:$Q$——综合作业式沥青混合料拌和机生产率,t/h;

$G$——拌和机每次卸下沥青混合料的质量,t;

$k_B$——时间利用系数;

$t$——拌和机拌和一次所需时间,min,$t = t_1 + t_2 + t_3$;

其中:$t_1$——拌和机加料时间,min;

$t_2$——拌和机拌和时间,min;

$t_3$——拌和机卸料时间,min。

3. 摊铺机机械化施工

沥青混合料路面摊铺作业机械化主要由摊铺机、自卸汽车和压路机组成。由于沥青混合料摊铺机可以一次将沥青混合料进行摊铺、捣实和熨平成路面设计断面形状,从而大大缩短了沥青混合料的摊铺时间,并保证了路面面层的质量。

沥青混合料摊铺机的施工过程如下:

(1)自卸汽车由沥青混合料拌和站装料运至施工现场。为防止沥青混合料黏结在车箱上,装料前需在车箱内涂抹石油或废润滑油。如运距较远和室温较低时,还应加保温设备,以保证摊铺和压实温度。

(2)自卸汽车倒车,使汽车后轮支靠在摊铺机前端的推动磙上,此时将自卸汽车变速箱放在空挡位置。

(3)自卸车将部分料卸入摊铺机料斗内并输送至摊铺面,然后摊铺机以适当的速度自卸车前进,此时自卸车边前进边卸料,而摊铺机边前进边摊铺。

(4)摊铺机摊铺的料层由振捣器初步捣实。

(5)熨平器对已铺好的料层进行最后的整平。

(6)压路机压实。

摊铺机在摊铺过程中可以沿前进方向连续施工,由于路面宽度问题使得摊铺机不能一次就摊铺完成时,应根据路面宽度和摊铺机宽度在可调范围内进行调整。

#### (二)水泥混凝土路面

高等级公路水泥混凝土路面机械化施工,是拌和机械设备、自卸运输车、水泥混凝土摊铺机等主要机械设备组成的机械化施工系统,将砂、石、水泥、水等原料以一定的配比,经拌和机制成水泥混凝土混合料,由自卸车运至铺筑地点,由摊铺机按一定的技术要求摊铺、振捣并初步成形路面,然后再辅以适当的人工跟补及拉毛等处理,经切缝、养生最终形成路面。水泥混凝土路面施工工艺见图6-50。

在水泥混凝土路面施工中,由于拌和机械设备远离路面铺筑现场,机械化施工系统运行状况受机械性能、机械操作人员的技术水平、机械的组合配套、材料供应、自然环境等很多种事先不可知因素的相互作用,使机械化施工过程成为较复杂的动态随机过程,对于进一步评价与优化系统,提高系统生产率、降低工程成本具有重要意义。

水泥混凝土路面机械化施工系统理想运行过程是:当拌和机刚好拌制一车水泥混凝土拌和料时,就有一辆自卸车刚好到达拌和机装载位卸料;而摊铺机运行过程中,其前面始终恰好保持1~2车水泥混凝土拌和料;自卸车卸料后即返回装载位;整个系统工作既经济又高效。

水泥混凝土路面机械化铺筑方式主要是滑模式摊铺机施工。限于篇幅,滑模式摊铺机铺筑的施工方法参见《公路水泥混凝土路面施工技术细则》(JTG/T F30—2014),不再详述。关于机械的选型及配套已在第三节介绍过,在此不再赘述。

### 三、桥梁工程机械化施工组织设计

桥梁施工的机械很多,施工的设备更多。如钢管脚手架(支架)、木模板、钢模板、组合钢模板、万能杆件(桁架、墩塔架、龙门架)、贝雷架及贝雷桁架等设备。起重设备还有扒杆、龙门吊机、浮吊、缆索起重机(主索、起重索、牵引索、结索、扣索、缆风索、塔架及索鞍、地锚、电动卷扬机等)。

桥梁施工方案的选择除根据桥梁上部结构的特点,还要考虑地形、环境、安装方案的安全性、经济性、施工进度要求等,掌握周围的地理环境、地质条件及气候条件,以及运输条件、临时用地等资料,才能综合考虑选择何种施工方案。表6-21是在考虑桥梁的类型、跨径、施工的技术水平、机具设备条件等因素后选择的方案,可在施工方案选择时参考。

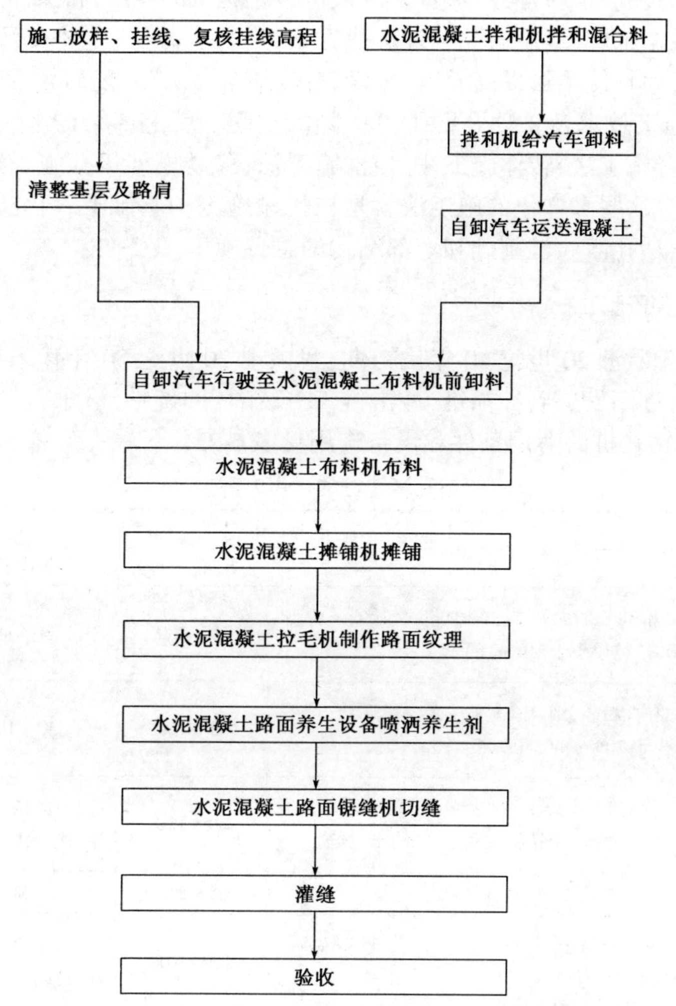


图 6-50　水泥混凝土路面机械化施工工艺

**各种桥型可供选择的施工方案**　　表 6-21

| 施工方案 | 桥型 | | | | | | | |
|---|---|---|---|---|---|---|---|---|
| | 简支梁桥 | 悬臂梁桥<br>T形刚构 | 连续梁桥 | 刚架桥 | 拱桥 | 组合体<br>系桥 | 斜拉桥 | 悬索桥 |
| 现场浇筑法 | √ | √ | √ | √ | √ | √ | √ | √ |
| 预制安装法 | √ | √ | | √ | √ | √ | √ | √ |
| 悬臂施工法 | | √ | √ | √ | √ | | √ | |
| 转体施工法 | | √ | | √ | √ | | √ | |
| 顶推施工法 | | | √ | | √ | | √ | |
| 逐孔施工法 | | √ | √ | √ | √ | | | |
| 横移施工法 | √ | √ | √ | | | √ | √ | |
| 提升与浮运施工法 | √ | √ | √ | | | √ | | |

桥梁施工技术的发展日新月异,随着大规模机械化施工的推广,桥梁施工现在已经不受障碍物的限制,只要根据水文、地质情况合理选择方案,进行全方位、立体交叉作业的组织方式,可使工期大为缩短,而且使质量提高、结构合理、跨度增加。另外,随着预应力及部分预应力技术的出现,为桥梁施工技术及管理开辟了更广阔的空间。就上部结构来说,已经有就地浇筑法、预制安装法、悬臂施工法、转体施工法、顶推施工法、移动模架逐孔施工法、横移施工法、提升与浮运施工法等。这些多样化的施工法就是在机械施工的基础上,研究开发出来的。受篇幅所限,在此仅介绍钻孔灌注桩基础和上部结构的悬臂施工。

### (一)钻孔灌注桩施工

钻孔灌注桩始于欧洲20世纪40年代初期,我国在20世纪50年代末期开始使用。开始时使用人力推钻孔,逐渐发展到冲抓锥、冲击锥、正反循环回旋钻、潜水电钻。孔径从25cm发展到200cm以上。钻孔桩的适用条件和设备选用见表6-22。

**钻孔灌注桩的适用方案** 表6-22

| 钻孔方法 | 适用范围 | | | 是否需要泥浆悬浮钻渣 |
|---|---|---|---|---|
| | 土层 | 孔径(cm) | 孔深(m) | |
| 人工推钻或机动推钻 | 黏性土、砂类土、含少量砂砾石(少于30%,粒径小于10cm)的土 | 60~160 | 30~40 | 不需要 |
| 正循环回转 | 黏性粉砂,细、中、粗砂,含少量砾石、卵石(少于20%)的土,软岩 | 80~160 | 30~100 | 需要 |
| 反循环回转 | 黏性土,砂类土,含少量砾石、卵石(少于20%,粒径小于钻杆内径2/3)的土,软岩 | 80~120 | 用真空泵<35,用空气吸泥机达65 | 不需要 |
| 潜水钻机正循环 | 淤泥腐殖土、粉砂、砂类土 | 80~130 | 50 | 需要 |
| 冲抓锥 | 淤泥腐殖土、密实黏性土、砂类土、砂砾石、卵石 | 100~200 | 大于20cm时,进度慢 | 不需要 |
| 冲击实心锥 | 黏性土、砂类土、砾石、卵石、漂石、较软岩石 | 80~200 | 50 | 需要 |
| 冲击空心锥 | 黏性土、砂类土、砾石、松散卵石 | 60~150 | 50 | 需要 |
| 振动钻孔 | 软土、黏性土、砂类土、砾石、松散卵石 | 25~50 | | 不需要 |
| 人工钻孔 | 各种土石 | | 15 | |

钻孔的常用方法分三种,即冲击法、冲抓法、旋转法。冲击法,用冲击钻孔或卷扬机带动冲锥,借助锥头自重下落产生的冲击力,反复冲击破碎土石或把土石挤入孔臂中,用泥浆浮起钻渣,或用抽渣筒或空气吸泥机排除而形成钻孔。冲抓法,用冲抓锥靠自身重力产生冲击力,切入土层或破碎土层,叶瓣抓土、弃土以形成钻孔。旋转法,用人力或钻机,通过钻杆带动锥或钻头旋转切削土,用泥浆浮起排除钻渣形成钻孔。钻孔方法的施工布置图见图6-51,其常用钻头见图6-52。

钻孔灌注桩的施工工艺是多变的,常见的工艺可参见图6-53。

从图6-34可知施工的主要工序有埋设护筒、制备泥浆、钻孔、清底、钢筋笼制作与吊装、灌注水下混凝土。

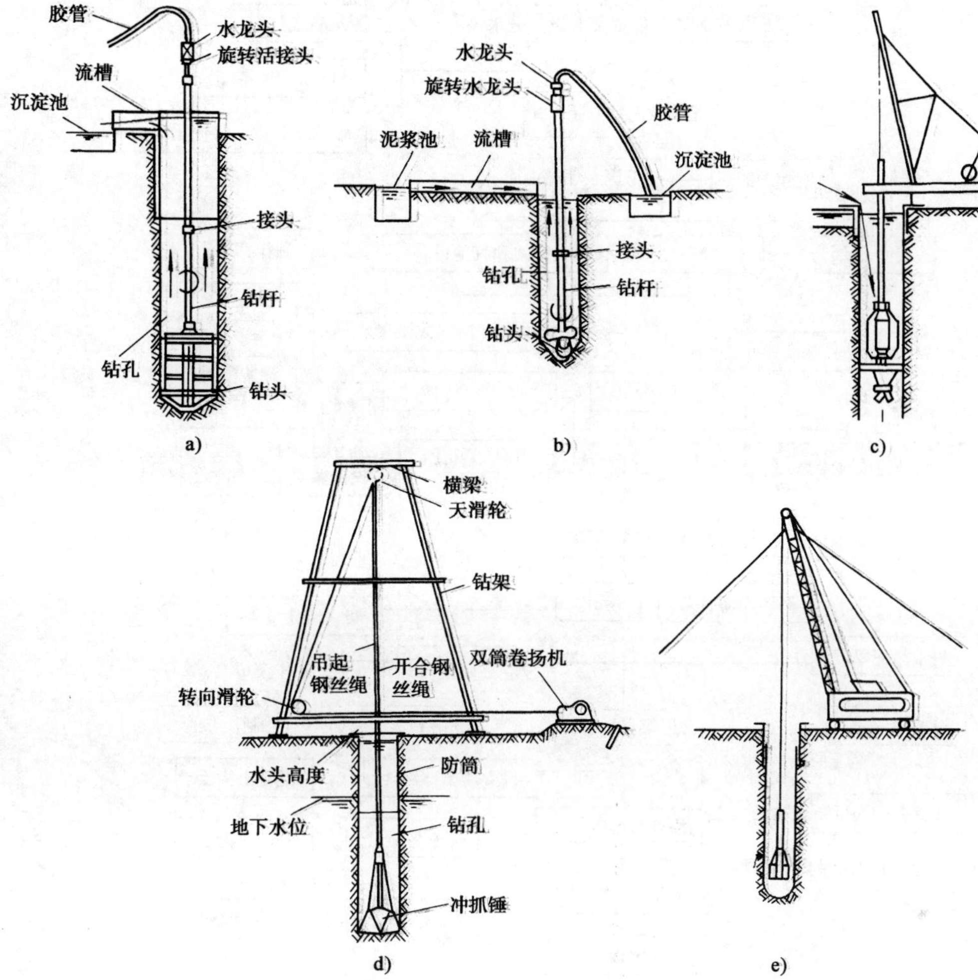

图 6-51　几种钻孔方法的施工布置

a)正循环旋转钻孔施工；b)反循环旋转钻孔施工；c)潜水工程钻孔施工；d)冲抓钻孔施工；e)冲击钻孔施工

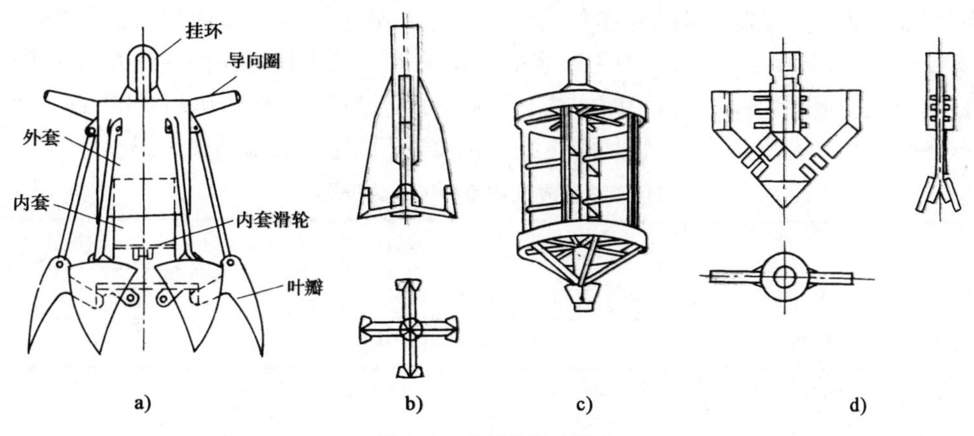


图 6-52　常用的钻头形式

a)六瓣双索冲抓锥；b)冲锥；c)圆笼鱼尾钻；d)鱼尾钻

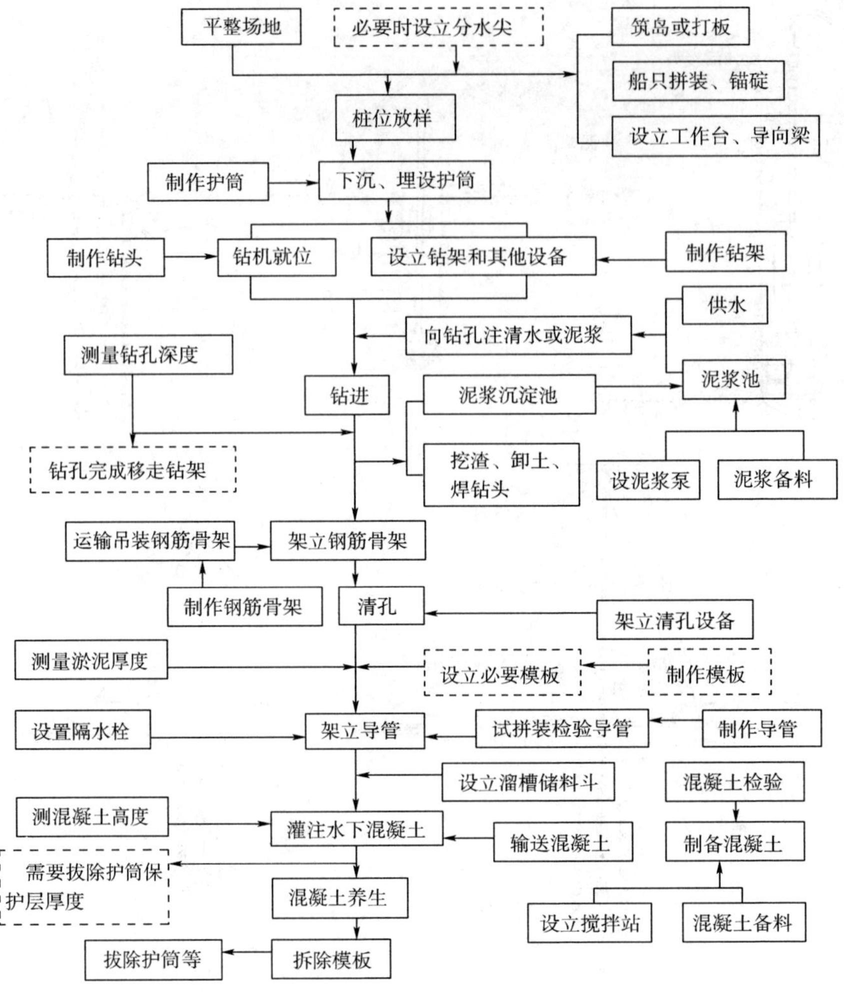


图6-53 钻孔灌注桩工艺流程图

埋设护筒防止孔壁坍塌,其材料有木、钢板、钢筋混凝土等,要求坚固耐用、不漏水,内径应比钻孔直径大,每节长度2~3m,但使用最多的是钢护筒。成孔是用各种钻孔方法将土石从设计桩位移走,并达到设计要求。常用的方法有回旋(正反循环回转)钻孔和冲锥、冲击锥钻孔。最后进行终孔检查和孔底清理,验收是否达到规范要求,其允许误差见表6-23。

钻孔灌注桩成孔质量检验允许误差 表6-23

| 序号 | 项目 | 允许偏差值 | 附注 |
|---|---|---|---|
| 1 | 孔的中心位置 | 群桩不大于10cm,单桩不大于5cm | |
| 2 | 孔径 | 小于设计桩径 | |
| 3 | 倾斜度 | 直桩小于1/100,斜桩小于设计斜度的±2.5% | |
| 4 | 孔深 | 摩擦桩不短于设计规定,柱桩比设计深度大5cm | 柱桩指支撑在岩面或嵌入岩层的桩 |

续上表

| 序　号 | 项　　目 | 允许偏差值 | 附　　注 |
|---|---|---|---|
| 5 | 孔内沉淀深度 | 摩擦桩不大于0.4～0.6$d$,柱桩不大于5cm和设计规定 | 争取不大于0.4$d$,$d$为设计桩径 |
| 6 | 清孔后泥浆深度 | 相对密度1～1.2,黏度17～20s,含砂小于4% | 在钻孔的顶部和中部分别取样,取平均值 |
| 7 | 地质情况 | 与地质钻探资料基本符合 | 如出入较大,与设计、监理单位协商 |

(二)梁桥现浇施工法施工

现浇施工又叫现场浇筑施工法,分为支架现场浇筑法和移动模架现场浇筑法。当桥梁跨数较多,混凝土梁的截面尺寸不变,跨越沟谷或者既有路线难以修筑支架的时候,一般采用移动模架法进行施工。当桥梁跨径不大,现场地质条件良好,墩柱不太高可以搭设支架时,一般采用支架现场浇筑法,对于曲线桥梁也常采用支架现场浇筑法施工,这是桥梁工程中最常见的一种施工方法。本文重点讲述支架现场浇筑法,其施工工艺流程图见图6-54。

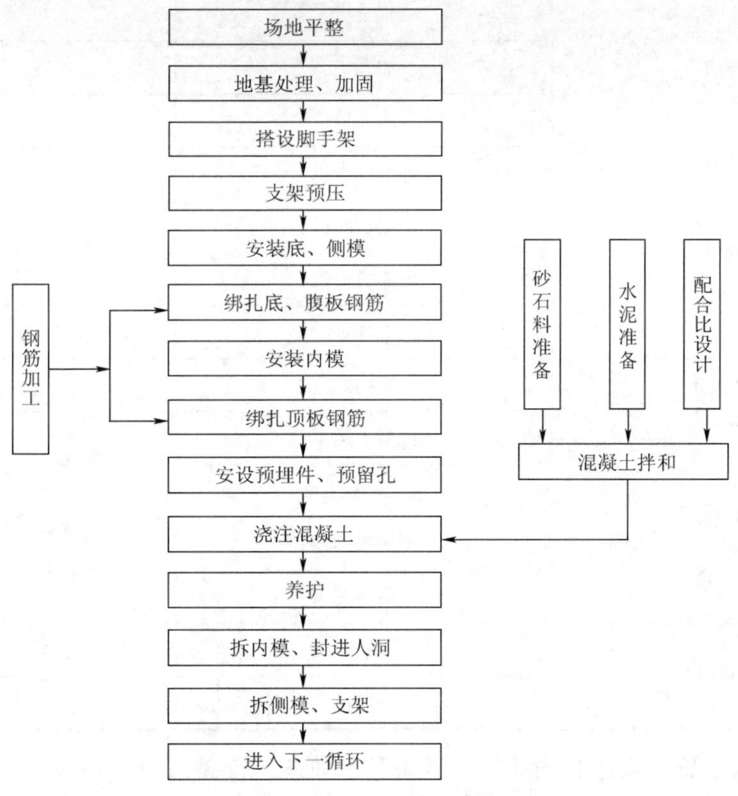


图6-54　梁桥支架浇筑施工工艺流程图

支架现场浇筑法施工所用的支架有满堂支架、梁柱式支架、组合支架三种，用到的设备主要有扣件式钢管支架、碗扣式钢管支架、盘扣式钢管支架(图6-55)。

混凝土梁桥支架现场浇筑施工用到的施工机械见表6-24。

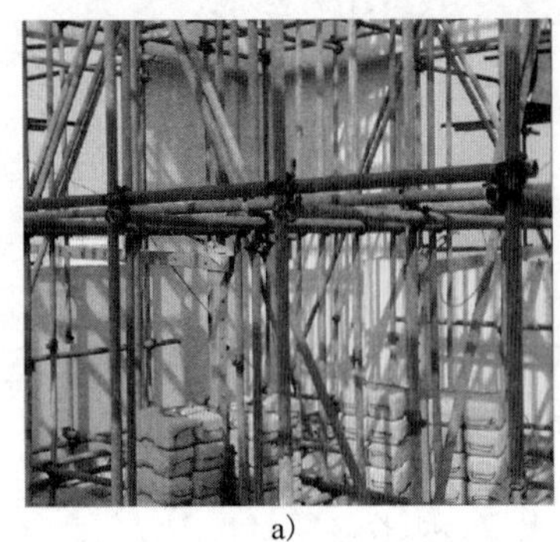
a)

b)

c)

图6-55　钢管支架类型

a)扣件式钢管支架;b)碗扣式钢管支架;c)盘扣式钢管支架

**主要施工机械设备表**　　表6-24

| 项　目 | 设备名称 | 数　量 |
|---|---|---|
| 土方施工 | 推土机 | 1 |
| | 装载机 | 1 |
| | 压路机 | 1 |
| 钢筋加工 | 钢筋调直机 | 1 |
| | 钢筋切断机 | 2 |
| | 钢筋弯曲机 | 2 |
| | 电焊机 | 4 |
| 混凝土施工 | 振捣棒 | 8 |
| 混凝土施工 | 混凝土罐车 | 6 |
| | 混凝土输送泵 | 1 |
| | 平板振动器 | |
| | 翻斗车 | |
| 其他机械 | 吊车 | 2 |
| | 发电机 | 3 |

支架现场浇筑施工需进行内业施工准备和外业施工准备。组织相关技术人员审核施工图纸，根据各桥实际情况确定施工方案。首先进行地基承载力和支架强度、刚度、挠度和稳定性检算，从而确定基础的形式、杆件的间距、数量和预留起拱度；其次根据地质情况，桥跨结构选

用支架类型。

施工前对施工现场进行平整硬化处理,做好施工车辆交通方案,同时做好排水处理。支架的搭设要做到横平竖直、连接牢固、底脚着实、层层固定、安全设施齐全牢固。模板宜采用大块钢模板,由底模、侧模、芯模、端模几部分组成。模板拼接应保证平顺密实,附着式振动器安设牢固。模板施工结束,需对支架进行预压处理,预压可以采用沙袋、混凝土预制块、水箱等重物,预压重力一般取梁体自重的1.2倍。预压过程中需按规定要求进行观察。钢筋加工应在加工场地制作,运到施工现场进行绑扎焊接成形。混凝土在搅拌站搅拌并用混凝土搅拌运输车运输,浇筑过程应先浇筑底板再浇筑腹板最后浇筑顶板。混凝土浇筑完成应及时进行养护。当混凝土强度达到规范或设计文件要求之后方能拆除模板和进行落架施工。

(三)梁桥预制安装施工法

预制安装法又称装配式施工,在预制工厂或运输方便的桥址附近设置预制场进行梁的预制工作,然后采用一定的架设方法进行安装。公路工程中预制安装法施工一般是指钢筋混凝土或预应力混凝土简支梁的预制安装。

预制安装施工法工艺流程图见图6-56,所用到的施工机械设备见表6-25。

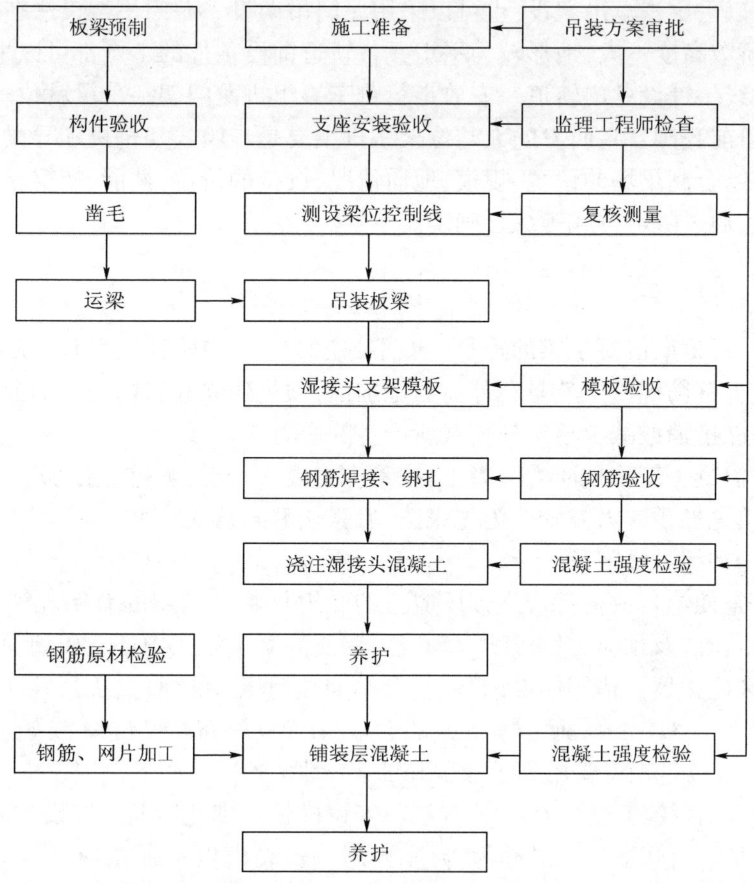


图6-56 梁桥预制安装施工工艺流程图

预制安装施工法机械设备表　　表 6-25

<table>
<tr><th>施工项目</th><th>机械名称</th><th>数量</th><th>施工项目</th><th>机械名称</th><th>数量</th></tr>
<tr><td rowspan="4">钢筋工程</td><td>钢筋调直机</td><td>4</td><td rowspan="2">混凝土工程</td><td>附着式振动器</td><td>1</td></tr>
<tr><td>钢筋弯曲机</td><td>2</td><td>插入式振动棒</td><td>3</td></tr>
<tr><td>钢筋切断机</td><td>2</td><td rowspan="4">梁板架设</td><td>汽车吊</td><td>2</td></tr>
<tr><td>钢筋焊接机</td><td>3</td><td>架桥机</td><td>1</td></tr>
<tr><td rowspan="2">混凝土工程</td><td>混凝土拌和机</td><td>1</td><td>龙门吊</td><td>2</td></tr>
<tr><td>混凝土搅拌运输车</td><td>5</td><td>运梁车</td><td>2</td></tr>
</table>

预制安装施工法主要包括梁板预制和梁板架设两部分。梁板在混凝土梁的预制场制造，如果是预应力混凝土梁，则根据预应力施工工艺的不同，有先张法预制梁场和后张法预制梁场，其差别主要体现在预制梁底座的设计不同。预制场施工场地的布置非常重要，除了要考虑工期、桥型、地质条件等因素外，还需综合考虑施工便利、避免水淹，减少用地、减少临时建筑费用等因素。

梁板架设可以采用汽车吊架设，也可以采用龙门吊架设。龙门吊架设法在我国普遍采用，凡是桥孔众多、桥墩高度不大，地形较为平坦具备轨道铺设条件的工点都可以采用。其施工过程为铺设运梁便线→铺设龙门轨道→安放走行台车→组拼龙门架→吊梁就位。梁板还可以采用架桥机架设，目前我国自主研发的大吨位架桥机主要是步履式架桥机和导梁式架桥机，在选择的时候应紧密结合制梁场的位置、规模、地质情况，设备的价位、性能、架梁原理、过孔方式以及首末孔梁架设、通过隧道方式等综合确定。

### （四）预应力工程施工

在公路工程中，钢筋混凝土梁的跨径一般不超过 16m。当跨径过大时，必须采用预应力钢筋混凝土。预应力钢筋混凝土就是在外荷载施加前，预先建立起有内应力的混凝土，其内应力的大小与分布应能抵消或减少给定外荷载所产生的应力。

预应力钢筋混凝土简称预应力混凝土，按预应力度大小分为全预应力混凝土和部分预应力混凝土两种，按施加预应力方式分为先张法、后张法和自应力三种，按预应力筋黏结状态分为有黏结、无黏结和缓黏结三种。

预应力钢筋是使结构或构件产生预压应力的受力材料。常用的有精轧螺纹钢筋，高强低合金钢丝、碳素钢丝以及预应力钢绞线。预应力钢筋混凝土施工中还会用到预应力锚固体系，包括锚具、夹具和连接器。锚固体系的种类很多，且配套化、系列化、工厂化生产，主要有 QM 系列（中国建科院）、OVM 系列（柳州建机厂）、HVM 系列（柳州海威姆）、VLM 系列等（图 6-57）。此外张拉过程需要用到千斤顶和油泵（图 6-58）。

先张法预应力工程施工过程为：台座预制→安设模板→绑扎钢筋→安设预应力筋→张拉→浇筑混凝土→放张。后张法施工过程为：台座预制→安设模板→绑扎钢筋→安设预应力筋管道→浇筑混凝土→穿预应力筋→张拉。

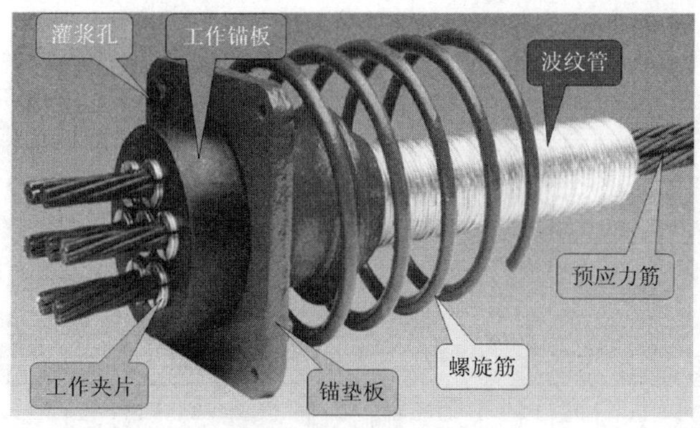


图 6-57 锚固体系

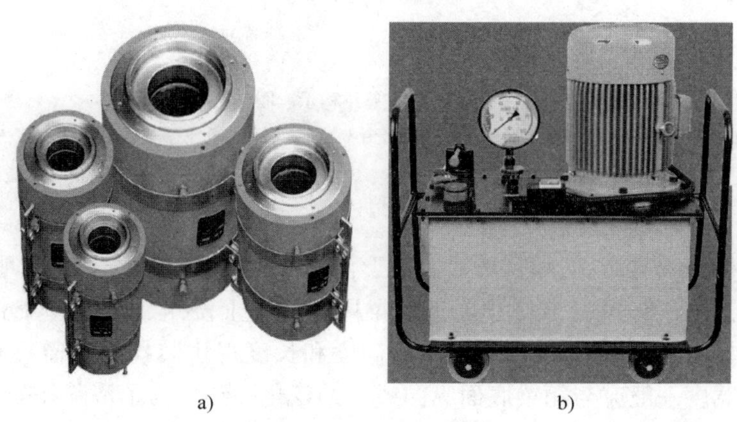

a) b)

图 6-58 千斤顶和油泵

a)穿心式千斤顶;b)油泵

## (五)梁桥挂篮施工法

在大跨径连续梁桥和斜拉桥施工中,最常见的施工方法是挂篮施工法。所涉及的主要设备是挂篮,在墩柱两侧先采用托架支撑浇筑一定长度的梁段,这个长度称之为起步长度,然后即可拼制挂篮。应该注意的是,施工时要保证墩与梁的临时固结,待合龙后再恢复原结构状态,如临时支座等。

### 1. 挂篮施工方法介绍

施工挂篮与托架挂篮是可沿轨道行走的活动脚手架,悬挂在已经张拉锚固与墩身连接成整体的箱梁节段上。在挂篮上可以进行下一节段的模板、钢筋、管道的安设、混凝土浇注和预应力张拉、灌浆等作业。完成一个循环后,新节段已和桥墩或梁体联成一个整体,成为悬臂梁的一部分,挂篮即可前移一段,再固定在新的节段位置上。如此循环直至悬臂梁浇筑完毕。

挂篮的种类很多,其结构也随之而各有不同。挂篮的承重结构可用万能杆件或贝雷钢架拼成,或采用专门设计的结构,它除了要能承受梁段自重和施工荷载外,还要求自重轻、刚度大、变形小及稳定性好、行走方便等。挂篮结构示意图见图6-59。

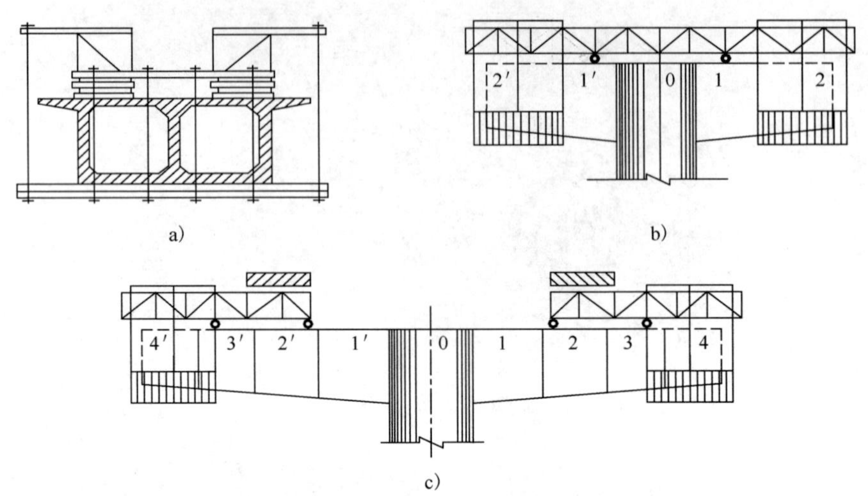


图6-59　挂篮结构示意图

a)挂篮横断面示意图；b)墩顶附近开始施工时，两端挂篮用桁架或其他杆件联成整体；c)施工浇筑一定长度后，将两侧的挂篮分开，各自独立浇筑

注：图中数字表示施工顺序。

施工托架可根据墩身高度、承台形式和地形情况，分别利用墩身、承台和地面作支撑，设立支撑托架。墩顶梁段（零号块）或墩顶附近的梁段在托架上浇筑，此时，施工挂篮就在已浇筑的梁段上拼装。托架可采用万能杆件制作，其高度和长度视拼装挂篮的需要和拟浇块件长度而定。横桥向的宽度一般应与箱梁底面纵向线形的变化一致。为了消除托架在浇注梁段混凝土时产生的变形，常用如千斤顶法、水箱法等对托架预加变形。

2. 施工工艺流程图

当挂篮安装就位后，即可在其上进行梁段悬臂浇筑作业，施工工艺流程图见图6-60。

图6-60的工艺流程是按每一梁段的混凝土分两次浇注排列的，即先浇注底板混凝土，后浇肋板及顶板混凝土。当采用一次浇注时，将浇注顶板混凝土的工序与浇注肋板及顶板混凝土的工序合并，其他工序不变。

3. 混凝土浇注工艺

混凝土浇注前，需用硬方木支垫于前轮，分配梁上的荷载，减少轮轴压力。浇注混凝土的过程中，要随时观测挂篮由于受载而产生的变形。挂篮负荷后，还可能引起新旧梁段接缝处混凝土开裂。尤其是采用两次浇注法施工，第二次浇注混凝土时，第一次浇注的底板混凝土已经凝结，由于挂篮的第二次变形，底板混凝土就会在新旧梁段接缝处开裂。为了避免这种裂缝，对挂篮可采用预加变形的方法，如采用活动模板梁等。

悬臂浇注施工的周期一般为6～10d，但依节段混凝土的数量和结构的复杂程度而不同。在悬浇施工中如何提高混凝土的早期强度，有效地缩短施工周期，是现场浇注施工面临的共同问题。

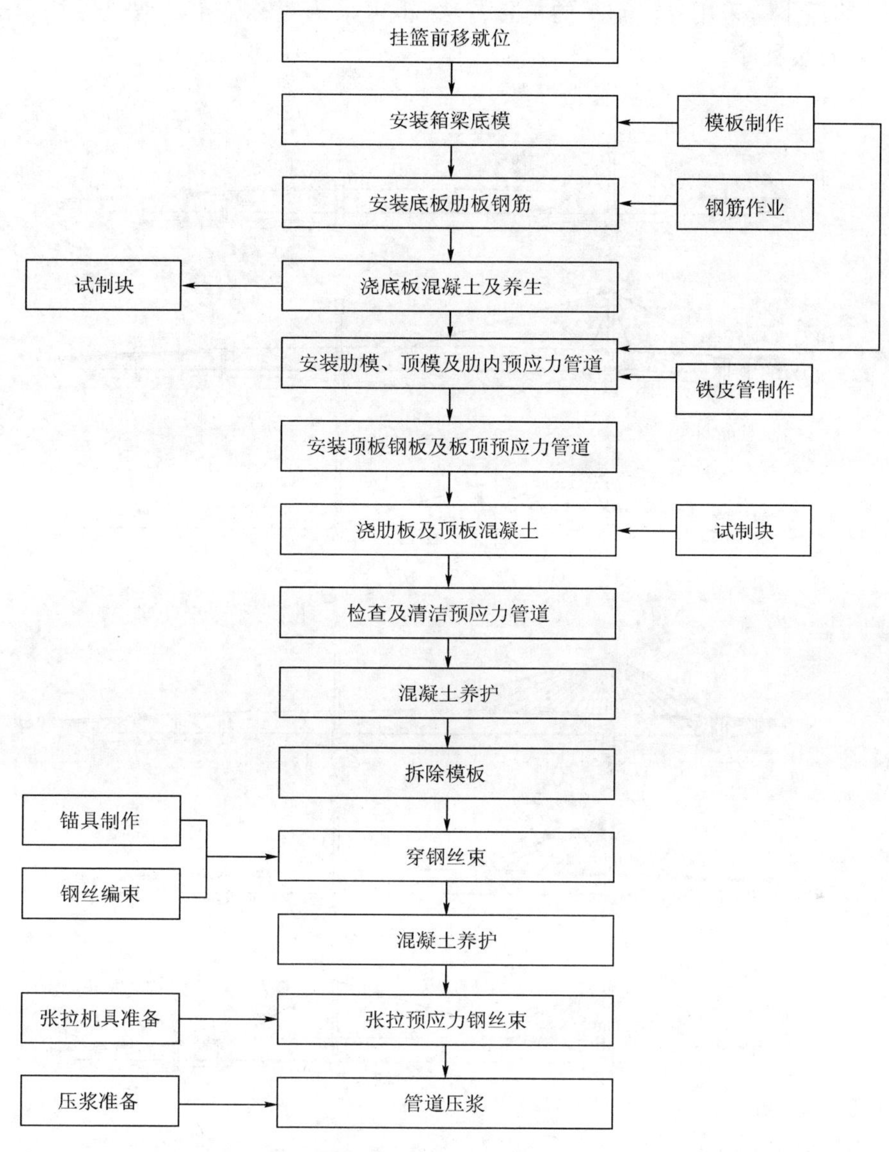


图 6-60 悬浇施工工艺流程图

墩顶零号块与桥墩临时固结是浇注混凝土过程中的另一个重要问题。在浇筑零号块之前，在墩顶靠两侧先浇筑 50 号的混凝土楔形垫块，待零号块达到设计强度的 70% 以上时，在桥墩两侧各用 10 根 $\phi$32mm 预应力粗钢筋从块件顶部张拉固定。这样就使得拼装过程中出现的不平衡力矩完全由临时的混凝土垫块和预应力筋共同承受。

4. 斜拉桥的悬臂施工

混凝土梁式桥施工的很多种方法在斜拉桥施工时都可以使用，如支架上现浇和拼装，悬臂现浇和拼装，顶推法和平转法等。由于斜拉桥的梁体尺寸较小，各节段有拉索，索塔还可以用来架设辅助钢索，因此无支架的施工方法更经济方便。其中悬臂施工法是混凝土斜拉桥施工中普遍采用的方法。不论主梁为 T 构、连续梁或悬臂梁皆可采用。悬臂法施工可以在支架上建造边跨，然后中跨采用悬臂施工的单悬臂法，也可采用对称施工的双悬臂法。图 6-61 为斜拉桥的主要安装程序。

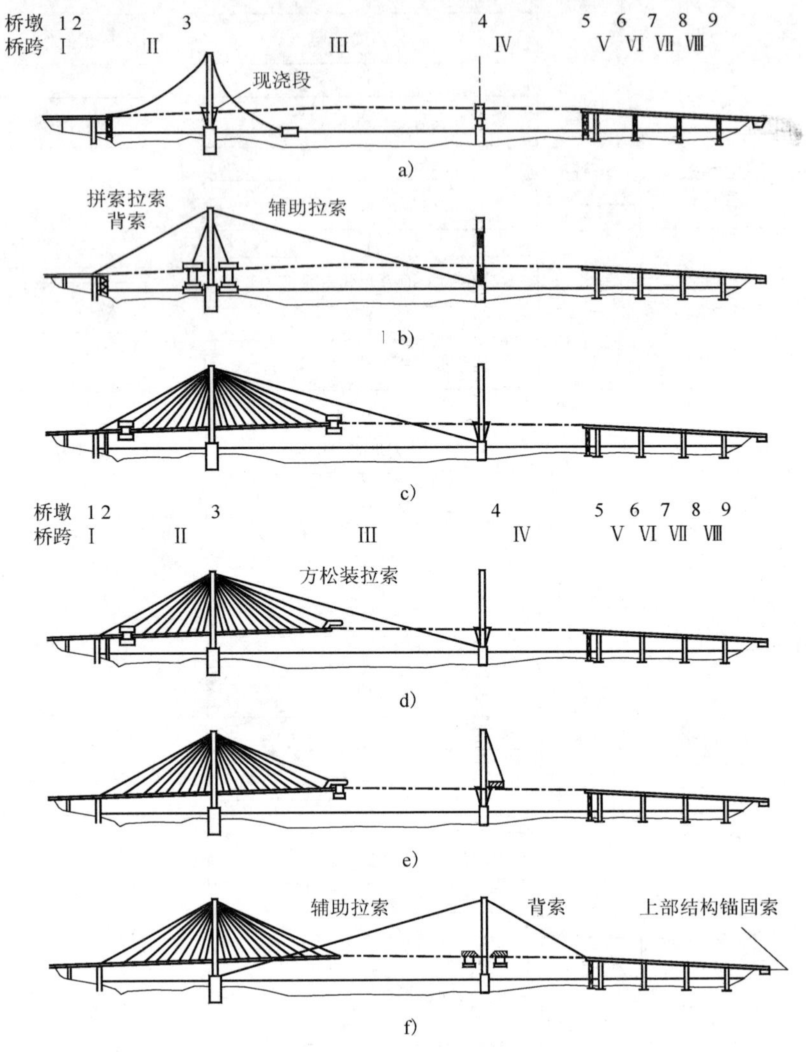


图 6-61 斜拉桥安装程序

a）在 3 号墩上搭设斜撑式支架；在支架上浇筑 20m 长现浇段，安设拼装拉索（背索和辅助拉索）；b）安设移动式吊架于现浇段上，浮运预制梁段，用移动式吊架悬拼梁段；c）进行均衡对称的悬拼，边孔（第Ⅱ跨）悬拼接近 2 号墩，在 4 号墩顶塔架斜撑式支架；d）边孔合龙，形成锚固孔，放松并装拉索，在 4 号墩的支架上现浇梁段；e）主孔（第Ⅲ跨）进行单悬臂拼装，2 号墩处的吊梁移置于 4 号墩顶现浇段上；f）安设拼装拉索，主孔的悬拼吊架移置于 4 号墩顶现浇段上，开始进行均衡对称悬拼

双悬臂法的施工方案和步骤一般是这样：先在斜腿门式塔架上现浇 20m 长的梁段，然后用特制的移动式吊架起吊梁段，逐节进行悬臂拼装。梁段间用环氧树脂等材料黏结，并由拉索的水平分力施以预加力。梁内另布置有预应力的粗钢筋。为了保证在安装过程中不致出现过大的塔顶水平位移，在塔顶与另一个桥墩之间设有辅助拉索，它与边跨的背索一起来约束塔顶位移。这样每施工一个节段的周期只需 4d。如果运输、起吊设备条件可以解决，以整体截面预制为好。

1. 机械化施工组织设计的内容是什么？
2. 机械化施工组织设计的基本原则是什么？
3. 机械化施工组织设计的影响因素是什么？
4. 简述路基工程施工机械的使用条件。
5. 选择施工机械的原则及方法是什么？
6. 路堤机械化施工应注哪些问题？

# 第七章
CHAPTER SEVEN
# 机电工程施工组织设计

## 第一节 概述

机电工程是现代高速公路工程除土建部分以外的主要组成部分，它是高速公路安全、高效运营的保证手段，也是核算高速公路运营成本的主要平台。

### 一、机电工程的组成

机电工程主要由监控系统、通信系统、收费系统、低压配电系统、照明系统、隧道机电系统等组成。由于低压配电系统及照明系统技术含量及施工难度均较低，因而本章仅介绍监控系统、通信系统、收费系统及隧道机电系统。

1. 监控系统

监控系统分为10个子系统：交通信号监控系统、视频监视系统、紧急电话系统、火灾报警系统、隧道通风控制系统、隧道照明控制系统、供配电监控系统、调度指令系统、有线广播系统、专用车辆监视系统。监控系统主要包括以下设备：

(1)监控中心设备

监控中心设备包括综合控制台、大屏幕投影、不间断电源及计算机系统、闭路电视系统、紧急电话控制台（通信系统提供设备及安装要求，监控系统负责安装）等。

(2)监控外场设备

监控外场设备包括车辆检测器、全方位摄像机、气象检测器、门架式可变情报板、立柱式可变情报板、电子信息显示屏等设备。

(3)其他

其他包括终端引入电缆的架设及连接、室内设备间的配线、外场设备机箱、安装支架、钢构件、支线管道以及额外需要增加的外场设备基础等。

2. 通信系统

高速公路通信系统主要由光线数字传输系统、数字程控交换系统、紧急电话系统、通信电源系统、光电缆工程及通信管道工程组成。长、特长隧道和特大桥还应增加有线广播系统。通信系统主要包括以下设备:

(1)光纤数字传输系统

光纤数字传输系统分为干线传输系统和综合业务接入网系统两部分。前者有 SDH 光同步传输设备、再生中继器 REG、光缆和网管设备组成;后者由光纤线路终端、沿线各站的光纤网络单元 ONU、光纤和网管设备组成。该系统能方便地将低速率数字信号复用成高速率数字信号,通过光缆实现大容量的传输,并具有大容量交叉连接功能,便于实现集中统一网管。

(2)数字程控交换系统

数字程控交换系统由数字程控交换机、话务台、维护终端、计费终端、调度指令电话总机以及双音多频话机等组成。

(3)其他组成部分

紧急电话系统由紧急电话控制台、沿线路侧的紧急电话分机及传输电缆组成;有线广播系统由广播控制台、功放模块、强指向扬声器和传输电缆组成。

3. 收费系统

高速公路收费系统,按其功能可分为计算机系统、收费视频监视系统、内部对讲系统、安全报警系统、电源系统等,并可根据需要增加计重系统、车牌自动识别装置等。计算机系统根据级别可分为车道计算机系统、收费站计算机系统、路段收费分中心计算机系统、省收费管理中心计算机系统。收费站、路段收费分中心、省收费管理中心计算机系统构成一个局域网。收费站局域网和路段收费分中心局域网之间一般采用路由器或三层交换机经通信系统连接的方式构成广域网。路段收费分中心局域网与省收费管理中心局域网之间一般采用路由器或三层交换机经通信系统连接的方式构成广域网。

收费系统设备包括:

(1)省收费中心、收费分中心的计算机系统设备。

(2)收费站计算机系统设备。

(3)入、出口收费车道系统设备。

(4)路段收费视频监视系统设备。

(5)内部对讲系统及安全报警系统设备。

(6)计重系统设备。

4. 隧道机电系统

隧道机电系统是一个相对独立的系统,由隧道通风、照明、监控、通信、消防等子系统组成,并由一个分中心集中控制。针对不同的情况,系统会在不对的模式下工作,如火灾情形下通风风机的转向与转速都会发生变化。

## 二、机电工程施工特点

机电工程不同于公路工程的其他组成部分,其特点主要表现在以下几个方面。

1. 全局性和网络性

机电系统不仅是一条高速公路的重要组成部分，而且是该公路将来正常运营、提供优质服务的重要保障。机电工程不能仅局限于一个土建合同段、一条高速公路，它应着眼于整个高速公路网，通过网络实现统一收费、统一结算。

2. 专业性强、技术含量高

机电工程大部分项目属于信息技术，因而其技术含量高、专业性强、技术更新快，对施工队伍专业性及技术性要求也高。

3. 影响因素多

机电工程是独立于土建工程的工作内容，但其许多工作又渗透在土建工程中，因而土建工程的施工进度、施工质量都影响到机电工程的进度和质量。同时气候的变化也影响到工程施工进度及设备性能的稳定性。

4. 施工工期短

机电工程往往是在土建工程即将完工时进行，工期紧且点多面广，如果在不良季节施工，将给施工带来许多麻烦，因而科学的施工组织显得更为重要。

5. 设备检验及调试工作量大

机电系统的网络性和全局性决定了机电系统检验及调试工作的重要性，检验与调试工作贯穿于整个工程施工中。

## 第二节 机电工程施工准备工作

### 一、施工组织机构

机电系统施工组织机构与其他工程略有不同，其机构框图如图 7-1 所示。

项目经理、工程部、技术部、材料供应部、工程质量部的职能与其他工程相似，组建专家小组是为了确保项目圆满完成而专门成立的技术单位，同时对承包人和项目部负责，主要由本项目所涉及的各个领域的资深专家组成，为整个项目的建设提供技术支持、技术咨询、技术决策，审核各分系统的设计、图纸、施工方案，对项目建设中的关键、疑难技术提供现场服务。

### 二、技术交底

做好技术交底工作，以便在工程实施前，进行项目运作的前期内部协调工作；明确项目的技术细节及施工、采购等环节的分工。

技术交底工作由工程技术部经理、项目部组成人员牵头，由销售部、研发部、工程技术部下属投标部、采购部、施工管理部、售后服务部进行配合。

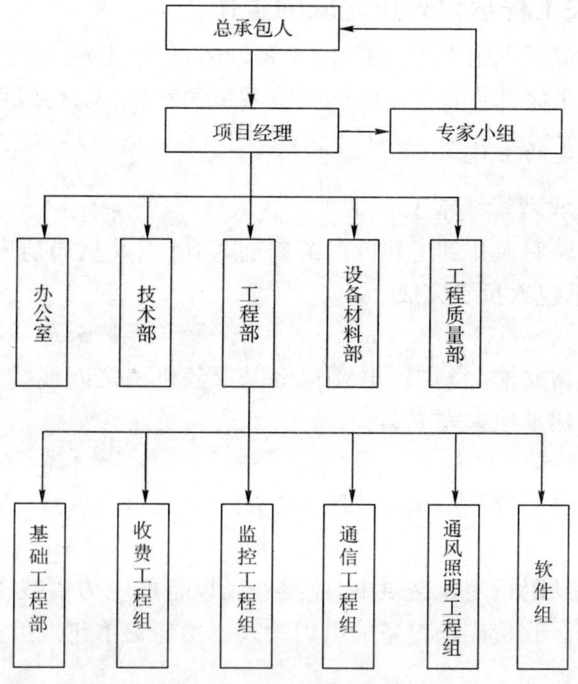


图 7-1　机电系统施工组织机构图

研发部负责细化软件技术要求，完成初期系统需求分析，进而完成内部项目的分析和软件系统结构。

在交叉部门间的技术交底完成后，由项目部相关人员负责完成项目部内部技术交底的细化和分工。

## 三、施工图设计

经过技术交底，由项目部组成人员、业主项目经理部人员和监理工程师组成的施工图设计组开始进行系统的联合设计。在此期间内，对原有设计进行细化和完善。并根据业主的相关要求进行局部系统结构的调整。在征询业主对本项目所有细节意见后，项目部人员将完成系统设计并形成方案、图纸。经业主和监理工程师审批后，施工图设计文件将成为指导工程施工和建设的方案和依据。

## 四、制订材料和设备的采购计划

在施工图设计阶段，采购部保持与项目部的实时沟通，在技术交底和联合设计的基础上进行采购计划的制订，并由工程技术部经理审批。

设备的采购计划根据项目工期的要求和设备的生产周期进行制订。根据施工的工序和工期逐项分析，按需求紧迫程度定义各分项工程，并进而制订出相应的采购顺序。

设备供应商提供的设备，只有当工厂测试全部令人满意，并得到监理工程师的批准后，设备才能交付运输，必要时业主和监理工程师可在供应商的工厂进行测试和监造。

## 五、检查验收相关工程承包人应完成的工作

在高速公路机电系统工程施工中，相关的工程较多，包括土建工程、房建工程、供配电工程等。任何一项相关工程未完都将直接影响到机电系统的安装、调试及试运行等工作。

### 1. 房建承包人应完成的工作

(1) 房建区内通信、收费管线施工

从房建区外边缘的路肩人孔到房建区内的局前人孔，以及从局前人孔至室内地沟或手孔的通信管道，均由房建承包人负责完成。

(2) 沟槽管洞施工

各专业机房内的预留壁槽(竖井)、电缆爬架以及各机房之间线缆连接所需的管洞、线缆槽、管箱、穿管等均由房建承包人完成。

(3) 供配电管线施工

监控、通信、收费分中心等机房至房建区内变配电所的电力管线、人(手)孔等均由房建承包人完成。

如果监控外场设备从附近房建区供电，监控外场设备的电力管线由房建承包人负责完成至房建区边缘的人孔处。收费广场设备的电力管线也由房建承包人负责完成至房建区边缘的人孔处。

(4) 接地

房建承包人负责做各站机房和收费天棚的建筑接地。机电系统所需的所有的接地均由机电承包人负责实施完成。

(5) 电话配线

各站点房建设计的主分线盒设置在通信机房内墙壁，从分线盒到建筑区内各房间的电话配线以及综合楼与建筑区内其他楼之间的电话配线原则上均由房建承包人负责。

### 2. 土建承包人应完成的工作

(1) 主线通信管道施工

主干线通信管道、分歧人孔、横穿过路钢管、路肩手孔等均由土建承包人负责完成。从主线分歧人孔沿匝道至房建区外围的通信管道也由土建承包人负责。

(2) 紧急电话平台

紧急电话平台按两公里一对，由土建承包人预留完成，紧急电话分机及接地极的安装由机电承包人负责。

(3) 外场设备基础

监控外场设备的基础、接地以及安装设备时所需的少量土建工程由承包人负责完成实施。

(4) 监控外场设备的电力管道

如果监控外场设备从附近房建区供电，监控外场设备的电力管道由机电承包人负责完成至房建区边缘的人孔处。

(5) 隧道通风竖井、斜井，消防通道、水池、泵房等

3. 供配电承包人应完成的工作

各通信站机房以及监控、收费、通信分中心等机房内的电源由供配电承包人提供,电源为三相380V或220V单相交流电。各机房内交流配电盘到变配电所的线缆及交流配电盘、开关保护装置(含防雷接地)由供配电承包人提供。

# 第三节 机电工程施工组织设计

## 一、监控系统施工方案

1. 施工内容

(1)监控中心设备包括监控系统服务器、计算机、打印机、三层以太网交换机、大屏幕投影、闭路电视监控系统和综合控制台等。

(2)监控外场设备包括外场监控全方位摄像机、车辆检测器、气象检测器、立柱式可变信息情报板和门架式可变情报板等。

(3)外场设备用通信线缆:通信电缆。

(4)外场设备的供电。

2. 施工工序

监控系统设备安装一般按照外场设备、监控中心设备次序进行安装,整个安装过程可以划分为以下几个工序:

(1)基础工程,主要包括外场监控全方位摄像机、车辆检测器、气象检测器、立柱式可变信息情报板和门架式可变情报板等的安装、基础及管道工程等。

(2)系统供配电、接地工程,它是系统设备调测的必备条件,因此务必保证供电、接地工程能够尽快完成。

(3)外场设备安装。

(4)监控中心设备安装。

(5)外场设备调试,对外场设备进行独立单元测试,确保设备能够独立正常工作。

(6)监控中心系统调试。

(7)监控系统联调,通过模拟正常的道路通行状况及各种异常状况,对整个监控系统进行统一调试、调测,结果作为改进系统的重要依据。

(8)系统试运行。

考虑到监控设备安装需要使用大型施工机械,有可能对路面造成一定的损坏,特别是在公路上普遍使用的环形线圈车辆检测器,需要在路面上开槽埋设,因此对大型机械的行驶路线应精心安排,最低限度减少对路面的损坏。

## 二、通信系统施工方案

1.施工内容

通信系统包括以下施工内容:光纤数字传输设备施工、光电缆工程施工、通信电源设备施工、数字程控交换系统施工、通信管道施工。通信系统施工的工作过程为:审核图纸,现场测量定位;设备基础施工,通信管道,线槽安装;光电缆敷设、接续、检测、标示;通信电源设备、传输设备、中心及通信站室内设备的安装调试;通信系统软件安装调试;通信系统软硬件联合调试。所有工作可以分为通信设备基础安装和通信系统室内设备施工两部分。

2.施工工序

(1)通信设备基础安装方案

①铁架、机架安装

按照设计图纸设计位置及规格尺寸,准确定位、画线。

安装机架底座,高度与防静电板一致,设备机架都应有防振底座与地面连接,并均匀加固,每个底座不少于4个点,底座与地面连接采用膨胀螺丝。

机架安装按平面图施工,配线架按设计要求安装排列位置及标志,架上法兰盘的安装位置应正确、牢固,方向一致。铁架的接地安装应良好,机架排列紧密整洁,道侧对齐成直线,无凹凸现象,机架上各零件不得脱落碰坏,标示清晰、正确、齐全。

②电缆桥架、线槽安装

桥架及槽道的安装位置符合施工图规定,垂直桥架及槽道与地面保持垂直,并无倾斜现象,垂直度偏差不超过3mm。两槽道拼接处水平度偏差不超过2mm。吊架安装保持垂直,整齐牢固,无歪斜现象。金属桥架及槽道节与节间接触良好,安装牢固。

③线缆的敷设

线缆布放前核对规格、程式、路由及位置是否与设计规定相符。

线缆的布放平直,不得产生扭绞、打圈等现象,不得受到外力的挤压和损伤。布放线缆可以不绑扎,垂直线槽布放线缆每间隔1.5m固定在缆线支架上。一次布放长度不要太长(一般2km),布线时从中间开始向两边牵引。布缆牵引力一般不大于120kg,而且加强应牵引光缆的中心部分,并做好光缆头部的防水加强处理。

电缆桥架内缆线垂直敷设时,在缆线的上端和每间隔1.5m处固定在桥架的支架上;水平敷设时,在缆线的首、尾、转弯及每间隔3~5m处进行固定。

(2)通信系统室内设备施工

设备运抵工地后进行检查。在安装设备前,对各线缆进行复查测试,以保证线缆的各类指标达到安装的要求。室内设备安装的位置和监控收费统一调试安放,统一现场走线,安装设备机柜等,进行线缆布设,搭建网络系统。在此工作中应注意设备摆放位置,进行总体布局,线缆、路由器规划及保护,以及线标设置等工作。

在线缆布设端接好后,进行设备安装工作,在安装通信电源、光端机、三层交换机等设备时,要轻拿轻放,按规范操作。显示器要摆放平稳,设备的控制线、信号线的接插头要安装牢固,焊接头要焊实、焊牢、无毛刺,不得虚焊,以保证设备的正常运转和信号的正常传输。

电源线要安装牢固，并按负载大小分配端子，接地线必须按规定接牢。

配线架各部分要用螺丝连接成一个整体，尽量减少相互之间的缝隙，线架要安装平直、牢固、可靠。安装信号电缆时要将电缆沿机架排开，采用扎带固定好。要求布线美观合理。

从开关电源处将电源接入汇流排。将 -48V 电源接入熔丝保护架并接入至电源板，加电初始化，进行设备调试。

最后进行系统联调和联网调试。

## 三、收费系统施工方案

1. 施工内容

（1）收费车道设备，包括车道控制机、显示器、专用键盘、IC 卡读写器、收据打印机等。

（2）车道附属设备，包括自动栏杆机、车辆检测器、手动栏杆机、费额显示器（含语音报价器）、通行信号灯、雾灯、黄色闪光报警器、雨棚信号灯、低速动态称重设备等。

（3）收费站计算机系统，包括服务器、工作站、打印机、以太网交换机等。

（4）收费站紧急报警系统、对讲系统。

（5）收费闭路电视监视（CCTV）系统，包括车道摄像机、收费亭摄像机、广场摄像机、光端机、硬盘录像机监视器和视频切换控制矩阵等。

（6）收费站综合控制台。

（7）收费系统的电源和接地系统，包括 UPS、交流参数稳压器、防雷设备等。

（8）车道设备和收费广场摄像机供电及传输所需的光电缆。

（9）收费系统收费站、收费中心的联网。

2. 施工工序

收费系统的建设具有非常明显的地理分布特点——收费广场、收费站、收费中心等，所以收费系统的施工工序可以详细划分为以下几个过程。

（1）基础工程主要包括车道设备（车辆检测器、费额显示器、车道摄像机等）的安装基础、线缆、管道。

（2）系统供电、接地工程是系统设备调测的必备条件，因此务必保证供电、接地工程能够尽快完成。

（3）车道设备安装，车道设备种类较多，工程量相对较大，而且是整个收费系统的最重要的环节，车道设备应该先于收费站、收费分中心系统完成安装和调试。

（4）收费站监控室设备安装包括计算机系统、闭路监视系统、内部对讲系统、紧急报警系统等。

（5）收费中心设备安装。

（6）车道收费系统调试，对车道设备进行独立单元测试和整体逻辑功能调试，确保车道系统各项功能的正常运转。

（7）收费站系统调试，调试收费站软件系统并与所辖收费车道进行初步的单站运行调测。

（8）收费中心系统调试。

（9）收费系统联调，模拟正常的收费过程，对整个收费系统进行统一调试、调测结果作为改进系统的重要依据。

(10)系统试运行。

设备安装一般按照收费车道及附属设备、收费站监控室设备、收费分中心设备的次序进行安装，若因为其他特殊原因，可相应调整次序以保证工程总体进度。

## 四、隧道机电系统施工方案

1. 工作内容

隧道机电系统工作内容包括隧道照明、隧道通风、隧道监控、消防等几个方面，在此仅介绍照明及通风。

2. 施工程序

(1)照明施工

电缆敷设：桥架位置确定→桥架安装→承重试验→电缆敷设。

照明灯具：位置确定→灯座安装→与电缆连接→安装灯具。

配电机柜：机柜安装→箱体接地→电缆接续→盘柜接线。

单独调试：各部分完成并检查无误后通电调试。

系统联调：各子系统施工完毕后统一进行调试。

(2)通风施工

风机支架位置测量→支架制作→支架安装→风机吊装→风机接线与接地→通电试机→整个系统联调。

## 五、工程质量保证措施

(1)集中技术力量，精心安排各道工序的施工时间，科学地设计施工方案，做好各道工序的衔接工作。

(2)结合工程实际，采用倒排工期，层层分解的办法，在保证质量安全的前提下，在计划时间内完成各道工序。

(3)积极配合业主做好物资调度，设备到货后及时开箱检验。

(4)做好内外协调工作，使交叉工程不因外界干扰而耽误工时。

(5)加强设备检验及调试工作，保证设备安装后正常运行。

## 六、工程进度保证措施

根据可能影响本工程进度的因素，项目经理和项目技术负责人应与建设单位或监理方加强协调工作，确保与机电系统工程相关的土建、房建、供配电，包括联合设计阶段机电系统要求新增的管道、桥架、管洞等按计划如期完成，这是机电系统工程按计划完工的先决保证。

1. 进度保证组织措施

将各系统设备安装工程作为多个单位工程，编制施工总进度计划。由项目经理控制其执行，按期完成整个施工项目的任务。

分别以分部工程和分项工程为单位,编制施工进度计划。由项目经理和各系统工程师控制其执行,按期完成各分部、分项工程的施工任务。

以月、周为单位,编制月、周作业计划,由项目经理统一控制其执行,完成规定的目标。如图 7-2 所示。

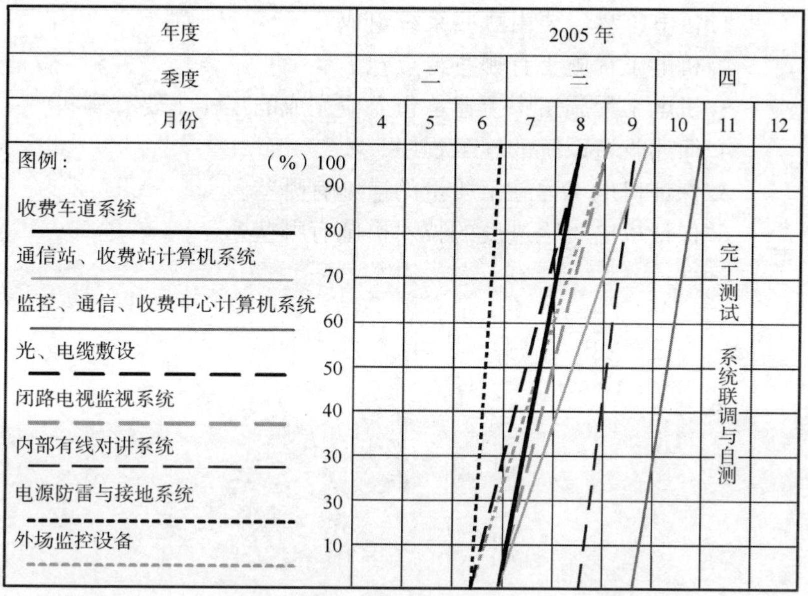

年度 2005 年
季度 二 三 四
月份 4 5 6 7 8 9 10 11 12
图例:(%) 100 90 80 70 60 50 40 30 30 10
收费车道系统
通信站、收费站计算机系统
监控、通信、收费中心计算机系统
光、电缆敷设
闭路电视监视系统
内部有线对讲系统
电源防雷与接地系统
外场监控设备
完工测试
系统联调与自测

图 7-2 分项工程进度率计划(斜率图)

2. 进度保证技术措施

根据工程具体情况,列出详尽的附材清单,提前完成附材的采购工作。避免施工时因部分附材的短缺造成延误。

注意现场进度,针对已具备的施工条件,进行穿插施工。施工时可采取下列具体措施。

(1)能先不后:桥架安装、外场摄像机立柱、广场摄像机立柱安装,在边线路基或隧道完成后,即可进行。雨棚整体结构完成后,可进行雨棚灯的安装。提前完成这些对施工环境要求不高的工序,可为以后的抢工预留一定时间。

(2)化整为零:提前测量收费岛至收费站电源室准确距离和收费岛手孔至岛面设备准确距离,在现场库房剪裁好线缆,并做好标记和端头保护工作。现场一旦具备施工条件,即可进行敷设。这种方法避免了大盘电缆在各个收费站间的倒运造成的时间延误。

(3)装拆结合:针对工期紧张、使用设备贵重的特点,采取安装→调试→拆卸→安装的方法,保证设备的安全和施工进度两不误。在所有施工界面提供后,此方法将有效缩短完工时间。

(4)先调后装:由于系统集成工程使用的设备经常更新,为确保各设备的兼容性和各设备间接口工作正常,除在设备进场前做好测试工作外,现场应做实地测试,以期在安装开始前就发现问题。

(5)重点突破:对进度较快的收费站实施突击作业,以项目部人员为核心并以最快的速度完成安装,派人全天值守。以此收费站作为现场软硬件的测试、调试基地。所有参与此收费站施工的人员已有本工程安装经验，将指导其他施工队进行施工。

(6)全面进展：针对本工程路线长，站点多的特点，制定施工队的拆分计划，适时调整作业队规模。

1. 机电工程主要由哪些系统组成？
2. 机电工程施工有哪些特点？
3. 机电工程施工中土建承包人应完成的工作主要有哪些？
4. 简述收费系统的施工程序。
5. 保证机电工程施工质量的措施有哪些？
6. 保证机电工程进度的技术措施有哪些？

# 第八章
CHAPTER EIGHT

# 施工组织设计示例

本章汇编了两阶段设计或三阶段设计中初步设计文件的“施工方案”示例,施工图设计文件中的“施工组织计划”示例;投标文件中的“指导性施工组织设计”示例;公路养护大中修与旧桥加固设计文件中的“施工组织设计”示例;指导公路工程施工生产的“实施性施工组织计划”示例。

## 第一节 施工方案示例

施工方案为两阶段设计或三阶段设计中的初步设计文件的重要组成内容。

### 一、工程概况

1. 概述

国道107线保定至石家庄界段不仅是国家公路网的重要组成部分,也是河北省公路网的主骨架,同时也是保定市“五纵四横”公路网中的“五纵”之一,是连接保定、满城、顺平、望都、定州、石家庄等城镇的区域干线公路。它的改建对于改善道路交通现状,促进区域经济和沿线城镇化建设将起到重要作用。作为京石高速公路的辅道和储备线路,该段线路可有效分流京石高速公路主交通轴的压力,承担和应对高速公路的突发事件,保障区间交通的畅通。

2. 沿线自然地理概况

(1)地形、地貌

西北部的丘陵—低山区,中部过渡区—丘陵区地貌,东南部的山前冲洪积平原区。

(2)气象、水文

该区域属暖温带大陆性季风气候,半干旱地区。

(3)工程地质

全线地层较为简单，主要为低液限粉土、低液限黏土和沙土。

（4）水文地质

沿线河流有龙泉河、唐河、小清河和孟良河等，其中龙泉河和唐河属于季节性河流。

3. 设计标准

为充分利用旧路，本项目城镇外路段采用分离式路基断面形式，旧路作为半幅，原则上维持不动；新建半幅路基宽 12m，路面宽 11.5m，两侧各设 0.25m 路缘石。

设计行车速度 100km/h，新建桥涵设计荷载采用公路-Ⅰ级。

4. 筑路材料

（1）石料。满城县坨南石料场位于路线 K171 +600 右侧 48km 处坨南镇。岩性为石灰岩，岩块坚硬。

（2）砂和砂砾。主要产自定州大沙河河岸，距路线 5km，砂料为粗、砾砂，干净无杂质。

（3）工程用水、用电。公路沿线水资源丰富，水质良好，电力充足。

（4）石灰。石灰窑主要分布于曲阳县，质量可达Ⅱ级。

## 二、工程规模

本项目路线全长 53.344km，主要工程数量见表 8-1。

主要工程数量表 表 8-1

| 项目 | 单位 | 数量 | 备注 |
|---|---|---|---|
| 路线长度 | km | 53.344 | |
| 路面 | 1 000$m^2$ | 905.137 | |
| 路基土石方 | 1 000$m^3$ | 1 762.920 | |
| 大桥 | m/座 | 562.80/2 | |
| 小桥 | m/座 | 112.95/6 | |
| 涵洞 | m/座 | 40/3 | |
| 分离式立交 | 道 | 1 | 旧桥单侧加宽利用 |
| 通道 | 处 | 12 | |
| 主线收费站 | 处 | 2 | |
| 服务区 | 处 | 2 | 其中 1 处为保定外环收费站 |
| 交通工程 | km | 53.344 | |

## 三、施工队伍

根据本项目工程规模，按国家有关规定实行公开招标的方式，选择经验丰富的承包人实施本项目。

## 四、工期计划

根据本项目工程规模和项目区气候特点，安排两年工期，即2003年7月开始，2005年6月底结束。

## 五、施工流程

施工流程图见图8-1。

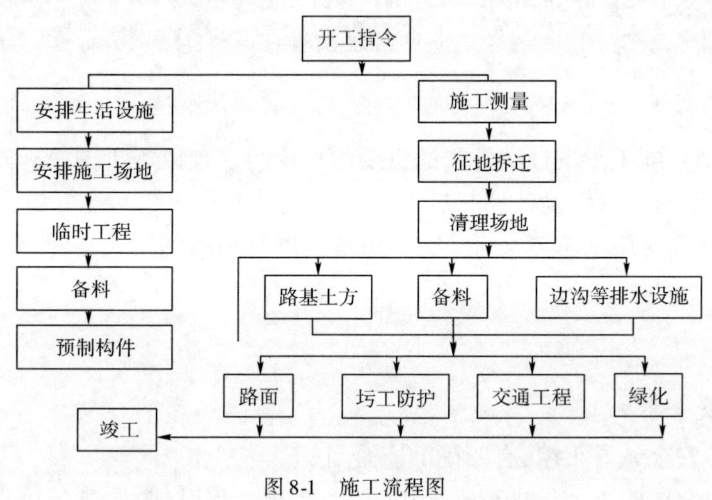


图8-1　施工流程图

## 六、施工方案

(1)土方填、挖、运输和压实均以机械(汽车)为主。边沟和排水沟可采用小型机械挖掘，人工修整。

(2)防护及桥涵工程中的浆砌片石、块石采用人工施工。

(3)钢筋混凝土圆管涵、盖板涵盖板、小桥及通道上部空心板及其他小型构件采用集中预制，运输至现场后起吊安装，大、中桥上部采用就地预制安装。

(4)路面面层、基层采用集中拌和机械摊铺碾压。

(5)路面标线采用专业画线车施工；标志牌、防撞护栏、标志等外购现场安装。

(6)植被防护可采用播撒草籽或移植草皮实现；绿篱、灌木和花草等采用人工种植。

## 七、临时设施

承包人和监理工程师驻地，预制场、拌和场和堆料场设在距路线较近且交通便利的地方，临时占地415亩(1亩 $=666.6\text{m}^2$)。

生活及施工用水可就近取用，生活用水应消毒过滤。

在施工场地安装两台变压器，将当地电网中的10kV高压转变为低压生活和施工用电。

取土、弃建筑垃圾等应严格按照设计要求进行，避免造成环境污染。

### 八、注意事项

(1)路基路面及桥涵基础等施工应尽量避开雨季及洪水季节。

(2)施工过程中注意尽量保护环境,尽可能减少噪声、水土流失、水和空气污染。竣工后应做好环境恢复工作。

## 第二节 施工组织计划示例

施工组织计划是施工图设计文件中的重要组成内容。现以施工图设计阶段编制施工组织计划为例,说明道路施工组织设计编制过程中一般应考虑的问题。本例讨论的重点是在编制工程进度图时如何确定施工总体安排、工期、资源量的平衡等问题。

### 一、说明

#### 1. 施工期间安全措施

(1)成立施工安全领导小组,有明确的安全目标。

(2)开工前对全体施工人员进行安全培训,提高安全意识,增强安全观念。严禁现场作业人员越出封闭路段。

(3)建立安全保证体系。

(4)有安全技术保证措施。

(5)施工现场交通安全事故应急预案。

#### 2. 确保工程质量的措施

(1)强化质量意识,抓规章制度的落实。

(2)进行技术交底;施工过程质量控制。

(3)建立完善的自检体系。

(4)配备先进的施工设备和齐全的检测仪器。

(5)推行全面质量管理。

(6)实行质量责任制和严格的奖惩制度。

#### 3. 工期保证措施

(1)成立技术过硬、团结、协作的项目经理部。

(2)人员、设备按时进场,确保主体工程按期(或提前)开工。

(3)做出分项计划,实行动态目标管理,不断优化和改进施工组织方案,对投入本工程的人力、物力进行最合理、最科学、最有效的组合。

(4)充分协调与当地政府及群众的关系,解决好地方问题,创造良好的施工环境。

(5)采取经济手段,使施工进度与个人利益相挂钩,调动施工队伍积极性。

4. 雨季施工及农忙季节的工作安排

(1)做好雨季施工前的准备。

(2)雨季路面施工,做好路槽内的排水工作,拌和场集料准备盖棚防雨,水泥进行覆盖并采取防潮措施。施工作业段根据天气预报情况确定长度,及时碾压成形。

(3)合理安排各施工项目的劳动力,将劳力少的项目和工序排在农忙季节,尽量雇用不受农忙干扰的长期施工人员和临时工。

5. 环境保护和文明施工措施

(1)制订合理、可行的环境保护措施。如扬尘控制措施、噪声控制措施、生态保护及废弃物处理。

(2)制订合理、可行的文明施工措施。如自觉遵守当地民俗与习惯;文明施工、科学施工、杜绝违章蛮干;驻地建设标准化等。

## 二、工程概况和工程特点

本工程位于四川与陕西两省交界地区,是某国道公路的一段改建工程。该国道公路的下里坝至石碳段经过拟建水库的库区国家边缘,为保证水库建设的顺利进行,经上级批准,对被淹路段进行改建。

下里坝至石碳段公路改建工程,是整个库区被淹公路改建工程的一个组成部分,采用山岭重丘区三级公路标准,按两阶段设计。根据施工图设计文件,该路段的工程概况如下。

(1)改建起点在下里坝附近原公路 K55 处,路线沿清川河东岸南下,在 K56 + 560 处的银子坝离开原公路,跨过清川河,然后继续南行,在石碳附近的 K58 + 880 处与原公路接线。改建路段全长 3.88km。

(2)路基宽度 7.5m。路基土石方 111 320$m^3$,其中石方 40 780$m^3$,土方 70 540$m^3$。浆砌块石挡土墙 955.2$m^3$。

(3)路面宽度 6m,两侧各设宽度为 0.75m 的土路肩。路面面层为 9cm 的双层式沥青混凝土,基层为厚 20cm 的二灰稳定碎石。

(4)全线有中桥 1 座,为 2 孔净跨 30m 的石拱桥,桥长 80.2 延米;小桥 3 座,均为钢筋混凝土板桥,总长 60.51 延米;涵洞 8 座,长 140.4 延米,为钢筋混凝土盖板涵。

(5)其他工程,如路基防护加固工程、附属工程、临时工程等略,本例不考虑。

本改建路段为沿溪线,河流水系发育,坡陡沟深,地形复杂。河谷阶地为农田,山坡地表灌木丛生,基岩露头处可见中厚层白云质灰岩夹硅质板岩。河漫滩为中粗砂夹砾石,分布较广。

本工程桥涵等人工构造物多,路基土石方分布不均匀,多集中在 K56 + 400 ~ K58 + 500 一带,在施工组织设计中应注意各施工工点的相互干扰。沿线砂、石等建筑材料丰富;居民较多,行政、生活用房屋可以利用;新路施工基本上不影响原有公路通车(新旧公路仅在 K55 + 000 ~ K55 + 800 这一小段重合);交通方便,这些都是施工的有利条件。

## 三、施工组织设计的基础资料

本例假定：施工图设计与计算正确；通过现场施工调查，掌握了沿线具体情况；经复核，各分项工程的工程量（见表8-2）无误；其他技术文件、有关规范和新技术资料齐全。

本工程的工期：由于原有公路是运送水库施工物资的主要道路，水库蓄水后原有公路淹没，因此根据水库建设的总体安排，上级要求本工程在1999年第三季度开工，2000年底建成通车，施工工期最长只有一年半的时间。

## 四、选择施工方案和施工方法

1. 施工方案

(1)整个工程的施工采用分别流水作业法。

(2)建立以下8个专业施工队：

①土石方一队；

②土石方二队；

以上两个队负责集中土石方工程的施工，采用平行顺序作业法。

③路基队：用顺序作业法施工沿线路基土石方，包括路基成形、压实、边坡清理等；

④小型构造物队：负责8座涵洞和4座挡土墙的施工，采用流水作业法；

⑤小桥队：负责3座小桥的施工，采用流水作业法；

⑥中桥队：负责1座中桥的施工，用网络分析法组织施工；

⑦路面基层队；

⑧路面面层队。

以上两队用流水线法组织施工。

(3)施工作业方向从路线终点到起点。这是因为本例大部分工程都集中在路线的中部和后面，又无行车干扰；同时，这个施工作业方向使需要利用的旧路（K55+000至K56+400段）最后施工，对旧路通车的影响达到最低程度。

2. 施工方法

本工程规模小，地方劳动力多，为了尽可能减少临时工程和调动地方的积极性，因此，各项工程首先考虑人工施工。但对于劳动强度大、作业面小的工程，如集中土石方、桥梁工程等仍用机械施工或利用机械进行吊装的半机械化施工。各项工程的施工方法见表8-2。

## 五、编制工程进度图

为简化起见，只安排表8-2所列10个施工项目的具体施工进度，但在确定总工期时，仍考虑施工准备工作和收尾工作的时间。

1. 划分施工项目

根据工程性质和施工方法的不同，划分为表8-2所示的10个主要施工项目。

2. 计算劳动量

由工程量和相应的时间定额，计算得到各个施工项目的劳动量，即所需用的工日数（见表8-2）。本工程所述10个施工项目的劳动量合计为47 661工日，假定与施工图预算一致。

施工方法、工程量及定额工日数量表　　表 8-2

| 编号 | 工程名称 | 土石类别或结构类型 | 施工方法 | 工程数量 | | 定额时间 | | 需用工日数 | 备注 |
|---|---|---|---|---|---|---|---|---|---|
| | | | | 单位 | 数量 | 单位 | 定额值 | | |
| 1 | 集中土方 | 普通土 | 机械 | $m^3$ | 50 440 | 工日/1 000$m^3$ | 5 | 252 | 推土机推运 |
| 2 | 集中石方 | 坚石 | 机械 | $m^3$ | 37 200 | 工日/100$m^3$ | 29.9 | 11 123 | 机械打眼 |
| 3 | 沿线土方 | 普通土 | 机械 | $m^3$ | 20 100 | 工日/1 000$m^3$ | 5 | 100 | 推土机推运 |
| 4 | 沿线石方 | 次坚石 | 人工 | $m^3$ | 3 580 | 工日/100$m^3$ | 57.3 | 2 151 | |
| 5 | 挡土墙 | 浆砌块石 | 人工 | $m^3$ | 955.2 | 工日/10$m^3$ | 14.9 | 1 423 | |
| 6 | 涵洞 | 钢筋混凝土盖板涵 | 人工 | 延米/座 | 140.8/8 | | | 3 950 | |
| 7 | 小桥 | 钢筋混凝土板桥 | 人工为主 | 延米/座 | 60.51/3 | | | 8 085 | 小型机具吊装 |
| 8 | 中桥 | 石拱桥 | 人工为主 | 延米/座 | 80.2/1 | | | 18 190 | |
| 9 | 路面基层 | 泥灰结碎石 | 人工 | $m^2$ | 25 220 | 工日/1 000$m^2$ | 64.2 | 1 619 | 厚度 20cm |
| 10 | 路面面层 | 沥青表面处治 | 半机械化 | $m^2$ | 23 280 | 工日/1 000$m^2$ | 33 | 768 | 厚度 9cm |
| 合计 | | | | | | | | 47 661 | |

注:1. 本表仅为主要工程的工程数量及工日数,其他工程不考虑。
2. 需用工日数为实际使用的等级工,不是折合一级工,以便安排临时生活设施。
3. 涵洞及小桥的需用工日数是按定额计算后的综合数字,计算过程略。

### 3. 组织专业施工队,计算施工持续时间

将 10 个施工项目加以适当合并,由 8 个专业施工队施工(在施工方案中已提出)。各施工队的工人人数,根据机具配备和劳动优化组合的原则确定,各队人数见表 8-3。

各施工队作业时间表　　表 8-3

| 编号 | 施工队名称 | 人数 | 投入劳动量(工日) | | 作业持续时间(d) | | 起止时间 | | 备注 |
|---|---|---|---|---|---|---|---|---|---|
| | | | 计算值 | 计划安排 | 计算值 | 计划安排 | 开工 | 结束 | |
| 1 | 土石方一队 | 35 | 8 225 | 8 225 | 235 | 235 | 11 月下旬 | 8 月底 | 跨年度 |
| 2 | 土石方二队 | 30 | 3 150 | 3 150 | 105 | 105 | 4 月下旬 | 8 月底 | 2000 年 |
| 3 | 路基队 | 30 | 2 251 | 2 250 | 75 | 75 | 6 月中旬 | 9 月下旬 | 2000 年 |
| 4 | 小型构造物队 | 20 | 5 373 | 5 400 | 269 | 270 | 9 月初 | 7 月下旬 | 跨年度 |
| 5 | 小桥队 | 30 | 8 085 | 8 100 | 270 | 270 | 9 月初 | 7 月下旬 | 跨年度 |
| 6 | 中桥队 | 80 | 18 190 | 19 200 | 227 | 240 | 9 月初 | 6 月下旬 | 跨年度 |
| 7 | 路面基层队 | 65 | 1 619 | 1 625 | 25 | 25 | 9 月初 | 10 月初 | 2000 年 |
| 8 | 路面基层队 | 30 | 768 | 750 | 26 | 25 | 9 月中旬 | 10 月中旬 | 2000 年 |

表 8-3 中人数为实际出工的工人数,确定各队的编制人数时,还应除以计划的出工率。

各施工队的作业持续时间,采用进入正常流水后的进度平均计算(工程实践中要考虑流水展开期,见本例中桥的进度安排),即用各队人数除该队应完成的劳动量。如小桥队由 30 人组成,应完成的劳动量为 8 085 工日,则该队的作业持续时间为 8 085 ÷ 30 ≈ 270 工作日;又如路面基层队的作业持续时间为 1 619 ÷ 65 ≈ 25 工作日。各施工队的作业持续时间见表 8-3。

4. 确定施工总期限

(1)有效作业天数

根据当地气象站的多年观测资料，该地区平均年降雨日数为48d，最高年份达到59d，冬季多雾，5至8月的降雨日数占全年降雨日数的55%左右。因此，每月的有效作业天数平均为(365 - 48) ÷ 12 = 26.4d，最不利年份为(365 - 59) ÷ 12 = 25.5d。国家法定休息日为49(52 - 3 = 49，五一、国庆节、春节各占1天周日)个星期日(工程上一般每周只按1天休息日计算)和22d节日，每月平均法定工作日为(365 - 49 - 22) ÷ 12 = 24.5d。

综合考虑以上情况，每月有效作业天数取为25d。由于在施工的一年半期间只有一个雨季，因此，每月按25d安排是完全能确保施工任务完成的。

(2)施工准备与结束工作时间

假设本工程的施工准备工作与收尾结束工作的时间各需2个月，因此，正式施工时间为14个月，其有效作业天数为14 × 25 = 350d。

(3)施工实际需用的期限预计

根据各施工项目之间的合理搭接和逻辑关系，本工程有以下两条主要流水作业线：集中土石方—路基—路面、桥涵—路基—路面。从表8-3可知，施工持续时间最长的是小桥队，为270d，因此，小桥—路基—路面可能是控制工期的关键线路。设各施工项目之间的间隔时间为15d，这条分别流水线路的作业持续时间最长为270 + 15 + 15 + 15 = 315d(因为后一施工项目的作业持续时间都比前一施工项目短或相等)。

另一方面，中桥两端有引道，为集中土石方，因此，中桥—引道填方—路面亦有可能是控制工期的关键线路，这条流水线的作业持续时间之和为340d。

综上所述，本工程的正式施工作业天数可控制在350d以内，可在上级规定的施工工期内完成任务。

5. 安排各项工程的施工进度

(1)正式开工时间

前已述及，本工程的准备工作为2个月，正式开工时间为1999年9月1日。

(2)重点工作的施工时间安排

根据前面的分析，影响本工程工期的重点工程是中桥和集中土石方。由于组织两个土石方施工队平行作业，因此，中桥工程就成为关键工程。为保证工程施工进度，首先安排中桥工程于1999年9月初开工。

由于本工程规模小，为尽可能减少临时生活设施，避免短时间内的人工过分集中，因此对小桥和小型构造物都只组织了一个施工队，这就使得这两个施工队的作业持续时间相对延长。为争取时间，不影响路基和路面工程的开工，决定小桥队和小型构造物队也在1999年9月初开工(图8-2)。

(3)各项工程的施工时间安排

图8-2为按垂直坐标法绘制的本工程主要施工项目的工程进度图。在具体确定施工时间时，主要考虑了以下几点：①遵守客观的施工顺序。如在任一地点都应按照桥涵构造物、土石方、路基、路面这样的次序施工，桥台完工后才能填筑引道和锥坡施工等。②同一地点需进行

工程进度
2000 年
1999 年
9 月
10 月
11 月
12 月
1 月
2 月
3 月
4 月
5 月
6 月
7 月
8 月
9 月
10 月
图例
挡土墙
涵洞
小桥
中桥
沥青表面处治层
泥灰结碎石
沿线土石方
集中土石方
里程
K55
K56
K57
K58
工程数量
涵洞 孔数－净跨
1—1.0
1—2.4
1—1.4
1—1.4
1—1.1
1—1.1
1—2.4
1—2.4
挡土墙
172.0
180.1
272.6
330.5
桥梁
板桥 1—6
石拱桥 2—30
板桥 2—10
板桥 1—10
集中土石方（m³）
600
5 340
19 040
6 860
11 430
9 150
14 480
15 240
沿线土石方（m³）
3 050
2 220
930
3 330
5 640
3 760
3 360
1 390
路面
基层为厚 20cm 的泥灰结碎石，面层为 3cm 的沥青表面处治，数量 23 280m²
30
95
140
195
165
130
50
100
150
200
人数
劳动力安排示意图

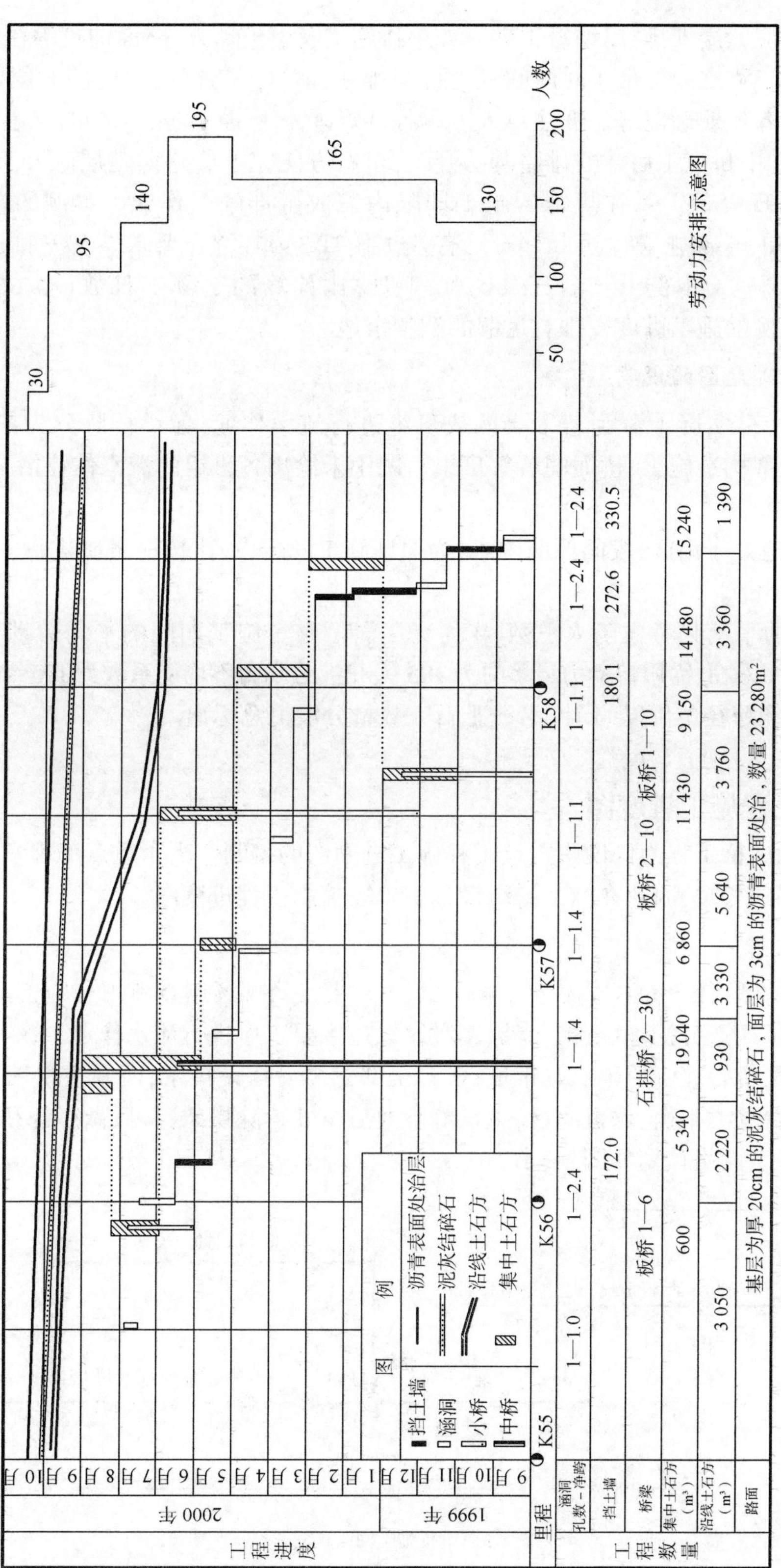

图 8-2　工程进度图

多项工程施工时应紧凑安排，以缩短工期。如中桥施工及引道填方、路面铺筑等在中桥施工段内都以满足各项工程之间的最小时间间隔进行安排，路面基层与面层之间的时间间隔由二灰稳定碎石基层的养生期确定等。③注意人力和各种资源需用量的均衡。本例只考虑了劳动力需用量的均衡，如中桥完工后才安排路基队开工，土石方队完工后路面基层队开工等，避免了劳动力需用量出现峰值。④在规定的施工期限内完成全部施工作业。本例的竣工时间为2000年10月中旬，全部施工时间14个月，有效工作日340d，符合要求。⑤安排进度留有余地，便于执行时调整。本例共安排了48 700工日，比计算的定额工日数（47 661工日）多2.18%，因此，本例的施工进度安排有足够的调整余地。

6. 关于工程进度图的说明

（1）每一施工队实际上分为若干小队或班组进行流水作业，如小桥队分为挖基坑、砌基础、墩台施工、上部构造施工、桥面铺装等班组。图中未绘出各班组的流水作业情况，以便突出各施工队之间的相互关系。

（2）由于工地处于山区，夜间照明困难，为保证施工安全，一律按一班制进行安排（中桥拱圈的连续施工除外）。

（3）劳动力的平衡只考虑工人总数，未考虑工种。整个施工期间的平均劳动力需要量为48 700 ÷ 340 ≈ 143人/d，需用劳动力最多时为195人/d。劳动力不均衡系数为195 ÷ 143 = 1.36。

（4）图中桥涵跨径单位以m计，沿线土石方数量分段汇总标出。

## 六、重点工程施工进度图

现以本例的中桥工程为例说明重点工程施工进度图的编制。由于重点工程常常关系到整个工程施工期限的长短，因此在施工组织设计中单独编制工程进度图。

1. 施工方案

本中桥为2孔跨径30m的石拱桥，全长80.2延米。经现场调查和现有施工条件，制订如下施工方案：下部构造分挖基坑、砌基础、砌墩台三道主要工序进行流水作业，每一墩台作业面即为一个施工段；桥台完工后依次砌锥坡；墩台全部完工后搭设拱架；两孔主拱圈和拱上建筑同时施工，使墩台受力平衡，保证质量；主拱圈合龙后30d拆除拱架；最后做栏杆和桥面。按上述方案绘制的施工网络计划如图8-3所示。

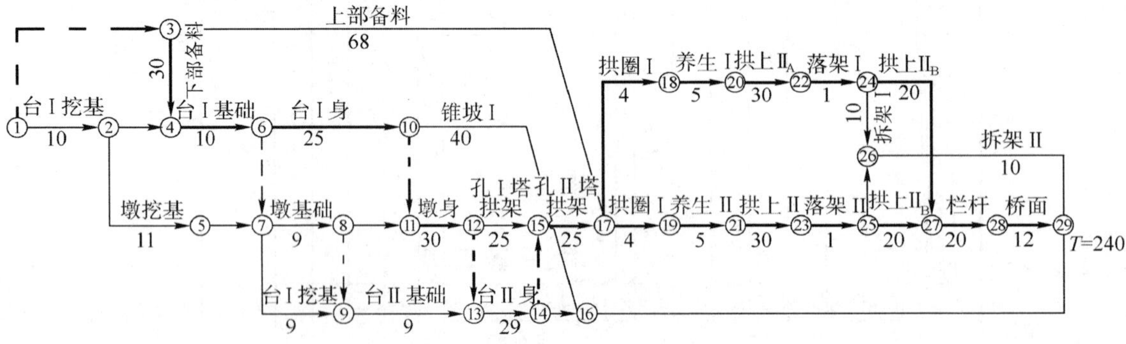

图8-3 中桥施工网络计划

2. 施工方法

以人工施工为主,辅以简易吊运机具,各工序的施工方法见图 8-4。

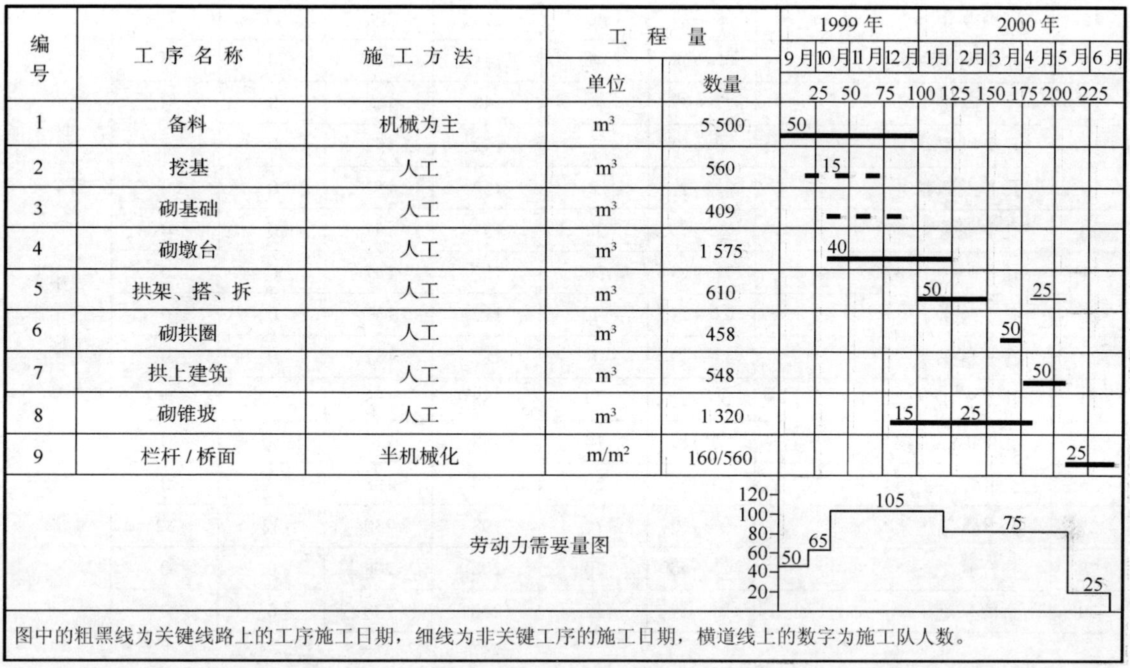

| 编号 | 工序名称 | 施工方法 | 工程量 | | 1999 年 | | | | 2000 年 | | | | | |
|---|---|---|---|---|---|---|---|---|---|---|---|---|---|---|
| | | | 单位 | 数量 | 9月 | 10月 | 11月 | 12月 | 1月 | 2月 | 3月 | 4月 | 5月 | 6月 |
| | | | | | 25 | 50 | 75 | 100 | 125 | 150 | 175 | 200 | 225 | |
| 1 | 备料 | 机械为主 | $m^3$ | 5 500 | 50 | | | | | | | | | |
| 2 | 挖基 | 人工 | $m^3$ | 560 | | 15 | | | | | | | | |
| 3 | 砌基础 | 人工 | $m^3$ | 409 | | | | | | | | | | |
| 4 | 砌墩台 | 人工 | $m^3$ | 1 575 | | 40 | | | | | | | | |
| 5 | 拱架、搭、拆 | 人工 | $m^3$ | 610 | | | | | 50 | | | 25 | | |
| 6 | 砌拱圈 | 人工 | $m^3$ | 458 | | | | | | | 50 | | | |
| 7 | 拱上建筑 | 人工 | $m^3$ | 548 | | | | | | | | 50 | | |
| 8 | 砌锥坡 | 人工 | $m^3$ | 1 320 | | | | 15 | | 25 | | | | |
| 9 | 栏杆/桥面 | 半机械化 | $m/m^2$ | 160/560 | | | | | | | | | 25 | |
| 劳动力需要量图 | | | | | 120-100-80-60-40-20; 50, 65, 105, 75, 25 | | | | | | | | | |
| 图中的粗黑线为关键线路上的工序施工日期，细线为非关键工序的施工日期，横道线上的数字为施工队人数。 | | | | | | | | | | | | | | |

图 8-4　中桥施工进度图

3. 施工进度安排

(1)计算网络图(图 8-3)中各工序的时间参数,得到总工期为 240d,关键线路如图中粗黑线所示。为使网络图清晰,将各工序的全部参数列于表 8-4。

各工序时间参数表　　表 8-4

| 编号 | 工序名称 | 工序代号 | 施工持续时间 | 最早可能开工时间 | 最迟必须开工时间 | 总时差 | 自由时差 | 备注 |
|---|---|---|---|---|---|---|---|---|
| 1 | 桥台Ⅰ挖基坑 | ①→② | 10 | 0 | 20 | 20 | 0 | |
| 2 | 桥墩挖基坑 | ②→⑤ | 11 | 10 | 45 | 35 | 0 | |
| 3 | 下部施工备料 | ③→④ | 30 | 0 | 0 | 0 | 0 | |
| 4 | 桥台Ⅰ砌基础 | ④→⑥ | 10 | 30 | 30 | 0 | 0 | |
| 5 | 桥台Ⅱ挖基坑 | ⑤→⑨ | 9 | 21 | 77 | 56 | 19 | |
| 6 | 桥台Ⅰ砌台身 | ⑥→⑩ | 25 | 40 | 40 | 0 | 0 | |
| 7 | 桥墩砌基础 | ⑦→⑧ | 9 | 40 | 56 | 16 | 0 | 表中未列出虚工序 |
| 8 | 桥台Ⅱ砌基础 | ⑨→⑬ | 9 | 49 | 86 | 37 | 37 | |
| 9 | 砌锥坡Ⅰ | ⑩→⑯ | 40 | 65 | 158 | 93 | 18 | |
| 10 | 桥墩墩身砌筑 | ⑪→⑫ | 30 | 65 | 65 | 0 | 0 | |
| 11 | 桥孔Ⅰ搭拱架 | ⑫→⑮ | 25 | 95 | 98 | 3 | 3 | |
| 12 | 桥台Ⅱ砌台身 | ⑬→⑭ | 28 | 95 | 95 | 0 | 0 | |
| 13 | 拱圈及上部施工备料 | ③→⑰ | 68 | 0 | 80 | 80 | 80 | |
| 14 | 桥孔Ⅱ搭拱架 | ⑮→⑰ | 25 | 123 | 123 | 0 | 0 | |

续上表

| 编号 | 工 序 名 称 | 工序代号 | 施工持续时间 | 最早可能开工时间 | 最迟必须开工时间 | 总时差 | 自由时差 | 备注 |
|---|---|---|---|---|---|---|---|---|
| 15 | 砌锥坡Ⅱ | ⑯→㉙ | 40 | 123 | 200 | 77 | 77 | 表中未列出虚工序 |
| 16 | 孔Ⅰ砌拱圈 | ⑰→⑱ | 4 | 148 | 148 | 0 | 0 | |
| 17 | 孔Ⅱ砌拱圈 | ⑰→⑲ | 4 | 148 | 148 | 0 | 0 | |
| 18 | 孔Ⅰ拱圈养生 | ⑱→⑳ | 5 | 152 | 152 | 0 | 0 | |
| 19 | 孔Ⅱ拱圈养生 | ⑲→㉑ | 5 | 152 | 152 | 0 | 0 | |
| 20 | 孔Ⅰ砌拱上建筑A | ⑳→㉒ | 30 | 157 | 157 | 0 | 0 | |
| 21 | 孔Ⅱ砌拱上建筑A | ㉑→㉓ | 30 | 157 | 157 | 0 | 0 | |
| 22 | 孔Ⅰ落拱架 | ㉒→㉔ | 1 | 187 | 187 | 0 | 0 | |
| 23 | 孔Ⅱ落拱架 | ㉓→㉕ | 1 | 187 | 187 | 0 | 0 | |
| 24 | 孔Ⅰ砌拱上建筑B | ㉔→㉗ | 20 | 188 | 188 | 0 | 0 | |
| 25 | 孔Ⅰ拆除拱架 | ㉔→㉖ | 10 | 188 | 218 | 30 | 0 | |
| 26 | 孔Ⅱ砌拱上建筑B | ㉕→㉗ | 20 | 188 | 188 | 0 | 0 | |
| 27 | 孔Ⅱ拆除拱架 | ㉖→㉙ | 10 | 198 | 230 | 32 | 32 | |
| 28 | 栏杆施工 | ㉗→㉘ | 20 | 208 | 208 | 0 | 0 | |
| 29 | 桥面系施工 | ㉘→㉙ | 12 | 228 | 228 | 0 | 0 | |

(2)确定各工序的施工日期

经过优化后的施工进度安排如图8-3所示。从图中看到关键线路上的18道关键工序的施工日期与表8-4所列数据完全吻合，因此，总工期240d得到保证。中桥于1999年9月初开工，至2000年6月下旬完工，历时9个半月，这就是工程总进度图中确定中桥施工进度的依据(见图8-2和表8-4)。

非关键工序的施工日期，根据保持劳动力均衡的原则，在其时差范围内作了调整。如挖基坑和砌基础实际上由一个施工队完成；砌筑锥坡、拆除拱架等不影响施工全局的工序，施工人数前后作了增减等。

4. 几点说明

(1)各工序的作业持续时间，根据现场作业面、合理的劳动组合确定。因此，在安排施工进度时，除锥坡施工、拱架拆除这两项作业面较宽的工序外，不考虑改变人工数目而变动作业持续时间的调整方法。

(2)中桥施工用工总数为18 190工日，平均劳动力需要量18 190 ÷ 240 = 76人/d，施工期间的最大劳动需要量为105人/d。劳动力不均衡系数为105 ÷ 76 = 1.38。

(3)比较图8-2和图8-4，这两个施工进度图是相互联系、密切配合的。前者表示各施工项目或分项工程的施工进度，后者表示一个施工项目或分项工程的各道工序的施工进度，可以直接用来安排施工任务。

## 七、施工总平面图

本例的施工总平面图如图8-5所示。施工管理机构设在K56 + 150处的西家沟，距重点工

已建公路
设计线
桥梁
河流
房屋
沙滩
旱地
水田
灌木林
砾石场
临时房屋
采石场
采砂场
工程处
水泥仓库
沥青基地
施工总平面图
比例 1:10 000
图号
终点 K58+880
起点
K55
K56
K57
K58
黄家坝
骑马场
银子坝
西家沟
李家沟
下甲坝
北
600
650
700

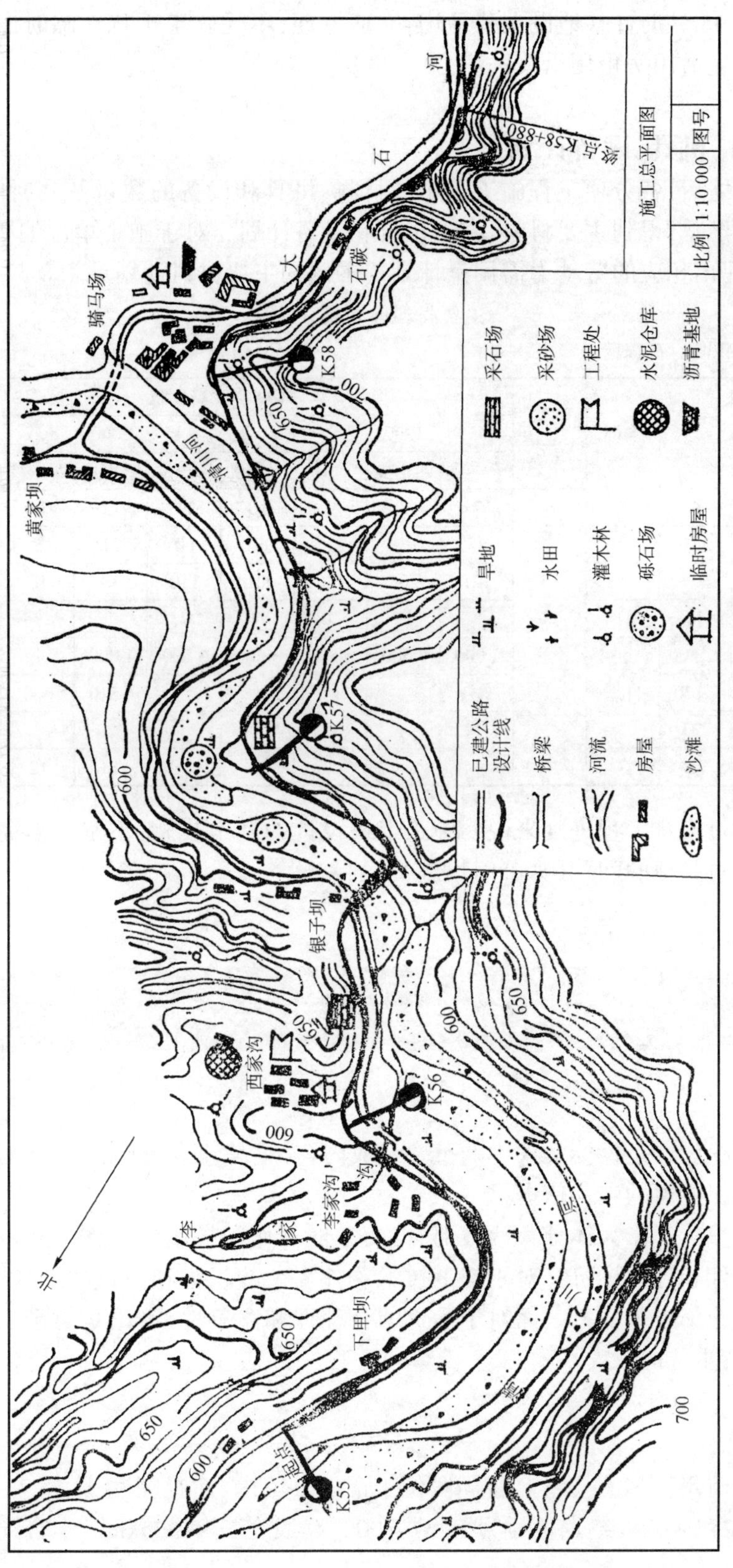

图 8-5 施工总平面图

程银子坝中桥仅300m。沥青基地设在骑马场，交通方便，不受施工干扰。临时房屋为主要仓库、构件加工用房，生活用房租用沿线民房。

### 八、主要材料、机具、设备计划

工程进度确定之后，各分项工程施工需用的材料、机具和设备的数量及其时间即可确定，将它们按季度分别汇总，得到主要材料、施工机具和设备计划。对于施工单位编制的实施性施工组织设计，还应提出相应的劳动力需用量计划。本例的主要材料计划见表8-5。

**主要材料计划表** 表8-5

库区改建公路下里坝—石碳段

| 序号 | 材料名称及规格 | 单位 | 数量 | 来源 | 运输方式 | 年度季度需要量 | | | | | | | | 备注 |
|---|---|---|---|---|---|---|---|---|---|---|---|---|---|---|
| | | | | | | 1999 | | | 2000 | | | | | |
| | | | | | | 三季度 | 四季度 | 合计 | 一季度 | 二季度 | 三季度 | 四季度 | 合计 | |
| 1 | 2 | 3 | 4 | 5 | 6 | 7 | 8 | 9 | 10 | 11 | 12 | 13 | 14 | 15 |
| 1 | 原木 | $m^3$ | 361 | | | 85 | 130 | 215 | 60 | 60 | 21 | 5 | 146 | |
| 2 | 水泥 | t | 594 | | | 121 | 205 | 326 | 110 | 110 | 38 | 10 | 268 | |
| 3 | 钢材 | t | 38 | | | 8 | 12 | 20 | 11 | 7 | | | 18 | |
| 4 | 块石 | $m^3$ | 12 500 | | 汽车 | 1 000 | 3 500 | 4 500 | 3 500 | 3 500 | 1 000 | | 8 000 | |
| 5 | 碎石 | $m^3$ | 7 170 | 自采 | | | | | | | 6 510 | 660 | 7 170 | |
| 6 | 石灰 | t | 223 | | | | | | | | 223 | | | |
| 7 | 沥青 | t | 25 | | | | | | | | 13 | 12 | 25 | |

本例主要是通过安排工程进度来说明施工组织设计的基本步骤，不是一套完整的施工组织设计文件，因此，对其他的问题（如临时设施）不再叙述。

## 第三节 指导性施工组织设计示例

指导性施工组织设计是投标文件中的重要组成内容，也是建设方（业主）评审施工方施工技术水平和施工组织能力的唯一依据。

施工投标时的编标工作大体分为两大部分：商务性工作和技术性工作。技术性工作主要是编制施工组织设计和计算标价。对于施工技术条件复杂的工程项目，评标时往往更多侧重于施工技术方案和施工组织安排。而对于标价的合理性和竞争性，不论是对于投标人还是对于招标人，都是至关重要的。

### 一、工程概况

某国道主干线衢州至窑上公路C合同段位于常山县境内，途经阁底、大桥头、狮子口等乡镇。起点桩号为K257 +475，终点桩号为K267 +000，路线全长9.525km。本合同段内有阁底互通1处，互通连接线1处，大洋滩连拱隧道1处，大桥5座。路基宽度26m（连拱隧道的路基宽为27m，隧道口两侧各设50m的路幅渐变段过渡）。

1. 工程规模

(1)路基挖方：105.29万$m^3$。其中主线77.05万$m^3$，互通区18.88万$m^3$，互通区连接线2.67万$m^3$，隧道3.84万$m^3$，其他2.85万$m^3$。

(2)路基填方：91.26万$m^3$。其中主线75.86万$m^3$，互通区7.57万$m^3$，连接线7.83万$m^3$。

(3)级配砂砾底基层：3.947万$m^2$；

水泥稳定砂砾基层：19.534万$m^2$；

级配碎石基层：11.588万$m^2$；

水泥稳定碎石基层：32.302万$m^2$；

水泥稳定土面层：3.205万$m^2$。

(4)浆砌片石边沟：23 428m；

浆砌片石护坡：18 229$m^3$；

浆砌片石挡土墙：32 460$m^3$。

(5)$\phi$1.5m圆管涵：609.28m/17道；

$\phi$1.0m倒虹吸：215.95m/8道；

石拱涵：46.37m/1道；

钢筋混凝土盖板涵：198.45m/5道；

钢筋混凝土箱涵：56.47m/2道。

(6)通道、桥梁：30座。其中大桥5座，即虹桥溪1号~4号桥（均为9~20m）和杨家埠大桥（4-20m+6-40m+7-20m）。

(7)隧道：大洋滩连拱隧道（$L=185$m）。

2. 工程主要特点

(1)本标段内路线所经地区地形变化较大，路线两端为丘陵区，中部为山岭区，连接线为滩地。

(2)本路线数次跨过虹桥溪，施工受季节性洪水影响大。

(3)本区段属中亚热带季风区，区内四季分明，温暖湿润，降水充沛。

(4)路线前段现有道路条件较差，机械设备如何顺利到场并迅速全面施工是本标段施工组织的一大重点。

(5)5座大桥下部结构施工受洪水影响，如何确保工程顺利进展是本标段施工组织的另一大重点。

(6)工程实施如何解决公路工程三大质量通病问题，是本标段施工组织的又一重点。

(7)大洋滩连拱隧道施工是本工程的难点。

3. 交通条件

常沟公路和狮东公路分别与本路线前后段基本平行，交通条件较好。

## 二、施工总体平面布置

根据本标段施工总体计划的要求，结合本标段沿线的地理和交通条件以及主要工程量沿线分布状况，全线分两个施工段。

1. 驻地布置

本标段项目经理部拟设置在交通便利的K263+600路线右侧的姜家堡村，便于重点工程就近管理。驻地拟部分租用民房，部分自建。

项目经理部下设两个工区，工区直接承担本标段的施工任务，具体布置为：

(1)一工区：设置在阁底互通连接线K1+020路线右侧的湖头村，负责主线K257+475～K261+440和阁底互通区及互通连接线的工程施工。驻地拟部分租用民房，部分自建。

(2)二工区：驻地与项目经理部设在一起，负责K261+440～K267+000段的工程施工。

2. 预制场、拌和场

本标段设两个集中预制场，分别负责一、二工区的梁板预制工作。其中一工区预制场设在互通连接线K0+800～K1+000段路线右侧，计划借地25亩(1亩=666.6$m^2$)；二工区预制场设在K264+300～K264+550段路基上，另计划借地15亩，作为材料堆放场及搭设生产用房。

本标段路面基层料、面层料均集中拌和，自卸汽车分运到各施工点。根据工程规模和交通条件，本投标人计划设置两个集中拌和场，分别负责一、二工区的混合料拌制工作；同时结合工期和工序安排，集中拌和场拟设置在预制场内，即部分梁板预制工作结束后局部拆除预制场建立拌和场。

3. 便道、便桥

为确保工程施工顺利进行，便于施工设备迅速到达施工点，尽快全线铺开，尽早形成施工高潮，除利用现有交通条件外，根据实际施工需要，拟增设如下施工便道、便桥。

(1)在K261+630路线右侧沿着山脚修筑一条长约200m(宽5.0m)的上山便道，供隧道施工使用。

(2)在K262+780～K263+100路线左侧将现有小道拓宽成5m的施工便道，供开山机械设备进入路基。

(3)对拟利用的现有村道进行局部加固和加宽。

(4)部分通道处临时借地接坡，确保原有道路畅通。

(5)K258+250路线右侧搭设1座18m长贝雷钢便桥。

(6)K258+590路线右侧搭设1座7m长钢便桥。

(7)连接线K0+680路线右侧搭设1座30m长贝雷钢便桥。

(8)K260+580路线左侧搭设1座7m长钢便桥。

(9)K261+250路线左侧搭设1座12m长钢便桥。

(10)K262+060路线右侧虹桥溪原有桥梁位置搭设1座30m长贝雷钢便桥。

(11)K262+155路线左侧搭设1座30m长贝雷钢便桥。

(12)K263+470路线左侧搭设1座9m长钢便桥。

(13)K263+810路线左侧搭设1座9m长钢便桥。

(14)部分与中线交叉的沟渠位置设置$\phi$1.5m圆管涵。

4. 电力

(1)本标段拟安装变压器5台，具体为：

①在连接线 K1 +000 路线右侧安装 400kV·A 变压器一台,供虹桥溪 4 号桥和杨家埠大桥桩基及下部结构以及预制场施工用电。

②在互通区 $E$ 匝道 K0 +450 路线左侧安装 160kV·A 变压器一台,供互通区桥梁施工用电。

③在 K261 +650 路线右侧安装 400kV·A 变压器一台,供大洋滩连拱隧道及虹桥溪 1 号桥施工用电。

④在 K262 +000 路线右侧安装 200kV·A 变压器一台,供虹桥溪 2 号桥施工用电。

⑤在 K264 +600 路线左侧安装 400kV·A 变压器一台,供虹桥溪 3 号桥及预制场和拌和场施工用电。

(2)杨家埠大桥施工架设动力线约 600m。

(3)虹桥溪 4 号桥架设动力线约 300m。

(4)其他零星用电,采用当地就近搭线或自发电解决。

5. 生活、生产用水

生活用水采用自来水或井水,沿线河水对混凝土无侵蚀性,可作为工程用水。

6. 弃土场

本标段弃土场共有两处,拟设置在 K258 +700 路线左侧约 100m 的山谷中(占地约 10 亩,1 亩 =666.6m$^2$)和 K262 +800 路线左侧约 500m 的山谷中(占地约 13 亩)。

## 三、设备、人员、材料进场

接到业主中标通知书并签订合同后,7d 内即可调遣有关人员进场,着手落实驻地的生产生活临时设施和电力、电信的安装等。同时进行路线复测及各有关材料的取样试验,报工程师批准后签署有关材料的购货合同,以及编制实施性施工组织设计。施工前期的准备工作有重点地展开,争取在进场后 21d 内将先期工程所需的设备、人员和材料调入施工现场,等待工程师的开工令,使工程尽快进入施工阶段。根据工程进展情况,需及时进行人员、设备的调整和补充,以保证工程的进度和质量。

本投标人投入该项目所需的设备和人员,现主要集中在上海,拟通过公路抵达施工现场或驻地,材料亦通过公路运输到场。

## 四、项目施工管理目标

组建项目经理部,同时根据本工程的特点,完善内部质量管理制度,达到“组织保障有力,项目班子精干,施工机械化,设备精良化”,为项目管理目标的实现奠定扎实的基础。

(1)质量目标:确保优良工程,争创精品工程。

(2)工期目标:确保 27 个月内完成全部工程内容。假定开工期为 2000 年 10 月 1 日,则施工期为 2000 年 10 月 1 日 ~2002 年 12 月 31 日。

具体安排如下:

①施工准备:2000 年 9 月 ~2000 年 12 月。

②路基土石方开挖:2000 年 10 月 ~2001 年 12 月。

③路基填筑:2000 年 10 月 ~2001 年 12 月。

④路面工程:2001 年 11 月 ~2002 年 10 月。

⑤桥涵结构工程:2000 年 11 月 ~2002 年 5 月。

⑥隧道工程:2000 年 11 月 ~2002 年 5 月。

⑦改路、改渠:2000 年 11 月 ~2001 年 9 月。

⑧防护排水及附属工程:2000 年 11 月 ~2002 年 5 月。

⑨其他工程:2000 年 10 月 ~2002 年 12 月。

(3)安全生产目标:无重大责任事故发生。

(4)施工现场:文明施工。

## 五、主要工程项目施工方案

根据本工程的重点和难点,结合以往高速公路施工经验和现场踏勘情况,以确保工程质量和进度为原则,并以充分发挥机械、设备和劳动力的效率,降低工程成本为前提,制订了如下主要工程项目的施工方案。

### (一)第一施工段(K257 +475 ~ K261 +440 及阁底互通区和互通连接线)

#### 1. 工程概况及主要特点

本施工段路基填筑 398 438$m^3$,路基挖方 452 855$m^3$,圆管涵 6 道,盖板涵 1 道,箱涵 1 道,大桥 2 座,中小桥 7 座,通道桥 6 座。本施工段主线长 3.965km,互通区匝道长 2.40km,互通连接线长 2.694km;路基填筑最大高度为 10.08m,最大挖深为 13.94m;桥梁 34 个墩台基础为钻孔桩基础(计 101 根),30 个墩台基础为扩大基础。

本段路线穿越丘陵地区,路线左、右侧汇水面积较大,雨季来水较快;常山港南端的连接线部分地处滩地;易受洪水冲刷和淹没;K261 +208 ~ K261 +370 路段局部沉积有湖沼积软土;主要桥梁为杨家埠大桥和虹桥溪 4 号桥。

#### 2. 主要项目施工方案

(1)路基施工

根据现有交通情况,施工机械设备拟从 3 处进入施工现场。其中一部分设备由连接线 K1 +020处(即常沟公路 K11 +200 处)进场;一部分设备由 320 国道 K500 +100 处(即连接线终点处)进场;一部分设备通过狮东公路并经通往大洋村的机耕路进至主线 K261 +280 处。施工机械设备进场后,尽量在路基红线范围内抓紧修筑临时便道,尽早全线贯通,为结构物进场施工创造条件,同时掀起路基施工高潮。

根据实际地形及工程量分布情况,本施工段拟安排四个路基施工作业组,负责路段分别为互通连接线 K1 +650 ~ K2 +694.268 段、互通区匝道及互通连接线 K0 +000 ~ K1 +190 段,主线 K257 +475 ~ K259 +500 段、主线 K259 +500 ~ K261 +440 段。其中互通连接线 K1 +650 ~ K2 +694.268 段路基填料拟从常山港中取用级配良好的砂砾料,其他路段基本利用山体挖方料,多余挖方料拟弃于 K258 +700 路线左侧约 100m 的沟谷处。

针对本施工段路基实际情况,设备进场后,首先开挖路基两侧临时排水沟,疏通原有沟渠,做好改渠工作，确保排水畅通；互通连接线段路基和防护施工计划于2001年3月洪水到来前基本完成；K261+208～K261+370段路基填筑及早安排实施，并加强施工期稳定观测，早日进入堆载预压，确保路基质量；对于局部水塘予以抽水清淤处理，再换填合适材料。

本施工段路基填筑和路堑开挖同步进行，路堑开挖由上往下分层掘进，同时利用垭口和等高线修筑临时出料便道。路基填筑分层分段施工，施工时采用立标杆并拉线控制分层厚度，先用CA30B振动压路机初压，再用YZP14重型振动压路机复压，确保路基压实度，填料粒径控制在料场进行，同时纵向分段预留台阶，刷坡与路基同步。

路基填筑计划施工期12个月、每月按30d计，取时间利用系数0.75，则平均每个工作日应完成：

$$路基填筑=\frac{398\,438}{12\times 30\times 0.75}=1\,475.7\text{m}^3/\text{d}$$

路堑开挖计划施工期12个月、每月按30d计，取时间利用系数0.75，则平均每个工作日应完成：

$$路堑开挖=\frac{452\,855}{12\times 30\times 0.75}=1\,677.2\text{m}^3/\text{d}$$

本施工段路基开挖和填筑施工计划配备潜孔钻机2台，挖掘机5台，自卸汽车35辆，推土机4台，压路机4台，平地机1台。

本施工段山体比较分散，每一山体开挖结束，即开始防护施工。路基填筑至一定高度后，开始边沟施工。互通连接线挡土墙施工与路基施工同步。路基排水与路堑防护基本与路基施工同步结束，路堤边坡防护基本与路面施工同步结束。

(2)桥涵施工

根据现有道路情况，虹桥溪4号桥(连K0+640)、杨家埠大桥(连K1+420)、大洋滩桥(主K261+246)等桥一进场即可施工，其他桥涵随着便道施工推进而逐步展开。

本施工段共5座桥。由钻孔桩101根(其中竹坞桥头桥4根、互通2号桥15根、虹桥溪4号桥22根、杨家埠大桥40根、大洋滩桥20根)，根据地质情况，钻孔桩基础均有嵌岩，拟采用6台回旋钻机及6台冲击钻机钻孔。施工时，在地质变化处拟放缓钻孔进尺，增大泥浆相对密度，防止坍孔或缩颈。桥梁扩大基础及涵洞基础开挖均采用以机械为主、人工为辅的方法施工。墩柱模板采用整体式钢模，确保外观顺直、光滑、美观。本施工段共有梁板642片，拟集中预制，汽车分运至现场。预制场设在连接线K0+800～K1+000段路线右侧，拟设置台座40个(含非预应力梁板台座4个)，底座上均铺设6mm厚钢板，接缝处进行焊接并磨光处理，侧模采用整体性钢模，空心梁板芯模均采用钢质芯模。大桥及预制场混凝土均采用带有自动计量系统的混凝土拌和站拌制，通过混凝土平车或混凝土输送泵等运送混凝土。施工时堆料场实施硬化，材料堆放严格隔离，既确保内在质量，又保证文明施工。

虹桥溪4号桥和杨家埠大桥施工受洪水影响大，考虑在枯水期抓紧完成。根据地质情况，杨家埠大桥水中桩基护筒拟埋设至岩层，以增强护筒的稳定性和便于保持水头、防止水流冲刷砂砾层、造成坍孔，影响工程施工进度和质量；桩基及下部结构施工拟设2个施工作业组，其中第一组负责0号台～6号墩施工，第二组负责7号墩～17号台施工；水中系梁施工时，采用引流和围堰相结合的措施。杨家埠大桥部分梁板为40mT梁，根据以往及在建项目的施工经验，该项施工工艺已经成熟，主要设备等均为现有，但仍需认真组织，确保质量。

本施工段的桥涵施工计划工期 18 个月，具体施工拟安排 8 个基础及下部结构施工作业组，2 个安装作业组，1 个预制作业组，4 个涵洞作业组。

（二）第二施工段（K261 +440 ~ K267 +000）

1. 工程概况及主要特点

本施工段路基填筑 513 913$m^3$，路基挖方 600 010$m^3$，圆管涵 12 道，盖板涵 1 道，石拱涵 1 道，箱涵 1 道，大桥 3 座，中小桥 2 座，分离式立交 1 座，通道桥 9 座，连拱隧道 1 座。本施工段主线长 5.56km，狮东公路改线 0.935km；路基填筑最大高度为 10.27m，最大挖深 27.73m；桥梁 33 个墩台基础为钻孔桩基础（计 152 根），25 个墩台基础为扩大基础。

本段路线前段位于垅岗坳谷地带，后段位于丘陵区；K261 +860 ~ K262 +080 段被虹桥溪环形包围；K263 +825 路段下伏灰岩，分布有溶洞；隧道进口端节理裂隙密集发育，出口端围岩完整性较差。

2. 主要项目施工方案

（1）路基施工

狮东公路基本与本施工段平行，且有多条村道相连，施工机械设备进场条件较好。根据工程量分布情况，拟安排 3 个路基施工作业组，负责路段分别为 K261 +530 ~ K263 +000 段、K263 +000 ~ K264 +630 段、K264 +810 ~ K267 +000 段，其中 K261 +530 ~ K263 +000 段施工机械设备由狮东公路经村道及便道便桥分别进至 K261 +680、K261 +980、K262 +350 及 K262 +800 等施工点，形成多个工作面；K263 +000 ~ K264 +630 段施工机械设备由狮东公路经村道分别进至 K263 +200、K264 +120 及 K264 +500 等施工点；K264 +810 ~ K267 +000 段施工机械设备经村道分别进至 K264 +810、K265 +400、K266 +000 等施工点。施工机械设备进场后，首先在路基两侧开挖临时排水沟，疏通原有水沟，做好改渠工作，保持排水畅通；并尽量在路基红线范围内抓紧修筑临时便道，尽早使全线贯通，为桥涵施工创造条件。同时抓紧狮东公路改线施工，使改线路段尽早通车，尽量减少高速公路施工对现有交通的影响，确保高速公路正常施工。对于 K261 +860 ~ K262 +080 段，拟在洪水季节之前利用隧道出渣及山体开挖方铺筑至一定高度，减少洪水对施工的影响。

本施工段路基填筑与路堑开挖同时进行。施工方法及质量控制同第一施工段。

路基填筑计划施工期 13 个月每月按 30d 计，取时间利用系数 0.75，则平均每个工作日应完成：

$$路基填筑 = \frac{513\ 913}{13 \times 30 \times 0.75} = 1\ 757m^3/d$$

路堑开挖计划施工期 13 个月每月按 30d 计，取时间利用系数 0.75，则平均每个工作日应完成：

$$路堑开挖 = \frac{600\ 010}{13 \times 30 \times 0.75} = 2\ 051.3m^3/d$$

本施工段路基开挖和填筑施工计划配备潜孔钻机 3 台、挖掘机 6 台、推土机 6 台、压路机 6 台、自卸汽车 45 辆、平地机 1 台。

路基排水及防护工程同第一施工段。

(2)桥涵施工

本施工段桥涵均全幅施工。其中4座桥有钻孔桩(即虹桥溪1号桥48根、虹桥溪2号桥48根、狮子口水库2号桥24根、虹桥溪3号桥32根),根据地质资料桩基均有嵌岩,拟采用6台回旋钻机和6台冲击钻机钻孔;扩大基础采用以机械为主,人工为辅的方法施工;墩柱模板均为整体式钢模。本施工段共有梁板898片,集中预制,预制场设在K264+300~K264+550段路基上,拟布设台座51个(含非预应力梁板台座6个)。为保证预制场顺利建设及按期生产,该段路基进场后先行施工,并于2001年1月份前全部完成。混凝土拌和设备、材料堆场及预制场、底座和模板等设置措施同第一施工段。

本施工段内虹桥溪与路线三次相交,虹桥溪1~3号桥下部施工受洪水季节影响大,考虑在枯水期抓紧完成。结合现有交通条件,虹桥溪1号和3号施工设备可直接到场,2号桥设备需经K262+060路线右侧的便桥及村道到达。根据地质资料及以往施工经验,在地质变化处拟放缓钻孔进尺,增大泥浆相对密度,防止坍孔或缩颈。K263+825路段分布有溶洞,狮子口水库2号桥桩基工程开工前拟对桩位进行详细的地质钻探,探明溶洞分布和发育情况,及时制订解决方案。

本施工段桥涵施工计划工期15个月,具体施工拟安排7个基础及下部结构施工作业组,2个安装作业组,1个预制作业组,3个涵洞作业组。

(3)隧道施工

大洋滩连拱隧道全长185m,其中两洞口明洞段长20m,暗洞长165m,中隔墙厚度1.8m。隧道位于垅岗坳谷区,最大埋深100m,隧道洞身穿过围岩为微风化粉砂质泥岩与石英质砂岩,节理裂隙发育,洞口围岩为残坡积含碎石亚黏土、粉砂质泥岩,遇水极易风化。围岩类别:出入口30m+15m为Ⅱ类围岩,暗洞124m为Ⅲ类围岩,另有16m为Ⅳ类围岩。纵坡为单向坡,下坡0.7%。

根据地形和现场踏勘情况,拟在K261+630路线右侧沿着山脚修筑一条便道至隧道出口端,以便隧道开挖设备进至洞口。在洞口开挖之前,洞口环形截水沟等排水工作抓紧完成,防止雨水冲刷和向洞内贯流。

根据本隧道所处岩层的性质及工程特点,明洞拟按明挖施工,暗洞按先墙后拱新奥法施工,隧道掘进以出口端(窑上端)为主,进口端(衢州端)为辅。

明洞开挖前按设计进行仰坡、边坡放线,然后自上往下逐层开挖,开挖边缘采用深孔预裂爆破。明洞避开雨季施工,开挖后及时喷混凝土封闭临空面。

暗洞采用三导坑正台阶上下半断面分部施工,即将中隔墙超前导洞贯通,随后衬砌中隔墙混凝土,再进行左右侧墙超前导洞开挖和衬砌,左(右)洞拱部环形超前预支护;然后右洞先独立施工,即上部环形开挖→拱圈衬砌→下部开挖→仰拱衬砌;右洞完成后,再按右洞施工次序对左洞施工;最后进行混凝土路面及洞内装饰等施工。隧道开挖采用线形炮孔布置和光面爆破技术,气腿式风钻人工操作打眼,控制装药量,尽量减少对围岩的扰动。二次衬砌采用液压模板台车,泵送30号防水混凝土,喷射混凝土采用湿喷工艺。在掘进过程中,加强洞内测量和超前地质预报工作,发现问题及时向有关部门报告,以便及时商量对策。隧道施工中,严格遵循“短进尺、弱爆破、强支护、快封闭、勤量测”的原则,根据规范和设计图纸,严格按程序施工,稳扎稳进,确保工程质量和安全。

根据隧道工程规模和施工方案，拟在洞口配置 $20m^3/min$、$10m^3/min$ 电动空压机各 1 台，内燃空压机（$12m^3/min$）2 台，安装 400kV·A 变压器 1 台（供隧道及虹桥溪 1 号桥共用），并配备 120kW 发电机组 2 台备用，自动计量混凝土拌和站 2 台。

隧道施工计划工期 18 个月，前两个月成洞 6m/月，其后月成洞 14m/月。计划安排 4 个班组，即掘进班 30 人（3 班制循环作业），安装管棚锚杆班 16 人，喷射混凝土班 6 人，混凝土衬砌班 22 人。

（4）路面施工

①级配砂砾底基层

阁底互通连接线及狮东公路改线路面采用该结构层，总计 7 236.5$m^3$ 混合料在料场集中拌和，汽车分运至施工现场，然后进行摊铺、碾压，施工时确保混合料拌和均匀、含水率适当，无离析现象。计划工期 2 个月。

②级配碎石底基层

阁底互通区路面采用该结构层，计 17.382$m^3$，施工方法同级配砂砾底基层，计划工期 3 个月。

③水泥稳定砂砾底基层

主线路面采用该结构层，计 31 254$m^3$。采用厂拌混合料，汽车分运，摊铺机摊铺。该结构层厚度为 16cm，拟一次摊铺。混合料分别由两个工区的集中拌和场拌制，计划工期 3 个月，取时间利用系数 0.70，则平均每个工作日应完成：

$$\text{水泥稳定砂砾底基层} = \frac{31\ 254}{3 \times 30 \times 0.7} = 496.7\text{m}^3/\text{d}$$

计划配备 WCB200（200t/h）拌和站 2 套，装载机 2 台，ABGT423 粒料摊铺机 2 台，压路机 2 台，自卸汽车 10 辆，洒水车 2 辆。

④水泥稳定碎石基层

该结构物层总计 99 340$m^3$，主线及匝道厚度为 32cm，收费处厚度 30cm，拟分两层摊铺；互通连接线及狮东改线处厚度 20cm，拟一次摊铺。该结构层采用厂拌混合料、除狮东改线采用立钢模人工摊铺外，均采用摊铺机摊铺。计划工期 8 个月，取时间利用系数 0.70，则平均每个工作日应完成：

$$\text{水泥稳定碎石基层} = \frac{99\ 340}{8 \times 30 \times 0.7} = 591\text{m}^3/\text{d}$$

计划配备 WCB200B（200t/h）拌和站 2 套，装载机 2 台，压路机 2 台，ABGT423 粒料摊铺机 2 台，自卸汽车 15 辆，洒水车 2 辆。

⑤水泥混凝土面板

本结构层共 7 575$m^3$，狮东公路改线及阁底互通收费站区和互通连接线采用该结构层，施工时在经检验合格的基层上立好模板（长度满足一天以上面层施工需要），自检合格并报监理工程师认可后开始混凝土浇筑。路面混凝土采用 JS1000 拌和站拌和，汽车分运至施工路段，混凝土摊铺机摊铺。面层拌和场与基层拌和场设在一起，混凝土拌制严格控制水灰比。施工时，注意振捣均匀、密实，对于角度、边部采用插入式捣器振动，并采用真空吸水。养生期间，封闭交通，麻袋覆盖并洒水养生或喷洒养护剂养生。面层计划工期 3 个月。

主线及互通区路面结构层有计划的逐段展开，确保提前两个月分段有序的移交。

## 六、各分项工程的施工程序及方法

所有分项工程在开工前，严格按照施工方案、计划和技术规范要求，逐一落实人员、设备、材料和质量、安全、环保等措施以及有关的材料样品、式样报告等，检查无误后填报开工报告交工程师审批，批准后开始施工。

### （一）路基工程施工程序及方法

#### 1. 路基填筑施工顺序

（1）填前准备工作：先进行施工测量放样，对含水率偏大的路段，在路基两侧开挖临时排水沟，必要时在路基中挖纵横排水沟，加快基底土晾干。按技术规范要求对表土进行清理，清理表土后，将地表碾压使之达到规范标准。

（2）路基填前的试验段作业：在经过整修的路段上选几段长度不小于 50m 的路基做填筑试验，以确定不同填料、不同压实度、不同碾压方式情况下，达到设计压实度的最佳铺筑厚度及不同吨位压路机的最佳压实遍数、速度等。该项试验工作在使用该种填料前一个月予以完成，并报工程师批准，作为路基填筑施工时的依据。

（3）路基填筑方法：路基填筑采用水平分层、纵向分段、以机械施工为主、人工为辅的作业方法进行施工。在达到要求的路基上，将合格的路基填料运到填筑地点，其卸料顺序按先两侧后中间，派专人指挥，按规定数量均匀卸料，以免影响摊铺厚度和质量。每层路基的摊铺宽度均大于设计宽度 20～30cm，以保证路基边坡位置的压实质量和边坡整修的净宽。

（4）路基填筑施工程序

挖掘机装土（机械开采→装载机装料）→自卸汽车分运到填筑路段→推土机推平→人工整修→检查摊铺厚度并调整→用振动压路机碾压。

每填筑 3～4 层，即恢复中线，调整边坡位置，每层的填筑高度用红漆或胶布画在醒目的标杆上，并拉线予以控制，同时纵向分段留台阶，刷坡与路基填筑同步。

（5）碾压顺序：碾压遵循先低后高、先轻后重的原则，直线段由路基两侧向中心碾压，有超高的曲线段由弯道内侧向外碾压。碾压时前后两次轮迹重叠 20～30cm，并尽快压到规定的压实度（土）或固体体积率（宕渣）。

（6）对坡地或填挖交接处的路基填筑按规定要求处理，先将坡地挖成符合规定宽度的台阶，并具有一定的横坡，然后分层填筑路基填料。

（7）与结构物衔接处严格按设计施工，回填采用透水性良好且易压实的材料，每层厚度不超过 20cm，并做到均匀对称地分层填筑和压实。对距离结构物近的地方，用小型机动夯具夯实或小型振动压路机压实，严格质量把关，避免工后桥头跳车。

（8）粒径和级配的控制

路基填筑需要控制好填料的粒径。本合同段利用填方量较大，所以在路基开挖中，注意炮孔位置的布置，采用控制间距、塑料导爆管、MS 雷管微差挤压爆破，以利于在爆破过程中形成大量合格粒径的细料，并在开挖现场进行人工和再爆破解小，在装车运输的过程中严格地进行挑选，挑出大粒径的石块，同时利用推土机或装载机翻拌，确保路基填料达到规定粒径和级配。推土机推平，人工整修，保证工程内、外质量。

2. 路基开挖施工顺序

(1)开挖前准备工作：先进行施工测量放样，定出开挖边线，在开挖范围内清除杂草、树木等植物。

(2)开挖截水沟：按设计先进行截水沟施工，把坡面的地表水引到路基外，防止边坡流失坍塌。

(3)修开山机械和挖装机械及宕渣运输机械等上山施工便道。

(4)开挖。就近利用土方用推土机推运；远运时利用挖掘机挖装土，自卸汽车运土的方式；人工修刷边坡。

对于石方开挖路段，采用从上至下分层爆破的方法开挖，在地形较陡、地表岩石风化破碎地段，采用松动爆破。石质整体性较好地段，人工清理地表，潜孔钻机钻孔，阶梯深孔松动爆破，炮位呈宽孔距、小排距、梅花形布置。塑料导爆管 MS 雷管微差挤压爆破，为确保边坡的稳定和平顺，先采用潜孔钻机沿边坡面先行加密钻孔，实施预裂光面爆破。

根据本合同段开挖量较大、利用量大、开挖边坡质量要求高的情况，路堑岩石开挖路段均采用潜孔钻机钻孔、梯段微差挤压爆破为主，手风钻钻孔浅孔爆破为辅，光面爆破整修边坡的爆破开挖方法，保证边坡稳定的坡面平整，提高开挖料的利用率，又有利于施工进度和施工安全。

(5)防护。路堑路基开挖完成后，及时对边坡进行防护，尤其是土方路段及时按设计要求对边坡进行防护，防止边坡土流失坍塌。

路基开挖方施工工艺流程框图见图 8-6。

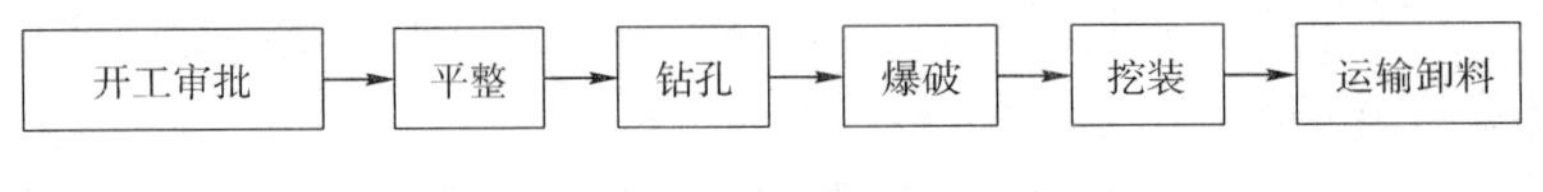


图 8-6 路基开挖方施工工艺流程框图

3. 砌体工程施工

本合同段砌体的主要工作有：地面排水沟砌筑、挡土墙砌筑、护坡、锥坡地砌筑等。

按照相关规范和招标文件的有关规定，认真做好材料的选用和施工测量工作等砌筑前的准备工作，采用坐浆法砌筑，并立模板和挂线，外露表面用块石并修面，确保砌体符合规定尺寸和质量要求。砌筑过程中关键掌握好砂浆的质量，并达到砌体平整，线形顺直流畅的外观美观要求。

砌体工程施工根据相关项目实际完成情况穿插进行。

4. 涵洞施工

本合同段涵洞主要有四种类型：圆管涵、盖板涵、石拱涵和箱涵，涵洞所处位置均为非软基路段，均可直接按常规开挖施工。涵管委托专业厂家预制，汽车分运到现场安装。施工时，将确保基础混凝土的质量，严格按正确的轴线和坡度精确的敷设，并按设计要求做好接缝和防水处理。盖板涵施工时严格控制断面尺寸，模板采用大面积的钢模，切实控制模板支撑牢固。石拱涵搭设拱架进行拱圈施工,拱架需做受压试验,拱架中设有合适的楔块,以便调整支架的升降,砌筑拱圈过程中随时测量和记录搭架和支架的沉降量。待砂浆强度达到要求时才能卸架,卸架时对称均衡缓慢卸落,并观测拱圈挠度和墩台变位情况。箱涵采用就地浇筑,全箱分两次浇筑,第一次浇至底板以上30cm处,待底板混凝土强度达到设计强度70%以上后,再在底板上立模,浇筑剩余部分,采用整体钢模板,以保证光洁度,同时做好沉降缝设置。涵洞回填时严格控制回填材料及方法,并分层压实,确保整体工程质量。

盖板涵施工工艺流程框图见图8-7。

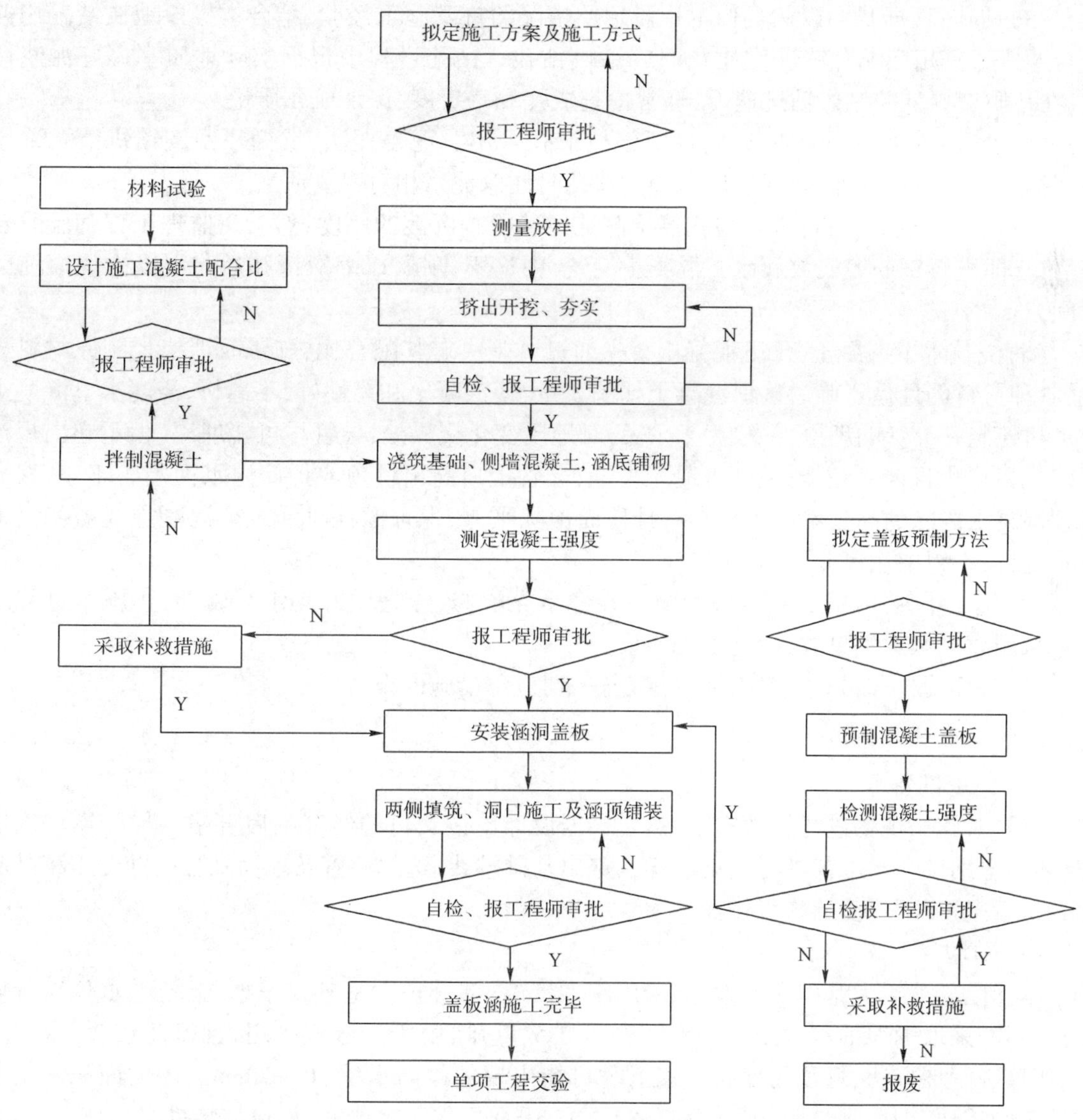


图8-7 盖板涵施工工艺流程框图

(二)桥梁工程施工程序及方法

1. 钻孔灌注桩施工工艺要点

(1)钻孔灌注桩位置要求正确,首先引用导线点设立桥桩控制点,用交会法放样,钢尺复核。钢筋笼依据保护桩定位正确。

(2)护筒埋深:我们将采用可拆式钢护筒或混凝土预制护筒,直径比设计桩径大20~40cm,入土埋深1~3m,陆上桩高出地面0.3m以上,水中桩高出施工水面2m以上,并要求稳固,以利导向钻头,保持水头,防止坍孔。

(3)钻孔:根据我们以往类似本标段地质情况的桩基施工经验,结合本标段地质情况用冲击与冲抓钻机相互配合钻进作业及回旋钻机钻孔。钻孔过程中根据实际地质掌握好泥浆比重,在地质交界处控制好钻进速度,经常检查成孔和垂直度,保证成孔质量。

(4)清孔:根据不同地质条件,冲抓钻机清孔采用黄泥裹抓法,反循环回旋钻机清孔采用泥浆循环吸渣法,使钻渣全部清出孔外。清孔时注意泥浆相对密度适当。

(5)清孔完成后,自行进行检孔器检测孔径和检查沉淀的厚度,然后请监理工程师验收合格后,立即进行钢筋笼安放和水下混凝土浇筑,中途不停顿,以缩短清孔后与混凝土浇灌前的时间。

(6)浇筑水下混凝土:水下混凝土事先通过试验决定其配合比,施工时严格控制原材料质量,各种材料的计量正确。确保混凝土拌制质量,使混凝土和易性好,不离析,浇灌水下混凝土时严格控制好导管的埋深,一般为2~6m,对地质变化交界处,导管尽可能埋深(但不超出规范要求),以增大混凝土位能,灌注混凝土末期,导管上口高出桩顶或护筒内水面不小于4~6m,桩顶混凝土凿除的高度不小于0.5m,且顶面凿除平等,保证灌注桩质量。混凝土浇灌要集中力量进行,不得中途停顿。

(7)施工中使用的仪器、设备均配齐并经事先检修,导管做好泌水试验,防止施工过程中发生机械故障和意外事故,影响工程质量。

(8)对常见的事故以预防为主,并准备一切应急措施的设备。

2. 扩大基础的施工

(1)施工准备

首先对施工现场进行场地整平,然后根据设计单位交付的经复测后合格的导线点和水准点,使用全站仪和水准仪进行施工放样。定出基础轴线、边线位置及地面高程。并经工程师验收合格后,进行下一步的施工作业。

(2)围堰

本标段部分扩大基础在河中,需采用围堰措施,部分扩大基础在旱地,且地下水位比基底还低,不需采取围堰抽水等措施。在河中的扩大基础,由于河床较平坦,且流速较缓、水位较浅,用草袋围堰方法,堰顶高度高出施工时可能出现的最高水位50~70cm。堰内面积满足基础施工的需要,围堰满足堰身强度和稳定要求,围堰要求防水严密,尽量减轻排水工作。

(3)挖基和排水

挖基施工尽量安排在枯水或少雨季节进行。施工前按计划投入劳力、材料、机具,根据本工程的施工期限、工地环境及地质情况，基坑拟用机械进行开挖，在机械开挖不到的部位由人工挖除，及时检验，随时进行基础砌筑。对埋置深度较大的基础，我们将采取连续作业方法一气呵成。

基坑排水采用集水坑与集水沟排水的方式，集水沟沟底低于基坑底面，集水坑深应满足抽水机吸水要求，并用竹筐围护，防止吸水龙头堵塞。配备的抽水设备能力，一般大于总渗水量1.5~2.0倍，水泵宜大小搭配适当，抽水机根据基坑深度及吸程大小分别安装在适当位置。

(4)基础浇筑

本标段基础浇筑模板采用拼装式模板，浇筑混凝土前，对支架、模板、钢筋和预埋件进行检查，模板内的杂物、积水和钢筋上的污垢清洗干净，模板内面涂刷脱模剂，自检合格并报监理工程师审批后浇筑。

浇筑时，为防止混凝土离析，混凝土的倾落高度一般不超过2m，当倾落高度超过2m时，通过串筒、溜槽等设施下落。浇筑混凝土应控制浇筑顺序，以保证基础混凝土的整体性。

3.桥梁下部构造施工

系梁、立柱采用钢模板，水中墩利用钻孔平台上搭钢支架固定，混凝土运送搭设简易便桥和提升设施，在桩柱接头安放防漏浆的海绵或高弹橡皮防止漏浆，其他工作按常规施工，立柱混凝土浇捣一次立模一次浇筑成形，保证立柱美观光洁。

盖梁采用贝雷桁架作支架，支架上立盖梁底模，然后扎盖梁钢筋，再立侧模，用对拉螺丝固定尺寸，支撑牢固，混凝土分层由立柱间相互对向浇筑。仔细振捣、抹面、覆盖养生。

浆砌台身立好模板支架，挂线分层砌筑。砌筑时选好石料，坐浆砌筑，灌缝饱满，错缝施工。镶面石精心加工，丁顺相间，确保工程质量和外观美观。

4.后张法预应力梁施工

(1)准备工作

准备工作包括台座制作、张拉千斤顶校验等。

后张法预应力梁预制，空心板梁台座采用在混凝土底模上铺设6mm厚钢板，T梁台座采用墩柱式台座（支座位置进行加固处理），即将底模放置在数十座由槽钢和I字钢组合成的墩位上，底模上铺设6mm厚钢板。张拉千斤顶校验：在施工前将张拉千斤顶送到国家计量部门校验，在施工过程中也要按要求进行定期校验，以保证张拉吨位的正确性。

(2)模板制作与拼装

为了保证预制质量，后张法预应力梁采用集中预制，侧模采用整体式钢模，空心板梁芯模采用钢模，分两次浇筑，先浇筑底板混凝土，后安放芯模，确保梁板的内在和外观质量。

后张法预应力空心板的模板拼装，是在钢筋制作完成，波纹管穿入并按设计坐标定位正确，端头板装好后进行。

(3)混凝土浇捣

混凝土浇捣按常规分层浇捣，振捣密实，特别要注意加强张拉端的振捣及避免触及波纹管，以免波纹管变形造成闭孔，影响预应力束穿入。

(4)混凝土养生和拆模

混凝土浇捣完毕，终凝后，即可开始养生，根据相关规范，当养生混凝土达到一定强度后即可进行拆模。

(5)穿束和预应力束张拉

当混凝土强度达到要求后，预应力束穿束前用空压机清孔，然后将预应力束穿过预留孔道，即可开始张拉，张拉程序如下：

0 →初应力→105% $\delta K$ 持荷 5min →$\delta K$ 锚固。

张拉采用应力和应变(伸长量)双控。

(6)压浆和封头混凝土

张拉完成后立刻开始压浆，将水泥浆从压浆孔中压入预留孔道中，然后将两端用混凝土封住，待水泥浆强度达到要求后进行编号，并出坑堆放。

5. 预应力梁板安装

根据桥梁和预制场所处的位置，本标段的预应力梁板，除部分通道桥梁板用汽车吊机直接安装外，其他梁板均采用架桥机安装。

架桥机安装程序：

(1)放样画线，精确定出梁体支座位置。复核支座平面处的混凝土顶面高程，高的凿低，低的采取符合规定要求的措施。

(2)在前方各桥台墩顶及桥台路堤上设置木垛，用于支承导梁。

(3)在路堤木垛上拼装导梁，并把导梁向安装桥孔推出，以达规定位置。

(4)导梁后端拼装行车起重机，按单元由轮胎式起重机吊上导梁组成梁体，组装完毕，进行纵、横向走行试车。

(5)预制板由拖车运到安装孔的导梁和行车起重机的吊点下，分别由行车上前后两个吊点将预制板吊起，走行到安装孔，天车横移，摆平支座，将预制板徐徐精确的安装到规定位置上。

(6)安装顺序，在一个车道内，先安装左右两块边板，准确控制桥面横幅宽度，然后从左(或从右)按次序逐块进行安装。

一跨全部安装完毕，即把后孔桥墩上导梁支撑木垛移到新安装孔的前端，然后进行前孔梁体安装，依此类推，直至全桥安装结束。

6. 非预应力梁板的预制安装

本合同段通道小桥非预应力梁板分布较广，但根据施工的总体安排，采用常规的施工方法集中预制，以获得稳定的施工质量。

梁板采用大拖车拖运到各通道小桥的位置，用汽车吊直接吊装就位。

7. 桥面结构施工

桥面结构施工包括：铰缝混凝土施工，桥面铺装混凝土施工，连续缝施工及防撞护栏施工。

1)测量放样

将导线点及水准点引上桥面，确定各结构物的平面位置，用水准仪测量各块梁板顶面实际高程，以保证铺装层的厚度及防撞护栏的高程。

2)铰缝混凝土浇筑

(1)清理梁板上及铰缝内的杂物,在企口缝底部用少量高强度等级砂浆封底,以避免铰缝混凝土漏浆。

(2)将混凝土运至现场,先用50型振捣棒振捣至密实后,用人工整平并清除多余混凝土。

(3)浇筑完毕后进行湿养。

(4)铰缝结束后可安排梁底勾缝工作,以达到美观的要求。

3)桥面铺装

清理桥面上的杂物,绑扎桥面铺装钢筋后立模,混凝土均匀铺设,铺设的高度略高于桥面高程,采用平板振捣器振捣密实,用平整板粗平,滚筒精平,之后进行表面处理,待具一定强度后,进行覆盖洒水养生,相应拆除模板。

4)桥面连续结构

(1)常规桥面连续

①正确制作连续缝钢筋,将相邻板锁定并塞紧端缝,绑扎钢筋安装油浸木条,控制高程并固定。

②待桥面混凝土达到一定强度后方可进行桥面连续混凝土施工,注意混凝土密实拉毛及养生。

(2)先简支后连续

先简支后连续结构由预制梁段和现浇梁段组成,支座由双排改为单排,结构的受力特征为连续梁之特征,先简支后连续,上部构造的一般工艺流程为:设临时支座并安装梁板→永久性支座及安装底模→按现浇段钢筋构造图绑扎钢筋、纵向钢筋按设计要求连接→安装预应力束波纹管→立侧模→浇筑现浇段(混凝土需加高效减水剂,采用微膨胀水泥,振捣密实)→及时养生→待现浇混凝土强度达到100%设计强度后,张拉预应力连续束→压浆→拆除临时支座→进行梁板的横向连接→铺设桥面钢筋网(钢筋网纵向钢筋连续通过现浇段)→浇筑桥面混凝土→摊铺沥青混凝土。

采用先简支后连续结构后,除严格按照规范施工外,我们还将特别注意以下几点:

①斜梁板端部按设计制成台阶状,以免施加连续段预应力时结合面错动。

②与现浇梁段有关的预应力束道及钢筋的位置按图示尺寸严格定位。

③抗正弯矩预应力束封锚混凝土与墩顶现浇混凝土一起浇筑,而与伸缩缝相接的梁端封锚混凝土可先行浇筑。

④空心板采取切实措施防止芯模上浮和下沉。

⑤安装时严格控制落梁位置,左右偏差不超过±2mm。

⑥永久性支座与底模间的缝隙采取有效措施密封,严防漏浆。

⑦现浇段的预应力束道与预制梁段的对应束道顺接,并确保连接可靠,不漏浆。

⑧在混凝土强度达到设计要求后,张拉负弯矩区预应力的顺序为:从外侧向内侧,每次每块板张拉一根钢绞线,直至张拉结束,及时压浆。

⑨现浇段混凝土石料的粒径不大于2cm,混凝土强度比预制梁段高5MPa。水泥砂浆强度大于35MPa以上时,方可拆除临时支座。

⑩连续外梁(板)的纵向钢筋(预制梁、板中伸出的螺纹钢筋)将彼此焊接或采用套筒压接

接头,焊接应符合规范要求,套筒压接相关的钢筋长度应相应减短。

⑪钢筋密集区,如互相有冲突,则以其他钢筋弯起避开预应力筋方式解决。

5)防撞护栏施工

①按图进行钢筋制作和绑扎并立模,注意预埋件的埋设和模板的固定,避免出现跑模现象,模板为定做钢模。

②将混凝土运到现场,采用50型振捣棒振捣至密实,当混凝土达到一定强度后拆模并进行养生。

## (三)路面施工

### 1.级配砂砾底基层和级配碎石基层

该结构层采用厂拌法施工,施工前,先选择一段路段进行试验,以取得各项数据,经工程师批准后,指导施工。

施工顺序:准备→施工放样→将拌和均匀的集料运到现场→平地机摊铺整平→人工修整→碾压成形。

(1)运输和摊铺

将拌和均匀的混合料按计算用量运送到摊铺路段上,均匀卸料,用平地机按预定高程摊平,必要时配合人工整修成形。

(2)碾压

碾压按先低后高、先轻后重的原则进行,先以6~8t双钢轮压路机碾压2~3遍,使该层达到一定的密实度和平整度,然后用振动压路机按试验路段取得的碾压次数进行碾压,使之达到规定的压实度为止。表面必须平整无轮迹。

### 2.水泥稳定底基层、基层施工

该结构层采用粒料拌和机集中拌和,摊铺机摊铺,水泥稳定砂砾底基层作一层摊铺,水泥稳定碎石基层大部分路段分两层交叉施工。施工前选择一段路段进行试验,以取得各项数据,经工程师批准后,指导施工。

施工顺序:准备→放样、设备自动找平线→厂拌混合料→运输→摊铺机摊铺→整形→碾压→养生。

(1)拌和及摊铺

各种粗、细集料和水泥按试验取得的配合比,控制含水率,经粒料拌和机拌和均匀后,用自卸车运至施工路段,由粒料摊铺机摊平,最后人工修整成形。

(2)碾压

碾压按先低后高、先轻后重的原则进行,先以6~8t双钢轮压路机碾压3~4遍,使该层达到一定的密实度和平整度,然后用振动压路机按试验取得的碾压次数进行碾压,使之达到规定的压实度为止。表面必须平整,无轮迹,并采取有效措施保证高程、平整度和每段成形时间符合技术规范的要求。

(3)接缝处理

水泥稳定基层按单向车道整幅摊铺,每天施工完毕应设置横向工作缝,当天完成的端部放两根与压实厚度等厚、与横向宽度等宽的方木,方木的另一侧用碎石填筑一个长约 3m 的过渡段,其高度略大于方木厚度,再进行碾压,使当天端部混合料碾压密实。下次施工前将方木及碎石除去,清扫干净后,开始下一段摊铺粒料,依次循环进行,直到全线完工。

(4)养生

每次作业段碾压完成并经测试合格后,隔适当时间开始洒水养生,每天洒水次数视气候情况而定,整个养生期应保证该层表面潮湿,并对该路段实行交通管制。

3.水泥混凝土路面施工

水泥混凝土路面的施工程序为:在已建基层上测量放样,立好钢模→混凝土厂拌作业→自卸车运输混凝土至现场→摊铺→振捣→真空吸水→机械整平、人工抹平→养生→割缝、灌缝→刻槽→养生。整个过程中,着重抓好混凝土拌和、振捣、整平三个主要环节,以保证路面的优良率。

(1)水泥混凝土的厂拌和运输

水泥混凝土的厂拌作业,本投标人将从材料的选择和先进的检测手段及严密的操作工艺等方面严格把关,以满足本合同段水泥混凝土的质量。

水泥混凝土的水泥、石子、黄沙的选料,首先进行以上各种原材料的分析试验,并将各项指标均达到设计要求的材料分析试验数据报工程师审批,经工程师批准后再组织进料,并进行配合比设计。各种材料做到合理堆放。

在整个拌和作业过程中还应进行各种检测工作,比如坍落度试验、混凝土离析试验等。

(2)水泥混凝土的浇筑

混凝土浇筑前,应对模板高度、润滑、支持稳定情况和基层平整、润滑情况,以及钢筋的位置和传力杆装置等进行全面检查。

拟采用插入式及平板式振捣器进行振捣,振捣时间以拌和物停止下沉,不再冒气泡并泛出水泥砂浆为准,不宜过振。平板式振捣过后再用振捣梁复振,复振目的为在进一步提浆的同时得以初步找平。振动梁振捣时辅以人工找平,并随时检查模板,如有下沉、变形或松动,应及时纠正。

拟采用真空吸水工艺,提高混凝土在未凝结硬化前的表层结构强度,有效地防止表面缩裂和提高防冻等性能,缩短各工序的间隔时间。混凝土拌和物经振实整平后进行真空吸水,真空吸水时间以板厚的 1~1.5 倍(min/cm)进行控制。开机后真空度逐渐增加,当达到要求的真空度开始正常出水后,真空度保持均匀,结束吸水工作前,真空度逐渐减弱,防止在混凝土内部留下出水通道,影响混凝土的密实度。

(3)混凝土板终饰

①做好清边整修,清除黏浆,修补掉边、缺角工程。终饰时严禁在面板混凝土上洒水、撒水泥粉。

②混凝土经初步整修后,用 3m 直尺检查平整度,对于高处用手镘法清除高出的混凝土。

③修整作业在混凝土仍保持塑性和具有和易性时进行,以确保从路表面上清除水分和浮浆。

④混凝土仍具有塑性时,在混凝土表面沿横方向割纹,纹理符合设计要求。

(4)接缝施工

胀缝应与路面中心线垂直，缝壁必须垂直，缝隙宽度必须一致，缝中不得有浆。

胀缝传力杆的活动端设在缝的一边，固定后的传力杆必须平行于板面及路面中心线，其误差不得大于5mm。

缩缝采用切缝法，当混凝土强度达到设计强度25%～30%时，采用切缝机进行切割。

（5）面层施工防护措施

为确保混凝土施工质量，面层施工原则上安排在白天进行。采取预防措施，保证路面铺筑完的6h内混凝土的温度不降到5℃以下，同时配置防雨设备，以免新浇混凝土被雨淋浇。

（6）混凝土板养护

加强养护，确保质量，施工时计划用麻袋覆盖，洒水车洒水养护，或喷洒养护剂进行养护，养护期间昼夜看守，禁止车辆通行，在达到设计强度40%以后，方允许行人通行。待混凝土强度达到设计要求及规定龄期后，做好接坡和路面的及时清扫养护工作，避免接坡处混凝土缺边、掉角和表面露骨等病害的发生。

### （四）隧道施工

#### 1. 洞口开挖

本标段洞口石质Ⅱ类围岩，采用明挖法，为了避免对围岩的扰动，须按弱爆破、强支护的原则施工，即放小炮、少装药，并及时做好边坡和仰坡的防护工作。如采用锚喷支护确保坡面稳定，防止冲刷边坡及仰坡，而且及时施作衬砌等。

#### 2. 洞身开挖

（1）中隔墙导洞采用上下半断面短台阶（台阶长3～5m）开挖，全断面设置三角形格栅钢拱架，间距Ⅱ类围岩0.5m，Ⅲ类围岩1.0m，全断面设$\phi22$、$L=2(2.5)$m的锚杆，喷混凝土厚度10cm。

（2）侧壁超前导洞，开挖尺寸为4.4m×5.5m（宽×高），采用上下半断面短台阶开挖，台阶长度不大于3m。

侧壁导洞随开挖按设计及时安装$\phi22$中空锚杆、压浆、三角形格栅钢拱架、喷射混凝土。

（3）中部部分断面开挖，每次长度1.2m，采用上下半段面正台阶法施工，台阶长度3～5m。Ⅱ、Ⅲ类围岩采用上半段面环形开挖预留核心上，按设计施工将外缘成行后安装中空锚杆、压浆、工字钢钢拱架、喷混凝土，形成一个骨架体，再挖核心土。

#### 3. 出渣运输

上半断面采用手推车出渣，下半断面配备ZL—50铲车1台，配合5t的自卸车2～3辆出渣，设备根据具体情况增加。

#### 4. 爆破设计

进行爆破设计时考虑以下原则。

（1）减少对围岩的扰动及降低振动强度，采取光面爆破。

（2）掏槽及底板眼按抛掷爆破设计。

（3）其他爆眼采用浅孔微振动控制爆破，在保证爆破效果的前提下，尽量减少炮眼的炸药耗量。

最大允许装药量 $$Q_m = R^3(VKP/K)^{3/a} \tag{8-1}$$

式中：$Q_m$——最大允许装药量；

$R$——爆源中心到振速控制点的距离；

VKP——质点振动速度控制标准，cm/s；

$K$——与爆破技术、地震波传播途径介质性质有关的系数；

$a$——爆破振动衰减系数。

(4)采用微差爆破：经实践表明采用微差爆破技术后与齐发爆破相比，平均降振率可达40%以上，微差段数越多，降振效果越好。

(5)钻孔参数确立：

①炮眼深度 $L = 1.2 \sim 1.5\text{m}$

②周边眼 $E = (8 \sim 12)D$ （$D$ 为炮眼直径）

抵抗线 $W = (0.8 \sim 1.2)E$

集中装药度 $Q = 0.1 \sim 0.4\text{kg/m}$

③掏槽眼、底板眼爆破的段装药量，一般取最大允许装药量的70%。

④合理选择段间隔时差，选用100～200ms。

(6)爆破器材包括：

①炸药选用2号岩石硝铵炸药，其规格为 $\phi25 \times 200$、$\phi32 \times 200$ 两种；

②雷管采用非电毫秒微差雷管，各雷管带塑料导管脚线3m、5m、7m。

5.管棚施工

Ⅱ类围岩设计采用 $\phi108 \times 6$ 钢管，环向间距40cm，施工前按设计布设管棚位置，并用红油漆标注，钢管每节布长6m，接头采用丝口连接，长度不少于15cm，相邻接头错开，长度不小于1m，管壁四周钻两排 $\phi20$ 的压浆孔，施工时钢管沿隧道周边以1°外插角打入围岩，采用风动YQ—100B型钻机导孔并顶入管棚钢管，管棚钢管安装好后，灌注M3水泥砂浆，注浆压力控制在0.5～1.0MPa，并做好施工记录。

6.先锚后灌中空注浆锚杆

设计 $\phi25$ 先锚后灌中空注浆锚杆，采用反循环式注浆。

(1)锚杆的类型和布置，必须符合图纸，并符合技术规范要求，锚杆钻孔应圆而直，孔口岩面整平，并使岩面与钻孔方向垂直，如不垂直，安装锚杆时可用垫板调整，使托板密贴岩面。锚杆安装后外露长度不宜超过10cm。

(2)锚杆孔内用水泥砂浆注满。

(3)锚杆应有出厂证明书，每根锚杆的锚固力不得低于设计要求，每300根抽样一组进行拉拔试验，每组不少于3根，试验应符合有关规范的要求。

7.钢筋网

钢筋网应随受喷面起伏铺设，与受喷面的间隙一般为3cm，钢筋网的喷射混凝土保护层厚度不小于2cm，钢筋网与锚杆或其他固定装置应连接牢固，喷射混凝土时钢筋网应不晃动。

向钢筋网喷射时，喷头应稍微倾斜，网后混凝土的流动性应大一些，以使喷射密实。

8. 喷射混凝土施工

在喷射混凝土之前，清除工作面灰尘，检查断面，润湿岩石，采用国内最新产品 KT—916 型湿喷机进行喷射，喷射距离控制在 0.8 ~ 1.2m，喷射角度以 $\alpha = 90°$ 为最佳。根据不同的设计喷射厚度，分 2 ~ 3 次施工。

9. 防水层施工

隧道衬砌采用先墙后拱，施工前防水卷材按施工所需加工成长度 4 ~ 6m，立模前利用施工的脚手架将加工好的卷材安装并紧贴在初支岩面上，表面平顺，固定牢，混凝土施工时不致移动，防水卷材要露出本次混凝土结构面边缘不少于 0.2m 宽。便于下次搭接。

10. 模注混凝土施工

模注混凝土施工须严格遵守有关规范、规则进行，还应遵守下列施工事项：

(1)灌注前清除基底虚渣、污泥、积水，确保基底稳定干净。

(2)安设拱架及模板，位置须准确，连接要紧密牢固，并预留好拱架的沉落量。

(3)特别注意模板质量和接缝处理，须严格执行规范和规定。

(4)采用液压模板台车，泵送混凝土入模，插入式振捣器振捣。

(5)洞口设置带有自动计量系统的拌和站集中拌制混凝土，混凝土运输车输送，施工时需保证混凝土泵的压送连续不中断。

(6)立模时衬砌中线、水平、断面尺寸和净空尺寸均须符合要求，当强度达到 2.5MPa 时方可脱模，养护期不得少于规范规定时间。对衬砌已完成的段应继续观察其衬砌，及时记录并反馈给主管人员，采取相应的处理措施。

隧道泵送混凝土模注衬砌施工生产线为：

混凝土拌和站 → 混凝土输送车 → 混凝土输送泵 → 液压衬砌模板台车

11. 加强围岩监控量测

加强对周边围岩及初期支护的监控测量，及时反馈信息，谋求设计施工的合理性、安全性和经济性，以指导施工。

爆破开挖后应立即进行工程地质与水文地质状况的观测和记录，进行地质描述。支护完成后应进行围岩表面的观察和记录，并进行裂缝的描述。

及时进行围岩初期支护的周边位移及拱顶下沉的量测，位于Ⅱ ~ Ⅲ类围岩且覆盖层厚度小于 40m 时，应进行地表沉降量测。

量测部位和测点位置，应根据地质条件量测项目和施工方法等确定，测点应距开挖面 2m 范围内，尽快安设以利保证爆破后 24h 内或下一次爆破前测读初值。

测点的测试频率应根据围岩和支护的位移速度及与开挖面的距离加以确定。

(1)测定主要项目

①地质和支护状态观察；

②周边位移；

③拱顶下沉；

④锚杆内力及抗拔力；

⑤岩体内位移;

⑥围岩压力及两层支护间压力;

⑦钢支承内力及外力;

⑧支护、衬砌内应力、表面应力及裂缝量测。

测试项目严格按照招标文件有关规定执行。

(2)围岩监控监测应用。

①根据位移情况,了解围岩和支护的稳定状态。

②当位移速率无明显下降,而实测位移值已接近隧道周边允许相对位移时或喷层表面出现明显裂缝时,应立即初强,并调整原支护设计参数。

③二次衬砌的施工应满足:

a.各测试项目的位移速率明显收敛,围岩基本稳定。

b.已生产的各位移已达预计总位移量的80%~90%。

c.周边位移速率小于0.1~0.2mm/d,或拱顶下沉率小于0.07~0.15mm/d。

(3)量测管理

a.隧道现场监控量测成立专门量测小组,承担量测任务。

b.量测小组负责测点埋设、日常量测、数据处理和仪器保养维修工作,并及时将量测信息反馈给施工、设计和管理部门。

c.现场监控量测应按量测计划认真组织实施,并与其他施工环节紧密配合,不得中断。

d.各预埋测点应牢固可靠,易于识别并妥善保护,不得任意撤换和破坏。

12.隧道质量保证体系

(1)开挖

总体根据"多打孔、弱爆破"的原则,尽量减少对围岩的扰动,并保证光面爆破的质量,尽量减少超、欠挖,如出现较大的超、欠挖,则按规范进行处理。

(2)衬砌

①首先确定最佳配合比,保证衬砌质量。

②拱脚以上1m,墙壁以上1m,超挖部分全部用同级混凝土回填。

③衬砌应尽快浇筑,浇筑顺序从两侧拱脚向拱顶对称进行。

④浇筑前,必须将基底石渣、污物和基坑内积水排除干净,严禁向有积水的基坑内倾倒混凝土干拌物,墙基松软时,应做好加固处理。

⑤衬砌完成后,再用仪器进行全面检测,发现问题及时处理。

(3)路面

①确定最佳配合比,保证混凝土质量。

②一次性浇筑,严格按设计和规范要求施工,严禁在刚做好的面层上洒水和撒水泥。

③用专用压槽拱压槽。

13.隧道安全保证体系

(1)爆破人员及特种岗位均持证上岗,严禁无证操作。

(2)在排除浮石及危险地段施工时,安排专人负责旁站观测,确保施工安全。

(3)进洞必须戴安全帽,听从指挥人员调遣。

(4)爆破器材有专人管理发放,并做好统计工作。

(5)洞内车辆派专人进行调度和指挥,杜绝各种交通意外的发生。

## 七、确保工程质量和工期的措施

确保工程质量是工程施工的基本前提,也是施工企业的生命,没有质量就没有效益,也会失去信誉。因此施工企业确保工程质量不仅是对建设单位负责,更是对企业自身负责。

1. 组织保障有力,项目班子精干

在人力、物力及资金等诸方面提供充分和有力的保障,将选派经验丰富、素质精良的项目经理、专业技术人员、管理人员、协调人员和各类熟练工人,形成项目质量管理网络。

2. 施工机械化、设备精良化

采用多台进口和国产优良品牌机械相匹配,如压路机、挖掘机、自卸车、推土机、装载机等,以及自动化和精度高的测量和试验设备,确保施工机械化和高质量。

3. 组织机构

建立和健全质量保证体系,加强管理,强化各层次的质量责任制,从抓好工序质量做起,确保分项工程质量,层层把关,达到工程质量创一流的目标。

(1)建立以项目经理负责制的质量保证体系,在项目经理部下设工程质检科,工区设质检组,班组设质检员,形成三级质量管理网络,严把质量关。

经理部质检科在总工程师指导下开展工作,并设专职质检工程师3人。

各级施工管理人员认真学习合同文件、技术规范和监理规程,按设计图纸、质量标准及监理工程师指令进行施工,落实各项管理制度,严格按程序施工。各施工班组以自检为主,落实自检、互检、交接检的三检制。开展一次(按施工方案)、三工序(复查上工序、保证本工序、服务下工序)活动,强化质量意识,教育全体施工人员,人人关心质量,人人搞好质量,使分项工程质量不合格不交验。

(2)建立一个完善的中心试验室,对工程所用的原材料或试件等进行检验和质量控制。

试验室分土工和钢筋混凝土两大部分,配备相应的设备仪器对所检验测试的项目按有关规程认真操作,如实地提供数据资料,确保检验的真实性和及时性,为此,试验室必须在现有的各项管理制度和岗位职责的基础上结合本标段的实际情况予以修订完善,并切实贯彻。

物资部门对订货或采购的材料,按技术规范的有关规定报请监理工程师认可后方可办理,所进的材料必须符合质量标准,有产品合格证或质量检验证明,做到证随物到、材证相符,按有关规定需要进行复试抽验的需认真进行复检,不合格的材料不用于工程。

(3)将质量责任制贯彻到底,项目经理与各主要管理人员、技术人员、现场施工人员、关键岗位的操作工签订质量管理目标责任书,做到责任明确,奖罚分明,真正把工程质量终身制落实到每个职工。

(4)各级施工管理人员和质检人员加强学习,并认真贯彻招标文件、技术规范、质量标准和监理规程,除了平时自学以外,经理部针对施工实际,定期进行分层次的集中培训学习,进一步提高业务素质,使之在施工过程中更好的落实规范标准,履行职责,提高质量管理水平,把好质量关。

(5)全面抓好质量管理工作,开展 TQC 活动,成立 QC 小组,对工程施工中的技术难点和比较难避免的质量问题,用全员、全过程努力的办法来解决。

(6)强化规范施工,各级质检人员挂牌上岗,并在各路段和各结构物处立牌明确质量责任人,广泛发动群众共同参与质量监督。

(7)虚心听取和接受监理工程师地指导和监督,坚决执行监理工程师的各项指令,提供满足监理工程师在现场检测需要的人员、仪器设备等,搞好与监理工程师的配合工作,同心协力,创造优质工程。

(8)项目经理部定期对全线工程进行全面检查,加强过程控制,发现问题限期整改,并开展全线各施工作业组的质量竞赛,奖罚并举。项目部每月按质量管理目标责任书的要求组织一次检查和考试,奖罚兑现。

(9)积极开展创优活动。制定创优计划,分阶段按步骤落实。

4.技术措施

(1)建立以总工程师为主的技术系统质量保证体系,从总工程师到质检科、工程科、中心试验室、施工班组的各级技术负责人,确保施工方案、施工工艺、技术措施达到质量标准,从技术上对质量负责。并积极采用和推广先进的施工工艺和科技成果,提高产品质量和产品优良率。

(2)本标段配合大型振动压路机对路基进行强压,确保路基稳定性,减小工后沉降。

(3)开展技术攻关。对工程施工中容易出现质量问题的环节,如混凝土表面的光洁度、桥面的平整度等,尤其是公路工程三大质量通病问题,即混凝土路面的早期破损、桥头跳车和路基不均匀沉降,我们将根据以往施工经验和教训,事先采取针对性的保障措施,努力克服质量问题。

①路面的早期破损。首先把好路基质量关,路基严格分层填筑,确保压实度。严格自检制度,在自查中发现路基表面松散、起皮、局部弹簧、强度不满足要求以及平整度差等缺陷,则应及时进行处理,不合格产品不进入下一道工序。合理安排施工计划,编制完善的施工组织设计,做到各结构层施工安排衔接得当,拌和场布局合理,材料堆放有序,特殊气候条件下施工时具备相应对策和措施;认真进行技术交底,明确各道工序的职责和施工责任人,明确自检责任和自检人员,明确质量目标,对关键工序、采取工艺、采取的措施等给予明确的事先指导,做到事先应知、应会教育;严格控制材料的质量,材料质量的好坏直接影响路面施工质量和使用质量,采购各种材料前,根据设计和规范要求做好各项试验,各项指标符合要求并报送监理工程师批复同意后,签订供货合同,同时对于进场材料严格按规定进行抽检,不合格材料不得进入施工现场;严格控制混合料级配和拌制质量,对于基层和面层混合料,采用带有自动计量系统的拌和楼,严格控制拌和时间,使混合料拌和均匀,施工配合比强度比设计配合比强度提高15%;精心组织安排拌和、运输、摊铺碾压三个环节的人、机、料配合,使之连续作业,施工前对各种施工机械进行调试,确保设备的正常使用;施工时严格按照程序和规范要求实施,对于混凝土面层,严格掌握好振捣、吸水、表面处理、切缝时间,加强检测,及时采取优化措施;严格实行封闭养生,按要求及时养护,保证足够的养生期,养生期间禁止一切车辆通行和其他作业,水

泥混凝土面板采用湿养和养护剂养生，待混凝土强度达到设计强度后才能开放交通，养生期结束后即进行灌缝施工，按设计要求选择填缝材料。

②桥头跳车。本路段为非软基路段，治理桥头跳车这一通病主要需在施工管理、工艺、质量控制上下功夫。首先严格制订施工管理制度，落实专人专管责任。按照设计和规范要求，合理安排施工计划，并指定专人对材料质量和关键工序进行专管及自检控制。施工时回填材料一般采用砂砾料或渗水性良好的其他材料，填料的最大粒径不超过50mm，塑性指数小于12，渗水性材料必须符合一定的级配要求，回填必须均衡、对称地分层填筑和压实，每层松铺厚度不大于20cm，并及时碾压，对大型碾压机械作用不到的部位，如台背处及路基边缘等局部区域，采用DPU4045H型进口内燃式振动平板夯等机具进行夯实处理，同时做好施工现场的排水工作，以免影响路基质量。

③路基不均匀沉陷。引起路基不均匀沉陷的原因主要有两种：一种是由地基不均匀沉陷引起；另一种是由路基填筑不均匀所致。施工时严格按设计要求施工，填筑从低往高处分层摊铺碾压，对于填挖交界处，必须按要求挖台阶搭接，搭接时填挖处不能采用等粒径或大粒径的填料，碾压必须密实无拼痕。对于荷塘路段，荷塘里的基底处理要稳固，需排水清淤且换填透水性较好的材料。路基填筑时，严格控制材料粒径、填料级配、分层厚度及其压实度，避免由于填料中个别粒径过大或局部粗细不均匀造成路堤强度不均匀，或填料孔隙率过大而引起路基不均匀沉降，尤其是路槽底面以下80cm范围内严禁用超粒径的大石块和强度较低的土填筑。

(4)分部、分项工程开工前由工程科负责，进行分层次的书面技术交底、施工方案交底、施工工艺交底、设计图纸交底、质量标准交底、安全措施交底，使施工程序化、技术标准化、质量规格化，让每个施工人员做到目标明确，心中有数。

5. 确保工期的措施

(1)中标并接到业主的中标通知书后，立即在本投标人的有关范围内进行思想动员，将该项目的重要意义、建设规模、总工期、质量要求等贯彻到每一个职工中去，使各部门、各岗位充分做好人员、设备、资金的准备，以饱满的精神投身于该项目的建设。

(2)加强工程计划管理。详细制订实施性的各分项计划和相应的材料、设备和劳力安排，并在墙上用文字和图表的形式表明实际和设计进度，计划每月中旬检查一次，以检查旬计划保月计划，检查月计划保季计划，检查季计划保年计划，检查年计划保总体计划的完成。

(3)积极主动处理好与当地政府和有关部门及沿线乡村关系，尽力争取他们的支持和配合，创造良好的外部环境，使工程顺利实施。

(4)施工前期准备工作有重点地展开，使部分控制工期的单项工程能尽早开工，尽量缩短施工前期准备工作时间。

(5)做好机、料等后勤保障工作，及时总结经验，不断提高工作效率，以确保按期完工。

(6)以质量、安全求速度。只有保证质量和安全，计划才能得以顺利实施，工期才有保障。

## 八、冬季和雨季的工作安排

(1)在工程用地范围内做好开沟排水工作，尽量做到雨停沟开，减少对施工的影响。

(2)根据工程所处地理条件和工程性质在编制总体施工计划时,安排不受气候影响或影响较小的工程在雨季施工,不宜在雨季施工的项目尽量安排在其他季度。

(3)利用施工淡季充分做好施工机械设备的检修保养,组织职工培训学习,养精蓄锐,迎接施工旺季。

(4)做好防洪、防台工作,特别要安排好虹桥溪1~4号桥及杨家埠大桥桩基和下部构造的施工季节,尽量避开洪水季节,防止施工材料遭受损失和工程遭受破坏。

(5)冬季认真做好混凝土防冻工作,当气温在0℃以下时不安排陆上混凝土施工和浆砌工作。

## 九、质量、安全保证体系

### (一)质量保证体系

工程质量是百年大计,同时关系到施工单位的生存。为此,应从项目经理到每个施工人员大家齐心共管;从开工到竣工交验的每个环节,都不能放松,建立有组织、设备、制度、办法、措施、手段等一整套的保证体系。

为确保本工程的质量,在本项目的施工管理中全面贯彻ISO 9000质量管理体系和质量保证标准,并结合相关法规、规定及内部规范,编制本项目质量保证体系。本质量保证体系是项目一切质量活动必须遵循的纲领性文件和行为准则,凡参与本项目的项目经理部各级人员必须严格遵守。

本项目质量方针明确了公司对质量的承诺以及满足合同规定的要求,项目质量必须满足业主的期望和目标。

1. 质量控制依据

(1)设计资料

(2)合同文件

(3)技术规范

(4)部颁工程质量检验评定标准

2. 质量控制目标

(1)各类检测、试验资料真实、齐全,原材料质量、配合比、砂浆和混凝土强度、压实度、弯沉等合格率达到100%。

(2)各分项工程一次合格率达到100%,优良率达95%以上。

(3)全部施工项目符合设计要求。各项工程内在质量合格,外表美观。

3. 质量管理措施

为确保上述目标的实现,并创造优良工程,具体拟采取以下措施:

(1)建立从上到下的质量管理体系,并在整个施工过程中开展。从始至终坚持质量管理活动,建立管理点、管理工具,采取立方图法、排列图法和因果分析法,使质量管理从静态管理进化为动态管理。

(2)员工教育。工程质量的好坏,在很大程度上取决于工程全体员工的工作责任心,因此，必须抓好思想教育工作，以使每个职工做到工作一丝不苟，认真细致，保证工程质量，牢固树立质量责任重于泰山的思想。

(3)做好技术交底工作。在每项工作、每道工序施工前，将有关施工技术规范、设计要求、质量控制部位及应达到的标准等编制成手册，发到各施工班组进行书面交底并作为学习的依据，同时利用各种会议形式进行口头交底，达到人人知晓，并在施工中对照检查，做到人人遵守，互相督促；开工前将对进入合同段的全体员工进行技术规范教育，针对各工种进行技术培训，培训结束后，要进行考试，不合格者不发上岗证，且不得上岗。

(4)实行定期和不定期的质量检查制度。在整个上岗过程中，项目经理部每月进行一次质量检查，各工区每半月进行一次检查，特别是对一些容易影响质量的工序和主要结构部位设专人跟班检查，把影响质量的因素消灭在施工过程中，对不符合标准的工程坚决推倒重来，以确保施工的工程不留下质量隐患。

(5)实行三不放过的原则。一道工序或工程完成后，如检查确认不能达到优良工程时，除责成返工外，还需分析产生质量事故的原因，找出造成质量事故的责任人，并根据具体情况予以处理，总结出产生质量问题的经验教训，制订出防止事故再次发生的措施。如上述三点即原因、责任人、防止措施未搞清楚和落实，此次事故绝不放过，并加重处分有关工区、作业班组的领导。

(6)实行质量与经济利益挂钩的奖罚制度。在施工过程中，我们将根据工程的重要性、复杂性等因素制定一套奖罚制度，实行重奖、重罚，利用经济手段以保证优良工程的实现。

(7)赋予质检工程师一票否决的权利，以充分发挥质检工程师和技术人员对质量的监控作用，凡是进入工地的材料，均需质检工程师检查同意后，才能进入现场和用于工程。

(8)工程采购订货时的质量控制：把原材料质量控制在采购订货前，是质量预控的重要措施，先看样品和质量说明书，必要时进行相关原材料的试验工作，符合质量要求的才订货，不符合质量要求的坚决不订货，不是正式厂家不订，以防止伪劣产品进入工地。

(9)进库检查：原材料进库时，要检查厂家的产品合格证，并抽样自检（附自检报告），不合格产品，坚决不准入库。

(10)进库保管：凡进库材料要分门别类保管，并插牌标记，易锈、怕潮、怕晒的材料应置于干燥库房。

(11)对当地砂石料采购或开采前应经试验及审批后再进行订货或开采。

(12)内部质检人员服从和支持业主和监理工程师的工作，并在工作中提供方便，共同把好质量关。

(13)应用相应的设备和方法检测试验，遵循质量控制程序，进行从原材料到工程成品的质量检查。

4. 质量管理和保证体系

以项目经理和总工程师为龙头，组织经理部各有关部门、工区领导、施工班组质检员、单项工程负责人及其他有关业务人员，担任体系的负责人，明确规定质量工程中的具体任务、责任和权利，做到事事有人管，上下有人抓，人人有专职，办事有标准，工作有检查的质量保证体系和管理体系。

5. 各级质量责任

1) 项目经理

对总公司负责,代表总公司承担工程合同质量责任,确保工程质量优良,具体职责如下。

(1) 选择和确定各职能部门负责人、主要骨干。

(2) 选择和确定各工区负责人及主要骨干,进行现场施工的组织管理,承担施工工程合同责任。

(3) 确保工程施工必需的机械设备和材料供应。

(4) 教育职工增强质量意识,并用严格的经济手段(按合同或责任书兑现)对工程质量把关。

2) 总工程师

负责合同段工程质量和技术管理工作,确保项目工程达到优良标准。

(1) 主持制订加强质量管理的措施和办法,切实加强对各职能部门、各工区质量管理工作的检查、监督。

(2) 定期和不定期组织工程质量检查及整改。

(3) 对重大质量问题,及时提出处理意见,报请监理工程师审定后执行。

(4) 主持内部的工程质量检查评定,参与监理工程师检查评定。

(5) 制订施工方案,主持技术交底,指导试验工作,处理合同段的重大技术问题。

(6) 负责重大变更设计的申报,保证工程质量。

3) 质检工程师

在工程质量问题上对总工程师负责,具体负责按规范、规程、规定进行施工工艺巡查、监督,按质检标准进行工序和工程项目检查,评定把关,履行否决权,确保工程质量达标。

4) 试验工程师

(1) 负责对原材料,对工程施工的各试验项目做到及时取样试验,试验频率符合要求,试验结果正确。

(2) 完成监理或业主要求的抽检试验,提出试验报告。

(3) 指导工地试验室的试验工作,参与处理有关工程质量问题。

5) 材料工程师

(1) 负责按设计要求的材料品种、规格、质量标准组织材料进场。进场材料的各种质检资料齐全,不合格的材料决不进场。

(2) 材料的储存和保管做到不受潮、不锈蚀、不变质,否则作废品处理,清除出场。

6) 工区主任

负责工区内部建筑工程项目施工管理,对项目经理负责,主要工作如下。

(1) 对下属施工队(组)施工项目进行经常性的检查、督促,严格按照规范标准、工艺要求、质量标准施工。

(2) 严格按经济责任或有关奖罚规定,对施工队(组)进行奖励和处罚。

7) 工区质检员

(1) 按施工规范、工艺要求随施工队进行施工现场监督检查,履行否决权,及时纠正违规操作,确保工程施工质量。

(2)负责按工序进行自检评定，报送监理工程师复检签订。

## (二)安全保证体系

### 1.组织体系

在项目经理部设立安保部，由经理部统一领导，制订各项安全措施，各工区设安保小组，并设专职安保员，组成施工安全保证体系的组织机构。

安全检查工作程序框图见图8-8。

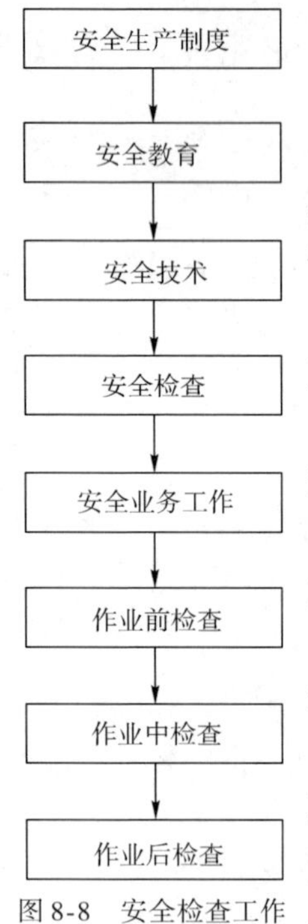

图8-8 安全检查工作程序框图

### 2.安全生产措施

(1)认真贯彻“安全第一，预防为主”的方针，严格执行国家有关安全生产方面的法规、条例、规范、标准和与本投标人有关的安全管理制度，保证职工在施工生产过程中的安全与健康。

(2)建立各级各类人员的安全生产责任制，形成完善的安全保证体系，建立健全各项安全管理制度，并经常对职工进行安全教育。

(3)严格执行安全操作规程，按照作业要求发放劳保用品，进入施工现场必须戴好安全帽，高空作业必须系好安全带，严禁冒险违章作业。

(4)加强施工现场的安全防护设施，保持良好、安全、文明的施工条件。

(5)单项工程的施工组织设计或施工方案附有安全技术措施，对特殊和危险性较大的工程单独编制安全技术措施，并且有依据、说明、审批。

(6)严格实行逐级安全技术交底制度，开工前技术负责人将工程概况、施工方法、安全技术措施等情况向项目负责人、工长详细交底，项目负责人或工长向班长进行书面安全技术交底，各级书面交底有交接人签字，并存档备查。

(7)施工过程中所使用的安全用品、工具和设施以及电气、机械设备等做到定期检查，建立严格的检查制度。如脚手架、井字架、安全网、工地使用的中小型机械、起重设备的安全装置、限位装置等，对临时电气工程应符合国家用电规定，装设漏电保护装置。

(8)对石方爆破作业施工，严格执行国家和当地政府、公安部门的有关规定，制订单独的安全技术措施方案和管理制度。

(9)对特种作业人员加强培训考核，实行持证上岗制度，严禁无证人员从事特种作业。

(10)加强安全生产检查，并和生产安排结合起来，加强日常的安全检查活动，发现安全隐患立即下达隐患通知书，限期改正，如有危及人身安全的紧急险情和重大隐患立即停止其作业。

### 3.设备和物资保证

项目经理部和各工区配置适当的抢救设施和药品，施工工地配备足够的安全网、安全绳以及施工工人的保护用品，驻地配备消防和卫生设备，消除各环节的安全隐患。

## 十、其他事项

1. 环境保护措施

(1)生产及生活设施的设置应认真规划、设计，设计时应符合环境保护要求，遵守环境保护法规，在征得当地政府有关部门同意后，报请工程师批准。

(2)钻孔桩设置泥浆池，经沉淀后再作处理。

(3)生活、生产废水经收集、处理后再排放。

(4)在临近居民点施工时，采取严格的防污染和防噪声措施。

(5)土石方施工作业中避免土石堵塞河流、农田灌溉水渠，保护树木，防止毁坏森林，防止造成水土流失。

2. 文明施工

文明施工是衡量企业素质和管理水平的标准，应将文明施工作为一个重要工作内容来抓。

(1)建立项目经理为文明施工第一责任人的组织机构，各部门分工明确。

(2)场地布置合理，设备材料停放有序，各种图表上墙，员工佩卡上岗。

(3)加强路容、路貌管理，各种标牌、标语立于各责任区，整个施工现场井然有序。

(4)认真做好临时排灌工作，施工不影响农业生产。

(5)认真搞好现有道路的维护工作，确保施工路段的道路畅通。

(6)加强与地方的协调工作，由专人负责与地方政府部门、乡村居民的协调关系，取得当地政府部门的大力支持，努力解决施工中出现的各种问题、各种矛盾。加强与群众的关系，紧密团结，关系融洽，相互帮助，为顺利完成工程项目创造条件。

3. 地下和地上三线保护措施

先行人员进场后，即组织对沿线地下光缆和电力线路等三线进行详细调查，并针对各种情况与有关部门取得联系，制订切实可行的保护措施，以确保三线安全。

4. 文物保护

文物是国家的财富，在进入施工现场前，对参加施工的所有人员进行有关教育。施工中，一旦发现文物，立即报告有关部门，并做好现场保卫和防护工作。由经理部办公室负责具体业务。

# 第四节 实施性施工组织设计示例

实施性施工组织设计是指导公路工程施工生产的重要技术经济文件。

本节以某高速公路A标段施工为例，说明在施工单位施工阶段编制实施性施工组织设计过程中应该考虑的主要问题。为适应教学，对原工程内容作了适当的调整，对原文中与施工技术课程有关的内容进行了精简。

## 一、工程概况

该工程位于广东某市，南连广清高速公路，北连清连高速公路，与清连高速公路、广清高速公路一起构成了广东省南北向交通大动脉，是广东省高速公路网规划的“六纵”的重要组成部分。主线为双向四车道高速公路，设计速度120km/h，整体式路基宽度26m，分离式路基宽度为2×13m，主线长度为57.9km，本标段长度为8.2km；桥梁7.568km/32座，本标段为1.536km/5座，互通式立交1座，收费站1处，监控管理所、养护工区、隧道监控管理所，服务区1处。

### 1. 主要工程量

路基土石方工程：清理现场215811m$^2$，路基翻挖回填约53953m$^3$。路基填筑：填土方约53万m$^3$。桥梁工程：32m预应力空心箱梁108片，下部采用柱式墩，桥台采用桩柱式桥台，C40混凝土10256m$^3$。30m长1.6m直径钻孔桩基础126根，30m长1.6m直径钻孔桩基础86根。排水、通道及涵洞工程：涵洞64道，其中$\phi$1.25m钢筋圆管涵26道；$\phi$1.5m钢筋圆管涵28道，盖板涵8道。M7.5浆砌片石排水沟约12569m$^3$。防护工程：M7.5浆砌片石2989m$^3$；植草皮及播草粒48376m$^2$。路面工程：4cm细粒式沥青混凝土（AC-13-I）156864m$^2$；中面层5cm中粒式沥青混凝土（AC-120I）59.871×103m$^2$，8cm粗粒式沥青混凝土（AC-30-I）110448m$^2$，下封层156864m$^2$，32cm石灰粉煤灰碎石基层121769m$^2$，底基层20cm厚石灰稳定土189706m$^2$，路缘石预制933m$^3$。

### 2. 地形、地貌

本工程位于第四系全新统冲积层，表层1.5～4m为亚砂土，下部为粉砂土。地下水位较高。地势比较平坦，高程一般均在4.5m以下。

### 3. 气象

路线所在地区常熟属于亚热带的沿海区域，季风盛行，四季分明。冬季以寒冷少雨天气为主、夏季以炎热多雨天气为主，春秋两季为冬夏两季的交替时期，常出现冷暖、干湿的天气。适合施工生产。

### 4. 工期安排

2017年3月～2018年9月。

## 二、施工总体布置

### 1. 施工管理机构

为保证本合同段工程优质、快速、安全地建设，我公司组织有多条高速公路施工经验、精干高效的管理人员和施工队伍组成项目经理部，围绕本工程既定目标，实施项目法施工管理。拟由我公司张××同志担任项目经理，有高速公路和桥梁工程丰富施工经验的高级工程师忘×

×同志担任项目总工程师。项目经理部下设五科一室、两个路基土方工程处、一个桥梁工程处、一个混凝土拌和站、一个路面工程处、一个排水防护工程处、一个小型构件预制场。

2. 施工段的划分

根据本标段施工特点和总体工期安排,经合理平衡调配施工力量,我们拟将本标段工程划分以下几部分。

路基工程处:负责全标段的路基施工,路基全长7.05km,填、挖方总量约53万$m^3$。

桥梁工程处:负责本标段两座中桥的施工。

混凝土拌和站负责全线混凝土工程的供应。

排水防护工程处:负责本标段内4座涵洞,3座通道及防护排水工程施工。

路面工程处:负责路面工程的施工。

小型构件预制场:负责本标段的全部预制构件的预制。

各分项工程进度安排见表8-6。

各分项工程进度安排表　　表8-6

| 序号 | 工程名称 | 施工工期(d) | 起止时间 |
|---|---|---|---|
| 1 | 施工准备 | 30 | 2016年5月8日~2016年6月5日 |
| 2 | 路基清表、修筑便道 | 60 | 2016年6月5日~2016年8月4日 |
| 3 | 路基开挖及回填 | 432 | 2016年6月25日~2017年8月31日 |
| 4 | 箱涵、板涵 | 330 | 2016年7月5日~2017年5月31日 |
| 5 | 排水及防护 | 463 | 2016年6月25日~2017年9月31日 |
| 6 | 桥梁工程 | 730 | 2016年6月30日~2018年6月1日 |
| 6.1 | 桥梁桩基 | 335 | 2016年6月30日~2017年5月31日 |
| 6.2 | 桥梁墩台 | 334 | 2016年9月1日~2017年8月1日 |
| 6.3 | 桥梁盖梁、垫石及支座 | 365 | 2016年10月1日~2017年9月31日 |
| 6.4 | 桥梁梁体预制 | 485 | 2016年12月25日~2018年2月25日 |
| 6.5 | 桥梁梁体安装 | 454 | 2017年3月1日~2018年4月1日 |
| 6.6 | 桥梁湿接缝及桥面铺装 | 485 | 2017年3月1日~2018年5月31日 |
| 6.7 | 桥梁护栏及搭板 | 427 | 2017年4月1日~2018年6月1日 |
| 7 | 路面工程 | | 2018年6月1日~2018年10月1日 |

3. 现场布置

根据招标文件提供的有关资料,经现场实地考察,结合本工程实际情况,项目经理部位置考虑到交通便利及整个标段工作重点的均衡,拟设在主线K21+500北侧附近,占地约2000$m^2$。在两中桥处各设45$m^3$/h混凝土拌和站一处,主要为桥梁和小型预制构件提供混凝土，占地各约1333m²。在两中桥台台后路基上各设一个板梁预制场，占地均为2000m²。修筑足够的便道通往取土场或施工地点，为考虑施工机械进场，遇到河流及沟渠设置临时便涵。便道总长暂按7.05km考虑。

4. 总体施工组织

本合同段工程量大，技术要求高，施工工期紧，工序交叉多，我公司将精心组织，合理布置，投入精良的施工队伍，以确保工程顺利进行。

(1)路基工程

路基施工范围是K15+000～K19+012.748段。主要工程量为路基挖方50.42万$m^3$、填方61.54万$m^3$、借方16.3万$m^3$。本段路基计划开工时间为2016年6月20日，计划完工时间为2017年6月1日。

施工顺序为：施工准备→路基处理→开挖、装土方→运输→检查含水率及松铺厚度→整平、碾压→压实度检验。

(2)桥梁工程

箱梁预制安装拟投入2支施工队伍，先期准备预制大道大桥、清河大桥。预制场设在路基K16+750～K18+050段，计划投入75t龙门吊4套，100t架桥机1台，无轨运梁小车3套。梁场于2016年12月25日建成投产。

桥梁下部拟投入钻孔施工和桥梁上部施工队伍1支，根据施工队的能力，适时调整，确保T梁、板梁架设按工期完成。

施工准备→测量放样→基础施工(梁体预制)→墩台施工→盖梁施工→支座安装→梁体安装→桥面铺装、护栏→附属设施。

(3)防护及排水工程

本合同段防护及排水工程按路基工程划分进行施工，在路基开挖时首先进行截水沟的施工，并做好临时排水；排水沟在路基填筑完成后进行砌筑；路基防护在路堑段开挖完成后，及时进行砌筑；路堤段在路基沉降稳定后，及时进行刷坡砌筑边坡防护。

施工准备→测量放线→基坑开挖→基底处理→承载力试验→浆砌片石挂线砌筑→验收。

(4)总体施工进度安排

本工程段合同工期为30个月，按2016年6月26日开工计算，项目完工时间为2018年12月26日。根据业主下达的工程工期结合业主交付的施工用地及当地施工便道情况，我项目部决定主体先期施工K59+451.31大道大桥、K16+475.87清河大桥，随着纵向便道的打通，我们将加大人力、材料、机械的投入，争取完成业主制订的2016年度计划及保证施工总工期内打造优良工程。

## 三、项目施工管理目标

1. 工期目标

合同文件计划工期：2016年6月26日开工，2018年12月26日完工，工期30个月。按照招标文件的要求，确保2018年12月31日前完工。

2. 安全目标

实现“四无、一消灭、两控制、三确保”。四无：即无工伤死亡事故；无特大交通死亡事故；无重大火灾事故；无重大机械设备事故。一消灭：消灭职工因工死亡事故。两控制：年重伤频率控制在0.3‰以下；年负伤频率控制在0.8‰以下。三确保：确保年度安全目标实现；确保本工程达到安全标准工地的要求；确保符合××省安全样板工地的要求。

3. 质量目标

确保分项工程一次验收合格率100%，竣工验收工程质量鉴定达到优良标准。

4. 文明施工目标

实现“三清、六好、一保证”。三清：现场清整、物料清楚、操作面清洁。六好：职业道德好、工程质量好、降低消耗好、安全生产好、完成任务好、职工生活好。一保证：保证使用功能。

5. 环境保护及水系保护目标

环境保护及水系保护目标：坚决执行“谁主管，谁负责”的原则，从讲政治、促和谐、促稳定的高度，把环境保护工作当作事关全局、重中之重的大事抓紧抓好，切实做到环境保护有措施、有检查，防微杜渐，做好日常各项环境保护工作，把环境保护工作纳入工程建设总目标，营造文明、和谐、安全、环保的施工环境。

6. 节能减排目标

最大限度地避免对生态环境的负面影响，节约能源、降低排放。从施工方案、材料利用和施工组织管理等主要方面入手，采取一些节约土地、节能减排的有效措施。

## 四、总体施工方案

1. 路基工程施工方案

地表清理采用机械清表，人工配合的方法。沿地界线挖出排水沟，排除原地面积水，形成临时排水系统。路基土方采用机械开挖，对于石方采用控制爆破、光面爆破等。机械装渣，自卸汽车运输。挖方首先利用就近路基填筑，弃方弃至设计弃土场。路基填筑采用挖掘机、装载机挖装，自卸汽车运输，推土机摊铺，平地机精平，洒水车洒水，压路机压实。施工过程按“三阶段”“四区段”“八流程”组织施工（图8-9）。

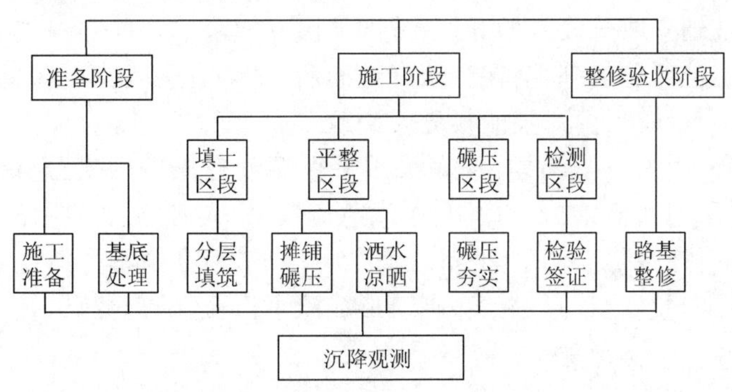


图8-9 路基填筑工艺框图

台背与桥台锥坡同步填筑；对于大型压路机具压实不到的地方，配备小型机具进行薄层碾压，确保路基的压实度。对涵顶面50cm以内填土采用轻型静载压路机压实，以达到规定的压实标准。压实度采用灌砂法和核子密度仪检验，随时对路堤进行沉降观测。

2. 桥梁工程施工方案

本合同段桥梁工程包含中桥、大桥等5座桥梁。桩基础为钻孔灌注桩，下部结构为柱式墩和柱式台，上部结构为先预制后架设32m箱梁；后宅大桥桩基础为钻孔灌注桩，下部结构为柱式墩及肋板台，上部结构为先预制后架设40mT梁；北溪特大桥先施工钢栈桥，桩基础采用钢围堰或草袋围堰钻孔灌注桩，下部结构为柱式墩和肋板台或实体台，上部结构为先预制后架设40mT梁。

3. 涵洞、通道工程施工方案

钢筋混凝土盖板涵涵洞基础采用明挖基础法开挖，人工配合清理基坑。盖板涵基础模板采用组合钢模板拼装成形，混凝土罐车运输混凝土至工地，搭设溜槽浇注基础混凝土。墙身模板采用组合钢模板拼装成形，模板下口搭设滑道小车，模板整体拆装滑移，外侧搭设轮扣支架，内外模用拉杆紧固，用钢架管固定。混凝土罐车运输混凝土至工地，吊车配合料斗入模或泵送入模浇筑。涵洞盖板现浇，沉降缝每隔4～6m设置一道，缝内填以沥青麻絮或不透水材料。

钢筋混凝土箱涵基坑开挖采用人工配合机械放坡开挖，连续进行。箱身采用C35防水混凝土箱体，抗渗等级P6。模板采用组合钢模板，支架采用碗扣式满堂支架，混凝土采用拌和站拌和，混凝土罐车运送。伸缩缝按5m设置，设置时垂直于箱轴线位置全断面。

4. 防护及排水工程施工方案

本项目路基防护为路堤人字形骨架护坡、路堤喷播植草、桥头空心六棱块防护及混凝土挡墙防护。排水有边沟、排水沟、引水沟及急流槽。

喷播植草坡面采用湿喷法喷植，将植物种子、土壤稳定剂、肥料、覆盖料、添加剂等材料和水按一定比例加入喷播机内，充分搅拌混合，然后用喷枪将混合物均匀喷射至土壤表面。喷播后定期洒水养护直至草籽存活。

人字形骨架防护边坡采用样架法施工，护脚镶面石，表面花锤修凿平整，石块之间彼此镶紧咬合，砂浆饱满。骨架肋柱采用挂线法施工，分两层砌筑，先用片石铺底，再用料石镶面。骨架砌筑采用样架法施工，砌筑顺序由两侧拱脚向拱顶合龙。

混凝土挡土墙基础采取分段跳槽开挖，分部分段立模浇筑。伸缩缝或沉降缝、泄水孔及反滤层按设计施工。墙趾部分的基坑，在浇筑出地面后立即回填，墙背顶部及时封闭。挡土墙采用分段跳槽开挖，组合钢模板内衬宝丽板分段浇筑。

排水沟、截水沟采用人工挖沟槽，沟底采用平板振动夯振击密实，急流槽采用人工挖基。排水沟、挖方平台沟采用C20混凝土预制，边沟急流槽采用M7.5浆砌片石砌筑。浆砌片石采用挤浆法施工，机械搅拌砂浆。排水沟分段施工，分段成形，在雨季严禁长段开挖，避免排水沟遭雨水浸泡。排水沟的开挖、整修、夯实、砌筑形成流水作业，随挖随砌。

5. 施工任务划分及队伍部署

本合同段工程由我公司组织专业化施工队伍承担施工任务，基本队伍从我公司下属的其他项目部调入。

为确保工期、明确施工任务，本合同段的工程任务拟划分见表8-7。

施工任务划分表 表8-7

| 序号 | 名　称 | 施 工 任 务 | 劳力配备(人) |
|---|---|---|---|
| 1 | 桥涵施工队伍 | 大道大桥、下湾大桥、清河大桥、南岭中桥、上庙大桥 | 200 |
| 2 | 路基施工队伍 | K16+070~K19+012.748 | 30 |
| 3 | 涵洞施工队伍 | K16+070~K19+012.748 | 60 |
| 4 | 综合施工队 | 制梁场及小型预制构件厂 | 80 |
| 合计 | | | 370 |

以上4个施工队在经理部的统一领导下，既分工负责又相互协作，按期优质地完成本合同工程。施工人员共409人(其中项目经理部39人)，施工高峰期，不足劳动力在其他项目中调配。

6. 主要临时工程布置

根据工程分布、组织机构设置、任务划分及现场调查情况，本着利于环境保护、满足施工、节约投资的原则。主要临时工程数量表见表8-8。

主要临时工程数量表 表8-8

| 序号 | 工 程 名 称 | 单　位 | 数　量 | 备　注 |
|---|---|---|---|---|
| 1 | 新建施工便道 | 公里 | 4.9 | |
| 2 | 临时住房 | $m^2$ | 1200 | 拌和站梁场钢筋场 |
| 3 | 办公等公用房屋 | $m^2$ | 1500 | 驻地拌和站梁场 |
| 4 | 拌和站、预制场 | $m^2$/座 | 20000/1 | |
| 5 | 变压器 | 台 | 3 | |
| 6 | 工地试验室 | $m^2$ | 1200 | 驻地一楼 |

箱梁预制场设置在K18+750~K19+050段路基上，设置32个台座。

因本标段桥梁主要位于线路小里程，拌和站选址位于郭坑镇扶摇村小里程方向，距项目部4.5km，距主线清河大桥500m，距标段起点580m，标段终点4.2km。

施工便道施工时，便道路基尽量利用红线，利用路基水沟和红线隔离带位置布置，便道设计宽度为6m，下垫0.5m厚的山劈石，路基外侧设临时排水沟。桥梁位置在红线外一侧征地4m利用红线内1m设置，便道设计宽度为6m，下垫0.5m厚的开山石渣。利用的原有县道和乡村道路主要有：

生活用水利用当地村庄水源。在其他各工点设置水池、水箱。全线路周边电力网络丰富，主线用电方便，根据现场的实际情况考虑。上庙大桥临近预制梁场，桩基采用冲击钻施工配置一台630kW变压器。清河3号墩及钢筋场配置一台630kW的变压器，下湾大桥配置一台500kW的变压器。

## 五、施工进度安排

施工进度安排见图8-10工程进度计划横道图和图8-11工程进度率计划(斜率图)。

| 序号 | 工程项目 | 开始时间 | 完成时间 | 2016年 | | | | | | | | 2017年 | | | | | | | | | | | | 2018年 | | | | | | | | | |
|---|---|---|---|---|---|---|---|---|---|---|---|---|---|---|---|---|---|---|---|---|---|---|---|---|---|---|---|---|---|---|---|---|---|
| | | | | 5 | 6 | 7 | 8 | 9 | 10 | 11 | 12 | 1 | 2 | 3 | 4 | 5 | 6 | 7 | 8 | 9 | 10 | 11 | 12 | 1 | 2 | 3 | 4 | 5 | 6 | 7 | 8 | 9 | 10 |
| 1 | 施工准备 | 2016年5月8日 | 2016年6月5日 | | | | | | | | | | | | | | | | | | | | | | | | | | | | | | |
| 2 | 路基清表、修便道 | 2016年6月5日 | 2016年8月4日 | | | | | | | | | | | | | | | | | | | | | | | | | | | | | | |
| 3 | 路基开挖及回填 | 2016年6月25日 | 2017年8月31日 | | | | | | | | | | | | | | | | | | | | | | | | | | | | | | |
| 4 | 箱涵、板涵 | 2016年7月5日 | 2017年5月31日 | | | | | | | | | | | | | | | | | | | | | | | | | | | | | | |
| 5 | 排水及防护 | 2016年6月25日 | 2017年9月30日 | | | | | | | | | | | | | | | | | | | | | | | | | | | | | | |
| 6 | 桥梁工程 | 2016年6月30日 | 2018年6月1日 | | | | | | | | | | | | | | | | | | | | | | | | | | | | | | |
| 7 | 桥梁桩基 | 2016年6月30日 | 2017年5月31日 | | | | | | | | | | | | | | | | | | | | | | | | | | | | | | |
| 8 | 桥梁墩台 | 2016年9月1日 | 2017年7月1日 | | | | | | | | | | | | | | | | | | | | | | | | | | | | | | |
| 9 | 桥梁盖梁、垫石及支座 | 2016年10月1日 | 2017年9月31日 | | | | | | | | | | | | | | | | | | | | | | | | | | | | | | |
| 10 | 桥梁梁体预制 | 2016年12月25日 | 2018年2月28日 | | | | | | | | | | | | | | | | | | | | | | | | | | | | | | |
| 11 | 桥梁梁体安装 | 2017年3月1日 | 2018年4月1日 | | | | | | | | | | | | | | | | | | | | | | | | | | | | | | |
| 12 | 桥梁湿接缝及桥面铺装 | 2017年3月1日 | 2018年5月31日 | | | | | | | | | | | | | | | | | | | | | | | | | | | | | | |
| 13 | 桥梁护栏及搭板 | 2017年4月1日 | 2018年6月1日 | | | | | | | | | | | | | | | | | | | | | | | | | | | | | | |
| 14 | 路面工程 | 2018年6月1日 | 2018年10月1日 | | | | | | | | | | | | | | | | | | | | | | | | | | | | | | |

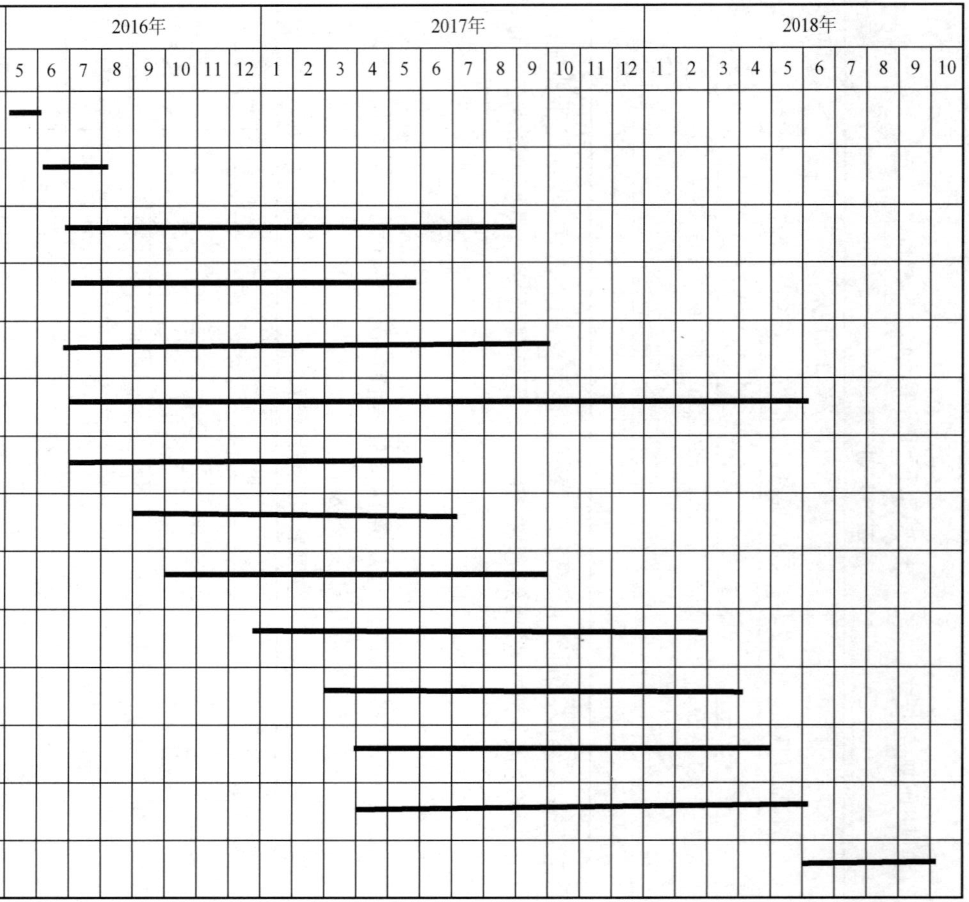

图 8-10　工程进度计划横道图

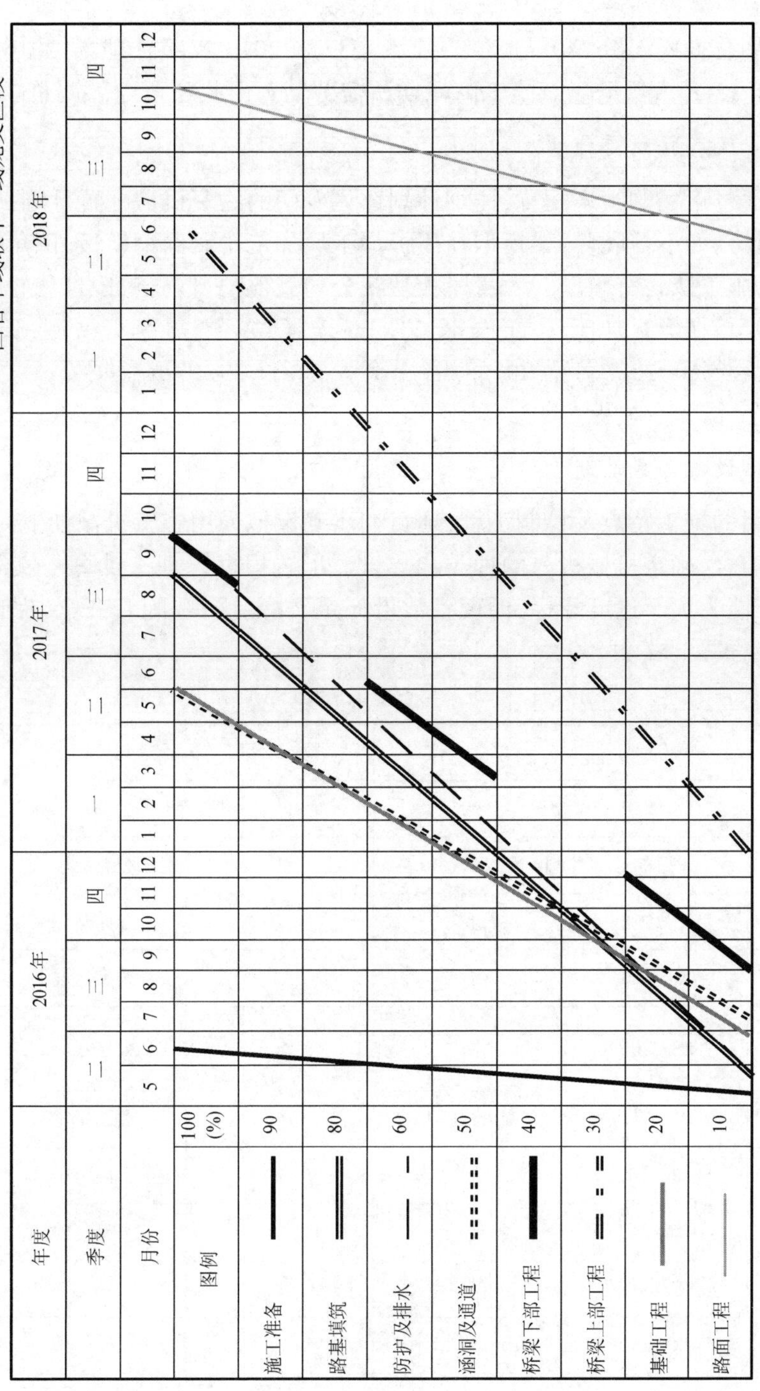


图 8-11 工程进度率计划（斜率图）

## 六、资源配置

1. 主要劳动力资源配置计划

本工程计划总投入人员340人(含项目部45人),2016年5月进场,2016年10月达到施工高峰,2018年12月人员退场。施工高峰期所需劳动力由我公司内部调整。

2. 主要物资及周转材料计划

主要物资通过市场购买来配置,详细计划详见专门的物资机械配置计划。

周转材料计划如下:预制场梁模型在模板加工厂加工。涵洞钢模板、倒角模板在模板加工厂加工,平模为施工队自有模型。墩身模板从我公司其他项目调转,桥台和异形墩模型在模板场加工。盖梁模板在模板加工厂加工,长23.3m盖梁42个,需5套模型;长13.3m盖梁32个,需模板4套;长10.10m盖梁20个,需3套模型;长19.99m盖梁2个,需1套模板;长10.495盖梁2个,需1套模板。

3. 主要机械设备配置计划

根据本项目的施工特点及控制工程,项目初步确定拟采用施工机械如下:根据总体施工方案和最佳机械组合,确定机械投入的种类和数量。配置根据以理论计算与实际相结合的方法确定,确保生产能力大于进度指标,即设备数量充足、性能优良、配套齐全,保证机械数量满足工程进度和质量的需要(表8-9)。

主要设备清单　　表8-9

| 机械名称 | 规格型号 | 单　位 | 数　量 | 运到现场方法 | 到场时间 |
|---|---|---|---|---|---|
| 挖掘机 | SH200 | 台 | 4 | 公路运输 | |
| 平地机 | PY1802 | 台 | 3 | 公路运输 | |
| 推土机 | TY220E | 台 | 2 | 公路运输 | |
| 振动压路机 | XSM220 | 台 | 3 | 公路运输 | |
| 自行式羊足振动压路机 | LSS220B | 台 | 2 | 公路运输 | |
| 空压机 | | 台 | 6 | 公路运输 | |
| 液压油炮机 | PC120 | 台 | 2 | 公路运输 | |
| 混凝搅拌站 | HZS60 | 台 | 3 | 公路运输 | |
| 混凝土输送泵 | HBT60A | 台 | 1 | 公路运输 | |
| 汽车吊 | QY25 | 台 | 4 | 公路运输 | |
| 架桥机 | DF40m/170t | 台 | 1 | 公路运输 | |
| 张拉设备 | YDC1000 | 台 | 4 | 公路运输 | |

续上表

| 机械名称 | 规格型号 | 单位 | 数量 | 运到现场方法 | 到场时间 |
|---|---|---|---|---|---|
| 冲击钻机 | CZ30 | 台 | 20 | 公路运输 | |
| 装载机 | ZL50C | 台 | 3 | 公路运输 | |
| 混凝土搅拌运输车 | TZ516GJB | 台 | 3 | 公路运输 | |
| 轮胎起重机 | QY25 | 台 | 6 | 公路运输 | |
| 内燃空压机 | | 台 | 2 | 公路运输 | |
| 电动空压机 | | 台 | 2 | 公路运输 | |
| 发电机 | 250GF45 | 台 | 4 | 公路运输 | |
| 数控钢筋弯曲加工设备 | G2L23 | 台 | 1 | 公路运输 | |
| 履带吊 | 50t | 台 | 2 | 公路运输 | |
| 振动锤 | DZ－60a | 台 | 2 | 公路运输 | |
| 浮箱吊 | 150t | 台 | 2 | 公路运输 | |
| 电焊机 | BX1－400 | 台 | 20 | 公路运输 | |
| 发电机组 | 250kW | 台 | 1 | 公路运输 | |
| 平板运输车 | EQ3092/10t | 台 | 2 | 公路运输 | |

4.资金使用计划

本工程拟使用资金计划如下:临时工程建设费用约为1322万元(含各大桥、钢栈桥),工程材料费用约为25155万元,机械费用约为5031万元,劳务用工工资约为8804万元,工程管理费用约为136万元,安全投入费用约为583万元。

## 七、主要工程项目施工方案

1.准备工作

在全面熟悉施工图纸和详细调查现场情况的基础上,编制实施性施工组织设计和详实的施工方案,尤其是尧渡河特大桥主桥的施工方案,并提交监理工程师及业主审批,为工程全面开展和顺利进行打下坚实的基础。

2.路基处理

由于本工程招标文件和招标图纸对特殊路基处理采取何种处理方法尚不明确,根据项目所在地高等级公路软基处理的方法,本工程按碎石垫层+土工格栅+超载预压和粉喷桩处理两种方式考虑方案。

(1)方式一:碎石垫层的材料采用5~10mm的瓜子片碎石,其含泥量不大3%,最优含水率一般控制在8%～12%。施工时主要采用自卸车运输、推土机摊铺、平地机整平、压路机碾压的施工方法。分两层摊铺碾压，压实机采用60～120kN的压路机。

在碎石垫层以上路堤底宽全层满铺土工格栅，它与碎石垫层构成复合加固软基，能有效地提高地基的稳定性，且不可能沿基底面水平向滑动，同时可减少过大的沉降。

超载预压施工时，应严格控制堆载速率，防止地基发生剪切破坏或产生过大塑性变形。为此，在堆载预压过程中应每天进行沉降、边桩位移及孔隙水压力等项目的观测。沉降每天控制在10～15mm，边桩水平位移每天控制在4～7mm，孔隙水压力系数$\mu/p \leqslant 0.6$，再对其进行综合分析，以确定堆载速率。路基边沟、坡面防护的铺砌和桥头搭板枕梁的浇筑不得在预压期内进行。

(2)方式二：粉喷桩施工前根据设计要求，先平整场地，清除软基处理区域内一切障碍物、石块、树根、垃圾等，并进行清表处理，场地低洼时，应先填低剂量灰土至软基施工高程处。目前所有机械就位地段均已具备开工条件。施工工艺流程如下：

①钻机移至桩位，用水平尺在钻机杆及转盘的两正交方向校正垂直度和水平度。

②水泥过筛后加入灰罐，防止水泥块或其他块状物品进入灰罐。

③关闭粉喷桩机灰路阀门，打开气路阀门。

④开动钻机，启动空压机并缓慢打开气路调压阀，对钻机供气。

⑤观察压力表读数，随钻杆下钻压力增大而调节压差，使后门较前阀大0.02～0.05MPa压差。

⑥钻头钻到持力层后，停钻，待水泥粉送至桩底部后反转提升，视地质或其他情况调整转速，喷灰成桩，钻头提至地面时停止供灰。

⑦关闭送灰阀，打开供气阀，钻机正转下钻复搅。

⑧反转提升并将钻头提离地面。

⑨打开阀门，减压放气。

⑩钻机移位，进入下一个设计桩位。

### 3.路基填筑

根据施工作业区段划分，两个土石方工程队根据各自负责的区域及工程量，施工机械及人员配备如下：

路基工程处土石方一队，K18+000～K21+500配备主要施工机械有：反铲挖掘机2台，90～135kW以上推土机4台，18～21t压路机2台，YZ16B振动压路机2台，12t以上自卸汽车15台，6000L洒水车2台，油车1台，装载机3台，平地机1台，各类施工人员70人。路基工程处土石方二队，K21+500～K25+050的路基土方填筑。配备主要施工机械有：反铲挖掘机2台，12t以上自卸汽车15台，平地机1台，90～135kW推土机4台，18～21t压路机2台，YZ16B振动压路机2台，6000L洒水车2台，装载机3台。各类施工人员70人。

施工前的准备工作，包括临时设施的搭设，施工现场障碍物的拆除与清理，疏通临时排水，临时道路修筑及取土的准备工作。施工过程工艺流程图见图8-12。

### 4.路面基层底基层工程

本标段路面底基层设计主要采用20cm厚的石灰土，其摊铺工程量约68813m$^2$，石灰剂量为8% ~12%。本标段全线均为填方路基。混合料的组成设计按《公路路面基层施工技术细则》(JTG/T F20—2015)的有关规定进行。

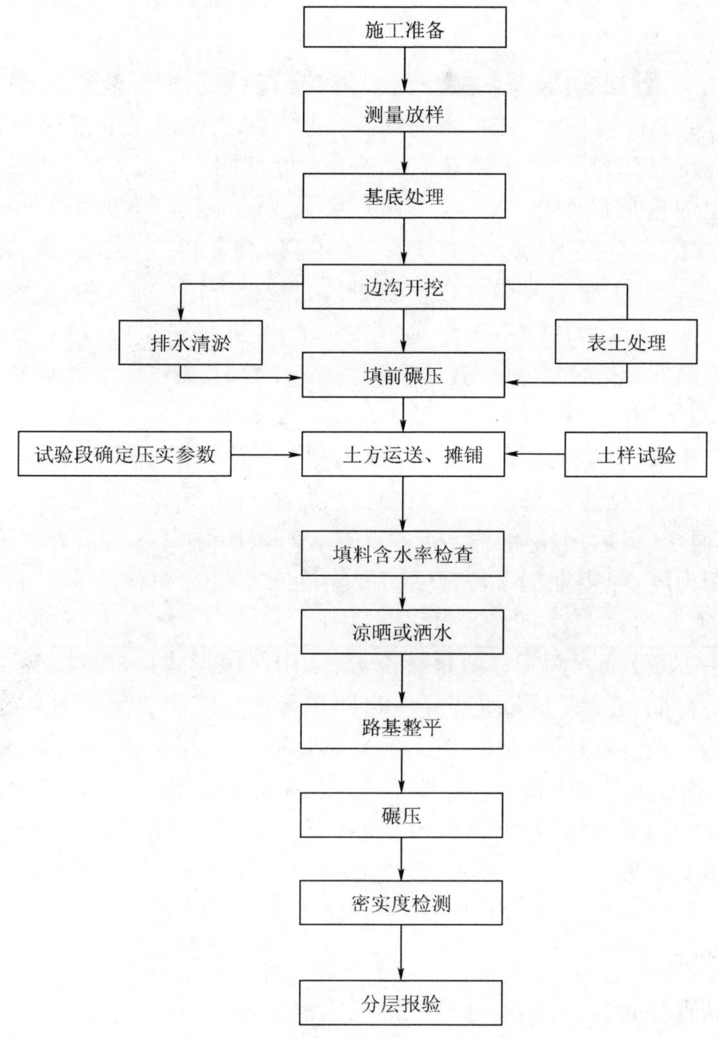


图 8-12　路基填筑施工工艺流程图

根据总体施工部署,本标段的路面底基层摊铺施工,主要由先前投入的2个路基工程队,按照划分的施工段分别组织施工。其施工机械及施工人员配备与路基填筑施工情况基本相同。当各施工段路基填筑完成后,经中间验收合格,即可组织路面底基层施工。总体施工工期控制在4个月之内。

主要施工方法及施工程序如下:

(1)按设计质量要求购进石灰,对其按规定频率进行质量检测,并出具书面试验结果,完成混合料配合比试验。

(2)施工放样。对已交验的路基段先恢复路基中线与面层边线,并在边线外侧0.3m处设指示桩,经水准测量在其上标出二灰土的设计高程。

(3)摊铺素土及石灰。在准备好的下承层上均匀平整地摊铺一层素土(厚度由试验段确定),然后用6～8t钢轮压路机稳压一遍,接着根据每车灰料的摊铺面积,用石灰打出方格网,根据方格网卸下石灰,并用平地机摊铺均匀。经确认石灰的掺入量与其在混合料中的比例相符后,即可进入下道工序。

(4)拌和整形。在各层料摊铺好并经检查厚度合格后用稳定土拌和机拌和两遍,拌和时应随时检查和调整拌和深度,严禁在底部留有"素土"夹层,也需防止过多破坏下承层表面而影响混合料的剂量及底部的压实,同时应及时检查含水率,使含水率略大于最佳含水率1%～2%,若含水率不足时应用洒水车均匀洒水补充水分,拌和机应紧跟洒水车拌和,防止水分散失,拌和过程中应辅以人工捡出超尺寸大块颗粒。拌和混合料应色泽一致,没有灰条和花面,没有集料窝,且水分均匀合适。拌和后在水准测量的配合下用平地机初步整平,然后用钢轮压路机快速碾压1遍,以暴露潜在的不平整,接着再用平地机仔细整平,并留出设计路拱和纵坡,整形时若发现高程偏低,贴补时则应先将其表面5cm的料层耙松,用新拌和的混合料找补平整,整形后混合料的松铺厚度按照松铺系数1.15～1.2控制。

(5)碾压、养生。在混合料处于最佳含水率时碾压,若不足可洒水补充。碾压时先用钢轮压路机稳压一遍,再用重型压路机振压3～4遍,然后用三轮压路机静压2～3遍。检查其密实度,确定是否需要通压,最后用轮胎压路机碾压成形。碾压结束第二天即可开始洒水养生,洒水量以保持面湿润为度,养生期为7d,养生期间除洒水车外应封闭交通。若下层碾压后能立即施工上层,则无须专门养生。

(6)接缝和调头处处理。两工作段搭接部分,采用对接形式,一段拌和后,留末端5m不碾压,第二天施工时,将前一段留下未压部分一起拌和碾压。若第二天不能继续施工的,则在当天最后一端的末端待混合料拌和结束,挖一条与路基宽度一致的槽,槽内放与压实度等厚的方木,方木另一侧用素土回填3m长,然后整形碾压,待继续施工下段时,紧接作业段拌和结束后,除去方木,用混合料回填槽口,靠近方木未能拌和部分应人工进行拌和。拌和机和其他机械应尽量避免在压实成形的灰土上掉头,否则需在调头区铺盖一层10cm厚的砂砾,以防损坏灰土表面。

5.路面面层摊铺

本工程采用沥青混合料,分两层通过摊铺机摊铺。

(1)沥青混合料采用集中拌和。对沥青混合料所用原材料要严格检验,不合格的原材料坚决不用。

(2)按放测的指示边桩和高程进行摊铺,以控制面层高程及铺筑厚度,并使接缝顺直、紧密。摊铺机的控制同石灰粉煤灰级配碎石摊铺控制。

(3)热拌沥青混合料的摊铺及压实温度应严格按操作规程控制,对每车进场混合料,由专人进行检查,其内容主要有配比情况、外观(油色)、温度,并认真做好记录。不符合要求的材料不得摊铺。混合料摊铺温度控制:当施工气温≥10℃时,到场温度≥130℃,摊铺温度≥120℃,开始碾压温度≥110℃,碾压终了温度≥70℃。

(4)沥青混合料的碾压顺序是:接缝处碾压→全路碾压→全路复压→全路终压。每次来回轮迹重叠。压路机轻、重机型选择一般为:初压轻型→复压重形→终压轻形。

(5)压路机应从纵向两端进出碾压区域,不得横向从边口进出。碾压原则是先边后中,先轻后重，先慢后快，保证路拱符合设计要求。碾压时，压路机不得在新摊铺的沥青混合料上转向、掉头，左右移动或突然制动，也不得将压路机停在刚压好还未冷却的路面上。碾压过程中轮迹重叠30cm左右，压到无明显轮迹为止。沥青类面层施工后，必须待路面冷却后，方可开放交通。

(6)压路机宜有自动洒水设备，防止混合料粘轮。无自动洒水设备时，可用油水比(1:3)的混合液用涂布抹在滚轮上。不得将柴油漏滴在路面上。

(7)沥青混合料运输途中必须加盖篷布，其目的：一是保温，二是防止雨淋。施工遇雨时及时通知拌和站停止供料，对已铺好的沥青混凝土应立即快铺快压，抢工铺筑。

6. 桥梁工程施工

根据总体施工部署和本合同段桥梁工程设计的结构形式，工程开工前对施工现场需进一步进行调查、核实，编制详细的实施性施工技术方案、项目质量保证计划和材料供应计划，进一步明确工期进度计划、工期控制点，以及关键工序控制和质量检验评定标准，报请监理工程师批准后认真组织实施。

施工前期工作准备内容，主要有施工进场便道、临时供水、供电、生产生活临时用房的搭建、材料堆场的硬化处理、各种原材料的进场检验和试验，以及进场设备的安装和调试，为正式开工做好一切准备工作。

(1)钻孔灌注桩

根据设计和地质资料，本工程所有桥梁钻孔桩均为摩擦桩，不嵌岩。本工程桩基拟采用GPS-15型和GPS-20型循环钻机钻进成孔。钻孔前，在墩位处先平整场地，清除杂物，场地平整应考虑排除地表水横坡成纵坡。在不影响施工的位置砖砌沉淀池和储浆池。钻孔桩施工顺序先桥墩，后桥台。施工顺序为：

场地平整→定位放线→埋设护筒→钻机安装就位→钻孔→清孔→钢筋笼制作、吊装就位→二次清孔→灌注混凝土。

①护筒制作及埋设：陆上护筒采用4mm厚钢板弯制成形，采用挖埋法，就位后在四周底部分层回填黏土并夯实，防止护筒移位。水中墩筒采用8mm厚钢板弯制成形。护筒埋设深度到河床底原土面下1.5m处，可用振动、重压等措施使其达到设计高程，护筒顶面应高出水面1.5m以上。

②钻孔泥浆：钻孔前应储备足够数量的黏土，接通水电管路，以保证正常施工。并根据地层、地质情况配制泥浆的相对密度、黏度。

③钻机就位：钻机应垫平，保持平稳，使其不产生位移和沉陷，钻机桅杆应对称钻机轴线准确定位，使起重滑轮、钻孔护筒中心在同一垂线上，以保证钻孔的垂直度。

④钻孔：采用三班工作制连续作业，钻进中应密切注视护筒底土质是否有漏浆，并采取相应措施防止塌陷，钻进时，钻机的主吊钩宜始终吊住钻具，防止钻具的全部重力由孔底承受，从而避免钻杆折断，并保证钻孔的质量。设专人负责记录钻进中的一切情况。

⑤清孔：分两次进行，当孔底达到设计高程后，应对孔深、孔径和倾斜率进行终孔检查，合格后即进行清孔工作。清孔采用掏渣与补水结合进行。

⑥钢筋制作根据设计图纸进行下料，现场绑扎成形，在钢筋笼主筋内侧每隔2m设置$\phi16$加强箍筋一道，主筋与加强箍筋焊接成型后，绑扎螺旋筋，并点焊加强。

⑦钢筋笼吊装：钢筋笼下放前，在箍筋上绑扎圆形混凝土垫块。利用15t履带吊吊起，对准护筒中心缓慢下放至设计高程。

⑧混凝土灌注：混凝土灌注采用导管法，灌注前应对导管有效孔径和接口的密封性进行检查，混凝土灌注应连续进行，严禁中途停止。混凝土采用现场拌和，输送泵输送。混凝土的拌制须严格按照配合比用料拌制，并做好每根桩的混凝土试件，做好灌注记录。

（2）承台、桥台

①基坑开挖：芦家沟桥承台基坑开挖深度较浅。地势平坦处采用挖掘机无支护放坡开挖，挖深控制在距基底20cm左右，余下的土由人工清理。施工机械不易到达的墩、台基础施工，采用人工放坡开挖，并预留工作面。

②基坑排水：在基底周边设置排水沟和集水井，用水泵抽出地下水或雨水。

③模板：承台模板采用组合钢模板，$\phi$48钢管背带，用$\phi$16对拉螺栓固定模板，外部采用方木支撑。桥台模板采用覆膜竹夹板，75cm×75cm方木背带。模板的拼装要确保几何尺寸和平整度。

④钢筋：制作前要做好原材料试验和焊接试验，并认真审阅图纸，按照图纸编制下料单，下料单的内容应包括钢筋种类、形状、长度、数量等。按下料单进行钢筋制作、分类堆码，现场进行绑扎。绑扎时，可附加架力筋进行固定，墩柱插筋定位采用钢筋箍架固定，并注意插筋接头按规范要求错开布置。

⑤混凝土灌注：采用自拌混凝土，利用平台支架，输送泵泵送，分层灌注，机械捣固，覆盖洒水养生。

⑥基坑回填：当承台混凝土达到一定强度，经监理检查同意后，方可回填土。回填土前应割除对拉螺栓头，排除积水，分层回填，分层夯实，每层厚度为20~30cm。

（3）立柱施工

施工顺序：放柱位“+”字线→凿毛清理→搭架子→绑钢筋→扣模板→校正柱模→抄平→浇混凝土→铁件预埋及检查→拆模→养护。

（4）盖梁

支架用抱箍配合型钢作为支撑。为提高混凝土表面质量，采用工厂加工的特殊设计钢模板，整体拼装。模板支立采用16t吊车吊装就位，拉筋形式采用外拉筋加固，不设内拉筋，以确保表面光滑颜色一致。钢筋集中下料，现场放大样，绑扎骨架，吊车吊装就位。骨架钢筋连接形式采用焊接，主筋接头采用对焊，并按规范要求错开。对焊施工前要做原材料和对焊试件的检验，合格后方可施工。混凝土采用自拌混凝土，输送泵输送灌注。

（5）箱梁预制

①箱梁预制台座。制梁台座必须有足够的强度和刚度，将台座与底模制作成整体，用C20混凝土作为预制梁台座基础，厚度10cm，混凝土顶面抹平压光并预埋铁件，铁件顶面同混凝土顶面平齐。台座顶铺设$\delta=4$mm厚钢板作为板梁预制底模，钢板同混凝土底座基础的预埋铁件焊接，使钢板顶面为一水平面。每个梁场设置8个制梁台座。

②模板。采用模板厂加工的大块定型钢模板，模板拼缝采用双面胶带密封。模板表面人工涂刷新机油，使模板表面光洁、机油涂刷均匀、无泪痕杂物。采用$\phi$16拉筋对模板进行加固，板梁底模为直径4mm钢板。模板拼装全部采用吊车吊装。板梁底腹板钢筋在钢筋加工场

地成型后，人工抬至制梁台座上并固定好位置。

③钢筋绑扎。按设计图纸及施工技术规范要求，进行板梁钢筋的加工制作、绑扎、焊接。

④混凝土灌注。严格按照设计配合比的要求购进原材料，按照设计配合比进行混凝土施工。采用强制式拌和机拌制混凝土，梁体混凝土分两次浇注，第一次浇注底板混凝土，第二次浇注腹板和顶板混凝土。在混凝土浇注24h后方可拆除板梁外模，其芯模则应在混凝土强度达到50%后方可拆除。

⑤起吊、运输及存放。板梁强度达到设计要求时，方可起吊板梁。板梁的吊点、支点位置必须符合设计规定。现场采用25t汽车吊起吊，汽车运输至存梁场并放置于存梁台座上。

(6)架设

采用龙门吊吊梁，平车运梁喂梁，150t双导梁架桥机进行架设。

(7)防冲护栏

防冲护栏模板支撑采用吊架。模板在工厂加工过程中和加工完成后，由专人负责检查和验收，单块合格后，再进行组装检查，达到标准后验收，并编号进入工地。采用自制简易吊具，人工配合安装，按编号进行支立。先立外模，调整固定，再立内模，内模底脚用平撑固定后，调整上端，挂线安装和检查变形，当线形、预埋件、高度尺寸合格后，用外侧斜撑，模板上端螺栓固定模板，腻缝平整、牢固。模板上端用螺栓固定模板，下端用螺栓防止上浮。

(8)桥面铺装

采用整幅分段施工方法，高程采用钢管导轨控制。钢管导轨安装：将桥面分成4幅，设置钢管导轨，在竖曲线处每5m抄一高程点，其他地段每10m抄一高程点，作为导轨安装高程控制点，导轨采用在板梁钢筋上进行焊接的方式固定，焊接数量要确保导轨牢固稳定。在两端靠近伸缩缝处预留30~40cm空间，待伸缩缝安装完成后再灌注伸缩缝混凝土。

(9)伸缩缝

采用毛勒伸缩缝，待沥青混凝土面层施工完毕后，开始伸缩缝安装。

### 7. 通道及涵洞工程施工

根据总体施工部署和本标段的地理环境、施工条件，以及结构物的工程特点，对全标段涵洞工程由排水防护工程处负责施工。

因涵洞工程为前期施工重点，是制约路基贯通的关键，故对于先进场的各施工专业队伍要配备足够的施工力量和机具。为此，路基二工程处专业施工队主要施工人员及机具配备情况如下：砂浆搅拌机12台，机动翻斗车15台，钢模、钢管配套且满足区段施工，钢筋工20人，混凝土工40人，木工15人，架子工10人，电工4人，瓦工30人，机械操作人员28人。同时各施工队配置120kW发电机组1台，确保施工用电。

(1)钢筋混凝土圆管涵施工过程：施工准备→定位放样→基槽开挖→基础砂垫层→基础混凝土施工→管节安装→接缝处理→端墙及洞口施工→涵背回填。

(2)盖板涵施工过程：施工准备→定位放样→基槽开挖→基础混凝土施工→台身混凝土立模→台身混凝土浇筑→盖板预制安装→台背回填。

### 8. 路基边坡防护施工

根据本标段的地理环境、施工条件和构筑物的特点，共划分为两个作业区；根据总体施工部置，路基防护及排水工程施工，拟投入一个防护排水工程处，组织专业施工队伍进行施工。按施工区段划分为两个作业段进行流水作业。各专业工程队拟投入140人及各种小型机具40台(套)。

主要施工方法如下：

(1)混凝土骨架防护施工

当路基填筑高度小于2.5m时，采用植草皮对路基边坡进行防护；当路基填筑高度大于2.5m时，采用混凝土预制拱形骨架对路基边坡进行防护。混凝土在施工现场进行预制、运输、安装。路基防护施工在路基施工完成后便可进行。施工步骤：测量放样→预制混凝土块施工→铺设草皮。

(2)路基排水防护施工

排水沟、边沟可在不影响路基施工时同时进行施工。排水沟、边沟采用梯形排水沟，M7.5号浆砌片石砌筑。施工步骤：测量放样→基槽开挖→砌筑施工。

(3)路面排水施工

路面排水主要指路面面层排水和中央分隔带排水。中央分隔带排水由纵向排水沟、碎石盲沟、集水井和横向排水管组成。施工内容如下。

①横向排水管的施工。横向排泄水管可在路面底基层施工完成后进行施工，其主要施工顺序为：基槽开挖→铺设横向排水管→土方回填夯实。施工时因与中央分隔带施工不同步进行，应保护好管头，以免堵塞，待中央分隔带施工时再进行连接。土方回填采用人工夯实，多余土方外运。

②纵向排水沟、碎石盲沟、集水井的施工。其施工可在路面基层完成后进行，其主要施工顺序为：挖基(开挖集水井)→铺沥青土工布→$\phi$5cm软式透水管安装→碎石层→渗水土工布→路缘石安装→土方回填。施工时要注意清扫路面，以免污染路面基层的表面。

## 八、确保工程质量和工期的措施

确保工程质量是工程施工的基本前提，不仅是对业主负责，更是对企业自身负责。除严格贯彻执行ISO 9002质量标准的要求，同时采取如下措施。

### 1.组织措施

(1)建立以项目经理负责制的质量保证体系，在项目经理部下设工程质检科，工区设质检组，班组设质检员，形成三级质量管理网络，严把质量关。

(2)建立一个完善的中心实验室，对工程所用的原材料或试件等进行全面的检验，确保质量。

(3)让质量责任制贯彻到底，项目经理与各主要管理人员、每位技术人员、现场施工人员、关键岗位的操作工签订质量管理目标责任书，做到责任明确，奖罚分明，真正把工程质量终身制落实到每个职工。

(4)组织各级施工管理人员和质检人员的培训学习工作，并认真学习贯彻招标文件、技术规范、质量标准和监理规程，除了平时自学以外，经理部针对施工实际，定期进行分层次的集中培训学习，进一步提高业务素质，使之在施工过程中更好的落实规范标准，履行职责，提高质量管理水平，把好质量关，以一流质量创一流企业。

(5)抓好全面质量管理工作，开展 TQC 活动，成立 QC 小组，对工程施工中的技术难点和比较难避免的质量问题，用全员、全过程努力的办法来解决。

(6)强化规范施工，各级质检人员挂牌上岗，并在各路段和各结构物处立牌明确质量责任人，广泛地发动群众共同参与质量监督。

(7)虚心听取和接受监理工程师地指导和监督，坚决执行监理工程师的各项指令，提供满足监理工程师在现场检测需要的人员、仪器设备等，做好与监理工程师的配合工作，同心协力，创造优质工程。

(8)项目经理部定期对全线工程进行全面检查，加强过程控制，发现问题限期整改，并开展全线各施工作业组的质量竞赛，奖罚并举。项目部按质量管理目标责任书的要求每月组织一次检查和考试，奖罚兑现。

(9)积极开展创优活动。制定创优计划，分阶段按步骤落实。

2. 技术措施

(1)建立以总工程师为主的技术系统质量保证体系，从施工方案、施工工艺、技术措施上确保达到质量标准。

(2)本标段配合大型振动压路机对路基进行强压，确保路基稳定，减小工后沉降。

(3)开展技术攻关。对工程施工中容易出现质量问题的环节，根据以往施工经验和教训，事先采取有针对性的保障措施，努力克服质量问题。

3. 确保工期的措施

(1)如果本投标人中标，在接到业主的中标通知书后，立即在本投标人的有关范围内进行思想动员，将该项目的重要意义、建设规模、总工期、质量要求等贯彻到每一个职工中去，使各部门、各岗位充分做好人员、设备、资金的准备，以饱满的精神投身于该项目的建设。

(2)加强工程计划管理。详细制定实施性的各分项计划和相应的材料、设备和劳力安排，并在墙上用文字和图表的形式表明实际和设计进度，计划每月中旬检查一次，以检查旬计划保月计划，检查月计划保季计划，检查季计划保年计划，检查年计划保总体计划的完成。

(3)积极主动处理好与当地政府和有关部门及沿线乡村的关系，尽力争取他们的支持和配合，创造良好的外部环境，使工程顺利实施。

(4)施工前期准备工作有重点地展开，使部分控制工期的单项工程能尽早开工，尽量缩短准备工作时间。

(5)做好机、料等后勤保障工作，及时总结经验，不断提高工作效率，以确保按期完工。

(6)以质量、安全求速度。只有保证质量和安全，计划才能得以顺利实施，工期才有保障。

## 九、冬季和雨季的工作安排

(1)在工程用地范围内做好开沟排水工作，尽量做到雨停沟开，减少对施工的影响。

(2)根据工程所处地理条件和工程性质在编制总体施工计划时，安排不受气候影响或影响较小的工程在雨季施工，不宜在雨季施工的项目尽量安排在其他季度。

(3)利用施工淡季充分做好施工机械设备的检修保养，组织职工培训学习，养精蓄锐，迎接施工旺季。

(4)做好防洪、防台工作，特别要安排各桥桩基和下部构造的施工季节，尽量避开洪水季节施工，防止施工材料遭受损失和工程遭受破坏。

(5)冬季认真做好混凝土防冻工作，当气温在0℃以下时不安排陆上混凝土施工和浆砌工作。

## 十、质量保证体系

1. 质量保证体系

工程质量是百年大计，同时关系施工单位的生存。为此，应从项目经理到每个施工人员大家齐心共管；从开工到竣工交验的每个环节，都不能放松，建立有组织、设备、制度、办法、措施、手段等一整套的保证体系。

为确保本工程的质量，在本项目的施工管理中全面贯彻ISO 9000质量管理和质量保证标准，我公司依据GB/T 19002—1994idt ISO 9002:1994质量体系的要求，结合我公司《质量保证手册》和《质量体系程序文件》编制了本项目质量保证体系。本质量保证体系是项目一切质量活动必须遵循的纲领性文件和行为准则，凡参与本项目的项目经理部各级人员必须严格遵守。

2. 质量控制目标

(1)各类检测、试验资料真实、齐全，原材料质量、配合比、砂浆和混凝土强度、压实度、弯沉等合格率达到100%。

(2)各分项工程一次合格率达到100%，优良率达95%以上。

(3)全部施工项目符合设计要求。各项工程内在质量合格，外表美观。

3. 质量管理措施

为确保上述目标的实现，并创造优良工程，具体拟采取以下措施：

(1)建立从上到下的质量管理体系，并在整个施工过程中开展。从始至终坚持质量管理活动，建立管理点、管理工具，采取立方图法、排列图法和因果分析法，使质量管理从静态管理进化为动态管理。

(2)施工人员教育。我们认为工程质量的好坏，在很大程度上取决于工程全体员工的工作责任心，因此，必须抓紧、抓死思想教育工作，以使每个职工做到工作一丝不苟，认真细致，保证工程质量，牢固树立质量责任重于泰山的思想。

(3)做好技术交底工作。在每项工作、每道工序施工前，将有关施工技术规范、设计要求、质量控制部位及应达到的标准等编制成手册发到各施工班组进行书面交底。

(4)实行定期和不定期的质量检查制度。对不符合标准的工程坚决推倒重来，以确保施工的工程不留下质量隐患。

(5)实行三不放过的原则，并加重处分有关工区、作业班组的领导。

(6)实行质量与经济利益挂钩的奖罚制度。在施工过程中，我们将根据工程的重要性、复杂性等因素制订一套奖罚制度，实行重奖、重罚，利用经济手段以保证优良工程的实现。

(7)赋予质检工程师一票否决的权利，以充分发挥质检工程师和技术人员对质量的监控作用，凡进入工地的材料，均需质检工程师检查同意后，才能进入现场和用于工程。

(8)工程采购订货时的质量控制：把原材料质量控制在采购订货前，是质量预控的重要措施，先看样品和质量说明书，必要时进行相关的原材料试验工作，符合质量要求的才订货，不符合质量要求的坚决不订货，不是正式厂家不订，以防止伪劣产品进入工地。

(9)进库检查：原材料进库时，要检查厂家的产品合格证，并抽样自检(附自检报告)，不合格产品，坚决不准入库。

(10)进库保管：凡进库材料要分门别类保管，并插牌标记，易锈、怕潮、怕晒的材料应置于干燥库房。

(11)当地砂石料采购或开采前应经试验及审批后再进行订货或开采。

(12)内部质检人员服从和支持业主和监理工程师的工作，并在工作中提供方便，共同把好质量关。

(13)应用相应的设备和方法检测、试验，遵循质量控制程序，进行从原材料到工程成品的质量检查。

## 十一、安全保证体系

1. 组织体系

在项目经理部设立安保部，由经理部统一领导，制定各项措施，各工区设安保小组，并设专职安保员，组成施工安全保证体系的组织机构。

2. 安全生产措施

(1)认真贯彻“安全第一，预防为主”的方针，严格执行国家有关安全生产方面的法规、条例、规范、标准和与本投标人有关的安全管理制度，保证职工在施工生产过程中的安全与健康。

(2)建立各级各类人员的安全生产责任制，形成完善的安全保证体系，建立健全各项安全管理制度，并经常对职工进行安全教育。

(3)严格执行安全操作规程，按照作业要求发放劳保用品，进入施工现场必须戴好安全帽，高空作业必须系好安全带，严禁违章冒险作业。

(4)加强施工现场的安全防护设施，保持良好、安全、文明的施工条件。

(5)单项工程的施工组织设计或施工方案附有安全技术措施，对特殊和危险性较大的工程单独编制安全技术措施，并且有依据、有说明、有审批。

(6)严格实行逐级安全技术交底制度，开工前技术负责人将工程概况、施工方法、安全技术措施等情况向项目负责人、工长详细交底，项目负责人或工长向班长进行书面安全技术交底，各级书面交底有交接人签字，并存档备查。

(7)施工过程中所使用的安全用品、工具和设施以及电气、机械设备等定期检查，建立严格的检查制度。如脚手架、井字架、安全网、工地使用的中小型机械、起重设备的安全装置、限位装置等，对临时电气工程做到符合国家用电规定，装设漏电保护装置。

(8)对石方爆破作业施工，严格执行国家和当地政府、公安部门的有关规定，制定单独的安全技术措施方案和管理制度。

(9)对特种作业人员加强培训考核、实行持证上岗制，严禁无证人员从事特种作业。

(10)加强安全生产检查，并和生产安排结合起来，加强日常的安全检查活动，发现安全隐患立即下达隐患通知书，限期改正，如有危及人身安全的紧急险情和重大隐患立即停止其作业。

3.设备和物资保证

项目经理部和各工区配置适当的抢救设施和药品，施工工地配备足够的安全网、安全绳以及施工工人的保护用品，驻地配备消防和卫生设备，消除各环节的安全隐患。

## 十二、其他事项

1.环境保护措施

(1)生产及生活设施的设置应认真规划、设计，在设计时要符合环境保护要求，遵守环境保护法规，在征得当地政府有关部门同意后，报请工程师批准。

(2)钻孔桩设置泥浆池，经沉淀后再作处理。

(3)生活、生产废水经收集、处理后再排放。

(4)在临近居民点施工时，采取严格的防污染和防噪声措施。

(5)土石方施工作业中避免土石堵塞河流、农田灌溉水渠，保护树木，防止毁坏森林，防止造成水土流失。

2.文明施工

文明施工是衡量企业素质和管理水平的标准。本工程的施工时，我们将文明施工作为一个重要工作内容来抓。

(1)建立项目经理为文明施工第一责任人的组织体系，各部门分工明确。

(2)场地布置合理，设备材料停放有序，各种图表上墙，员工戴卡上岗。

(3)加强路容、路貌管理，各种标牌、标语立于各责任区，整个施工现场井然有序。

(4)认真做好临时排灌工作，施工不影响农业生产。

(5)认真做好现有道路的维护工作，确保施工路段的道路畅通。

(6)加强与地方的协调工作，由专人负责与地方政府部门、乡村居民的协调关系，取得当地政府部门的大力支持，努力解决施工中出现的各种问题、各种矛盾。加强与群众的关系，紧密团结，关系融洽，相互帮助，为顺利完成工程项目创造条件。

3.地下和地上三线保护措施

先行人员进场后，即组织对沿线地下光缆和电力线路等三线进行详细调查的工作，并针对各种情况与有关部门取得联系，制订切实可行的保护措施，以确保三线安全。

4.文物保护

文物是国家的财富，在进入施工现场前，对参加施工的所有人员进行有关教育。施工中，一旦发现文物，立即报告有关部门，并做好现场保卫和防护工作。由经理部办公室负责具体业务工作。

# 第五节 公路大中修施工组织设计示例

## 一、工程概况

××高速公路河北段大修一期工程,全长46.121km,为南半幅,桩号为K332+000~K378+120.860。

### (一)施工内容

#### 1.大修工程内容

路面大修工程内容为:①补强罩面,适用的路段桩号为K332+000~K335+000,长度为3km;②翻修沥青面层,整修基层,适用的路段桩号为K335+000~K378+120.860(挖方潮湿段1.631km除外),长度为41.49km;③新建沥青路面,适用于8处挖方路段,分布在桩号K335+000~K378+120.860之间,长度合计1.631km。

桥梁大修工程内容为:①翻修桥面铺装;②更换损坏的桥梁构件;③更换桥梁支座、伸缩缝;④维修墩台、基础、锥形护坡、调治构造物、护栏、八字墙等工程。

防护与排水大修工程内容为:①路堤、路堑边坡防护工程维修与新建;②路基、路面排水工程的维修与新建。

#### 2.工程规模

工程规模为:①挖除路基8 760$m^3$;②纵向排水工程1 743.16m;③石砌护坡2 365.2$m^3$;④勾缝、抹面78 500$m^2$;⑤喷射混凝土防护11 274$m^2$;⑥挖运旧路面428 688$m^2$;⑦贫水泥混凝土基层14 192$m^2$;⑧水泥稳定粒料基层28 724.5$m^3$;⑨沥青混凝土路面427 540$m^2$;⑩拦水带408.01$m^3$;⑪桥梁和涵洞的墩台、基础160$m^3$;锥坡与护坡163$m^3$;八字墙200$m^3$;承重构件10.48$m^3$;支座、伸缩缝1 138m;桥头搭板137.25$m^3$;护栏1 168$m^2$;桥面铺装26 656.62$m^2$;石拱桥4处;其他工程110$m^3$;⑫路面标线21 420$m^2$。

#### 3.工程特点

(1)××高速公路河北段沿线地形复杂,高差变化大,地形变化无规则,地质多变。

(2)××高速公路河北段是我省大修的第一条山岭重丘区高等级公路,缺乏大修经验。

(3)这次大修工程中最复杂的部分是新建沥青路面部分,全部挖除旧路面,按挖方路基潮湿段重新进行施工,而且工程分布零散,在43km的里程中分8处,合计1.631km。

(4)这次大修工程,工程量最大的部分是K335+000~K378+120.860段,面层需要全部挖除,所以翻修沥青面层是这次大修工程的主体。

### (二)施工方案

#### 1.施工组织

1)交通控制

整个施工区段对外完全封闭交通,过往车辆可绕行307国道。应合理安排施工顺序及区段，保证施工车辆畅通无阻。

2）总体安排

计划安排两家施工单位，同时施工，平行作业。

第一家施工单位负责 K332 + 000 ~ K360 + 780 段，长度 28.78km；

第二家施工单位负责 K360 + 780 ~ K378 + 120.86 段，长度 17.341km。

3）组建作业队

（1）第一家施工单位

路基、路面工程：

①挖除旧路面面层，组织 5 个作业队，平行作业。

②挖除破损的基层、底基层，组织 1 个作业队。

③施工场地整理，组织 1 个作业队。

④盲沟施工，组织 1 个作业队。

⑤新基层施工，组织 1 个作业队。

⑥新沥青混合料面层施工，组织 1 个作业队。

桥梁涵洞与防护工程：

①瓦工作业 1 队，负责浆砌护坡、锥坡等。

②瓦工作业 2 队，负责墩台、基础、石拱桥维修。

③混凝土作业队 1 个，负责桥梁承重构件、护栏、桥头搭板、混凝土防护工程。

④伸缩缝、支座作业队 1 个，负责伸缩缝、支座的更换。

（2）第二家施工单位

路基、路面工程：

①挖除旧路面面层，组织 3 个作业队，平行作业。

②挖除破损的基层、底基层，组织 1 个作业队。

③施工场地整理，组织 1 个作业队。

④盲沟施工，组织 1 个作业队。

⑤新基层施工，组织 1 个作业队。

⑥新沥青混合料面层施工，组织 1 个作业队。

桥梁涵洞与防护工程：

①瓦工作业 1 队，负责浆砌护坡、锥坡等。

②瓦工作业 2 队，负责墩台、基础、石拱桥维修。

③混凝土作业队 1 个，负责桥梁承重构件、护栏、桥头搭板、混凝土防护工程。

④伸缩缝、支座作业队 1 个，负责伸缩缝、支座的更换。

### 2. 施工期限

施工期限为 5 个半月，2003 年 5 月 25 日 ~ 2003 年 11 月 10 日。

### 3. 主要工程施工方法及工期

1）路基路面施工

（1）施工方法

以机械化作业为主,人工作业辅助。

作业方法总体采用平行流水作业。相同的工序在不同的施工段上平行作业,不同的工序采用流水作业,具体施工方法如下。

①旧沥青路面采用大型铣刨机铣刨、拉毛。

②所有旧路面面层采用机械切缝,机械捣碎,推土机配合装载机装车,自卸汽车运输,并与其他废料分开堆放。

③需要挖除的路面基层、底基层,采用挖掘机挖装,机械无法作业处,采用人工作业,自卸汽车运输。

④做基层、底基层所用的水泥稳定碎石、级配碎石,在料场集中拌和,自卸汽车运输,机械摊铺、碾压。

⑤小面积基层破坏,挖除破损基层后,采用贫水泥混凝土填补找平。C15贫泥混凝土采用分散拌和,手推车或小型拖拉机运输。

⑥沥青混合料在料场集中拌和,自卸汽车运输,机械摊铺、碾压。

(2)工期

路基路面施工工期为5个半月,2003年5月25日~2003年11月10日。

2)桥涵及防护工程施工

(1)施工方法

机械配合人工作业。作业方法采用平行顺序作业法。各作业队可以采用平行作业,每一个作业队采用顺序作业。除桥面铺装采用机械化施工外,其他工程一律采用机械配合人工作业。

(2)工期

桥涵及防护工程施工工期为5个半月,2003年5月25日~2003年11月10日。

### (三)劳动力计划与主要施工机具安排

劳动力计划:每道工序应保证有有经验的专业技术人员最少一名。其他非技术人员可根据工程具体情况互相调用。

施工机具安排:施工机具应精良并有充足的数量,以保证工程质量和工程进度。基层材料设拌和站两处,沥青混合料设拌和站两处。

### (四)主要材料的采、运方案

SBS改性沥青、AH—70号沥青招标购买,并运往工地。玄武岩由易县或张家口料厂购买,安山岩从鹿泉石料厂购买。石灰岩碎石、水泥、钢筋等由鹿泉或井陉购买。全部材料采用汽车运输。

## 二、工程进度图

第一家施工单位工程进度图,见图8-13,各作业队施工时间计划表,见表8-10,第二家施工单位工程进度图,见图8-14,各作业队施工时间计划表,见表8-11。

| 序号 | 工程项目 | | 施工方法 | 每班人数 | 作业班制 | 施工天数(d) | 进度（2003年） | | | | | | |
|---|---|---|---|---|---|---|---|---|---|---|---|---|---|
| | | | | | | | 5月 | 6月 | 7月 | 8月 | 9月 | 10月 | 11月 |
| 1 | 施工准备 | | | 50 | 1 | 12 | 50 | 10 | | | | | |
| 2 | 挖除旧路面面层 | 作业1队 | 机械为主，人工辅助 | 30 | 1 | 80 | | | 30 | | | | |
| 3 | | 作业2队 | 机械为主，人工辅助 | 30 | 1 | 80 | | | 30 | | | | |
| 4 | | 作业3队 | 机械为主，人工辅助 | 30 | 1 | 80 | | | 30 | | | | |
| 5 | | 作业4队 | 机械为主，人工辅助 | 30 | 1 | 80 | | | 30 | | | | |
| 6 | | 作业5队 | 机械为主，人工辅助 | 30 | 1 | 80 | | | 30 | | | | |
| 7 | 挖除破损的基层、底基层 | | 机械为主，人工辅助 | 25 | 1 | 70 | | | 25 | | | | |
| 8 | 施工场地整理 | | 机械配合人工 | 20 | 1 | 90 | | | 20 | | | | |
| 9 | 盲沟施工 | | 机械配合人工 | 30 | 1 | 40 | | 30 | | | | | |
| 10 | 拌和场地建设 | | 机械配合人工 | 20 | 1 | 20 | | 20 | | | | | |
| 11 | 材料采、运 | | 机械配合人工 | 20 | 1 | 60 | | 20 | | | | | |
| 12 | 新底基层施工 | | 机械为主，人工辅助 | 30 | 1 | 80 | | | | 30 | | | |
| 13 | 新基层施工 | | 机械为主，人工辅助 | 30 | 1 | 80 | | | | 30 | | | |
| 14 | 旧面层铣刨 | | 机械为主，人工辅助 | 20 | 1 | 40 | | | | 20 | | | |
| 15 | 新沥青混凝土面层施工 | | 机械为主，人工辅助 | 80 | 1 | 100 | | | | 80 | | | |
| 16 | 瓦工1队（砌护坡、锥坡） | | 机械配合人工 | 30 | 1 | 100 | | | | 30 | | | |
| 17 | 瓦工2队（维修墩台、基础、八字墙） | | 机械配合人工 | 20 | 1 | 100 | | | | 20 | | | |
| 18 | 混凝土作业队（喷射混凝土护坡、更换桥梁的承重构件等） | | 机械为主，人工辅助 | 20 | 1 | 75 | | | | 20 | | | |
| 19 | 更换支座、伸缩缝作业队 | | 机械配合人工 | 10 | 1 | 80 | | | | 10 | | | |
| 20 | 路面标线 | | 机械为主，人工辅助 | 16 | 1 | 50 | | | | | 15 | | |
| 21 | 说明：1.非技术人员可以相互调用；<br>2.施工准备阶段由各专业队自行准备；<br>3.施工所用的零工可以就近临时雇佣；<br>4.桥梁维修中的某些工程项目，两家施工单位也可以联合施工；<br>5.横线上的数字或横线右侧的数字为每班作业人数 | | | | 人数 | 400<br>300<br>200<br>100 | | | | | | | |

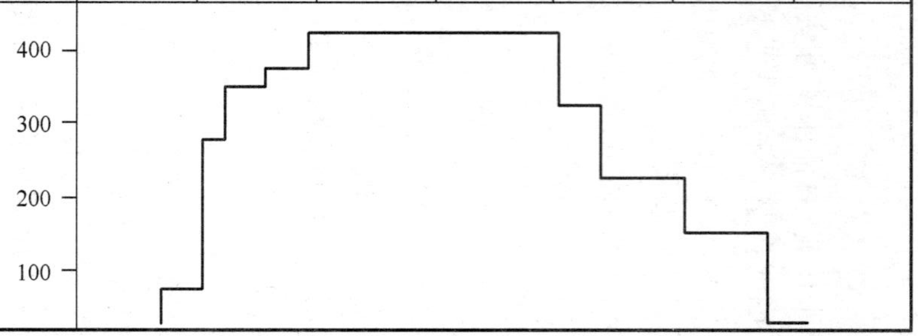

图8-13 第一家施工单位工程进度图

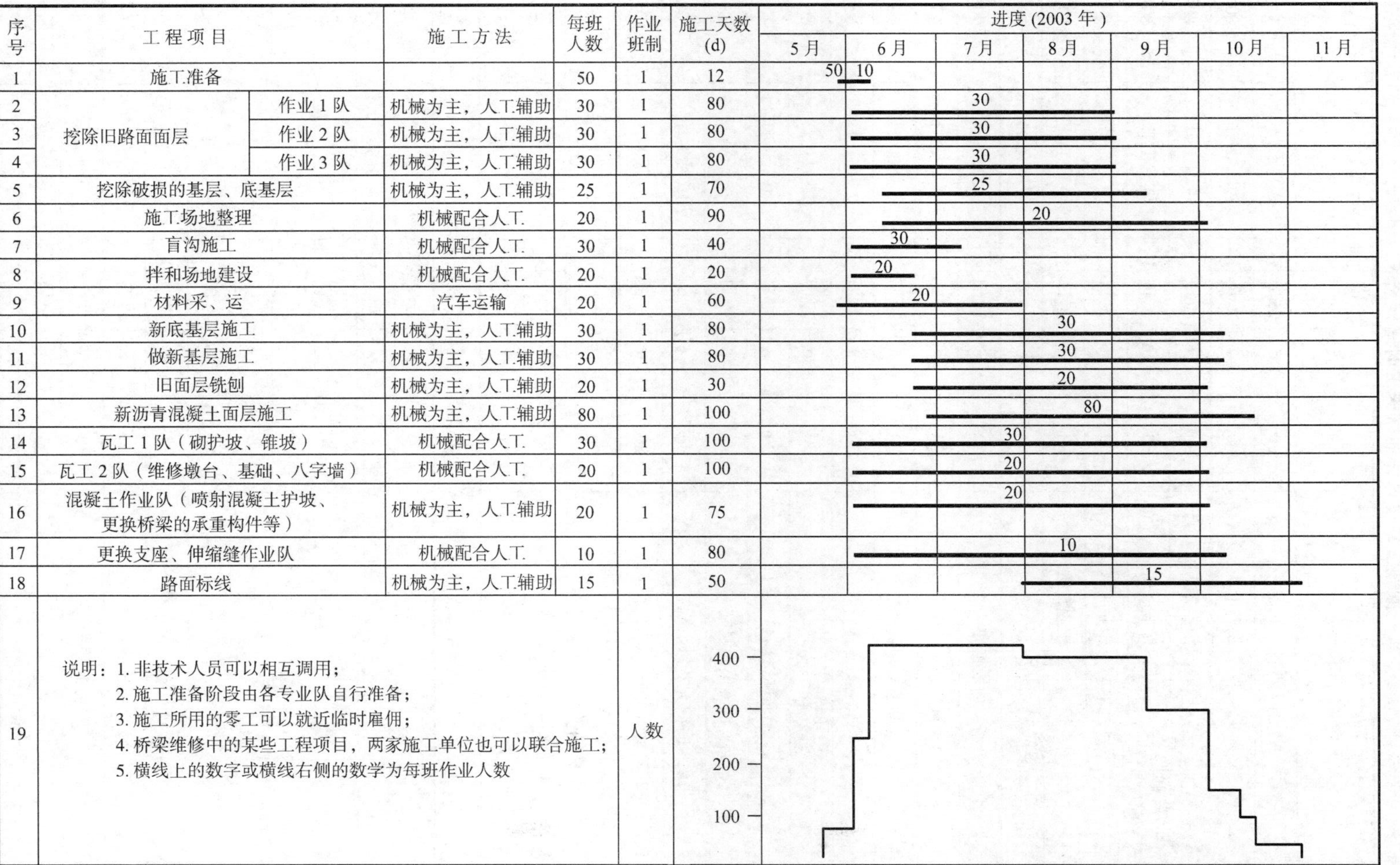

| 序号 | 工程项目 | | 施工方法 | 每班人数 | 作业班制 | 施工天数(d) | 进度（2003 年）5 月—11 月 |
|---|---|---|---|---|---|---|---|
| 1 | 施工准备 | | | 50 | 1 | 12 | 50 10 |
| 2 | 挖除旧路面面层 | 作业 1 队 | 机械为主，人工辅助 | 30 | 1 | 80 | 30 |
| 3 | | 作业 2 队 | 机械为主，人工辅助 | 30 | 1 | 80 | 30 |
| 4 | | 作业 3 队 | 机械为主，人工辅助 | 30 | 1 | 80 | 30 |
| 5 | 挖除破损的基层、底基层 | | 机械为主，人工辅助 | 25 | 1 | 70 | 25 |
| 6 | 施工场地整理 | | 机械配合人工 | 20 | 1 | 90 | 20 |
| 7 | 盲沟施工 | | 机械配合人工 | 30 | 1 | 40 | 30 |
| 8 | 拌和场地建设 | | 机械配合人工 | 20 | 1 | 20 | 20 |
| 9 | 材料采、运 | | 汽车运输 | 20 | 1 | 60 | 20 |
| 10 | 新底基层施工 | | 机械为主，人工辅助 | 30 | 1 | 80 | 30 |
| 11 | 做新基层施工 | | 机械为主，人工辅助 | 30 | 1 | 80 | 30 |
| 12 | 旧面层铣刨 | | 机械为主，人工辅助 | 20 | 1 | 30 | 20 |
| 13 | 新沥青混凝土面层施工 | | 机械为主，人工辅助 | 80 | 1 | 100 | 80 |
| 14 | 瓦工 1 队（砌护坡、锥坡） | | 机械配合人工 | 30 | 1 | 100 | 30 |
| 15 | 瓦工 2 队（维修墩台、基础、八字墙） | | 机械配合人工 | 20 | 1 | 100 | 20 |
| 16 | 混凝土作业队（喷射混凝土护坡、更换桥梁的承重构件等） | | 机械为主，人工辅助 | 20 | 1 | 75 | 20 |
| 17 | 更换支座、伸缩缝作业队 | | 机械配合人工 | 10 | 1 | 80 | 10 |
| 18 | 路面标线 | | 机械为主，人工辅助 | 15 | 1 | 50 | 15 |
| 19 | 说明：1. 非技术人员可以相互调用；<br>2. 施工准备阶段由各专业队自行准备；<br>3. 施工所用的零工可以就近临时雇佣；<br>4. 桥梁维修中的某些工程项目，两家施工单位也可以联合施工；<br>5. 横线上的数字或横线右侧的数学为每班作业人数 | | | | 人数 | 400 300 200 100 | |

图 8-14 第二家施工单位工程进度图

第一家施工单位各作业队施工时间计划表　　表 8-10

| 施工单位 | 工程项目或作业队 | | 人数 | 进度安排(2003 年) | | 施工时间(d) |
|---|---|---|---|---|---|---|
| | | | | 开始 | 结束 | |
| 第一家施工单位 | 施工准备 | | 50 | 5 月 25 日 | 6 月 10 日 | 12 |
| | 挖除旧路面面层 | 作业 1 队 | 30 | 6 月 1 日 | 9 月 1 日 | 80 |
| | | 作业 2 队 | 30 | 6 月 1 日 | 9 月 1 日 | 80 |
| | | 作业 3 队 | 30 | 6 月 1 日 | 9 月 1 日 | 80 |
| | | 作业 4 队 | 30 | 6 月 1 日 | 9 月 1 日 | 80 |
| | | 作业 5 队 | 30 | 6 月 1 日 | 9 月 1 日 | 80 |
| | 挖除破损的基层、底基层 | | 25 | 6 月 10 日 | 9 月 10 日 | 70 |
| | 施工场地整理 | | 20 | 6 月 10 日 | 9 月 30 日 | 90 |
| | 盲沟施工 | | 30 | 6 月 1 日 | 7 月 10 日 | 40 |
| | 拌和场地建设 | | 20 | 5 月 30 日 | 6 月 20 日 | 20 |
| | 材料采、运 | | 20 | 5 月 25 日 | 7 月 30 日 | 60 |
| | 新基层施工 | | 30 | 6 月 20 日 | 10 月 5 日 | 80 |
| | 旧面层铣刨 | | 20 | 6 月 20 日 | 10 月 1 日 | 40 |
| | 新沥青混凝土面层施工 | | 80 | 6 月 30 日 | 10 月 20 日 | 100 |
| | 瓦工 1 队(砌护坡、锥坡) | | 30 | 6 月 1 日 | 10 月 1 日 | 100 |
| | 瓦工 2 队(维修墩台、基础、八字墙) | | 20 | 6 月 1 日 | 10 月 1 日 | 100 |
| | 混凝土作业队(喷射混凝土护坡、更换桥梁的承重构件等) | | 20 | 6 月 1 日 | 10 月 1 日 | 75 |
| | 更换支座、伸缩缝作业队 | | 10 | 6 月 1 日 | 10 月 10 日 | 80 |
| | 路面标线 | | 15 | 9 月 1 日 | 11 月 5 日 | 50 |

第二家施工单位各作业队施工时间计划表　　表 8-11

| 施工单位 | 工程项目或作业队 | | 人数 | 进度安排(2003 年) | | 施工时间(d) |
|---|---|---|---|---|---|---|
| | | | | 开始 | 结束 | |
| 第二家施工单位 | 施工准备 | | 50 | 5 月 25 日 | 6 月 10 日 | 12 |
| | 挖除旧路面面层 | 作业 1 队 | 30 | 6 月 1 日 | 9 月 1 日 | 80 |
| | | 作业 2 队 | 30 | 6 月 1 日 | 9 月 1 日 | 80 |
| | | 作业 3 队 | 30 | 6 月 1 日 | 9 月 1 日 | 80 |
| | 挖除破损的基层、底基层 | | 25 | 6 月 10 日 | 9 月 10 日 | 70 |
| | 施工场地整理 | | 20 | 6 月 10 日 | 9 月 30 日 | 90 |
| | 盲沟施工 | | 30 | 6 月 1 日 | 7 月 10 日 | 40 |
| | 拌和场地建设 | | 20 | 5 月 30 日 | 6 月 20 日 | 20 |
| | 材料采、运 | | 20 | 5 月 25 日 | 7 月 30 日 | 60 |

续上表

| 施工单位 | 工程项目或作业队 | 人数 | 进度安排(2003 年) | | 施工时间(d) |
|---|---|---|---|---|---|
| | | | 开始 | 结束 | |
| 第二家施工单位 | 新基层施工 | 30 | 6 月 25 日 | 10 月 10 日 | 80 |
| | 旧面层铣刨 | 20 | 6 月 20 日 | 10 月 1 日 | 30 |
| | 新沥青混凝土面层施工 | 80 | 6 月 30 日 | 10 月 20 日 | 100 |
| | 瓦工 1 队(砌护坡、锥坡) | 30 | 6 月 1 日 | 10 月 1 日 | 100 |
| | 瓦工 2 队(维修墩台、基础、八字墙) | 20 | 6 月 1 日 | 10 月 1 日 | 100 |
| | 混凝土作业队(喷射混凝土护坡、更换桥梁的承重构件等) | 20 | 6 月 1 日 | 10 月 1 日 | 75 |
| | 更换支座、伸缩缝作业队 | 10 | 6 月 1 日 | 10 月 10 日 | 80 |
| | 路面标线 | 15 | 9 月 1 日 | 11 月 5 日 | 50 |

## 三、劳动力计划表

第一家施工单位劳动力计划表见表 8-12,第二家施工单位劳动力计划表见表 8-13。

第一家施工单位劳动力计划表 表 8-12

| 序号 | 高峰人数 | 每月需要人数(2003 年) | | | | | | |
|---|---|---|---|---|---|---|---|---|
| | | 5 月 | 6 月 | 7 月 | 8 月 | 9 月 | 10 月 | 11 月 |
| 1 | 440 | 50 | 320 | 440 | 420 | 320 | 240 | 15 |

第二家施工单位劳动力计划表 表 8-13

| 序号 | 高峰人数 | 每月需要人数(2003 年) | | | | | | |
|---|---|---|---|---|---|---|---|---|
| | | 5 月 | 6 月 | 7 月 | 8 月 | 9 月 | 10 月 | 11 月 |
| 1 | 360 | 50 | 300 | 380 | 360 | 320 | 240 | 15 |

## 四、主要材料计划表

第一家施工单位主要材料计划表见表 8-14,第二家施工单位主要材料计划表见表 8-15。

第一家施工单位主要材料计划表 表 8-14

| 材料名称及规格 | 单位 | 数量 | 来源 | 月需要量(2003 年) | | | | |
|---|---|---|---|---|---|---|---|---|
| | | | | 6 月 | 7 月 | 8 月 | 9 月 | 10 月 |
| 22.5 级水泥 | t | 3 990 | 鹿泉水泥厂 | 270 | 980 | 980 | 960 | 800 |
| 改性沥青 | t | 5 540 | 国内招标 | 540 | 1400 | 1 500 | 1 400 | 700 |
| 石油沥青 | t | 600 | 招标 | 90 | 100 | 160 | 150 | 100 |
| 片石 | $m^3$ | 1500 | 鹿泉石料厂 | 100 | 500 | 500 | 400 | |
| 重油 | kg | 862 440 | | 141 220 | 200 000 | 200 000 | 180 000 | 141 220 |
| 汽油 | kg | 17 434 | | 2 000 | 4 000 | 4 000 | 3 800 | 3 634 |
| 柴油 | kg | 410 800 | | 80 000 | 84 000 | 85 000 | 84 000 | 77 800 |

续上表

| 材料名称及规格 | 单位 | 数量 | 来源 | 月需要量(2003 年) | | | | |
|---|---|---|---|---|---|---|---|---|
| | | | | 6 月 | 7 月 | 8 月 | 9 月 | 10 月 |
| 碎石(路面) | $m^3$ | 19 773 | 易县或张家口 | 2 500 | 5 000 | 5 500 | 5 000 | 1 773 |
| 级配碎石 | $m^3$ | 38 970 | 鹿泉石料厂 | 2 100 | 10 600 | 12 700 | 10 600 | 2 930 |
| 石屑 | $m^3$ | 19 060 | 鹿泉石料厂 | 2 000 | 4 500 | 5 000 | 4 500 | 3 060 |

第二家施工单位主要材料计划表 表 8-15

| 材料名称及规格 | 单位 | 数量 | 来源 | 月需要量(2003 年) | | | | |
|---|---|---|---|---|---|---|---|---|
| | | | | 6 月 | 7 月 | 8 月 | 9 月 | 10 月 |
| 22.5 级水泥 | t | 2 673 | 鹿泉水泥厂 | 180 | 980 | 650 | 640 | 223 |
| 改性沥青 | t | 3 712 | 国内招标 | 400 | 940 | 1200 | 1 000 | 172 |
| 石油沥青 | t | 402 | 国内招标 | 60 | 70 | 100 | 70 | 102 |
| 片石 | $m^3$ | 1 005 | 鹿泉石料厂 | 70 | 330 | 330 | 260 | 15 |
| 重油 | kg | 577 840 | | 94 620 | 134 000 | 134 000 | 120 600 | 94 620 |
| 汽油 | kg | 11 700 | | 1 340 | 2 680 | 2 680 | 2 546 | 2 454 |
| 柴油 | kg | 276 000 | | 53 600 | 56 280 | 56 950 | 56 280 | 52 890 |
| 碎石(路面) | $m^3$ | 13 248 | 易县或张家口 | 1 700 | 3 300 | 3 600 | 3 300 | 1 348 |
| 级配碎石 | $m^3$ | 26 110 | 鹿泉石料厂 | 1 370 | 6 900 | 8 450 | 6 900 | 2 500 |
| 石屑 | $m^3$ | 12 770 | 鹿泉石料厂 | 1 300 | 3 000 | 3 300 | 3 000 | 2 170 |

## 五、主要机具、设备计划表

第一家施工单位主要机具计划表见表 8-16，第二家施工单位主要机具计划表见表 8-17。

第一家施工单位主要机具计划表 表 8-16

| 序号 | 机具名称及规格 | 数量 | 单位 | 使用时间(2003 年) | |
|---|---|---|---|---|---|
| | | | | 开始 | 结束 |
| 1 | 路面切割机 | 10 | 台 | 5 月 25 日 | 9 月 1 日 |
| 2 | 135kW 以内履带式推土机 | 5 | 台 | 5 月 25 日 | 10 月 10 日 |
| 3 | $2m^3$ 以内轮胎式装载机 | 5 | 台 | 6 月 1 日 | 10 月 1 日 |
| 4 | 120kW 以内自行式平地机 | 2 | 台 | 6 月 1 日 | 10 月 1 日 |
| 5 | 6 ~ 8t 钢轮压路机 | 3 | 台 | 6 月 20 日 | 10 月 20 日 |
| 6 | 12 ~ 15t 钢轮压路机 | 4 | 台 | 6 月 20 日 | 10 月 30 日 |
| 7 | 12 ~ 18t 振动压路机 | 4 | 台 | 6 月 20 日 | 10 月 30 日 |
| 8 | 15t 以上自卸汽车 | 20 | 辆 | 6 月 1 日 | 10 月 30 日 |
| 9 | 大型铣刨机 | 2 | 台 | 9 月 10 日 | 10 月 1 日 |
| 10 | 4 000L 以内沥青洒布车 | 1 | 辆 | 6 月 10 日 | 10 月 20 日 |
| 11 | 基层粒料拌和设备 | 1 | 套 | 6 月 10 日 | 10 月 10 日 |

续上表

| 序号 | 机具名称及规格 | 数量 | 单位 | 使用时间(2003年) | |
|---|---|---|---|---|---|
| | | | | 开始 | 结束 |
| 12 | 基层粒料摊铺机 | 1 | 台 | 6月10日 | 10月10日 |
| 13 | 240t/h以上沥青混合料拌和设备 | 1 | 套 | 6月20日 | 10月30日 |
| 14 | 沥青混合料摊铺机(摊铺宽度12m) | 1 | 台 | 6月20日 | 10月30日 |
| 15 | 30kV·A以内交流电焊机 | 8 | 台 | 6月1日 | 10月1日 |

第二家施工单位主要机具计划表　表8-17

| 序号 | 机具名称及规格 | 数量 | 单位 | 使用时间(2003年) | |
|---|---|---|---|---|---|
| | | | | 开始 | 结束 |
| 1 | 路面切割机 | 6 | 台 | 5月25日 | 9月1日 |
| 2 | 135kW以内履带式推土机 | 3 | 台 | 5月25日 | 10月10日 |
| 3 | $2m^3$以内轮胎式装载机 | 3 | 台 | 6月1日 | 10月1日 |
| 4 | 120kW以内自行式平地机 | 2 | 台 | 6月1日 | 10月1日 |
| 5 | 6~8t钢轮压路机 | 2 | 台 | 6月20日 | 10月20日 |
| 6 | 12~15t钢轮压路机 | 3 | 台 | 6月20日 | 10月30日 |
| 7 | 12~18t振动压路机 | 2 | 台 | 6月20日 | 10月30日 |
| 8 | 15t以上自卸汽车 | 15 | 辆 | 6月1日 | 10月30日 |
| 9 | 大型铣刨机 | 1 | 台 | 9月10日 | 10月1日 |
| 10 | 4 000L以内沥青洒布车 | 1 | 辆 | 6月10日 | 10月20日 |
| 11 | 基层粒料拌和设备 | 1 | 套 | 6月10日 | 10月10日 |
| 12 | 基层粒料摊铺机 | 1 | 台 | 6月10日 | 10月10日 |
| 13 | 240t/h以上沥青混合料拌和设备 | 1 | 套 | 6月20日 | 10月30日 |
| 14 | 沥青混合料摊铺机(摊铺宽度12m) | 1 | 台 | 6月20日 | 10月30日 |
| 15 | 30kV·A以内交流电焊机 | 6 | 台 | 6月1日 | 10月1日 |

## 六、施工平面布置

### 1. 第一家施工单位

第一家施工单位施工区段为K332+000~K360+780。

(1)基层粒料拌和站和沥青混合料拌和站都设置在鹿泉立交桥附近1km,临时占地6万$m^2$。

(2)施工人员可根据实际情况,在施工场地附近租借民房或搭临时建筑。

(3)监理驻地可居住在鹿泉或就近租借民房、搭临时建筑。

### 2. 第二家施工单位

第二家施工单位施工区段为K360+780~K378+120.86。

(1)基层粒料拌和站和沥青混合料拌和站都设置在秀林立交桥附近1km,临时占地6万$m^2$。

(2)施工人员可根据实际情况,在施工场地附近租借民房或搭临时建筑。

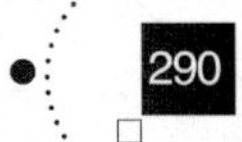



(3)监理驻地可居住在附近民房或搭临时建筑。

## 第六节 旧桥加固施工组织设计示例

旧桥加固施工组织设计与新建桥梁施工组织设计不同。首先旧桥加固施工需对已有旧桥的技术状况进行评定,根据具体情况采取对应的措施;其次,旧桥加固常用的施工方法有桥面补强层法、增大截面和配筋法、粘贴钢板(碳纤维片)法、增加构件法、体外预应力法、改变结构受力体系法、扩大基础法、增补桩基法、墩台基础的旋喷注浆法等,可见在施工方法和施工方案上较新建桥梁也有明显的不同;旧桥加固所用到的机械设备以及材料构件等与新施工桥梁区别也比较大。还有最重要的一点,在施工组织的过程中,旧桥加固必须考虑不能中断交通和尽量减少交通干扰的问题,而新建桥梁则不存在这个问题。以下为某危桥加固的施工组织计划示例,仅供学习参考。

### 一、工程概况

309国道东风渠桥南幅桥中心桩号为K750+631.5,5孔、跨径13m钢筋混凝土空心板简支梁桥,桥面连续。桥面净空为11m+2×0.5m(防撞护栏),设计荷载标准为汽车—超20级,挂—120(当年建设时的标准)。桥面铺装为10cm水泥混凝土+5cm沥青混凝土。该桥为晋煤外运的重要通道,超载车多,对桥梁的破坏十分严重。

309国道东风渠桥北幅桥,8孔、跨径6.5m钢筋混凝土空心板简支梁桥,单板宽1m。桥面净空为7m+2×0.5m(防撞护栏),设计荷载标准为汽车—15级,拖—60级。桥面铺装为6cm水泥混凝土+7cm沥青混凝土。该桥为晋煤外运的重要通道,超载车多,对桥梁的破坏十分严重。

### 二、桥梁技术状况分析

1.该桥主要病害

南幅桥主要病害:①桥面铺装:破损率超过20%;②上部构造:部分铰缝混凝土损坏严重。

北幅桥主要病害:①墩柱面积小;②盖梁尺寸小;③主板裂缝;④桥面铺装:破损率超过20%;⑤支座、伸缩缝;⑥防撞护栏。

2.维修方案

南幅桥维修方案:①主板裂缝用环氧树脂砂浆填补并进行灌缝处理,铰缝重新浇注混凝土,梁板底部粘贴碳纤维;②全部凿除旧桥面铺装,重新铺筑早强水泥混凝土。

北幅桥维修方案:①对墩柱和盖梁进行加大截面改造;②全部凿除旧桥面铺装,重新铺筑早强水泥混凝土;③对该桥的支座和伸缩缝重新设置;④主板裂缝用环氧树脂砂浆填补并进行灌缝处理，铰缝重新浇注混凝土，梁板底部粘贴碳纤维；⑤凿除旧护栏，设置新护栏。

3. 病害造成的原因分析

桥梁病害引起的原因主要有以下几个方面：使用期间长期受到水汽侵蚀和车辆荷载冲击、桥面雨水下渗等原因共同作用下梁体出现受力疲劳后裂缝扩展形成；施工质量不合格，如混凝土振捣不密实、砌石不密实，拱背填料排水不良和浆砌片石砌筑质量较差；梁桥伸缩缝变形量过大，橡胶条均被拉成水平状，伸缩缝型号不合适，引起伸缩缝处漏水导致桥台台帽渗水、泛碱；底部填土不密实沉降导致台前浆砌片石护坡砌缝开裂。

## 三、加固设计要点

(1) 梁桥板底纵向裂缝：采取化学注浆封闭裂缝后粘贴碳纤维布加固。

(2) 桥台梁端渗水、泛碱：更换伸缩缝后可防止雨水下漏。

(3) 盖梁底部蜂窝、钢筋锈胀：除锈、环氧砂浆抹平。

(4) 桥台伸缩缝破损：凿除更换 C60 伸缩缝。

(5) 泄水孔：梁桥侧清理砂土、加设空口盖；拱桥侧增设横向排水管。

(6) 人行道栏杆局部破损、钢筋锈胀：清理、除锈后绑扎一根 $\phi10$ 钢筋，用环氧砂浆原样修补。

## 四、施工平面布置

(1) 可利用桥头两侧空地进行平面布置。

(2) 施工人员可根据实际情况，在施工场地附近租借民房或搭临建。

## 五、项目施工总体安排及进度计划

1. 维修施工总体安排及施工顺序

(1) 交通：施工期间不中断交通，但浇注混凝土及养生的 7d 时间内必须中断交通。

(2) 采用半幅施工。全桥共 9 块板，先凿除 5 块板的旧桥面铺装层；修补裂缝和铰缝，同时进行凿毛，植筋，粘贴碳纤维；冲洗板面；铺设 5 块板的钢筋网；断交通，浇注 4 块板的铺装混凝土。养生 7d，混凝土强度达到 80% 后，开放交通。

(3) 剩余块板的桥面铺装施工。

2. 施工组织

(1) 作业方法：为了缩短工期，采用平行流水作业法。

(2) 施工方法：由于工程规模小，工程琐碎，所以以人工作业为主，机械辅助。

(3) 组建作业队。

①挖除旧桥面铺装层作业队。

②修补作业队：修补裂缝和铰缝，粘贴碳纤维。

③钢筋作业队：负责植钢筋、做钢筋网、铺设钢筋网。

④混凝土作业队。

3. 施工期限

施工期限为1个月，2003年11月10日～2003年12月10日。

工程进度图见图8-15和图8-16。

| 序号 | 工程项目 | 施工方法 | 每班人数 | 作业班制 | 施工天数(d) | 进度(2003年11月) | | | | | |
|---|---|---|---|---|---|---|---|---|---|---|---|
| | | | | | | 5 | 10 | 15 | 20 | 25 | 30 |
| 1 | 施工准备 | | 20 | 1 | 3 | | | | | | |
| 2 | 挖除旧桥面作业队 | 机械为主，人工辅助 | 12 | 2 | 2 | | | | | | |
| 3 | 修补作业队 | 人工 | 16 | 2 | 2 | | | | | | |
| 4 | 钢筋作业队 | 人工 | 20 | 1 | 4 | | | | | | |
| 5 | 混凝土作业队 | 机械为主，人工辅助 | 20 | 2 | 1 | | | | | | |
| 6 | 混凝土养生 | 人工 | 2 | 1 | 7 | | | | | | |
| 7 | 施工准备 | | 10 | 1 | 4 | | | | | | |
| 8 | 挖除旧桥面作业队 | 机械为主，人工辅助 | 12 | 2 | 2 | | | | | | |
| 9 | 修补作业队 | 人工 | 14 | 2 | 2 | | | | | | |
| 10 | 钢筋作业队 | 人工 | 20 | 1 | 4 | | | | | | |
| 11 | 混凝土作业队 | 机械为主，人工辅助 | 20 | 2 | 1 | | | | | | |
| 12 | 混凝土养生 | 人工 | 2 | 1 | 7 | | | | | | |
| 13 | 说明：1. 非技术人员可以相互调用；<br>2. 施工准备阶段由各专业队自行准备；<br>3. 施工所用的零工可以就近临时雇佣 | | | 人数 | 40<br>20 | 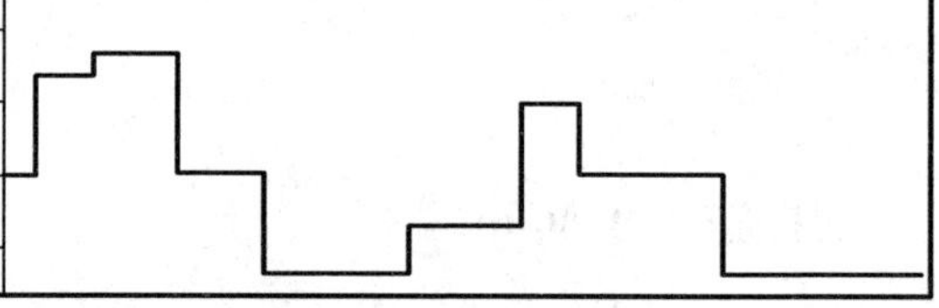 | | | | | |

图8-15 南幅桥维修加固工程进度图

| 顺序 | 工程项目或作业队 | 施工方法 | 每班人数 | 作业班数 | 施工天数(d) | 进度(2004年4～5月) | | | | | | |
|---|---|---|---|---|---|---|---|---|---|---|---|---|
| | | | | | | 5 | 10 | 15 | 20 | 25 | 30 | 36 |
| 第一个半幅 | 施工准备 | | 20 | 1 | 3 | | | | | | | |
| | 桥梁下部 | 人工 | 16 | 1 | 2 | | | | | | | |
| | 挖除旧桥面 | 机械为主，人工辅助 | 12 | 2 | 2 | | | | | | | |
| | 安装支座 | 人工 | 10 | 1 | 2 | | | | | | | |
| | 灌筑裂缝及铰缝 | 人工 | 16 | 2 | 2 | | | | | | | |
| | 钢筋作业队 | 人工 | 20 | 1 | 4 | | | | | | | |
| | 混凝土作业队 | 机械为主，人工辅助 | 20 | 2 | 1 | | | | | | | |
| | 混凝土养生 | 人工 | 2 | 1 | 7 | | | | | | | |
| 第二个半幅 | 施工准备 | | 10 | 1 | 4 | | | | | | | |
| | 桥梁下部 | 人工 | 16 | 1 | 2 | | | | | | | |
| | 挖除旧桥面 | 机械为主，人工辅助 | 12 | 2 | 2 | | | | | | | |
| | 安装支座 | 人工 | 10 | 1 | 2 | | | | | | | |
| | 灌筑裂缝及铰缝 | 人工 | 16 | 2 | 2 | | | | | | | |
| | 钢筋作业队 | 人工 | 20 | 1 | 4 | | | | | | | |
| | 混凝土作业队 | 机械为主，人工辅助 | 20 | 2 | 1 | | | | | | | |
| | 混凝土养生 | 人工 | 2 | 1 | 7 | | | | | | | |

图8-16 北幅桥维修加固工程进度图

## 六、工料机投入计划及其保障措施

1. 劳动力的组织与调配

选派技术素质和管理素质优秀的项目经理全面负责项目工作。选用和组织本项目部优秀骨干班组,由项目经理统一调配,分工协作,确保本工程优质、高速、文明地完成。项目部下辖由施工和后勤两部门组成,施工负责人下辖施工科、技术科、质安科和动力设备科。后勤负责人下辖计划预算科、财务科、材料科、行政科。施工科主要负责现场的施工,做好与各专业班组的技术交底及日常调度,负责施工测量和各班组的协调等工作;技术科主要负责各种技术资料和施工方案的制订,做好钢筋试拉、抗弯及混凝土试块试压等试验工作;质安科主要负责工程质量、安全生产、文明施工等方面的工作;动力设备科主要负责现场的设备管理维修保养及操作运行工作。计划预算科主要负责本工程的经济分析,每日、每周完成工程量分析及根据生产线提供下日、下周生产计划并预测下日、下周工程量及工料机需求情况等工作;财务科主要管理并控制资金的收入与支出;材料科则根据计划预算科提供的工料需求计划及其他组提出的物资要求做好材料及其他生产用品的采购供应工作;行政科对内负责工地接待、治安保卫和食宿卫生等工作;对外负责与环保、交通、治安等有关部门的协调工作。

2. 材料性能要求

根据本工程的特点,结合近几年我公司在类似工程中的经验,我们将对所需设备、材料的需要量进行估算,并且确保能组织到相应的设备和材料,以保证施工进度,见表8-18。对材料质量选用需要货比三家,选用优质材料的同时还要选好的品牌,确保每一份材料都符合国家标准,以保证施工质量。需经发包人签证认可的暂定价材料采购前,由发包人指定品牌、质量;材料采购前,样品(价格、质量等)必须经施工技术人员、项目经理、监理负责人员、发包方负责人签字同意。所有材料、设备采购后经业主方验收合格后再用于工程。

**本工程所需主要材料投入计划用表** 表8-18

| 序号 | 材料名称 | 规格 | 单位 | 数量 | 产品说明 |
|---|---|---|---|---|---|
| 1 | 环氧砂浆 | | $m^2$ | 14.8 | |
| 2 | C40钢纤维混凝土 | | $M^3$/kg | 2.5/200 | |
| 3 | C30混凝土 | | $M^3$ | 5.2 | |
| 4 | M15砂浆 | | | 1.8 | |
| 5 | 钢筋 | HRB335 | kg | 1420.9 | |
| | | HPB300 | kg | 615.3 | |
| 6 | 碳纤维布 | 0.167mm厚 | $m^2$ | 123.9 | |
| 7 | 钢丝网 | | kg | 27.5 | |
| 8 | 沥青玛蹄脂填料 | | m | 52 | |
| 9 | C60伸缩缝 | | m | 12.6 | |
| 10 | 100mmPVC管 | | m | 24.0 | |
| 11 | 铸铁泄水管盖 | | kg | 23.8 | |
| 12 | 公告牌/警示牌 | | 块 | 10 | |
| 13 | 交通标志桶 | | 个 | 60 | |

桥梁维修加固使用的材料品种、规格及使用性能，应符合《公路桥梁加固设计规范》（JTG/T J22—2008）《公路桥梁加固施工技术规范》（JTG/T J23—2008）《混凝土结构加固设计规范》（GB 50367—2006）及其他相关现行行业标准、规范的规定，并满足设计要求。

3. 工程机械设备投入计划（表8-19）

拟投入本工程的主要施工设备表　　表8-19

| 序号 | 机械或设备名称 | 型号规格 | 数量 | 国别产地 | 额定功率（kW） | 用于施工部位 | 备注 |
|---|---|---|---|---|---|---|---|
| 1 | 拌和机 | 350 | 2 | 扬州 | 7.5 | 砂浆 | |
| 2 | 电焊机 | AX7－300 | 6 | 上海 | 7.5 | 钢筋 | |
| 3 | 弯曲机 | | 2 | 上海 | 5.5 | 钢筋 | |
| 4 | 卷扬机 | | 2 | 无锡 | 2.5 | 钢筋 | |
| 5 | 振动器 | 插入式 | 6 | 扬州 | 1.5 | 振捣 | |
| 6 | 振动器 | 平板式 | 4 | 扬州 | 1.5 | 振捣 | |
| 7 | 空压机 | $0.9m^3$ | 1 | 南京 | 5.5 | | |
| 8 | 水泵 | | 6 | 扬州 | 1.5 | 排水 | |
| 9 | 发电机 | 75kW | 1 | 苏州 | 75 | 备用 | |

## 七、主要的施工方案和施工方法

1. 附属结构

（1）桥面铺装层裂缝的修复

在0号台后路基及搭板工程完成后，再进行桥面铺装的修复。1号、2号墩顶两侧各1m范围内桥面铺装（包含沥青层、防水混凝土铺装）全部凿除，将2mm厚的橡胶板铺平实，不得出现褶皱，然后再恢复桥面铺装钢筋网，采用C40防水混凝土浇筑至原铺装混凝土高程，再重新摊铺沥青铺装层。

（2）支座部分

所有脱空的支座采用不同厚度的钢板垫实，钢板应进行防腐处理。所有缺失支座应按原设计文件要求的规格立即补上。

（3）其他

补齐边板挡块间遗漏的12块橡胶防振块；清除伸缩缝内杂物；若发现橡胶条出现损坏则应更换橡胶条，防止伸缩缝漏水。桥梁两端的伸缩缝渗水部位进行台后回填，杜绝伸缩缝漏水；修复缺失的人行道防撞石墩柱。

2. 混凝土破损及钢筋锈蚀区域的清理

（1）混凝土破损区域清理

对混凝土存在松散、破碎、剥落、钢筋锈蚀膨胀引起保护层破损等缺陷部位以及钢筋外露区域，可采用人工凿除法、气动工具凿除法或高速射水法将该处松散、破损、污损的混凝土清除干净，直至露出坚硬密实的基面，同时应注意保证该部位无油污、油脂、蜡状物、灰尘以及附着物等物资。

对于缺陷面积≥10cm×10cm时，表面要凿成方波形和锯齿状，且凿至坚实层，判断的标准是否能看见新鲜混凝土粗骨料；清理混凝土病害部位时注意不要损伤梁体原有钢筋（尤其是主筋）；严格按照桥梁维修养护相关规定及要求实施。

（2）钢筋锈蚀区域的清理

在混凝土表面破损清理完毕后进行；用钢刷清除钢筋表面的浮锈，使之露出光洁部分；对钢筋锈蚀区域，应清除掉混凝土表面的油污、油脂、蜡状物等有机污物。

在钢筋锈蚀区域的混凝土表面清理完毕后应做钢筋阻锈防锈处理。采用复合氨基醇水性混凝土防锈浸渍剂进行钢筋锈蚀防护，产品必须持有建设部建筑物鉴定与加固规范管理委员会的认证；用刷子、滚刷或低压手动喷涂设备涂刷水性混凝土防锈浸渍剂至表面饱和，用量约0.1~0.2kg/$m^2$一遍，通常需要5遍，总用量一般为0.5kg/$m^2$，必要时可增加用量，涂刷次数取决于混凝土的可渗性，每层操作之间均应保证上一层涂刷已干燥，通常为2~6h。

3. 梁体加固

（1）表观缺陷处理

对于个别板块底面出现蜂窝麻面、松散、破损、剥落等损伤部位，采用人工凿除，露出坚硬密实的部分，再采用专用结构修补胶进行修补，使其密实平整。

（2）裂缝处理

对于目前仍在渗水的第一跨12号板，应先采取措施将空心板内的积水排除掉，使梁体干燥后方可进行梁体的加固工序；对于梁体底面裂缝宽度<0.15mm的缝，采用涂抹封缝胶进行闭缝处理；对于梁体底面裂缝宽度≥0.15mm的缝，采用先灌缝，然后再涂抹封缝胶的方式。

裂缝表面采用钢丝刷将裂缝周围的油污清除干净，再用吸尘器和酒精将裂缝处的灰尘洗净、清除，使其充分干燥。埋设灌浆嘴：调和灌胶底座黏结胶，按主剂：固化剂=1:1进行调和，直至调和均匀为止。然后封缝，对于所有的裂缝（包含宽度<0.15mm的缝，原则上都应同时封闭）。首先沿缝长涂一层基液，等胶泥初凝后，再抹上一层胶泥，并除气泡抹平，等胶泥初凝后，表面用基液涂刷两次。灌胶底座间的裂缝用封缝胶完全封闭。封缝胶涂的太薄或太窄，均容易造成灌缝树脂的泄露，因此，封缝胶的涂抹宽度为2~3cm，厚度为1mm。为确保其固化，对封缝胶至少应养护12h。

启灌之前，接通管道，打开所有灌浆嘴上阀门，用0.2MPa以上的压缩空气将管道及裂缝吹干净，自下而上，由一端向另一端依次连续进行，灌浆压力以0.2~0.4MPa为宜，压力逐渐升高，防止骤然加压使裂缝扩大。

灌缝完毕后，养护一昼夜，等待灌缝树脂固化，若环境温度过低，则延长相应养护时间。养护结束后，应将裂缝表面清理干净，才能进行下道工序。

（3）梁板加固

行车道部分：粘贴两条碳纤维布，每条宽25cm。由于0号台~1号墩跨26号~31号板挠度校验系数超标，2号墩~3号台跨16号板混凝土强度不满足设计要求，故这7块空心板加固采用双层300g/m$^2$碳纤维布粘贴。其他需要加固的其余板梁(包含行车道、人行道、观江平台),则采用单层300g/m$^2$碳纤维布粘贴。另外第3跨29号板仅进行闭缝处理,不再粘贴碳纤维布。

施工工艺流程:基底处理→涂底胶→找平→粘贴→保护。

混凝土基底处理:用角磨机将混凝土表面的残缺、破损以及基层混凝土表面裂化层清除干净并达到结构密实,使其表面平整;将构件表面凸出部分打磨平缓。清洗打磨过的构件表面,使其充分干燥。

涂底涂树脂:将底涂树脂的主剂和固化剂按规定比例(质量比)称量准确后放入容器内,拌和均匀,一次调和量以在可使用时间内用完为准,超过可使用时间则不得再使用。在底涂树脂中严禁添加溶剂,含有溶剂的毛刷或用溶剂弄湿的滚筒不得使用。底涂树脂固化后,在构件表面有凝结凸起时,要用砂纸磨光,磨光后若露出混凝土基面,应再补涂树脂。根据施工部位的温度、湿度选择适当的底涂树脂。气温5℃以下、相对湿度RH>85%,混凝土表面含水率在8%以上、雨天或结露而无有效保护措施时,不得施工。

粘贴碳纤维布:根据设计要求的尺寸裁出符合要求的碳纤维布。粘贴碳纤维布片材前要确认施工面底涂树脂和结构修补胶找平的情况,修补材料应达到指触干燥,若时间超过一周,则需用砂纸打磨。碳纤维纵向搭接必须15cm以上,该部位应多涂黏结树脂,压出气泡。碳纤维布和树脂之间不应留有气泡,为此,可用罗拉(圆柱形回转零件)沿着纤维方向在纤维片材上滚压多次,使黏结树脂充分渗浸入碳纤维束中。

粘贴碳纤维布后,需自然养护24h达到初期固化,并保证固化期间不受干扰。

碳纤维片材粘贴后达到设计强度所需的自然养护时间:平均气温在10℃以下时,需要2周;平均气温在10℃~20℃之间时,需要1~2周;平均气温高于20℃时,需要1周。碳纤维布粘贴后表面需喷涂环氧砂浆;也可用其他具有防火、防腐性能的材料。考虑到梁板部分粘贴碳纤维布,为了保证梁板底面外观一致,要求梁板全部喷涂处理。

4.植筋工程

本工程植筋施工的步骤:定位→钻孔→清孔→注胶→植入钢筋→养护→检测试验。

定位:按设计要求标示钢筋钻孔位置、型号,若基材上存在受力钢筋,钻孔位置可适当调整。

钻孔:钻孔宜用电锤或风钻成孔,如遇锚筋宜调整孔位避开。如采用水钻(取芯机)成孔,钻孔内碎屑应用清洁水洗干净,并晾晒至干燥。钻孔直径为25mm(直径20mm锚筋)和18mm(直径12mm锚筋)。

清孔:钻孔完成后,将孔周围半径0.5m范围内灰尘清理干净,用气泵、毛刷清孔,再用棉丝沾丙酮,清刷孔洞内壁,使孔洞内最终达到清洁干燥;如遇较潮湿的情况,还须用加热棒进行干燥处理。若为水钻孔,用清水将孔内泥浆冲刷干净,用棉丝将孔擦净,等孔晾干后再进行下一道工序,或可用加热棒进行干燥处理。用干净棉丝将清洁过的孔洞严密封堵,以防有灰尘和异物落入。

注胶:植筋所使用的胶黏剂必须采用改性环氧类或改性乙烯基酯类(包括改性氨基甲酸酯)的胶黏剂。本工程中要求使用A级胶,其性能和质量应符合《混凝土结构加固设计规范》(GB 50367—2006)中第四章的相关规定。灌注胶黏剂时应使用专门的灌注器或注射器进行灌注,且灌注的方式应不妨碍孔洞中的空气排出。灌注的剂量应以植入锚筋后有少许的胶液溢出为宜。

植入钢筋:植入锚筋前,应对锚筋植入端植入长度范围内的锚筋进行除锈处理,并用酒精或丙酮擦洗干净。钻孔内注完胶后,把经除锈处理过的锚筋立即放入孔口,然后慢慢单向旋入,不可中途逆向反转,直至锚筋伸入孔底。

养护:植入钢筋后应采取措施固定好钢筋,在胶液完全固化前,锚筋不得被触动。胶液固化时间与环境温度的关系应按植筋产品说明书的要求确定。

检测试验:在植筋施工前,要对所用钢筋及植筋胶进行现场拉拔试验,以确定锚筋及植筋胶是否符合设计要求。方法是:制作与要植筋部位混凝土构件相同强度等级的混凝土试件,按植筋步骤,植入3组钢筋,待植筋胶完全固化后,进行拉拔实验。实验用专用的钢筋测力计,当加力达到钢筋屈服强度(450MPa)时,出现颈缩现象,继而拉断。测试时测力计施加于卡具的力应符合 FC≥FYK(FC:测力计施加的力,MPa;FYK:钢筋的屈服强度,MPa)。植筋后进行非破损性拉拔试验,用来检测工作状态下的植筋质量,检测的数量是植筋总数的10%。检测中,测力计施加的力要小于钢筋的屈服强度、大于植筋设计锚固力值。公式为:FM < FC < FYK(FC:测力计施加的力,MPa;FYK:钢筋的屈服强度,MPa;FM:植筋设计锚固力,MPa),检测实验合格后就可进行下道工序。

## 八、技术和质量保证措施

1.技术保障措施

技术人员根据进度计划要求,及早做好施工方案、技术交底、备料计划,积极采用新工艺、新技术,提高劳动生产率。工程上做到能使用机械的不用人工施工,合理安排工序的衔接和插入,减少工序间的间歇时间,做到有序合理的流水施工,控制施工节拍,调节劳动时间,防止工序停顿,以缩短工期,达到工期目标。

2.质量保障措施

发扬我公司在多年施工管理中的创优精神,在施工时严格把关,一丝不苟,把工程质量放在首位,确保实现既定的质量目标,确保达到《工程施工质量验收规范》标准。

针对本工程的具体情况,坚持"质量第一,信誉至上"的原则,公司将本工程列为创优工程,确保质量。成立人员齐全、管理力量强大的项目经理部领导班子管理小组,实施从施工投标、施工准备、开工到竣工验收、交付使用及服务全过程的质量管理和质量控制,使工程在施工全过程中时刻处于一种全面受控状态。我们将以精心的管理,做出精品的项目。项目实行三级质保体系:施工班组自检互查;专职质量员对每道工序全检,施工员负责复核;公司质量部门监督抽检。

树立目标,重视思想政治工作,不断提高施工人员的质量意识,狠抓管理工作。建立责任制,以责、权、利相结合的原则,层层落实到位。在施工中强调多开会,开短会的形式,以解决问题,统一思想。认真学习有关规范和省市有关提高建筑工程质量的若干规定,高起点、高标准、严要求,层层把好质量关,确保优质工程。

考虑工程工种多,技术要求高的特点。对进场的各工种队伍逐一进行技术素质考核,优胜劣汰地选择队伍，引进素质高、技术好、质量过硬的施工队伍。并在各工种施工前做好书面技术交底，责任到人。

各施工组按照国家颁发的《建筑工程施工质量验收统一标准》（GB 50300—2013）做好自检、互检及交接检工作。上道工序未合格验收，不得进行下道工序施工，以预防质量事故于未然。建立技术资料和档案制度，由专人负责及时、完整、准确地收集各种技术资料，确保各种记录、资料与工程进度同步。严格执行各种原材料和构配件的质量验收制度，主要材料如水泥、钢筋等进场，必须有生产单位的出厂试验报告单或质量保证书。

加强现场材料管理。受潮水泥严禁使用，过期水泥需经材料试验室做物理性能试验后酌情降级使用，砂、石中含泥量超过规定值时应过筛、冲洗。钢材进场要配合工程进度需要，以防因露天放置时间过长，引起锈蚀而影响工程内在质量。

必须重视模板工程的质量，操作工艺层层把关，严格控制，并且做好细部节点模板支撑工作。泵送混凝土质量因坍落度大，流动性强，除要求严密的模板接缝外，对混凝土生产厂家应质优选择，以控制其质量。对混凝土严格控制水灰比及坍落度，对砌筑砂浆要严格控制塑化剂的掺入量，在基础及主体工程施工中，对每层或每个工班，要现场取样做好混凝土及砂浆试块，按规定方法养护，送材料试验室进行抗压强度试验。

对于钢材，除了必须附有生产单位（或出售单位）的质量保证书外，还要按规定取样，送材料试验室进行力学性能试验及焊接试验。使用竖向钢筋电渣压力焊，使上下钢筋轴线一致，确保钢筋受力性能，保证钢筋工程质量。

对混凝土表面的蜂窝、孔洞、麻面、露筋及缝隙夹渣等缺陷的修补，要有实施修补的班组长签字的修补记录及公司质检部门对这些缺陷的修整意见，其中对孔洞和露筋的处理应有建设单位的签章。

随工程进度做好各分部分项工程的质量检验评定工作，各项工作均要填写好检评表、隐检记录及技术复核记录，并要一式三份，签章齐全。做好技术资料的收集和整理工作，施工员要记好施工日记和混凝土施工日记，认真做好工程测量定位记录，沉降观测记录、技术复核记录及隐蔽工程验收记录。收集好原材料及构配件的出厂合格证或质量保证书以及混凝土试块，砂浆试块、砖试件及钢材试件的强度试验报告，要求在工程竣工正式验收时交出全部资料（包括施工管理资料）及竣工图纸，一式三份。

## 九、交通疏解方案

1. 施工期间交通组织

为保证加固效果，确保工程施工质量，部分施工工序施工时必须对桥上交通实行管制。为了尽量减少交通封闭的时间，应做好施工期间的交通组织，与施工进度配合好。

旧桥维修施工时，应合理放置交通标志牌限制车流。维修加固期间建议桥梁应采用封闭交通的形式进行施工，条件受限的桥梁可采用半幅施工半幅维持交通的方式进行加固维修，但是，应注意以下事项：

（1）应按有关条例、规程和规范的要求，向社会通告桥梁加固施工的有关事项和要求，并设立必要的警示、警告和视线诱导等标志，必要时应设专人维持交通。

(2)在半幅桥梁缺陷处理、裂缝封闭与灌浆、粘贴碳纤维布直至黏结胶达到设计强度这段时间,所施工的半幅桥面应禁止通车,另外半幅应限流,具体为车辆总质量不应超过5t,车速不应超过10km/h。

(3)黏结胶达到设计强度并经检测符合要求后方可开放此半幅交通,并进行另外半幅的施工。

2. 其他事项

由于本组织设计参照施工图和现场情况编写,拟投入人员和工程机械设备配备根据以往施工经验估算,实际施工过程中根据图纸情况和现场情况做必要的调整,以满足工程质量和进度要求。

# 参考教学大纲

## 一、课程性质

本课程属于专业课程，是一门既有相关理论知识，又有工程案例示例的课程。它研究施工活动中的人力、资金、材料、机械和施工方法这五个主要因素，对整个工程的施工进度和资源消耗等做出科学而合理的安排。使工程建设在一定的时间和空间内有组织、有计划、有秩序的实施，以达到工期尽量短，质量上精度高，资金省，施工安全的效果。

## 二、课程的目的、任务

1. 课程目的

课程的目的是让学生了解本课程在公路建设中的重要性，掌握公路工程基本建设程序，公路建设项目的划分，掌握施工组织设计文件的内容及编写方法，能独立进行时间组织与空间组织，在老师指导下，完成一套施工组织设计文件。

2. 课程任务

知识目标：掌握基本概念，正确运用相关知识。

技能目标：能够灵活运用基本作业方法，初步确定施工方案，比较合理地选择施工机具，安排施工顺序，初步编制施工进度计划，进行施工平面布置。

能力目标：具有一定分析问题和解决问题的能力，在教师指导下能完成一套施工组织设计文件的编写。

## 三、课时分配

课时分配建议

| 序　号 | 内　　容 | 课 时 分 配 | | | |
|---|---|---|---|---|---|
| | | 小计 | 授课 | 动手练习 | 大作业 |
| 1 | 第一章　绪论 | 2 | 2 | | |
| 2 | 第二章　基本概念 | 4 | 4 | | |
| 3 | 第三章　施工过程组织原理 | 10 | 6 | 2 | 2 |
| 4 | 第四章　网络计划技术 | 14 | 6 | 4 | 4 |
| 5 | 第五章　公路施工组织设计 | 20 | 8 | | 12 |
| 6 | 第六章　机械化施工组织设计 | 6 | 4 | | 2 |
| 7 | 第七章　机电工程施工组织设计 | 2 | 2 | | |
| 8 | 第八章　施工组织设计示例 | 4 | 2 | 2 | |
| 9 | 机动 | 2 | | | |
| 总学时 | | 64 | 34 | 8 | 20 |

注：周学时为4学时，共计16周。

## 四、教学内容及教学基本要求

教学基本要求

| 内　容 | 本章重点难点 | 教学目的要求 | 备　注 |
|---|---|---|---|
| 第一章　绪论 | 公路施工组织设计研究的对象、任务 | 让学生了解这门课程，知道学习本课程的作用，让学生有目的地去学习 | |
| 第二章　基本概念 | 公路建设的内容，基本建设项目划分，基本建设程序 | 让学生掌握与公路施工组织设计有关的概念，了解基本常识 | |
| 第三章　施工过程组织原理 | 公路施工过程的概念，时间组织的基本作业方法，流水作业法的原理 | 让学生掌握公路施工过程的组织原则，时间组织的基本作业方法，能绘出横道图 | |
| 第四章　网络计划技术 | 掌握双代号网络计划图的绘制，掌握时间参数的计算及关键线路 | 掌握双代号网络计划图的绘制，时间参数的计算及关键线路 | |
| 第五章　公路施工组织设计 | 施工组织设计的阶段与文件组成，编制施工进度图的步骤，施工进度图的绘制，施工平面图的类型及其内容 | 让学生掌握编制施工进度图的依据和步骤，能绘制施工进度图，进行施工平面图布置 | 通过大作业将三、四、五章的内容串起来 |
| 第六章　机械化施工组织设计 | 施工机械的合理选择与组合 | 让学生了解机械化施工组织设计的内容，施工机械的合理选择与组合 | |
| 第七章　机电工程施工组织设计 | 施工机电系统的组成和机电工程施工组织设计 | 让学生了解施工机电系统的组成和机电工程施工组织设计 | |
| 第八章　施工组织设计示例 | 施工方案和施工方法，工程进度图，施工平面图，主要材料、机具、设备计划 | 让学生了解施工组织设计应如何编写，包括哪些内容 | |

## 五、实践性教学内容的安排与要求

在课时允许的情况下，在教师的辅导下安排学生独立编写一套施工组织设计文件。

# 参 考 文 献


[1] 张起森.公路施工组织设计[M].北京:人民交通出版社,1999.

[2] 姚玉玲.公路工程施工组织学[M].北京:人民交通出版社,1998.

[3] 夏连学,赵卫平.路基路面工程[M].北京:人民交通出版社,2001.

[4] 关庆年.公路工程管理[M].北京:人民交通出版社,1989.

[5] 廖正环.道路施工组织与管理[M].北京:人民交通出版社,1999.

[6] 李宗佳.公路工程管理[M].北京:人民交通出版社,1999.

[7] 邬晓光.路桥施工组织及概预算[M].西安:西北大学出版社,1995.

[8] 胡兆同.工程进度监理[M].北京:人民交通出版社,1993.

[9] 交通部公路司.公路工程国内招标文件范本[S].北京:人民交通出版社,1999.

[10] 马湘林,李宗佳.公路工程管理习题集[M].1998.

[11] 廖正环,郭小宏,刘燕.高速公路机械化施工与组织管理[M].北京:人民交通出版社,2001.